성경인물과 함께하는 365일 매일 묵상

Originally published in English under the title
Amazing Stories for Young Believers

by Christian Art Kids, an imprint of Christian Art Publishers,
a division of Christian Art Distributors cc,
20 Smuts Avenue, Vereeniging, South Africa

Published by permission of Three Streams Publishers

License arranged through rMaeng2, Seoul, Republic of Korea

성경인물과 함께하는 365일 매일 묵상

데이브 스트렐러 지음 | 이선숙 옮김

하루 한 걸음 성경 속 인물과 함께 걷다

아가페

머리말

Introduction

—

당신은 어떤 사람이 되고 싶습니까? 살아 계신 하나님을 신실하게 섬기는 믿음의 사람이 되고 싶은가요?

이 책을 읽어보면, 하나님이 사용하신 성경인물들도 그분이 특별한 방식으로 그들의 삶을 만지시기 전까지는 그저 평범한 사람이었음을 알게 됩니다. 그중에는 순종과 믿음으로 기억되는 이도 있고, 그들의 잘못된 선택이 더 부각되어 기억되는 이도 있습니다. 이들 모두 완벽한 사람은 아니었지만, 하나님은 계획하신 일을 이루기 위해 각 사람을 각기 다른 방식으로 사용하셨습니다. 그들이 믿음을 지킨 이야기와 실패한 이야기를 읽으면서 배운 귀중한 교훈을 삶에 적용하기 바랍니다.

하나님은 당신의 삶에 특별한 계획을 갖고 계십니다! 당신이 완벽해지거나 더 나이가 들어야 하나님이 사용하실 수 있는 것이 아닙니다. 일상의 작은 일 속에서 하나님이 당신을 사용하시도록 내어드린다면, 하나님은 당신을 준비시켜 더 큰 일에 사용하실 겁니다!

이 책은 당신이 성경을 더 잘 알도록 도울 것입니다. 그러니 성경과 함께 이 책을 읽으십시오. 날마다 하나님 말씀이 보여주는 놀라운 진리를 이해하고 살아내도록 도와달라고 하나님께 구하십시오. 하나님과 함께 시간을 보낼 때 그분의 축복이 임할 것입니다.

- 데이브 스트렐러

Contents

A 365-Day Devotional

1월
January

아담, 가인, 노아, 아브라함, 이삭, 야곱과 함께 걷다

태초에

창조 여섯째 날, 지구상 첫 인간인 아담은 아름다운 에덴동산에 있었습니다. 태양이 따스하게 내리쬐고, 주변에는 온갖 나무와 꽃, 관목이 있었습니다. 수많은 종류의 동물이 있었는데 모두 온순했습니다. 하나님은 자신이 만드신 모든 피조물을 아담에게 데려오셨고, 아담이 그들의 이름을 지어주었습니다.

주님은 아담이 대화할 상대가 없음을 아셨습니다. 하나님 형상으로 지음받은 아담은 하나님과 대화할 수 있었지만, 그에게는 친한 친구와 조력자가 없었습니다.

왜 내가 특별할까?

하나님이 창조하신 피조물 가운데 오직 아담만 그분의 형상을 닮았다는 것이 놀랍지 않나요? 하나님은 아담 안에 영혼을 주셔서 하나님과 대화할 수 있게 하셨고, 동물의 이름을 다 지어줄 정도로 창조적이며, 사랑할 줄 알고 사랑받아야 할 필요를 느끼게 하셨습니다.

하나님은 당신을 만드실 때 당신 안에 영혼을 주셨습니다. 영혼은 당신의 일부로서 영원히 살게 될 것입니다. "하나님이 모든 것을 지으시되 때를 따라 아름답게 하셨고 또 사람들에게는 영원을 사모하는 마음을 주셨느니라"(전 3:11). 하나님은 아담을 만드실 때처럼 심혈을 기울여 당신을 만드셨습니다(시 139:13).

하나님은 특별한 목적을 가지고 당신을 만드셨습니다. 바로 하나님을 알고 그분을 기쁘시게 하는 것입니다. 당신이 기도할 때마다 당신의 영혼은 주님께 다가가고, 그것이 그분을 행복하게 만듭니다. 다른 피조물은 영혼이 없기 때문에 그렇게 할 수 없습니다. 이런 이유로 당신은 정말 특별합니다!

"태초에 하나님이 천지를 창조하시니라" _ **창세기 1:1**

아담 창세기 2:9, 15-17

동산 중앙에 있는 것

에덴동산에는 나무가 많았고 아담이 따서 먹을 수 있는 맛있는 과일이 많았습니다. 아담이 원하는 것은 무엇이든 먹을 수 있고 기를 수 있었습니다. 그 많은 과일나무 중 딱 하나, 동산 중앙에 있는 나무의 열매는 먹지 말라고 하나님이 말씀하셨습니다.

동산 중앙에 있는 나무는 아담에게 선과 악을 알게 할 것이라고 했는데, 즉 그로 하여금 죄를 지을 수 있게 한다는 의미였습니다. 하나님은 아담에게 그 열매를 먹으면 죽을 거라고 말씀하셨습니다.

왜 원하는 것을 다 가지면 안 될까?

온갖 맛있는 음식이 가득 들어 있는 형형색색의 상자가 가득한 방에 혼자 있다고 상상해 보세요. 많은 상자 가운데 어떤 것이든 열어도 되는데, 방 중앙에 있는 검은 상자는 열어서는 안 됩니다. 그러면 형형색색의 상자 안에 들어 있는 음식을 마음껏 먹겠습니까, 아니면 그 검은 상자로 슬금슬금 다가가 뚜껑을 열고 슬쩍 들여다보겠습니까?

세상은 우리가 즐길 수 있는 온갖 좋은 것으로 가득하고, 우리가 할 수 있는 재미있는 일로 가득합니다. 그러나 때로 우리는 하나님이 허락하신 것에 싫증을 내며 불만을 토로합니다. 가끔 무슨 일이 일어날지 궁금해서 장난치고 싶을 때가 있나요? 수천 개의 좋은 말을 알고 있으면서도 나쁜 말을 내뱉는 자신을 발견하나요?

하나님은 우리에게 해가 되는 일과 우리가 다른 사람에게 상처 줄 수 있는 일이 있음을 아십니다. 그분은 우리를 아끼시기에 성경을 통해 우리가 해야 할 일과 해서는 안 될 일을 분명히 보여주십니다.

"온갖 좋은 은사와 온전한 선물이 다 위로부터 빛들의 아버지께로부터 내려오나니 그는 변함도 없으시고 회전하는 그림자도 없으시니라" _ **야고보서 1:17**

나 같은 사람

아직 날이 저물지 않았는데 아담은 졸음이 몰려왔습니다. 모든 피조물의 이름을 지어주느라 피곤했던 것일까요? 사실 하나님이 아담을 잠들게 하셨습니다! 하나님은 아담을 깊이 잠들게 하셔서 그의 갈빗대 하나를 뽑고 그 자리를 살로 메우시는 것을 아담이 알아차리지 못하게 하셨습니다.

하나님은 그 갈빗대로 여자를 만드시고 아담에게 데려왔습니다. 깊은 잠에서 깨어난 아담에게 믿을 수 없는 일이 일어났습니다! "드디어 나 같은 사람이 나타났구나!" 아담은 소리쳤습니다. 이제 아담은 하루 종일 함께하고 대화할 수 있는 특별한 사람이 생겼습니다.

내가 외로운 것을 하나님이 아실까?

당신도 외로웠던 적이 있다면, 하나님이 하와를 아담의 친구이자 아내로 주시기 전 아담이 어떻게 느꼈을지 알 겁니다.

새해의 시작은 늘 변화를 가져옵니다. 최근에 다른 지역으로 이사했거나, 새 직장으로 이직했거나, 회사 내 부서 이동으로 친한 동료와 떨어졌을 수 있습니다. 종종 외로움을 느낄 수 있으며, 두렵고 불확실한 시기일 수 있습니다. 하나님이 늘 당신 옆에 계시다는 사실을 기억하십시오. 하나님은 결코 당신을 떠나지 않으십니다! 비록 눈에 하나님이 보이지 않아도 그분과 대화해 보세요.

특별한 친구를 가지고 싶다면, 당신과 좋아하는 것이 같은 사람을 만나게 해달라고 기도하세요. 배신하지 않는 진실한 친구를 갖게 해달라고 기도하세요. 당신이 외로워한다는 것을 하나님은 아십니다. 친구가 필요하도록 만든 분이 바로 하나님이시기 때문입니다.

"여호와 하나님이 이르시되 사람이 혼자 사는 것이 좋지 아니하니
내가 그를 위하여 돕는 배필을 지으리라 하시니라" _ **창세기 2:18**

아담 창세기 3:1-6

최초의 죄

뱀은 하나님이 만드신 피조물 중 가장 간교했습니다. 하나님이 아담에게 주신 여자에게 어느 날 뱀이 다가와 물었습니다. "하나님이 참으로 너희에게 동산 모든 나무의 열매를 먹지 말라 하시더냐?" 여자는 그들이 먹도록 허락받지 못한 나무가 하나 있다고 고자질합니다. 그들이 먹는다면 죽을 것입니다.

뱀이 대답합니다. "그건 사실이 아니야! 그걸 먹어도 죽지 않을 거야. 하나님은 네가 그 열매를 먹어서 모든 것을 알게 되는 것을 원치 않으시는 거야."

여자가 그 열매를 보니, 몹시 먹음직스러워 보였습니다. 그 열매를 먹으면 지혜로워질 거란 생각이 들자 따서 먹었습니다. 그러고는 아담에게 주었고, 그도 그 열매를 먹었습니다.

유혹과 죄의 차이는 무엇일까?

뱀은 여자에게 말을 걸어서 하나님이 하지 말라고 한 일을 하도록 유혹했습니다. 유혹은 주로 감각을 통해 오는데, 특히 보고 듣는 것을 통해 옵니다. 사탄은 우리 감각을 이용해 마음에 나쁜 생각을 주입하고, 우리 감정에 나쁜 욕구를 집어넣습니다. 유혹받는 것은 잘못이 아닙니다. 유혹은 죄가 아닙니다! 그러나 사탄이 유혹하는 그 일을 우리가 실제로 행할 때 죄가 됩니다.

여자는 그 나무가 얼마나 탐스러운지 볼 수 있을 만큼 나무 가까이에 있었습니다. 당신이 쉽게 유혹받을 수 있는 장소에서 최대한 멀리 있는 것이 가장 좋은 방법임을 기억하십시오.

"오직 각 사람이 시험을 받는 것은 자기 욕심에 끌려 미혹됨이니 욕심이 잉태한즉 죄를 낳고 죄가 장성한즉 사망을 낳느니라" _ **야고보서 1:14-15**

숨기려는 시도

하나님이 먹지 말라고 하신 열매를 먹고, 아담과 하와는 자신들이 벌거벗었음을 깨달았습니다. 그래서 무화과나무 잎을 엮어 옷을 만들어 입었습니다.

그날 저녁, 하나님이 동산을 거니시는 소리를 듣고 그들은 두려워 나무 사이에 숨었습니다. 하나님이 "아담아, 어디 있느냐?" 하며 부르셨습니다. 아담은 대답했습니다. "내가 동산에서 하나님의 소리를 듣고 내가 벗었으므로 두려워하여 숨었나이다."

어떻게 죄책감을 없앨 수 있을까?

잘못을 저지르면 들통나지 않으려고 무슨 일이든 합니다. 어떻게든 죄책감이 희미해지기를 바랍니다. 거짓말하거나 아무 일도 없었던 것처럼 굴며 죄를 덮으려고 합니다. 그러나 들킬까 봐 늘 두렵습니다. 죄책감이라는 끔찍한 감정이 당신의 평화와 기쁨을 앗아가면 마음이 점점 병들게 됩니다. 이런 감정을 느끼는 건 정말 끔찍합니다.

이것에서 벗어날 길이 있으니 안심하십시오. 마음의 평화를 다시 찾을 수 있습니다! 죄와 그로 인한 죄책감을 없애는 유일한 방법은, 잘못을 인정하고 하나님께 용서를 구하는 것입니다. 잘못한 사람에게도 용서를 구해야 합니다. 그리고 가능하다면 일을 바로잡아야 합니다. 용기가 필요한 일이지만 이렇게 할 때 당신의 성품이 강건해지고 다른 사람과의 우정이 더욱 견고해질 수 있습니다.

완벽한 사람은 없습니다. 우리는 모두 잘못을 저지르고 하나님께 죄를 짓습니다. 그러나 실수할 때마다 즉시 죄를 고백하고 돌이키면 평화롭고 행복하게 살 수 있습니다!

"하나님이여 주는 나의 우매함을 아시오니 나의 죄가 주 앞에서 숨김이 없나이다"

_ **시편 69:5**

아담 창세기 3:10-13

제 생각이 아니었어요

하나님께 불순종한 아담과 하와는 숨으려고 했습니다. 그런데 하나님이 아담을 찾아오셔서 먹지 말라고 한 열매를 왜 먹었냐고 물으셨습니다. 아담은 대답합니다. "하나님이 주셔서 나와 함께 있게 하신 여자가 그 나무 열매를 내게 주어서 내가 먹었나이다."

주 하나님이 그 여자에게 물으셨습니다. "네가 어찌하여 이렇게 하였느냐?" 여자가 대답했습니다. "뱀이 나를 꾀어서 내가 먹었나이다."

누군가가 나쁜 일을 해도 된다고 말할 때 어떻게 해야 할까?

"그냥 해! 아무도 모를 거야!"라고 말하는 사람이 주변에 있나요? 당신 마음 깊은 곳에서는 그 일을 꺼립니다. 그들은 당신에게 확신을 주기 위해 이렇게 덧붙입니다. "누구나 다 그렇게 해!" 이쯤 되면 그것이 정말 잘못된 일인지 헷갈리기 시작합니다. 그렇게 나쁜 일 같지 않고 아무도 모를 것 같습니다.

아담이 바로 이런 상황이었습니다. 금지된 열매지만 한입 베어먹는 것은 괜찮아 보였습니다. 하와가 그 열매를 먹었는데 멀쩡해 보였습니다. 하나님이 그것을 먹으면 죽는다고 말씀하셨는데 하와는 죽지 않았습니다. 그래서 아담은 한입 베어먹었고, 즉시 그의 순결함과 정결함이 손상되었습니다. 베어먹은 열매를 뱉는 것으로는 상황을 바로잡을 수 없습니다. 죄가 아담의 마음에 들어와서 하나님과의 깊은 우정을 깨뜨려버렸습니다.

어렵게 배우고 후회하는 것으로 마무리하지 마십시오. 하나님이 금하신 일은 하지 않으면 됩니다. 다음에 누군가 잘못된 일을 하라고 부추기면, 그것은 죄라고 단호히 말하고 그 사람과 거리를 두십시오.

"어떤 길은 사람이 보기에 바르나 필경은 사망의 길이니라" _ **잠언 14:12**

쫓겨나다

죄가 인간 마음에 들어왔고 하나님은 그것을 다루셔야 했습니다. 하나님은 뱀에게 말씀하셨습니다. "네가 이렇게 하였으니 … 배로 다니고 살아 있는 동안 흙을 먹을지니라." 또 하나님은 여자에게 말씀하셨습니다. "내가 네게 임신하는 고통을 크게 더하리니 네가 수고하고 자식을 낳을 것이다."

아담에게는 이렇게 말씀하셨습니다. "네가 네 아내의 말을 듣고 내가 네게 먹지 말라 한 나무의 열매를 먹었은즉 땅은 너로 말미암아 저주를 받고 너는 네 평생에 수고하여야 그 소산을 먹으리라. 땅이 네게 가시덤불과 엉겅퀴를 낼 것이라." 그런 다음 하나님은 동물 가죽으로 아담과 하와를 위해 옷을 지어 입히시고 그들을 에덴동산에서 내보내셨습니다.

죄로 생긴 문제를 하나님이 해결하실 수 있을까?

일단 죄를 지으면 변화가 일어나고, 죄를 짓기 전과 결코 같아질 수 없습니다. 친구에 대해 나쁜 말을 하면, 비록 사과해도 그 친구는 당신을 다시 만나고 싶어하지 않을 것입니다. 게임에서 규칙을 어기면 팀 전체가 실격됩니다. 안전 규칙을 지키지 않으면 다칠 수 있습니다. 죄의 결과는 우리 자신과 다른 사람들에게 영향을 미칩니다.

우리가 무슨 일을 했든 하나님은 용서해 주시지만, 죄로 생긴 문제와 슬픔은 쉽게 지워버릴 수 없습니다. 온유하고 사랑이 많으신 하나님이 범죄한 아담과 하와에게 옷을 지어 입히신 것처럼 우리도 도우실 것입니다.

"만일 우리가 우리 죄를 자백하면 그는 미쁘시고 의로우사 우리 죄를 사하시며 우리를 모든 불의에서 깨끗하게 하실 것이요" _ **요한일서 1:9**

옳은 길과 잘못된 길

아담과 하와에게 가인과 아벨이라는 두 아들이 있었습니다. 시간이 흘러 아벨은 목자가 되고 가인은 농부가 되었습니다.

어느 날, 가인이 수확물 중 일부를 가져와 주님께 제물로 드렸습니다. 아벨도 양의 첫 새끼를 제물로 가져왔습니다. 주님께서 아벨의 제물은 기쁘게 받으셨지만, 가인의 제물은 기뻐하지 않으셨습니다. 가인은 분노했습니다! 그러자 주님께서 가인에게 말씀하십니다. "왜 화를 내느냐? 네가 옳은 일을 했다면 기뻤을 것이다. 조심해라. 죄가 문에 엎드려 있느니라."

하나님은 어떤 예배든 기뻐하실까?

우리가 원하는 어떤 방식으로든 하나님을 예배할 수 있다고 생각하는 사람들이 있습니다. 하나님은 각기 다른 방식으로 우리가 사랑을 표현할 자유를 주셨지만, 겉으로만 그럴듯해 보이는 가짜 예배 행위는 하나님께 모욕이 됩니다.

우리는 항상 하나님을 존중하고 높이는 방식으로 예배해야 합니다. 왕의 보좌 앞에 나아간다면 어떻게 행동할지 생각해 보세요. 하나님은 왕 중의 왕이십니다. 하나님을 예배하기 전에 우리는 태도가 바른지 우리 마음은 깨끗한지 먼저 확인해야 합니다.

하나님을 기쁘시게 하는 예배의 세 가지 방식에 대해 설명하는 다음 성경구절을 살펴보십시오. 시편 100편 2절, 누가복음 2장 37절, 마태복음 2장 11절입니다.

"하나님은 영이시니 예배하는 자가 영과 진리로 예배할지니라" _ **요한복음 4:24**

죄, 점점 커지는 것이 문제

가인은 하나님이 아벨의 제물만 받으시고 자기 제물은 받지 않으시자 질투가 났습니다. 하나님은 가인에게 옳은 일을 하라고 말씀하셨는데, 가인은 마음속에 분노를 키우고 말았습니다. 가인은 아벨에게 "들로 나가자"고 말했습니다. 그들이 멀리 나갔을 때, 가인은 동생을 죽이고 말았습니다.

어떻게 해야 분노와 질투를 없앨 수 있을까?

하나님은 가인의 마음에 스며든 질투를 경고하셨습니다. 그러나 가인은 옳은 일을 하는 대신 분노에 휩싸여 동생을 없애버렸습니다. 분노와 질투라는 감정은 저절로 사라지지 않습니다. 뭔가에 분노하거나 질투하는 일이 생기면, 이 이기적인 감정과 생각을 즉시 떨쳐버려야 합니다. 하나님께 당신의 마음을 깨끗하게 해달라고, 하나님의 평화를 달라고 기도하십시오.

화나게 만든 사람에게 가서 당신이 느끼는 감정을 이야기하세요. 만일 상처받았다면 용서한다고 말해 보십시오. 누군가를 질투한다면 그 사람에게 일부러 친절하게 대해 주세요. 그리고 당신이 가진 것에 감사하세요. 아주 작은 것까지도요. 감정이 먼저 바뀌는 것이 아니라, 옳은 행동을 먼저 해야 감정도 바뀌기 시작한다는 것을 기억하세요.

예수님이 보여주신 사랑의 본을 따른다면, 다른 사람과 잘 지내는 것이 훨씬 쉬워질 것입니다. 예수님은 우리에게 모든 사람을 좋아하라고 말씀하지 않았습니다(그것은 불가능할 것입니다). 다른 사람을 사랑하라고 말씀하셨습니다!

"자녀들아 우리가 말과 혀로만 사랑하지 말고 행함과 진실함으로 하자"

_ 요한일서 3:18

노아 창세기 6:5-13

죄는 하나님을 매우 슬프게 한다

사람이 점점 더 많이 태어나면서 온갖 악과 폭력이 퍼져나갔습니다. 주님께서 사람들이 점점 악해지고 그들의 생각이 나쁜 것을 보시고 사람 만든 것을 후회하셨습니다. 그런데 하나님을 믿는 선한 한 사람과 그의 가족이 있었습니다. 그의 이름은 노아였습니다. 주님께서 노아를 기뻐하셨습니다. 하나님은 인류 전체를 쓸어버리고 모든 악을 끝내기로 결심하셨습니다.

하나님을 믿는 사람은 왜 소수일까?

세상에 왜 폭력과 증오가 넘쳐나는지 궁금한 적이 있었나요? 하나님은 왜 전쟁과 범죄와 폭력을 허용하시는 걸까요? 하나님은 자신이 만든 아름다운 세상이 자신이 만든 사람들 때문에 엉망이 되는 것을 보며 슬퍼하십니다. 하나님은 연약한 자들이 상처받는 것을 보실 때 마음이 찢어지십니다. 그러나 하나님은 아담에게 순종과 불순종 가운데 선택하게 하신 것처럼, 모든 사람에게 같은 선택권을 주십니다.

아담이 에덴동산에서 죄를 지은 후, 세상 모든 사람은 죄 가운데 태어나게 되었습니다. 우리는 죄인이기 때문에 옳은 일을 하고 하나님의 방식을 따르려는 갈망이 저절로 생기지 않습니다. 주님께서는 우리의 죄 된 본성을 깨끗하게 하기 위해 오래 참으시며 우리 안에서 일하십니다. 하나님은 모든 사람의 마음을 만지십니다. 그러나 어떤 사람은 계속 악을 행하려고 하며, 자신의 고집스러운 마음을 하나님이 바꾸시도록 자신을 내어드리지 않습니다(요 3:19).

"볼지어다 내가 문 밖에 서서 두드리노니 누구든지 내 음성을 듣고 문을 열면 내가 그에게로 들어가 그와 더불어 먹고 그는 나와 더불어 먹으리라" _ **요한계시록 3:20**

어떤 상황에도 하나님께 순종하다

하나님이 노아에게 말씀하셨습니다. "인간의 폭력적인 행위가 세상에 가득해서 인간을 멸하려고 한다. 홍수로 온 땅을 덮으려고 하니 너를 위해 방주를 만들어라. 방주에는 반드시 지붕을 만들어 덮고, 3층으로 지어 방을 만들고 옆에 문을 달아라. 그런 다음 방주의 안과 밖을 역청으로 봉해라." 노아는 주님께서 말씀하신 대로 행했습니다.

하나님은 왜 악한 사람들을 그냥 없애지 않으실까?

노아는 막중한 임무를 맡았습니다. 하나님이 말씀하신 방주를 만드는 데 수년이 걸렸습니다. 하나님이 당신에게 방주(배)를 만들라고 하셨다면 어떤 생각이 들겠습니까? 다른 사람들이 죄를 지어서 당신이 그렇게 어려운 일을 해야 한다면 불공평하다는 생각이 들지 않을까요? 죄와 악함을 없앨 더 쉬운 길은 없을까요?

하나님은 분명한 물리 법칙을 따라 이 세상을 만드셨습니다. 예를 들면 중력 같은 것 말입니다. 지구상의 모든 것은 지구 중앙으로 끌어당겨집니다. 그래서 우리가 떨어지지 않는 것입니다. 하나님은 자신이 세운 자연법칙을 벗어나 일할 능력이 있으시지만, 종종 자연법칙을 초자연적인 방식으로 사용해 자신의 능력을 나타내십니다. 하나님은 성급하게 결정하거나 자신의 뜻을 관철시키기 위해 지름길로 가지 않으십니다. 하나님은 종종 사람들을 선택해 자신의 능력을 보여주십니다. 그리고 자신의 뜻이 이루어지기를 인내심 있게 기다리십니다.

"이는 내 생각이 너희의 생각과 다르며 내 길은 너희의 길과 다름이니라 여호와의 말씀이니라" _ **이사야 55:8**

둘씩 짝으로

노아가 방주를 다 짓자 하나님은 말씀하셨습니다. "네 가족을 데리고 방주로 들어가라. 모든 정결한 동물을 한 쌍씩, 모든 부정한 동물을 한 쌍씩 태워라. 모든 새도 한 쌍씩 태워라. 그래서 홍수가 끝난 뒤에도 모든 동물과 새의 종류가 남아 있게 하여라." 노아는 주님께서 말씀하신 모든 일을 했습니다. 노아와 그의 가족은 방주로 들어갔고, 모든 종류의 동물(모든 살아 있는 창조물의 암컷과 수컷)도 함께 들어갔습니다. 그런 다음 하나님이 문을 닫으셨습니다!

동물도 하나님께 순종할까?

하나님은 우주의 창조주시며, 만드신 모든 것을 다스릴 권세가 있는 분입니다. 하나님은 피조 세계 전체를 지탱하고 계십니다. 하나님은 해가 뜨고 지게 하시며, 마른 땅에 비를 내리시고, 모든 창조물(가장 큰 것에서부터 가장 작은 것까지)이 각자의 자리에 있게 하십니다.

하나님은 동물을 창조하셨기 때문에 그분이 원하시는 것을 동물이 하도록 만들 힘이 있으십니다. 동물은 우리처럼 하나님께 순종할지 말지를 선택할 수 없습니다. 동물은 영혼이 없기 때문에 우리가 하나님을 인식하는 것처럼 하나님을 인식할 수 없습니다. 하나님은 우리에게 말씀하시는 방식으로 동물에게 말씀하지 않으십니다. 하나님이 시키는 일을 할 때 동물은 생각 없이 하는 것입니다. 하나님이 광야에 숨어 있던 그분의 종을 새를 이용해 먹이신 때가 있지 않습니까?(왕상 17:4)

"그들이 심히 두려워하여 서로 말하되
그가 누구이기에 바람과 바다도 순종하는가 하였더라" _ **마가복음 4:41**

비, 비, 더 많은 비

하나님이 방주의 문을 닫고 봉하시자 비가 내리기 시작했습니다! 비가 내리고 또 내렸으며 땅 밑의 하천도 터졌습니다. 천천히 지속적으로 물이 차올랐고, 40일이 지나자 방주가 물에 떠올랐습니다. 물이 불어나 가장 큰 나무들을 덮어버렸고, 가장 높은 산도 덮어버렸습니다.

홍수와 지진은 하나님의 심판일까?

노아 시대에 사람들의 악함이 점점 더 심해졌습니다. 하나님은 홍수를 통해 선함이 이 땅을 다스릴 기회를 다시 한번 주기로 결정하셨습니다. 당시에는 노아 한 사람만 선했는데, 그는 이미 나이가 많았습니다. 만일 노아가 죽고 악만 남아서 세상을 통치한다면 어떻게 될까요?

홍수 후에 사람들이 조금씩 많아지기 시작했고, 그들은 세상 여러 곳으로 퍼져나갔습니다. 어떤 사람은 하나님을 믿었지만, 대부분은 하나님을 믿지 않았습니다. 오늘날 예수님의 교회를 막을 수 있는 것은 없습니다! 예수님이 친히 말씀하셨습니다. “내가 내 교회를 세우리니 음부의 권세가 이기지 못하리라.” 좋은 씨와 가라지가 같이 자라는 것처럼 하나님은 선과 악이 같이 ‘자라도록’ 허락하십니다(마 13:24-30).

오늘날 세상에서 일어나는 자연재해와 홍수는 노아 시대에 하나님이 내리신 심판과 같지 않습니다. 대부분의 경우 재해는 하나님을 믿는 사람에게도 영향을 미칩니다. 홍수나 지진, 허리케인이 일어났다는 소식을 들으면, 힘든 시간을 통과하고 있는 그 지역 사람들이 하나님께 돌아와 도움을 받도록 기도하십시오.

“피조물이 다 이제까지 함께 탄식하며 함께 고통을 겪고 있는 것을 우리가 아느니라”

_ 로마서 8:22

노아 창세기 8:1-5, 15-19

파란 하늘!

노아와 그의 가족과 모든 동물이 방주를 타고 표류하는 동안 하나님은 항상 그들을 지켜보셨습니다. 하나님은 바람을 보내 땅이 드러나게 하셨고, 물이 점점 줄어들게 하셨습니다. 또 물을 뿜어내던 샘도 막으셨고, 비도 그치게 하셨습니다.

몇 달이 지나 물이 많이 줄어들자 방주가 어느 산에 걸치게 되었습니다. 시간이 좀 더 지난 어느 날, 하나님이 노아에게 말씀하셨습니다. "방주에서 나오너라. 모든 생물도 다 데리고 나오너라." 노아와 그의 가족과 모든 동물이 마른 땅으로 나왔습니다.

지금도 노아 시대처럼 악한데, 하나님은 왜 악한 자들을 벌하지 않으실까?

하나님은 홍수로 모든 것을 새롭게 하셨습니다. 한동안 세상에 큰 비극을 가져왔던 악이 사라졌습니다. 마치 홍수가 땅에서 죄를 씻어버린 듯했습니다. 그러나 사람들의 마음은 여전히 죄로 가득했고, 곧 악이 다시 퍼지기 시작했습니다.

오늘날 세상에 온갖 죄악이 만연함에도 하나님은 여전히 세상을 새롭게 하십니다. 이제는 홍수로 지구상의 죄를 없애지 않으시고, 예수님의 피로 믿는 사람들의 마음에서 죄를 없애십니다. 하나님이 말씀하십니다. "새 마음을 너희에게 주되 너희 육신에서 굳은 마음을 제거하고 부드러운 마음을 줄 것이며"(겔 36:26). 하나님은 자비로우시고 오래 참으십니다. 어느 누구도 죄 가운데서 죽기를 바라지 않으십니다. 하나님은 가능한 한 오랫동안 악에 대한 심판을 보류하셔서 많은 사람이 구원받게 하십니다(벧후 3:9).

"노아의 때와 같이 인자의 임함도 그러하리라" _ **마태복음 24:37**

하나님의 약속

하나님은 노아와 그의 아들들을 축복하셨습니다. "너희는 생육하고 번성하여라." 하나님이 말씀하셨습니다. "내가 영원히 지킬 약속을 너와 네 자손과 그 뒤에 올 자들과 모든 살아 있는 피조물에게 주겠다. 내가 다시는 홍수를 보내 땅의 모든 생명을 쓸어버리지 않을 것이다. 이 약속의 징표로 나는 구름 속에 무지개를 둘 것이다. 구름이 하늘을 덮고 구름 속에 무지개가 나타날 때마다 내가 네게 한 약속을 기억하겠다."

무지개는 왜 생길까?

홍수 이전에는 무지개가 없었습니다. 홍수 이후에 하나님은 모든 피조물을 홍수로 쓸어버리는 일은 다시 없을 거라고 약속하셨습니다. 하나님은 노아에게 하신 약속을 온 세상에 알리기 위해 하늘에 무지개를 두셨습니다. 무지개는 우리가 하나님의 자비와 신실하심을 기억하게 합니다.

우리는 무지개를 볼 때마다 하나님의 많은 약속을 기억해야 합니다. 하나님의 모든 약속은 성경에서 찾을 수 있습니다! 몇몇 특별한 약속에는 하나님의 지시사항이 붙어 있어서, 우리가 그 지시에 순종하는지가 중요합니다. 우리가 하나님의 말씀에 순종한다면 하나님은 약속하신 것을 지키실 것입니다. 변치 않으시고 전능하신 하나님은 모든 약속을 지키십니다.

"주님이 하시는 말씀은 모두 다 진실하고, 그 모든 업적에는 사랑이 담겨 있다."
_ 시편 145:13, 새번역

아브람 창세기 12:1-5

일어나 가라

아브람이 75세가 되었을 때 주님께서 말씀하셨습니다. "네 고향과 친척을 떠나 내가 보여줄 땅으로 가라. 내가 네게 자녀와 손자를 주어 큰 민족을 이루게 하겠다. 내가 너를 축복할 것이고 너는 위대하게 될 것이다. 너는 복이 될 것이고, 나는 너를 통해 모든 나라를 축복할 것이다." 아브람과 아내 사래와 조카 롯은 모든 소유를 챙겨 가나안 땅으로 출발했습니다.

왜 하나님은 가끔 우리를 멀리 떠나게 하실까?

아브람은 안정된 삶을 살고 있었습니다. 결혼도 했고 하인도 있고 기후도 정말 좋았습니다! 그런데 하나님은 아브람에게 더 큰 계획을 가지고 계셨습니다. 그 계획을 이루기 위해 아브람을 가나안 땅으로 가게 하셨습니다. 하나님은 아브람의 자손에게서 태어날 사람이 바닷가의 모래나 하늘의 별처럼 많아질 것을 미리 내다보셨습니다. 하나님은 아브람을 통해 세상 모든 사람이 복 받기를 원하셨습니다.

아브람은 하나님께 순종하여 오랫동안 살아온 곳을 떠나 먼 땅으로 여행을 떠났습니다. 하나님은 지금 당신이 있는 곳에서 당신을 필요로 하시고, 미래에는 다른 곳으로 옮기실 수도 있습니다. 하나님이 어디서 어떻게 당신에게 복 주시고 다른 이에게 복이 되게 하시려는지 누가 알겠습니까?

"여호와의 말씀이니라 너희를 향한 나의 생각을 내가 아나니 평안이요
재앙이 아니니라 너희에게 미래와 희망을 주는 것이니라" _ **예레미야 29:11**

나쁜 계획

긴 여행 끝에 아브람과 사래와 조카 롯은 가나안 땅에 도착했습니다. 아브람이 가나안에 머물며 흉년이 들자 이집트로 가기로 결심했습니다. 아브람은 사래가 아름다워서 이집트 사람들이 자기를 죽이고 아내 사래를 빼앗을까 봐 두려웠습니다. 그래서 사래에게 말했습니다. "당신이 내 누이동생이라고 하면 사람들이 나를 잘 대해 줄 것이니 내 누이동생이라고 말하시오."

바로(이집트의 왕)가 사래의 아름다움을 보고 아브람을 잘 대해 주고, 사래를 왕궁으로 데려갔습니다. 그러나 바로가 아브람의 아내를 데려간 것으로 인해 하나님이 바로에게 심각한 질병을 내리셨습니다.

어떤 상황에서는 거짓말을 해도 괜찮을까?

곤란한 상황에서 우리 방식대로 일을 처리하다 보면 문제가 생깁니다. 하나님을 신뢰하기보다 우리 계획을 신뢰하면 대개 일을 그르칩니다. 아브람은 목숨을 잃을까 봐 두려웠습니다. 사래가 자신의 누이동생인 척하면 이집트 사람들이 그를 죽이지 않을 거라고 생각했습니다. 그의 계획은 처음에는 통하는 것 같았습니다. 바로가 그에게 양과 소와 낙타를 주었으니까요. 그러나 그 대가로 바로는 사래를 원했습니다.

아브람의 계획은 잘못된 것이었습니다! 곧 하나님이 개입하셔서 바로에게 질병을 내리셨습니다. 그제서야 바로는 사래가 아브람의 아내인 것을 알았고, 즉시 사래를 아브람에게 돌려보냈습니다. 아브람이 바로를 속이지 않아도 되도록 하나님은 더 나은 계획을 준비해 놓으셨을까요?

"사랑하는 자들아 만일 우리 마음이 우리를 책망할 것이 없으면 하나님 앞에서 담대함을 얻고" _ **요한일서 3:21**

아브람 창세기 13:1-12

네가 선택해라!

아브람과 아내와 조카 롯은 이집트를 떠나 가나안 땅으로 돌아왔습니다. 하나님이 아브람에게 복을 주셔서 양과 염소와 소가 많아졌습니다. 롯도 양과 소를 어느 정도 가지고 있었습니다. 그들의 가축이 더 많아지자, 가축을 다 먹이기에 땅이 충분하지 않았습니다. 그래서 롯의 목자들과 아브람의 목자들이 다투기 시작했습니다. 아브람이 롯에게 말했습니다. "우리 일꾼끼리 서로 다투어서는 안 된다. 우리가 이제 떨어져 살자."

아브람은 롯에게 원하는 땅을 먼저 선택하게 했습니다. 롯은 비옥한 요단 계곡을 선택했고, 아브람은 가나안에 머물렀습니다.

항상 다른 사람이 먼저 선택하게 해야 할까?

케이크 두 조각이 있어서 친구와 나눠 먹어야 한다면 친구에게 먼저 고르게 하겠습니까, 아니면 당신이 더 큰 조각을 갖고 다른 것을 친구에게 주겠습니까? 아브람은 자신이 원하는 땅을 먼저 선택할 수 있었지만, 하나님이 자신에게 복 주실 것을 믿었습니다. 그래서 롯이 어떤 땅을 선택하든 문제 되지 않았습니다.

무엇을 줄지 선택할 권리가 당신에게 있을 때, 자비로우신 주께서는 베푸는 마음을 좋아하신다는 것을 기억하십시오. 그분은 우리에게 복 주기를 좋아하십니다. 다른 사람이 좋은 것을 먼저 선택하면 내가 손해 보는 것 같지만, 우리는 결국 하나님으로부터 오는 훨씬 더 큰 상급을 받게 될 것입니다.

"그런즉 너희는 먼저 그의 나라와 그의 의를 구하라
그리하면 이 모든 것을 너희에게 더하시리라" _ **마태복음 6:33**

승자인데 아무것도 갖지 않다

—

롯은 악한 자들이 사는 소돔 근처 계곡에 정착했습니다. 어느 날, 소돔 왕이 다른 도시의 왕들과 연합해 적군과 싸우러 갔습니다. 소돔과 고모라 왕은 전쟁에서 패했고, 적군이 롯과 그의 모든 소유를 탈취해 갔습니다. 한 사람이 도망쳐 나와 아브람에게 이 일을 알렸습니다. 아브람은 롯의 소식을 듣고 부하들을 데리고 가서 싸워 이겼습니다.

아브람이 돌아오자, 소돔 왕이 살렘 왕이자 제사장인 멜기세덱과 함께 선물을 가지고 왔습니다. 멜기세덱은 아브람을 축복했고, 그들에게 승리를 주신 하나님을 찬양했습니다. 아브람은 되찾아온 탈취물의 십분의 일을 멜기세텍에게 주었습니다. 또 적군이 소돔 왕에게서 탈취해 간 모든 소유를 돌려주었습니다.

내가 찾아내거나 살려낸 것을 꼭 돌려주어야 할까?

귀중한 물건을 주운 적이 있습니까? 나무에 걸린 어떤 사람의 연을 풀어주려고 높은 나무에 올라가거나 새끼 고양이를 구하려고 배수로로 내려가 본 적이 있습니까? 고생한 걸 생각하면 찾은 것을 그냥 가져도 된다고 생각할지 모릅니다.

아브람은 롯을 구하고 소돔 백성과 그들의 소유를 되찾기 위해 자신과 부하들의 목숨을 걸었습니다. 아브람은 모든 물건을 가질 권리가 있었고, 소돔 왕도 탈취물을 가져도 된다고 말했습니다. 그러나 아브람은 되찾아온 물건을 갖는 것은 옳지 않다고 생각했습니다. 그것은 원래부터 자기 것이 아니었기 때문입니다. 아브람은 우리에게 좋은 본을 보여주었습니다.

"네 형제의 소나 양이 길 잃은 것을 보거든 못 본 체하지 말고
너는 반드시 그것들을 끌어다가 네 형제에게 돌릴 것이요" _ **신명기 22:1**

아브람 창세기 16:1-6

올바른 조언 듣기

가나안에서 10년을 살았지만 아브람의 아내는 여전히 아이가 없었습니다. 아이 갖는 것이 불가능해 보이자 사래는 아브람에게 말했습니다. "나 대신 내 여종을 통해 아이를 갖는 것이 어떻습니까? 그러면 그 아이는 내 아이가 될 것입니다."

아브람은 그 말에 동의하고 하갈을 통해 아기를 가졌습니다. 하갈은 임신 기간 동안 거만해졌고, 아이를 낳지 못하는 사래를 업신여겼습니다. 사래가 아브람에게 불평을 쏟아냈습니다. "하갈이 나를 업신여기는 것은 당신 잘못이에요." 아브람은 대답했습니다. "하갈은 당신 여종이니 당신이 원하는 대로 하시오." 그러자 사래는 하갈을 심하게 대했고, 결국 하갈은 도망쳤습니다.

다른 사람의 조언을 들어야 할까?

삶은 우리가 생각하는 것처럼 단순하지 않습니다. 시기가 다를 뿐 모두 어려운 문제를 겪습니다. 해결책이 명확할 때도 있지만 그렇지 않을 때도 있어서 어려운 결정을 내리기도 합니다.

우리는 다른 사람이 최선의 선택이 무엇인지 알려줄 수 있다고 믿으며 조언을 구하기도 합니다. 그러나 안타깝게도 사람들의 의견은 개인적인 경험에서 비롯되곤 합니다. 그들은 그 선택이 자신에게 어떻게 작용할지만 보고, 그것이 당신의 미래에 미칠 영향이나 다른 사람들에게 미칠 영향은 고려하지 않습니다.

우리는 하나님께 지혜와 인도하심을 구할 수 있습니다. 정말 굉장한 일 아닙니까? 그분은 미래를 보실 뿐 아니라 우리를 가장 좋은 길로 인도하십니다.

"내가 네 갈 길을 가르쳐 보이고 너를 주목하여 훈계하리로다" _ **시편 32:8**

버려졌지만 잊히지는 않았다

사래의 여종 하갈은 홀로 사막에 있었습니다. 마치 거부당하고 버려진 것 같았습니다. 하갈이 우물에 있을 때, 주님의 천사가 와서 물었습니다. "너는 어디서 와서 어디로 가느냐?" 하갈이 대답했습니다. "제 여주인에게서 도망치고 있습니다." 그러자 천사가 말했습니다. "여주인에게로 돌아가라. 주님께서 네 울부짖음을 들으셨다. 내가 네게 셀 수 없을 정도로 많은 자손을 주겠다. 너는 아들을 낳게 될 것이니 그를 이스마엘이라 불러라." 거기서 하갈은 자신에게 말씀하신 주님을 '살피시는 하나님'이라고 불렀습니다.

내가 버림받았다고 느낄 때 하나님은 나를 보고 계실까?

모임에 갔는데 아무도 당신을 거들떠보지 않고 말도 걸지 않은 적이 있습니까? 그곳에 있는 사람들이 모두 당신을 투명인간 취급하는 것 같습니다. 아니면 모임에 초대조차 받지 못해 외롭게 살고 있을지도 모르겠습니다.

아브람과 사래가 하갈을 내쳤기 때문에 하갈은 아브람의 하나님이 자신을 잊으셨을 거라고 생각했을 것입니다. 하갈에게는 돌아갈 가족도 없고 음식을 주는 사람도 없었습니다. 그러나 하나님은 하갈의 눈물을 보셨고 하갈의 깊은 고통을 아셨습니다!

하나님은 모든 슬픈 마음속 외로움의 고통을 보십니다. 이사야는 예수님이 사람들에게 멸시받고 버림받았다고 말합니다(사 53:3). 예수님은 고통받는 슬픔을 아시는 분이라는 의미입니다. 버림받는 것이 무엇인지 세상 그 누구보다도 잘 아시는 예수님은 영원히 당신의 가장 좋은 친구가 되십니다.

"네 평생에 너를 능히 대적할 자가 없으리니 내가 모세와 함께 있었던 것 같이 너와 함께 있을 것임이니라 내가 너를 떠나지 아니하며 버리지 아니하리니"

_ 여호수아 1:5

아브라함 창세기 17:1-5, 15; 18:1-10

하나님의 방법, 하나님의 때

아브람이 99세가 되었을 때 주님께서 나타나 말씀하셨습니다. "너는 아브람이 아니라 이제 아브라함이라 불릴 것이다. 내가 너를 많은 나라의 아버지로 만들 것이다. 네 아내도 사래라 부르지 말고 이제부터 사라라 불러라."

이후에 주님께서 한낮에 다시 아브라함에게 나타나셨습니다. 아브라함이 고개를 들고 보니 세 사람이 서 있었습니다. 아브라함은 그들을 안으로 맞아들이고 발 씻을 물을 가져왔습니다. 그러고는 급히 사라에게 가서 말했습니다. "손님을 위해 떡을 서둘러 준비하시오." 아브라함이 손님들에게 식사를 대접하고 있을 때 그중 한 사람이 말했습니다. "내년 이맘때 사라가 아들을 낳을 것이다."

하나님께 그분의 약속을 상기시켜 드려야 할까?

하나님이 아브라함에게 많은 나라의 아버지가 될 거라고 약속하신 지 수년이 지났습니다. 아브라함은 하나님이 약속을 잊으셨다고 생각했을지도 모릅니다. 아브라함은 자신의 방식, 즉 하갈에게 아들을 낳게 하는 방식으로 하나님의 약속을 이루려고 한 적이 있습니다. 그러나 어찌 되었든 하나님이 약속하신 대로 되지 않았습니다. 하나님의 약속이 그가 기대했던 특별한 방식으로 이루어지지 않았기 때문입니다. 그러나 하나님은 잊지 않으셨습니다! 하나님의 때에, 즉 아브라함과 사라가 늙은 나이에 아들을 낳게 하심으로 기적을 행하셨습니다.

하나님께 그분의 약속을 상기시켜 드릴 필요는 없지만, 우리는 하나님의 약속을 기억해야 합니다. 우리는 그분이 약속하신 것을 이루실 때까지 신뢰하며 기다려야 합니다.

"여호와 하나님이여 주의 기름 부음 받은 자에게서 얼굴을 돌리지 마시옵고 주의 종 다윗에게 베푸신 은총을 기억하옵소서 하였더라" _ **역대하 6:42**

불타는 도시

아브라함의 조카 롯은 악한 도시 소돔에서 살았습니다. 하나님은 아브라함에게 그 도시를 곧 멸망시킬 거라고 말씀하셨습니다. 아브라함은 하나님께 간청했습니다. "진정 죄 없는 자들을 죄인과 함께 멸하려고 하십니까? 의인 50명이 있다면 그들을 구하기 위해 그 도시를 남겨두시겠습니까?" 주님께서 대답하셨습니다. "그 도시를 남겨두겠다." 그러자 아브라함이 계속해서 말했습니다. "만일 45명, 40명, 30명, 20명이 있다면요? 10명이 있다면요? 그들을 나머지 사람들과 함께 멸하시겠습니까?" 주님께서 대답하셨습니다. "의인이 10명만 있어도 그 도시를 멸하지 않겠다."

세상이 더 나빠지는 것을
하나님의 백성이 막을 수 있을까?

아주 오래전에는 배를 타고 바다로 나갈 때 선원들이 소금을 이용해 음식을 저장했다는 것을 아십니까?

아브라함은 하나님이 공의로우시고 완벽하게 공평하신 분임을 알았기에, 악한 도시에 선한 사람들이 살고 있다면 멸망시키지 않으실 것을 알았습니다. 아브라함은 그 도시에 소수의 선한 사람이 있다면 멸망시키지 말아 달라고 하나님께 간청했습니다. 그러나 소돔에는 의인이 10명도 없었습니다.

선함이 있어야 생명이 있습니다. 소돔에 의인이 몇 명 있었다면 하나님은 그 도시를 남겨두셨을 것입니다. 예수님은 우리에게 이 땅의 소금이라고 말씀하셨습니다. 이 세상이 완전히 죄로 썩지 않도록 우리가 지키는 것입니다. 세상의 소금인 우리 때문에 하나님은 심판을 유보하고 계십니다.

"너희는 세상의 소금이니" _ **마태복음 5:13**

아브라함 창세기 21:1-3; 22:1-12

이삭과 제물

하나님은 약속하신 대로 사라에게 아기를 주셨고, 아브라함은 아기 이름을 이삭이라고 지었습니다. 하나님의 약속은 아브라함과 사라가 늙었음에도 이루어졌습니다. 이삭이 어렸을 때, 주님께서 아브라함에게 말씀하셨습니다. "네 아들 이삭을 데리고 가서 내가 네게 보여줄 산에서 제물로 바쳐라." 아브라함은 어떤 질문도 하지 않고, 다음 날 아침 일찍 이삭을 데리고 종과 함께 길을 떠났습니다. 3일 후 아브라함은 멀리서 그 산을 보고 종에게 여기서 기다리라고 했습니다.

아브라함과 이삭은 하나님이 보여주신 산에 도착했습니다. 아브라함은 제단을 쌓고 그 위에 장작을 올린 후, 이삭을 묶어 제단 위에 눕혔습니다. 그때 주님의 천사가 말했습니다. "아브라함아, 그 아이를 다치게 하지 마라. 이제 네가 하나님 경외하는 것을 내가 보았노라."

왜 하나님은 우리에게 어려운 일을 시키실까?

하나님은 우리가 얼마나 그분을 사랑하고 신뢰하는지 아십니다. 하나님은 모든 것을 아시지만 때로 우리 믿음과 헌신을 시험하십니다(신 8:2). 이 시험은 학교 시험처럼 몇 점 이상 받으면 통과하는 것이 아닙니다. 당신이 아무리 망쳤더라도 하나님은 당신을 여전히 사랑하시며, 당신은 그분을 믿으므로 영생을 얻습니다(요 5:24).

하나님의 시험은 우리의 '믿음 근육'을 강하게 해주고, 우리에게 하나님이 얼마나 절실히 필요한지를 깨닫게 합니다. 보통 이런 시험을 지나면서 우리의 영적 삶이 크게 성장합니다. 아브라함은 하나님을 신뢰하고 순종했기에 믿음의 선조 가운데 한 사람으로 성경에 기록되었습니다(히 11:17 참조).

"여호와여 나를 살피시고 시험하사 내 뜻과 내 양심을 단련하소서" _ **시편 26:2**

하나님이 공급하신다!

아브라함이 아들 이삭을 제단 위에 바치려고 할 때 주님의 천사가 말씀하셨습니다. "그 아이를 다치게 하지 마라. 네 독자도 아끼지 않는 걸 보니 네가 하나님을 경외하는 것을 이제 알겠다."

그때 아브라함이 눈을 들어 보니, 수풀에 뿔이 걸린 숫양 한 마리가 보였습니다. 아브라함은 그 양을 잡아 자신이 만든 제단에서 희생제물로 드렸습니다. 아브라함은 그곳을 '여호와 이레'라고 불렀습니다. 아브라함과 이삭은 종이 기다리는 곳으로 돌아갔습니다.

희생이란 무엇일까?

희생은 값비싼 선물로, 희생하는 사람에게 소중하고 중요한 의미가 있습니다. 예수님께 값비싼 향유를 부은 여인처럼 말입니다(막 14:3). 희생은 시간이나 권리를 포기하는 것처럼 눈에 보이지 않는 것일 수도 있습니다. 아브라함은 하나님을 사랑하고 온전히 신뢰했기에 힘든 일이지만 순종했습니다.

구약 시대에는 동물을 죽여 제단 위에 올려놓고 불에 태웠습니다. 죄에 대한 희생제사는 예수님이 우리 죄를 위해 어떻게 희생제물이 되었는지 보여주는 예표입니다. 아브라함이 자기 아들을 기꺼이 드린 것처럼, 하나님은 우리를 위한 희생제물로 아들 예수님을 이 땅에 보내셨습니다. 하나님은 우리 죄로 인해 죽기까지 예수님을 희생시키셨습니다.

"사랑은 여기 있으니 우리가 하나님을 사랑한 것이 아니요 하나님이 우리를 사랑하사 우리 죄를 속하기 위하여 화목 제물로 그 아들을 보내셨음이라" _ **요한일서 4:10**

이삭 창세기 24:1-4, 10-20

친절한 행동

이삭이 결혼할 때가 되자 아브라함이 종에게 말했습니다. "내 고향으로 가서 내 아들에게 맞는 아내를 찾아오너라." 아브라함의 종은 이 임무가 혼자 감당하기에 벅차다는 것을 알았습니다. 아브라함의 고향에 도착한 종은 하나님께 기도했습니다. "여기 우물에 물을 길으러 오는 여인에게 제가 마실 물을 좀 달라고 요청하겠습니다. 그때 하나님이 선택하신 자라면 제 낙타들에게도 물을 주게 하소서."

그가 기도를 마치기도 전에 리브가라는 아름다운 여인이 그곳에 왔습니다. 아브라함의 종은 리브가에게 마실 물을 달라고 했습니다. 여인은 항아리를 내리며 말했습니다. "선생님 여기 있습니다. 제가 당신의 낙타에게도 물을 먹이겠습니다." 여인은 물을 더 길어와 모든 낙타가 충분히 마실 수 있게 해주었습니다. 아브라함의 종은 이 여인이 바로 하나님이 선택하신 사람임을 알 수 있었습니다.

낯선 사람에게도 친절해야 할까?

성경은 다른 사람에게 친절을 베풀어야 한다고 가르칩니다. 친절하고 돕는 행동은 우리 마음에서 예수님이 일하심을 보여줍니다. 불행하게도, 어떤 사람은 다른 사람이 베푸는 친절을 이용합니다. 나쁜 사람들은 친절한 행동으로 덫을 놓고 다른 목적을 이루려고 합니다.

하나님은 기꺼이 하려는 마음이 있는지를 보십니다. 누군가를 돕고 싶다면 그 사람을 도울 수 있는 최선의 방법이 무엇인지 주변 사람들과 상의하십시오. 그래야 정말 필요한 도움을 줄 수 있고, 친절하고 도움이 되는 행동을 통해 하나님을 기쁘게 섬길 수 있습니다.

"그러므로 우리는 기회 있는 대로 모든 이에게 착한 일을 하되
더욱 믿음의 가정들에게 할지니라" _ **갈라디아서 6:10**

이삭의 아내

하나님은 아브라함의 종이 구한 특별한 표적을 주셨습니다. 아브라함의 종은 자신의 낙타에게 물을 준 여인이 하나님이 이삭을 위해 택한 아내임을 알았습니다. 아브라함의 종은 리브가에게 보석을 주면서 하룻밤 묵어갈 수 있는지 물었습니다. 그러자 리브가는 집으로 달려가 이 일을 알렸습니다. 오빠 라반은 리브가만큼이나 기뻐하며 아브라함의 종을 머물게 해주었습니다. 아브라함의 종은 일을 당장 매듭짓고 싶었습니다.

리브가의 아버지 브두엘이 모든 이야기를 듣고 아들 라반과 한목소리로 말했습니다. "이 모든 문제는 하나님께 달려 있습니다. 우리가 결정할 문제가 아닙니다. 여기 리브가가 있으니 데리고 가서 당신 주인 아들의 아내로 삼으십시오."

내가 결혼할 사람을 다른 사람이 정해도 될까?

사람들 간에는 서로 구별 짓는 많은 전통이 있습니다. 어떤 사람이 자신의 문화, 즉 그들이 살아가는 방식에 대해 이야기하는 것을 들어보았을 것입니다. 아브라함 시대에는 아들에게 아내를 구해 주는 것이 아버지의 일이었습니다. 그리고 딸의 아버지는 그 청혼을 받아들일지 말지를 결정했습니다. 이런 방식은 자녀가 행복한 결혼을 하도록 돕기 위한 것이었습니다.

지금은 부모가 자녀에게 배우자를 선택해 주지 않습니다. 그러나 부모의 조언을 듣는 것은 언제나 유익합니다. 무엇보다 당신에게는 최선의 선택을 하도록 도와주시는 하늘 아버지가 계시다는 사실을 잊지 마십시오.

"너의 행사를 여호와께 맡기라 그리하면 네가 경영하는 것이 이루어지리라"

_ **잠언 16:3**

아버지의 축복

이삭과 리브가는 결혼하여 야곱과 에서를 낳았습니다. 시간이 흘러, 이삭은 늙어 시력을 잃게 되었습니다. 당시에는 아버지가 맏아들에게 축복해 주는 것이 관례였습니다. 이것을 '장자권'이라고 합니다. 이삭은 에서에게 사냥해서 요리를 만들어 오라고 했습니다. 그런데 리브가가 이 말을 듣고 이삭을 속여 야곱이 축복받게 하려고 계획을 세웠습니다. 리브가는 야곱을 더 사랑했습니다.

에서가 사냥하러 간 사이 리브가는 염소요리를 준비하고, 야곱의 팔에 염소 털을 두르게 했습니다. 야곱의 팔은 매끈했지만 에서의 팔은 털이 수북했기 때문입니다. 야곱이 아버지의 식사를 챙겨드리자 이삭이 물었습니다. "에서야, 정말 내 아들 맞느냐? 이리 와보거라. 한 번 만져보자꾸나." 야곱은 염소 털로 감싼 팔을 내밀었습니다. 이삭은 그 팔을 만져보고 에서라고 생각하여 축복해 주었습니다. 그러나 그가 축복한 것은 야곱이었습니다.

축복이 무엇일까?

야곱의 행동은 옳지 않습니다. 아버지에게 거짓말을 했고, 에서가 받아야 할 특별한 복을 가로챘기 때문입니다. 그러면 축복이 무엇일까요? '축복합니다'라는 말을 자주 들어서 그리 특별하게 느껴지지 않을 수 있습니다.

부모가 하나님을 공경할 때, 하나님의 특별한 은총이 모든 자녀에게 임합니다. 하나님이 주시는 복은 자녀가 건강하게 살거나 부자가 되는 것을 의미하지 않습니다. 오히려 하나님이 그 자녀를 자신에게 가까이 이끄시는 것을 의미합니다. 하나님은 부모의 기도에 응답하시고 맏아들뿐 아니라 모든 자녀에게 복을 주십니다.

"여호와의 인자하심은 자기를 경외하는 자에게 영원부터 영원까지 이르며
그의 의는 자손의 자손에게 이르리니" _ **시편 103:17**

얼마나 멋진 꿈인가!

에서는 자신이 받아야 할 아버지의 축복을 동생 야곱이 빼앗은 것을 알고 야곱을 미워했습니다. 리브가는 에서가 야곱을 죽이려 한다는 사실을 알고 한 가지 계획을 세웁니다. 야곱에게 외할아버지가 사는 곳으로 가서 아내를 찾아오라고 합니다. 그래서 야곱은 먼길을 떠납니다.

야곱이 하란으로 가는 길에 해가 저물자, 그날 밤을 지낼 장소를 찾았습니다. 거기서 꿈을 꾸었는데, 땅에서부터 하늘까지 사다리가 놓여 있었습니다. 그 위로 천사들이 오르락내리락하고 있었습니다. 그때 주님께서 야곱에게 말씀하셨습니다. "네가 누워 있는 이 땅을 내가 너와 네 자손에게 주겠다. 내가 너와 함께하고 네가 어디로 가든 너를 보호하겠다."

하나님은 아직도 우리에게 꿈으로 말씀하실까?

당신은 모든 꿈이 실현되기를 바랍니까? 꿈이 너무 실감났는데 깨어 보니 꿈이어서 실망한 적도 있을 것입니다. 야곱의 꿈은 실현되었습니다. 하나님은 꿈에서 그에게 말씀하셨고, 미래에 어떤 일이 일어날지 알려주셨습니다. 하나님은 여전히 꿈을 통해 사람들에게 말씀하실 수 있고 말씀하십니다. 그러나 그것은 하나님이 우리에게 말씀하시는 일반적인 방법은 아닙니다.

우리가 하나님의 음성을 들을 수 있는 확실한 방법은 성경을 읽는 것입니다. 하나님이 당신에게 무슨 말씀을 하시는지 알고 싶다면 성경을 여러 번 반복해서 읽으십시오. 꿈과 달리 하나님의 말씀은 그 의미를 알아내려고 애쓰지 않아도 됩니다. 다른 사람의 도움이나 당신 안에 내주하시는 성령의 도우심으로, 하나님은 당신의 삶을 향한 계획을 알게 하실 것입니다.

"너희의 젊은이들은 환상을 보고 너희의 늙은이들은 꿈을 꾸리라" _ **사도행전 2:17**

야곱 창세기 29:9-20

7년이라는 짧은 세월

여러 날이 지나 야곱은 하란 근처에 도착했습니다. 그는 자기 백성 가운데서 아내를 찾으려 했습니다. 그가 우물에서 몇몇 목자와 이야기를 나눌 때, 라반의 딸 라헬이 양떼를 데리고 우물에 도착했습니다. 야곱은 우물을 덮고 있던 무거운 돌을 굴려, 라헬의 양떼가 물을 먹을 수 있게 해주었습니다.

라헬은 야곱이 친척인 것을 알게 되자 집으로 달려가 아버지에게 알렸고, 야곱은 그들과 함께 한 달을 머물렀습니다. 라헬의 아버지 라반이 야곱에게 말했습니다. "우리가 친척이라고 해서 네가 무료로 일해야 한다고 생각하지 않는다. 얼마를 받기 원하느냐?" 야곱이 대답했습니다. "라헬과 결혼할 수 있다면 7년 동안 외삼촌을 위해 일하겠습니다." 라반이 동의하여 야곱은 그를 위해 7년을 일했지만, 라헬을 무척 사랑했기에 그 시간이 며칠같이 느껴졌습니다.

왜 오랜 세월 훈련받아야 할까?

야곱은 원하는 것을 얻기 위해 7년간(사실은 그 두 배) 열심히 일해야 했습니다. 당신도 원하는 것을 얻기 위해 오랜 세월 공부하고 일하며 시간을 보내야 할 것입니다. 가치 있고 영속적인 것은 시간이 걸립니다. 창조도 시간이 걸렸습니다. 하나님은 한순간에 모든 것이 존재하게 하실 수 있었지만, 그것을 완벽하게 하는 데 시간과 노력을 들이셨습니다. 하나님은 모든 것을 완벽하게 창조하기 위해 많은 시간을 들이시고 일곱째 날에는 쉬셨습니다.

열심히 일하면 노력에 대한 보상을 받습니다. 그 일이 쉽든 어렵든 최선을 다하십시오.

"부지런한 자의 경영은 풍부함에 이를 것이나 조급한 자는 궁핍함에 이를 따름이니라"

_ 잠언 21:5

약속은 약속이다

야곱은 라헬의 아버지 라반을 위해 7년을 일한 후 말했습니다. "이제 시간이 되었습니다. 라헬과 결혼하게 해주십시오." 라반은 모든 사람을 초대하고 잔치를 베풀었습니다. 그런데 그날 밤 잔치가 끝난 후 라반은 라헬 대신 첫째 딸 레아를 야곱에게 주었습니다. (그 당시 신부는 얼굴을 베일로 가리고 있어서, 야곱은 신부가 레아인지 알지 못했습니다.)

다음 날 야곱은 라반에게 가서 말했습니다. "당신은 나를 속였습니다!" 라반이 대답했습니다. "첫째 딸을 먼저 결혼시키는 것이 우리 관습이네. 자네가 7년을 더 일하면 라헬도 주겠네." 야곱은 새 거래에 동의했습니다. 결혼 주간이 끝난 후 라헬은 야곱의 또 다른 아내가 되었고, 야곱은 라반을 위해 7년을 더 일했습니다.

속았을 때 어떻게 반응해야 할까?

누군가와 약속했는데 속았던 경험이 있습니까? 어떻게 해야 할까요? 이용당하고 수치를 당하면 화가 날 것입니다. 그러나 분노에 휩싸여 반응하거나 복수하지 마십시오. 억울함(증오에 찬 생각)이 당신의 삶을 비참하게 만들도록 허용하지 마십시오.

때로는 누군가에게 그 문제에 대해 말하는 것으로도 해결될 수 있습니다. 두 사람 사이에 불화가 있을 때는 제3자가 재판관처럼 현명한 결정을 내려줄 수 있습니다. 상황을 바꿀 수 있는 여지가 전혀 없을 때는 그냥 있는 그대로 받아들이고, 주님께서 일을 바로잡아 주실 것을 신뢰하십시오.

"내 사랑하는 자들아 너희가 친히 원수를 갚지 말고 하나님의 진노하심에 맡기라 기록되었으되 원수 갚는 것이 내게 있으니 내가 갚으리라고 주께서 말씀하시니라"

_ 로마서 12:19

A 365-Day Devotional

2월
February

야곱, 요셉, 모세와 함께 걷다

일 바로잡기

야곱은 라반을 위해 수년을 일한 끝에 자신의 양과 염소를 갖게 되었습니다. 하나님이 야곱에게 많은 동물을 주시자 라반은 야곱을 질투했습니다. 그러자 하나님은 야곱에게 고향으로 돌아가라고 말씀하셨습니다. 야곱은 가족과 모든 소유를 가지고 아버지가 있는 가나안으로 향했습니다. 자신이 속인 형 에서를 만나야 하는 것이 문제였습니다.

에돔 땅에 도착한 야곱은 에서를 위한 선물을 종들과 함께 먼저 보냈는데, 에서가 4백 명을 이끌고 오고 있다는 소식을 듣자 두려웠습니다. 에서를 만난 야곱은 땅에 엎드려 절하면서 용서를 구하고 에서에게 많은 선물을 주었습니다. 형제는 서로 화해했습니다.

미안하다고 말하면 다 될까?

누군가와 문제가 생겨서 그를 피하고 있다면, 이제 일을 바로잡을 때입니다. "미안합니다"는 짧은 말이지만, 때로는 가장 하기 힘든 말이기도 합니다. 진심으로 미안함을 표현하려면, 무슨 말을 어떻게 할지 생각해 보세요. 예를 들면 이렇게 말할 수 있습니다. "내가 당신에게 한 말에 대해 정말 미안합니다." 혹은 "당신에게 상처를 주어 미안합니다. 부디 용서해 주세요." 야곱처럼, 잘못한 사람에게 마음에서 우러나오는 친절(kindness)을 베풀 방법을 생각해 보십시오.

"삭개오가 서서 주께 여짜오되 주여 보시옵소서
내 소유의 절반을 가난한 자들에게 주겠사오며 만일 누구의 것을 속여
빼앗은 일이 있으면 네 갑절이나 갚겠나이다" _ **누가복음 19:8**

요셉 창세기 37:1-11

진짜 별나네

요셉은 야곱의 열두 아들 중 열한 번째 아들이었습니다. 요셉의 가족은 가나안으로 이사했고, 요셉은 양과 염소를 돌보았습니다. 야곱은 다른 아들보다 요셉을 더 사랑해서 특별하고 화려한 겉옷을 입혔습니다. 가족 중에 누가 사랑받는지 명확히 알 수 있어서 형들은 요셉을 시기했습니다. 요셉이 아버지에게 형들의 행동을 일렀기 때문에 형들은 요셉을 더 미워했습니다.

어느 날 밤, 요셉이 꿈을 꾸었습니다. 형들과 함께 들판에서 곡식 단을 묶는데, 그의 곡식 단이 벌떡 일어서고 형들의 곡식 단이 에워싸 절하는 꿈이었습니다. 그 후 요셉은 해와 달과 열한 별이 그에게 절하는 꿈을 꾸었습니다. 요셉이 형들에게 꿈 이야기를 하자 형들은 화를 내면서 말했습니다. "네가 우리 왕이 되어 다스리려고 하느냐?" 형들은 요셉을 더욱 미워하게 되었습니다.

편애받는 것이 왜 문제일까?

어떤 사람이 유독 좋은 대우를 받고 이유 없이 더 사랑받는 것을 보면 어떤 느낌이 드나요? 당신이 다른 사람에게 사랑받고 있다면 아마도 충분한 이유가 있을 것입니다. 사랑받는 것은 아무런 문제가 되지 않습니다! 그러나 어떤 모임이나 공동체에서 한 사람만 편애하는 것은 문제가 됩니다.

누군가 나를 좋아하는 것은 막을 수 없지만, 그것이 다른 사람에게 영향을 준다면 조심해야 합니다. 사랑받고 있다면 너무 많은 관심을 끌지 않게 물러나 있는 것이 좋습니다.

"그러므로 일렀으되 하나님이 교만한 자를 물리치시고
겸손한 자에게 은혜를 주신다 하였느니라" _ **야고보서 4:6하**

구덩이

어느 날 요셉의 형들은 아버지의 양떼를 돌보느라 들판에 있었습니다. 아버지 야곱은 그들이 잘하고 있는지 요셉에게 가보라고 했습니다. 형들은 요셉이 오는 것을 보고 서로 말했습니다. "꿈쟁이가 온다. 죽여서 마른 우물에 던져 버리자. 야생동물에게 잡혀서 죽었다고 말하면 돼." 형제 중 르우벤이 요셉을 죽이려는 계략을 듣고 말했습니다. "안 돼. 죽이지는 말자. 그냥 이 우물에 던져 넣고 다치게 하지 말자." 형들은 요셉의 겉옷을 벗기고 깊은 구덩이에 던져 넣었습니다.

나쁜 사람들이 하나님의 자녀를 다치게 할 수 있을까?

목자이신 주님은 우리를 밤낮으로 돌보십니다(시 23편). 예수님은 말씀하셨습니다. "내 양은 내 음성을 들으며 … 내가 그들에게 영생을 주노니 영원히 멸망하지 아니할 것이요 또 그들을 내 손에서 빼앗을 자가 없느니라"(요 10:27-29). 하나님이 전능하신 손으로 우리를 지키신다니 정말 위안이 되지 않습니까?

사탄은 하나님께 속한 사람들에게 상처를 주고 상하게 하려고 별별 일을 다 할 것입니다. 하나님은 사탄에게 어느 정도 힘은 허락하셨지만, 사탄이 우리 삶을 향한 하나님의 계획을 엎어버리거나 망칠 수 없습니다. 사탄이 나쁜 사람들을 이용해 우리를 아프게 할 때도 우리를 향한 하나님의 완벽한 계획을 바꿀 수는 없습니다. 우리는 잠시 무력해 보일 수 있지만, 하나님이 우리를 돌보십니다.

요셉의 형들이 하나님도 어쩔 수 없는 일을 한 것처럼 보일지 모르지만, 우리는 곧 하나님이 요셉 주위에 보호의 울타리를 두셨음을 알게 됩니다. 하나님은 당신 주위에도 보호의 울타리를 두셨습니다!

"여호와께서 너를 지켜 모든 환난을 면하게 하시며 또 네 영혼을 지키시리로다"

_ 시편 121:7

요셉 창세기 37:25-34

노예로 팔리다

요셉의 형들이 점심을 먹다가 이집트로 가는 상인을 보았습니다. 형제 중 하나인 유다가 말했습니다. "요셉을 저 상인들에게 파는 건 어떨까? 그러면 우리가 요셉을 죽일 필요가 없잖아. 그래도 우리 형제니까."

형제들이 모두 찬성하자 그들은 요셉을 우물에서 끌어올려 은 20을 받고 팔아버렸습니다. 요셉은 이집트로 끌려가 왕의 관원인 보디발의 집에 노예로 팔려갔습니다.

내 가치는 얼마나 될까?

한 사람의 가치를 생각할 때 은 20은 그리 많은 것 같지 않습니다. 당신의 가치는 얼마 정도라고 생각합니까? 사람들은 종종 한 사람의 가치를 그가 누구인지, 무슨 일을 하는지, 무엇을 소유했는지에 따라 판단합니다. 인기가 많고, 재능이 많고, 부자인 사람들은 종종 자신을 보호할 보디가드를 고용합니다. 그들은 신문 1면에 오르내리고, 그들의 호의를 얻으려는 사람들에게 지나칠 정도로 대우받습니다.

누군가 은 20보다 훨씬 많은 것을 지불하고 당신을 샀다는 사실을 아십니까? 당신을 위해 지불한 값은 세상에 있는 모든 은과 금을 합한 것보다 더 큽니다! 하나님은 당신을 예수님의 귀한 피로 값 주고 사셨습니다. 그만큼 당신은 하나님께 소중한 존재입니다.

"너희가 알거니와 너희 조상이 물려 준 헛된 행실에서 대속함을 받은 것은 은이나 금 같이 없어질 것으로 된 것이 아니요 오직 흠 없고 점 없는 어린 양 같은 그리스도의 보배로운 피로 된 것이니라" _ **베드로전서 1:18-19**

탁월하게 섬기기

주님께서 요셉과 함께하셔서 보디발의 집에서 성공적으로 일하게 하셨습니다. 요셉의 새 주인은 주님께서 그와 함께하시는 것을 알았습니다. 보디발은 요셉이 마음에 들어서 집안 모든 일과 소유를 관리하게 했습니다. 보디발이 그렇게 쉽게 마음을 연 적은 없었습니다. 요셉은 모든 것을 관리했고, 하나님은 보디발의 온 집과 땅을 축복하셨습니다.

더 얻는 것이 없는데도 왜 최선을 다해야 할까?

누군가를 위해 최선을 다하는 사람을 보면서, 그 동기를 의심한 적이 있나요? 어떤 사람은 돈을 더 벌기 위해 열심히 일합니다. 어떤 사람은 전문가로 이름을 알리거나 업계에서 최고가 되기 위해 열심히 일합니다. 그러나 일을 잘한다고 해서 보상을 받는 것도 아닌데 최선을 다하는 사람도 있습니다.

바울은 우리가 좋은 태도로 일하고 섬겨야 하는 중요한 이유를 알려줍니다. "눈가림만 하여 사람을 기쁘게 하는 자처럼 하지 말고 그리스도의 종들처럼 마음으로 하나님의 뜻을 행하고 기쁜 마음으로 섬기기를 주께 하듯 하고 사람들에게 하듯 하지 말라 이는 각 사람이 무슨 선을 행하든지 종이나 자유인이나 주께로부터 그대로 받을 줄을 앎이라"(엡 6:6-8).

하나님은 우리를 일하는 존재로 창조하셨습니다. 그분은 아담에게 에덴동산을 돌보고 거기서 일하라고 하셨습니다. 열심히 일하는 것은 주를 높이는 것입니다. 당신이 무슨 일을 하든 최선을 다하면 주를 기쁘시게 하는 것이며, 일이 잘될 때 보람을 느낄 것입니다.

"무슨 일을 하든지 마음을 다하여 주께 하듯 하고 사람에게 하듯 하지 말라"

_ 골로새서 3:23

함정

요셉이 보디발의 집을 보살피는 동안 모든 일이 순조로웠습니다. 요셉이 일할 때, 보디발의 아내는 요셉의 잘생긴 모습을 눈여겨보았습니다. 보디발의 아내는 요셉이 마음에 들어 그를 자기 침실로 유혹했지만, 요셉은 그 요청을 거절했습니다.

어느 날 보디발이 없을 때 보디발의 아내가 다시 요셉을 불렀습니다. "내 침실로 오너라." 보디발의 아내는 요셉의 옷을 붙잡았습니다. 요셉은 붙잡힌 옷을 버려둔 채 뿌리치고 도망갔습니다.

보디발의 아내는 남편이 돌아오자, 요셉의 옷을 보여주며 말했습니다. "당신이 우리 집에 데려온 노예가 내 침실로 들어와 나쁜 일을 하려고 했어요. 내가 막 소리 지르니 도망가더군요." 보디발은 아내의 말을 믿고 분노하여 요셉을 왕의 감옥에 가두었습니다.

잘못된 비난을 받을 때 어떻게 해야 할까?

부당한 대우를 받거나 자신이 하지 않은 일로 비난을 받으면 정말 화가 날 것입니다. 그런 감정에 대해 누군가에게 말하십시오. 그리고 하나님께 마음에 평화를 주셔서 당신에게 잘못한 사람을 용서하게 도와달라고 기도하십시오.

만약 누군가가 당신을 곤란하게 만들어서 그런 상황을 설명해야 한다면, 사실에만 집중하십시오(약 5:12). 그리고 하나님이 그 문제를 다루시도록 하십시오! 그 사람을 협박하거나 당신을 부당하게 고소한 사람에게 똑같이 되갚아주려고 하지 마십시오. 기억하십시오. 나쁜 사람은 예수님에 대해서도 거짓 증언을 했습니다(막 14:53-56 참조).

"나로 말미암아 너희를 욕하고 박해하고 거짓으로 너희를 거슬러 모든 악한 말을 할 때에는 너희에게 복이 있나니" _ **마태복음 5:11**

탁월하게 일하기

요셉은 하지도 않은 일로 왕의 감옥에 갇혔습니다. 그러나 요셉은 불평하지 않고 다른 사람들을 도우며 자기 일에 충실했습니다. 간수장은 요셉이 남다르다는 것을 금방 알아차리고 다른 죄수들을 관리하는 역할을 맡겼습니다. 또 감옥에서 일어나는 모든 일을 요셉에게 맡겼습니다. 하나님이 요셉을 축복하셔서 모든 일을 잘 감당하도록 도와주셨습니다.

불평하는 게 도움이 될까?

투덜대고, 앓는 소리를 하고, 궁시렁거리는 것이 도움이 될까요? 지금 상황이 불편하다는 것을 다른 사람에게 알리는 다른 방법은 없을까요? 불평은 상황을 바꾸지 못합니다. 사람이 상황을 바꿉니다. 투덜대면 다른 사람을 화나게 하고, 다른 사람을 불편하게 합니다. 비참한 얼굴을 하면 감정도 비참해집니다.

그럼 늘 행복한 얼굴을 하고 있어야 할까요? 무슨 일이 일어나든 다 받아들여야 할까요? 뭔가 옳지 않은 일이 있다면, 그 상황에 대해 생각한 다음 자신에게 질문해 보십시오. '이 상황에서 누가 나를 도울 수 있을까? 나는 무엇을 할 수 있지? 내 생각이 다른 사람에게 어떤 영향을 미칠까?'

당신을 도울 수 있는 사람에게 당신의 상황과 감정에 대해 말하고, 문제를 어떻게 해결할 수 있을지 도움을 구하십시오. 그리고 요셉처럼 인내하며 옳고 선한 일을 하십시오. 하나님은 모든 것을 보고 다 알고 계시며 당신을 도우실 것입니다.

"모든 일을 원망과 시비가 없이 하라" _ **빌립보서 2:14**

올바른 말

요셉이 감옥에 갇혀 있는 긴 시간 동안 이집트 왕이 꿈을 꾸었습니다. 꿈에서 왕은 나일강에 서서 일곱 마리 여윈 소가 일곱 마리 살찐 소를 잡아먹었는데도 여전히 여윈 상태인 것을 보았습니다. 왕은 지혜로운 자들과 주술사들을 불러 모았습니다. 그들이 꿈을 해석해 주기를 바랐지만 아무도 해석하지 못했습니다!

요셉과 함께 감옥에 있었던 왕의 신하 한 명이 자신이 꾼 꿈을 요셉이 해석해 주었던 것을 기억했습니다. 그가 왕에게 그 일을 말하자 왕은 요셉을 불러오라고 했습니다.

요셉이 왕에게 말했습니다. "저는 왕이 꾸신 꿈의 의미를 말씀드릴 수 없지만 하나님은 하실 수 있습니다. 그 꿈의 의미는 이렇습니다. 7년간 풍년이 들고 그 후 7년간 흉년이 들 것입니다. 7년 동안 곡식을 저장하여 7년의 흉년을 대비해야 합니다."

하나님이 내게 올바른 말을 주실까?

요셉이 왕 앞에 섰을 때 떨었을까요? 요셉이 왕의 꿈을 해석하지 못했다면 어떻게 되었을까요? 요셉은 평생 감옥에 있거나 죽을 수도 있다는 두려운 생각에 혼란스러웠을 수도 있습니다. 그러나 요셉은 자신의 인생이 어떻게 될지 하나님이 꿈으로 보여주신 것을 기억했습니다. 그는 왕에게 하나님만이 꿈의 의미를 알려주실 수 있다고 말했습니다. 하나님은 정말로 그렇게 하셨습니다!

당신이 요셉처럼 하나님을 높이고 그분을 신뢰하며 생각을 인도해 달라고 맡긴다면, 하나님은 당신이 올바른 말을 할 수 있도록 도와주실 것입니다.

"어떻게 무엇으로 대답하며 무엇으로 말할까 염려하지 말라
마땅히 할 말을 성령이 곧 그 때에 너희에게 가르치시리라 하시니라"

_ 누가복음 12:11-12

막중한 임무

요셉이 이집트 왕에게 꿈의 의미와 해야 할 일을 말하자 왕은 말했습니다. "우리가 요셉보다 더 나은 사람을 찾지 못할 것이다. 그는 하나님의 영이 함께하는 사람으로 7년의 풍년이 들 동안 곡식을 모으고 저장하는 막중한 임무를 잘 감당할 것이다."

그러고 나서 왕이 요셉에게 말했습니다. "네가 다른 사람보다 훨씬 더 지혜로운 것이 분명하니 내 나라 이집트를 네게 맡기겠다." 왕은 요셉에게 자신의 반지를 끼우고 좋은 옷을 입혔습니다.

하나님은 왜 나를 사용하고 싶어하실까?

하나님은 그분께 순종하고 하나님을 사랑하는 사람들을 아십니다. "여호와의 눈은 온 땅을 두루 감찰하사 전심으로 자기에게 향하는 자들을 위하여 능력을 베푸시나니"(대하 16:9상).

하나님은 자기 능력을 자랑하지 않고 겸손하게 기꺼이 어떤 임무든 해내는 사람들을 찾으십니다. 요셉은 큰 책임을 맡기 전에 작은 임무를 맡아 행하는 것을 배웠습니다. 감옥에 있든 이집트의 제2인자가 되든, 오직 하나님 말씀을 듣고 최선을 다했습니다.

하나님은 당신에게 특별한 능력과 재능과 영적 은사를 주셔서 특별한 방식으로 사용하실 수 있습니다. 그리고 당신은 자신을 특별하게 만드는 경험을 이미 했을 수도 있습니다. 당신이 잘하는 것, 심지어 잘하지 못하는 것조차 당신을 더 유용하게 만듭니다. 하나님은 언제든 준비되어 있는 사람, 심령이 깨끗한 사람을 사용하신다는 것을 기억하십시오.

"그러나 하나님께서 세상의 미련한 것들을 택하사
지혜 있는 자들을 부끄럽게 하려 하시고 세상의 약한 것들을 택하사
강한 것들을 부끄럽게 하려 하시며" _ **고린도전서 1:27**

요셉 창세기 41:53-57; 42:1-4

저축과 소비

7년간의 풍년이 끝날 즈음 이집트의 곳간은 가득 찼습니다. 그 후 하나님이 말씀하신 대로 7년간 흉년이 이어졌습니다. 요셉은 곳간을 열어 이집트 사람에게 곡식을 팔기 시작했습니다. 상황은 점점 더 심각해져 먼 나라 사람들도 식량을 사러 왔습니다.

요셉의 아버지 야곱이 이집트에 곡식이 있다는 소식을 듣고, 아들들을 보내 곡식을 사오게 했습니다. 막내아들 베냐민만 집에 머물렀는데, 그에게 무슨 일이 생길까 야곱이 두려워했기 때문입니다.

수중에 있는 돈을 써야 할까 저축해야 할까?

수중에 있는 돈으로 무엇을 할지는 당신에게 달려 있습니다. 저축과 소비를 균형 있게 하는 것이 가장 바람직할 것입니다. 어느 정도 돈을 저축해 놓는다면 필요할 때 요긴하게 쓸 수 있을 것입니다. 정말 필요하지 않은 물건을 사는 데 돈을 다 소비해 버린다면, 막상 필요한 것을 사야 할 때 돈이 충분하지 않을 수 있습니다. 조금씩이라도 저축하는 법을 배운다면 좋은 습관이 될 것입니다. 현명하게 돈을 쓰고 싶다면 급하게 물건을 사서는 안 됩니다. 잠시 기다리면서 좋은 선택을 하게 해달라고 기도하십시오.

예수님은 이 땅에 보화를 쌓아두지 말라고 말씀하십니다(마 6:19-20). 돈이나 물건 같은 보물을 이 땅에 쌓아두지 않도록 주의해야 한다는 의미입니다. 그것은 오래가지 않기 때문입니다. 우리는 천국에 영원한 보물을 쌓아야 합니다.

"곧 힘이 없는 종류로되 먹을 것을 여름에 준비하는 개미와" _ **잠언 30:25**

이제 내 차례

야곱의 열 아들은 요셉이 곡식을 담당하고 있는 이집트에 도착했습니다. 큰 흉년으로 어디를 가든 곡식을 구하기 힘들었습니다. 요셉은 수년 전에 자기를 노예로 팔아버린 형들을 금방 알아봤지만 형들은 요셉을 알아보지 못했습니다. 요셉은 그들에게 아버지에 대해 물어보았고, 막내동생 베냐민이 그들과 함께 있지 않다는 것을 알아차렸습니다. 요셉은 형들에게 베냐민을 데려오라 하고, 베냐민을 데려올 때까지 시므온을 감옥에 가두었습니다. 그런 다음 형들의 자루에 곡식을 채워주고 돈은 도로 넣어 보냈습니다. 돌아가는 길에 형들 중 한 명이 곡식 사려고 가져온 돈이 자루에 그대로 있는 것을 알았습니다.

내게 상처 준 사람을 어떻게 대해야 할까?

최근 당신에게 상처 준 사람에게 어떻게 되갚아줄지 고민하고 있나요? 우리는 받은 대로 되갚아주고 그 사람도 똑같이 상처받는 것이 공정하다고 생각합니다. 그런데 성경은 이렇게 말합니다. "내 사랑하는 자들아 너희가 친히 원수를 갚지 말고 하나님의 진노하심에 맡기라 기록되었으되 원수 갚는 것이 내게 있으니 내가 갚으리라고 주께서 말씀하시니라"(롬 12:19).

상황이 요셉에게 유리하게 바뀌었습니다. 요셉은 형들이 한 대로 갚아줄 힘이 있었지만 친절을 베풀기로 선택했습니다.

당신이 요셉이라면 어떻게 했을 것 같습니까? 상처 준 사람이 당신 앞에서 자비를 구하고 있다고 상상하며, 당신이 저지른 수많은 잘못을 생각해 보십시오. 하나님이 당신을 용서하셨듯, 당신에게 상처 준 사람을 용서하십시오.

"나는 너희에게 이르노니 너희 원수를 사랑하며
너희를 박해하는 자를 위하여 기도하라" _ **마태복음 5:44**

요셉 창세기 43:8-12; 45:12-13

설상가상

야곱은 시므온이 이집트에 잡혀 있고, 곡식을 담당하는 관리가 막내 베냐민을 보고 싶어 한다는 말을 듣고 크게 화를 냈습니다. 야곱은 아들들에게 말했습니다. "요셉은 죽었고, 시므온은 이집트에 있고, 이제는 베냐민까지 내게서 떼어놓으려고 하는구나."

가뭄이 계속되자, 야곱은 가족이 살 수 있는 유일한 길은 아들들을 다시 이집트로 보내 곡식을 사오게 하는 것이라고 생각했습니다. 이번에는 베냐민도 함께 보내야 했습니다. 이 모든 일을 겪는 동안, 야곱과 그의 아들들은 요셉이 살아서 이집트에서 곡식 공급을 맡은 관리가 된 것을 전혀 알지 못했습니다.

가뭄으로 고생하는 나라의 사람들을 어떻게 도울 수 있을까?

굶주린 아이들의 모습을 본 적이 있을 것입니다. 그런 장면을 보면 어떤 기분이 드나요? 아이들이 고통받는데 아무도 돌보는 사람이 없는 걸 보면 안타까울 것입니다. 우리는 도움이 필요한 사람을 위해 뭔가를 할 수 있습니다. 그것이 작은 일일지라도 하나님은 우리 마음을 보시고, 우리가 행한 작은 일을 크게 사용하실 수 있습니다.

가뭄으로 고생하는 나라에 하나님의 자비가 임하고, 곡식이 자라도록 비를 내려주시길 기도하십시오. 그 나라에 대해 더 알아보고, 도움이 필요한 정보를 모은 다음, 당신이 어떻게 그들을 도울 수 있을지 하나님께 기도하십시오.

"내가 진실로 너희에게 이르노니 너희가 여기 내 형제 중에 지극히 작은 자 하나에게 한 것이 곧 내게 한 것이니라" _ **마태복음 25:40**

다시 함께

이집트 왕이 요셉의 형들에 대한 소식과 요셉의 아버지가 아직 가나안에 있다는 말을 듣고 이렇게 말했습니다. "네 형들을 다시 가나안으로 돌려보내 네 아버지와 집안의 모든 소유를 가지고 오게 하여 이집트에서 머물게 하여라."

요셉은 형들을 가나안으로 돌려보내면서 그들의 아내와 자녀와 아버지 야곱을 데려오도록 마차도 함께 보냈습니다. 그때부터 야곱과 그의 모든 아들과 가족은 이집트에서 머물렀습니다. 이집트에는 음식과 땅이 충분했습니다.

가족의 이별이 항상 행복한 결말을 맞을까?

야곱과 그의 열두 아들이 함께 모였습니다. 오랜 세월이 지나 가족이 모두 안전하게 다시 모였으니 야곱은 행복했을 겁니다. 야곱은 하나님을 경외했고, 하나님은 그를 축복하겠다는 약속을 지키셨습니다.

주변에서 가족이 함께 살지 않는 경우를 보았을 겁니다. 대학 진학, 전근, 결혼, 이혼, 죽음 등으로 가족이 흩어진 경우가 있습니다. 하나님은 가족을 사랑하시며, 하나님을 경외하는 가족을 언제나 축복하십니다. 가족이 한곳에 같이 살든 아니면 전 세계에 흩어져 살든, 하나님은 그들을 축복하십니다.

하나님은 이혼한 가정을 다시 모으실 수 있지만, 그들의 결정을 존중하십니다. 하나님은 우리가 원치 않는 일을 하게 하지 않으십니다. 강제로 사랑하라고 하지 않으십니다. 이 땅에서는 가정이 행복한 결말로 끝나지 않을 수도 있습니다. 그러나 그날이 오면 모든 믿는 자들은 천국에서 한 가족으로 모여 영원히 함께 살 것입니다!

"내가 너희를 고아와 같이 버려두지 아니하고 너희에게로 오리라" _ **요한복음 14:18**

모세 출애굽기 1:1-11

하나님이 계획하신 복

세월이 지나 요셉과 형제들은 이집트에서 모두 죽었습니다. 그들의 자손은 이집트에 계속 살면서 자녀를 많이 낳고 강성해졌습니다. 이집트에 새로운 왕이 세워졌고, 그는 요셉에 대해 알지 못했습니다. 그 왕은 걱정하며 말했습니다. "이스라엘 자손이 우리에게 위협이 되고 있구나." 결국 이집트 사람들은 이스라엘 자손을 노예로 삼았습니다. 그들이 아무리 이스라엘 자손의 삶을 비참하게 만들어도, 이스라엘 자손은 점점 강해지고 수도 많아졌습니다.

하나님이 복 주시면 어려움이 없을까?

하나님은 아브라함을 축복하고 그의 자손을 큰 민족으로 삼겠다는 약속을 주셨습니다. 아브라함의 아들 이삭에게도, 이삭의 아들 야곱에게도 같은 약속을 주셨습니다. 이제 야곱의 자손은 큰 민족이 되었는데 이집트 사람들은 그들을 노예로 삼았습니다. 하나님이 이스라엘을 축복하는 것을 그만두신 걸까요? 아닙니다. 이집트 사람들을 걱정하게 만든 것이 바로 하나님의 축복이었습니다.

하나님의 약속은 아직 완성되지 않았습니다. 하나님은 이스라엘에게 나라를 주겠다고 약속하셨는데, 그들은 이집트에 있습니다. 만일 이집트에서 모든 일이 잘 풀렸다면 그곳을 떠날 이유가 없었을 것입니다.

당신은 하나님이 약속하신 것의 일부를 보고 있을지 모릅니다. 그러나 하나님은 당신 삶에서 일어나는 어려움까지 사용하셔서 더 좋은 것을 주는 통로가 되게 하십니다!

"이 사람들은 다 믿음을 따라 죽었으며 약속을 받지 못하였으되
그것들을 멀리서 보고 환영하며 또 땅에서는 외국인과 나그네임을 증언하였으니"
_ 히브리서 11:13

강 위의 아기

이스라엘 자손이 강성해지는 것을 막으려던 계획이 실패하자, 바로는 모든 히브리 남자아이를 죽이라고 명령했습니다. 레위 족속의 부모가 아들을 낳아 3개월 동안 몰래 키웠습니다. 그러나 더 이상 그럴 수 없게 되자, 아기 어머니는 바구니에 물이 새지 않게 역청을 바른 다음 아기를 바구니에 넣어 나일강변 갈대숲에 두었습니다.

바로의 딸이 강에 갔다가 갈대숲에 있는 바구니를 발견했습니다. 놀랍게도 그 안에는 아기가 있었습니다. 아기의 누나가 근처에서 지켜보고 있다가 재빨리 공주에게 가서, 그 아이를 돌볼 히브리 여자를 데려와도 되는지 물었습니다. 바로의 딸이 말했습니다. "좋다. 그리하거라." 아기의 누나는 어머니를 데려와 아기를 돌보게 했습니다. 어머니는 아이가 자라자 바로의 딸에게 돌려보냈습니다. 바로의 딸은 아이 이름을 모세라고 지었습니다.

하나님은 내가 태어나기 전부터 어떤 사람이 될지 아셨을까?

시편 139편 15-16절은 말합니다. "내가 은밀한 데서 지음을 받고 … 나의 형체가 주의 앞에 숨겨지지 못하였나이다 내 형질이 이루어지기 전에 주의 눈이 보셨으며…." 당신이 태어나기 전에도 하나님은 당신을 보셨습니다. 하나님은 원하시는 대로 당신을 빚으셨습니다. 하나님은 당신의 장점과 단점을 전부 아십니다.

모세가 위대한 지도자가 되기를 원하신 하나님은 그의 인생을 이끌어가셨습니다. 하나님은 그에게 강한 지도자의 자질을 주셨고 약점도 주셔서 겸손히 하나님께 의존하게 하셨습니다(민 12:3). 아무도 완벽하지 않습니다. 하나님은 당신의 모습 그대로 사랑하십니다.

"내가 너를 모태에 짓기 전에 너를 알았고 네가 배에서 나오기 전에 너를 성별하였고"

_ 예레미야 1:5상

거짓된 출발

어른이 된 모세는 자기 민족 히브리 사람들을 보러 갔습니다. 그들은 힘들게 일하고 있었습니다. 거기서 모세는 이집트 사람이 히브리 노예를 때리는 것을 보았습니다. 모세는 주변을 둘러보고 아무도 없는 것을 확인한 후 그 이집트 사람을 죽여 시체를 땅에 묻었습니다.

다음 날 모세는 다시 나갔다가 히브리 사람 둘이 싸우는 모습을 보았습니다. 모세가 잘못한 사람에게 말했습니다. "왜 동족을 때리는 거요?" 그 남자가 대답했습니다. "누가 당신을 우리 재판관으로 삼았습니까? 당신이 이집트 사람을 죽인 것처럼 나도 죽일 것입니까?"

모세는 그 일을 알고 있다는 것에 두려웠습니다. 바로가 그 일을 전해 듣고 모세를 죽이려고 하자 모세는 미디안 땅으로 도망쳤습니다.

괴롭힘당하는 사람을 도와야 할까?

하나님은 모세를 지도자로 세워 그의 백성을 노예에서 풀려나게 하려고 모세에게 이집트 최고의 훈련과 교육을 받게 하셨습니다.

모세는 자신이 하나님의 백성을 이끌 준비가 되었다고 생각했습니다. 그런데 잘못된 방법으로 접근해서 일을 망쳐버리고 말았습니다. 그를 위한 하나님의 준비는 아직 끝나지 않았습니다. 모세는 온전히 순종하는 것과 하나님이 이끄시도록 기다리는 것을 배워야 했습니다.

약자가 괴롭힘당하고 상처받지 않도록 보호하는 것은 언제나 옳은 일입니다. 그러나 모세가 사용한 방법은 악당을 저지하는 최선의 방법이 아닙니다. 먼저 하나님께 지혜를 구하고, 괴롭힘당하는 사람 옆에 머물면서 진실한 친구가 되어야 합니다.

"너는 입을 열어 공의로 재판하여 곤고한 자와 궁핍한 자를 신원할지니라" _ **잠언 31:9**

누가 주인인가?

모세가 도망쳐서 우물가에 앉아 있을 때, 이드로의 딸들이 가축에게 물을 주려고 왔습니다. 다른 목자들이 이드로의 딸들을 쫓아내려고 하자 모세가 그들을 도와주었습니다. 이드로는 모세를 자기 집에 머물게 하면서 양떼를 돌보게 했습니다. 세월이 지나 이집트 왕이 죽었습니다. 이집트에서 노예로 살던 이스라엘 자손의 삶은 더 나아지지 않았습니다. 하나님은 그들의 울부짖음을 들으셨고, 아브라함과 이삭과 야곱에게 주신 약속을 기억하셨습니다.

노예가 풀려날 수 있을까?

모세는 다른 이스라엘 자손과 마찬가지로 야곱의 후손이었습니다. 모세는 종이 되었고, 그의 백성은 노예로 일했습니다. 노예는 아무 권리가 없고 혹독한 대우를 받습니다. 노예가 풀려날 수 있는 유일한 길은 누군가 돈을 내고 풀어주는 것입니다.

아담의 후손인 우리는 태어나면서부터 사탄의 노예입니다. 아담이 죄를 지었기 때문입니다. 잔혹한 주인인 사탄은 고통과 슬픔과 아픔만 줍니다.

예수님이 이런 우리를 풀어주실 수 있다는 것이 복음입니다. 예수님은 우리를 위해 죽음으로 값을 지불하고 우리를 다시 사셨습니다. 예수님께 주님이 되어달라고 요청하면 사탄의 통제에서 풀려나게 됩니다. 그러면 당신은 하나님께 속한 하나님 가족의 일원이 됩니다.

"예수께서 대답하시되 진실로 진실로 너희에게 이르노니
죄를 범하는 자마다 죄의 종이라 … 아들이 너희를 자유롭게 하면
너희가 참으로 자유로우리라" _ **요한복음 8:34-36**

모세 출애굽기 3:1-6

불타는 떨기나무

어느 날 모세는 광야로 나가 이드로의 양떼를 돌보고 있었습니다. 그때 시내산 근처에서 한 떨기나무에 불이 붙은 것을 보았습니다. 모세는 생각했습니다. '이상하군. 떨기나무가 타지 않네.' 모세는 그것을 보려고 가까이 다가갔습니다.

모세가 가까이 가자 하나님이 모세를 부르셨습니다. "모세야! 모세야!" 모세가 대답했습니다. "예, 제가 여기 있습니다." 하나님이 말씀하셨습니다. "더 가까이 오지 마라. 네 신을 벗어라. 네가 선 땅은 거룩하다." 모세는 하나님을 보는 것이 두려워 얼굴을 가렸습니다.

거룩은 무슨 의미일까?

광야에서 음성을 들었을 때 모세는 그것이 하나님의 음성임을 알았습니다. 하나님이 사람에게 직접 말씀하시는 경우는 흔하지 않습니다. 모세는 마음이 죄로 가득 차 있어서 몹시 두려웠습니다.

오직 하나님만 거룩하십니다. 악한 우리는 거룩이라는 의미를 온전히 이해하기 어렵습니다. 거룩해진다는 것은 죄 없이 온전히 순수하고 선해진다는 의미입니다. 거룩은 죄 없는 상태가 되는 것보다 훨씬 더 큰 의미입니다. 거룩은 측량할 수 없는 사랑, 끝없는 자비, 온전한 신실함을 갖는다는 의미이기도 합니다. 사실 거룩은 하나님 자체입니다.

하나님은 우리도 그분처럼 거룩하기를 원하십니다. 우리가 이 땅에서 온전해지는 것은 불가능하지만, 예수님을 본받아 그분처럼 살 수 있습니다.

"오직 너희를 부르신 거룩한 이처럼 너희도 모든 행실에 거룩한 자가 되라"

_ **베드로전서 1:15**

"스스로 있는 자"

하나님은 불타는 떨기나무 가운데서 모세에게 계속 말씀하셨습니다. "내가 내 백성이 이집트에서 당하는 고통을 보았고 그들의 울부짖음을 들었다. 내가 너를 바로에게 보내 내 백성을 이집트에서 데리고 나오게 하겠다." 모세가 대답했습니다. "제가 누구기에 바로에게 간단 말입니까?" 하나님이 말씀하셨습니다. "내가 너와 함께하겠다."

모세는 자신이 지도자가 되는 것을 이스라엘 백성이 좋아하지 않을지도 모른다고 생각하여 말했습니다. "제가 이스라엘 백성에게 가면 그들이 누가 보냈냐고 물을 텐데 뭐라고 말합니까?" 하나님이 모세에게 말씀하셨습니다. "나는 스스로 있는 자다. 스스로 있는 자가 너를 보냈다고 말해라."

하나님은 과거, 현재, 미래에 다 계실 수 있을까?

힘든 하루가 끝나기만 기다리거나 주말만 기다립니까? 친구와 함께한 즐거웠던 때를 회상합니까? 아니면 앞으로 어떻게 될지 궁금합니까?

삶의 모든 일에는 시작과 끝이 있습니다. 그것은 하루일 수도 있고 평생일 수도 있습니다. 우리는 어떤 것의 시작과 끝 사이의 시간을 분이나 시, 일이나 년으로 측정합니다. 우리는 시간이 없는 것이 어떤 느낌인지 이해하기 어렵습니다.

하나님은 "스스로 있는 자"라는 이름을 사용해 과거, 현재, 미래에 다 계시는 분임을 우리가 이해하도록 도우십니다. 하나님은 단지 미래를 보거나 시간을 거슬러 가지 않으십니다. 그분은 지금 당장 과거에 계시고, 바로 이 순간 현재에 계시고, 즉각적으로 미래에 계십니다. 모든 것을 동시에 하십니다. 그분은 그냥 계시므로 자신을 스스로 있는 자라고 부르십니다.

"예수 그리스도는 어제나 오늘이나 영원토록 동일하시니라" _ **히브리서 13:8**

변명하기

하나님이 모세에게 이스라엘 백성을 노예에서 해방시켜야 한다고 말씀하시자 모세는 말합니다. "주님, 저는 말을 잘하지 못합니다. 저는 원래 말을 못했고, 당신이 제게 말씀하신 후에도 달라진 것이 없습니다."

하나님은 모세에게 화를 내시며 말씀하셨습니다. "네 형 아론은 어떠냐? 그는 말을 잘한다. 그가 너를 만나러 오는데 너를 보면 반가워할 것이다. 네가 그에게 할 말을 일러주어라. 내가 너희 둘을 돕겠다. 이 지팡이를 가져가라. 이것으로 기적을 행하여라."

약점을 가지고도 하나님을 섬길 수 있을까?

모세는 바로의 궁전에 살 때처럼 자신감이 있지 않았습니다. 지난 40년간 광야에서 양과 염소를 돌보며 지냈으니까요. 이제는 자신이 별로 중요하지 않고 쓸모 없는 사람이라고 생각했을지 모릅니다. 모세는 말을 잘하지 못하기 때문에 바로 앞에서 말할 수 없다고 하나님께 말씀드린 것입니다.

하나님이 모세에게 하신 것처럼 뭔가 큰일을 당신에게 맡기실까 봐 두렵나요? 어쩌면 당신보다 더 높은 지위에 있는 사람에게 예수님을 전하라고 말씀하시는 것 같다고 느낄지도 모릅니다. 하나님은 당신이 혼자 그 일을 할 거라고 기대하지 않으십니다. 사실 하나님은 자기 능력에 확신 없는 사람들을 사용하는 것을 좋아하십니다. 그래야 그들이 모든 일에(능력이든, 지혜든, 용기든) 하나님을 의지하기 때문입니다.

하나님은 연약한 자들을 통해 그분의 능력을 가장 잘 보여주십니다. 하나님은 당신에게 필요한 모든 것을 주셨습니다. 하나님이 요구하시는 한 가지는 당신이 순종할 준비가 되었나 하는 것입니다.

"내게 능력 주시는 자 안에서 내가 모든 것을 할 수 있느니라" _ **빌립보서 4:13**

모세 출애굽기 4:18, 27-31

둘이면 가능하다

모세는 장인 이드로에게 미디안을 떠나 이집트로 가겠다고 말했습니다. 그는 아내와 두 아들, 그리고 하나님이 주신 특별한 지팡이를 가지고 떠났습니다. 하나님은 아론에게 광야로 가서 모세를 만나라고 말씀하셨습니다. 아론은 하나님의 산에서 모세를 만났습니다. 모세는 주님께서 말씀하신 모든 것을 아론에게 말해 주었습니다.

모세와 아론은 이스라엘 지도자들에게 가서, 주님께서 그들을 노예 생활에서 풀어주시려 한다고 전했습니다. 그 후 모세가 하나님의 능력의 징표로 기적을 행하자 백성이 이를 믿었습니다.

하나님이 도우실 거라고 믿어야 할까, 아니면 다른 사람에게 도움을 요청해야 할까?

당신 혼자서는 할 수 없는 일을 하나님이 하라고 말씀하실 수 있습니다. 하나님이 그 일을 감당할 수 있도록 도와주겠다고 약속하셨다면, 하나님은 당신이 그 약속을 믿고 다른 사람에게 도와달라고 하지 않기를 원하실 겁니다. 그러나 때로 하나님은 우리의 약점을 보완해 줄 다른 사람들과 함께 일하는 것을 원하십니다.

우리는 하나님을 위해 일할 때 겸손해야 합니다. 우리의 연약함에도 불구하고 하나님이 우리를 사용하시거나, 우리보다 더 잘할 수 있는 사람들과 함께 일하게 하시기 때문입니다. 그러나 우리가 늘 다른 사람의 도움을 의지한다면 하나님이 원하시는 만큼 믿음이 자라지 않을 것입니다. 우리는 하나님을 의지하는 것을 배우고, 다른 사람들과 협력하는 것을 연습해야 합니다.

"심는 이와 물 주는 이는 한가지이나 각각 자기가 일한 대로 자기의 상을 받으리라"

_ 고린도전서 3:8

왕이 거절하다!

모세와 아론은 바로에게 가서 하나님이 이스라엘 백성을 풀어주라 하신다고 전했습니다. 바로는 단칼에 거절했습니다! 그는 하나님의 백성을 가지 못하게 했고 그들에게 더 힘든 노동을 시켰습니다.

그러자 하나님은 많은 재앙을 내려 누가 주인인지 알게 하셨습니다. 하나님은 강물을 피로 변하게 하셨고 개구리와 벼룩, 파리, 질병, 우박, 메뚜기, 그 외에도 끔찍한 재앙을 내리셨습니다. 저주는 이집트 사람에게만 해를 끼쳤고 이스라엘 백성에게는 임하지 않았습니다. 재앙이 끝날 때마다 하나님은 바로에게 이스라엘 백성을 보낼 기회를 주셨지만, 그는 고집을 부리며 거절했습니다. 마침내 하나님은 말씀하셨습니다. "내가 한 가지 재앙을 더 내리겠다. 모든 가정의 장자의 생명을 취하겠다. 그러면 바로가 내가 하나님임을 알고 내 백성을 보낼 것이다."

강력한 왕이라면 하나님의 계획을 막을 수 있을까?

강력한 권력을 휘둘렀던 왕이나 최고의 권력을 가졌던 대통령을 생각해 보십시오. 강력한 지도자들은 한마디 말이나 서명 하나로 전쟁을 시작하거나 끝낼 수 있습니다.

이집트 왕 바로는 누구를 살리거나 죽일지를 결정할 수 있었습니다. 손놀림 하나로 사람을 죽일 수도 살릴 수도 있었습니다. 하나님이 이집트 왕을 없애신다고 해도, 이집트 군대는 400년 이상 노예로 지내며 방어 능력이 없는 이스라엘 백성보다 훨씬 더 강력할 것입니다.

그러나 바로는 그의 인생을 주관하시는 분, 계절을 바꾸고 온 우주를 주관하시는 분이 누구인지 잊고 있었습니다. 어리석게도, 태양을 떠오르게 하고 지게도 하는 분에게 도전하려고 했습니다.

"그는 때와 계절을 바꾸시며 왕들을 폐하시고 왕들을 세우시며
지혜자에게 지혜를 주시고 총명한 자에게 지식을 주시는도다" _ **다니엘 2:21**

문설주에 바른 피

주님께서 모세에게 말씀하셨습니다. "모든 이스라엘 가족은 흠 없는 양이나 어린 염소를 골라야 한다. 그 달 14일에 모든 가족은 그 동물을 잡아 피를 문설주와 문 위에 발라라. 고기는 불에 구워서 누룩을 넣지 않은 빵과 쓴 나물을 곁들여 먹어라. 음식을 서둘러 먹고 옷을 입고 있어서 언제든 떠날 준비를 하여라." 하나님은 계속해서 말씀하셨습니다. "그날 밤 내가 이집트 땅을 두루 다니며 모든 집에서 장자의 생명을 취하겠다. 단, 문설주와 문 위에 피를 바른 집은 넘어가겠다."

유월절은 어떤 날일까?

유월절은 어린 양의 피를 문설주에 바른 집을 주님께서 넘어가신 것을 기념하는 날입니다. 문설주에 피를 바른 집에 있던 백성은 죽지 않았습니다. 그날부터 하나님의 백성은 매년 그 유월절 밤을 기념하기 위해 특별한 축제를 열었습니다.

하나님은 백성에게 어떻게 그 축제를 준비하고 무엇을 먹어야 하는지 일러주셨습니다. 어린 양은 주님께서 각 집을 넘어가실 때 피가 어떻게 그들을 보호했는지 떠올리게 해줄 것입니다. 쓴 나물은 그들이 노예로서 당했던 고난과 아픔을 기억하게 해줄 것입니다. 누룩을 넣지 않은 빵은 그들이 이집트를 탈출할 때 빵이 부풀기를 기다릴 여유가 없었음을 기억하게 해줄 것입니다.

"너희는 이 날을 기념하여 여호와의 절기를 삼아 영원한 규례로 대대로 지킬지니라"

_ 출애굽기 12:14

모세 출애굽기 12:29-36; 13:17-18

위대한 탈출

하나님이 말씀하셨던 그날 밤, 이스라엘 가정은 양이나 염소의 피를 문 위와 문설주에 발랐습니다. 한밤중에 이집트 모든 가정의 장자와 모든 동물의 처음 난 것이 죽었습니다. 그러나 죽음의 천사가 지날 때 문설주에 동물의 피를 바른 집은 모두 살아남았습니다.

이집트 가정의 모든 장자가 죽자 이집트 온 땅은 울음소리로 가득했습니다. 심지어 왕의 아들도 죽었습니다! 그러자 이집트 왕 바로는 이스라엘 백성을 보내주었습니다. 이집트 사람들은 하나님이 더 심한 벌을 내리실 것이 두려워 이스라엘 백성에게 보석과 금을 주었습니다.

어린 양의 피가 어떻게 사람의 목숨을 구할 수 있을까?

한 사람의 피를 다른 사람에게 '수혈'해 목숨을 살린 이야기를 많이 들어보았을 것입니다. 그런데 동물의 피는 사람의 피와 다르며, 그 피는 문에 뿌려졌습니다! 어떻게 그 피 때문에 집 안에 있는 사람이 죽지 않을 수 있었을까요?

이스라엘 백성은 하나님을 믿었고 그분의 말씀에 순종했습니다. 왜 문에 피를 발라야 하는지에 대해 묻거나 알려고 하지 않았습니다. '믿음'으로 그저 순종했고 그 결과 구원받았습니다! 이것이 바로 하나님의 어린 양이신 예수님의 모습입니다(요 1:29). 그분은 우리를 대신하여 죽기 위해 이 땅에 오셨고, 우리를 위해 피 흘리셨습니다. 당신의 모든 죄를 씻어달라고 예수님께 구할 때, 당신은 구원받을 것입니다(요일 1:9).

"믿음으로 유월절과 피 뿌리는 예식을 정하였으니 이는 장자를 멸하는 자로 그들을 건드리지 않게 하려 한 것이며" _ **히브리서 11:28**

이집트 사람들이 오고 있다

이스라엘 백성은 홍해가 그들 앞에 펼쳐질 때까지는 잘 가고 있었습니다. 문제는 어떻게 홍해를 건너 맞은편으로 가는가 하는 것이었습니다. 그때 멀리서 먼지구름이 일어나는 것을 보았습니다. 마음이 변한 바로가 군대를 보내 그들을 쫓아온 것입니다.

이스라엘 백성은 크게 두려워하며 울부짖었습니다. "모세, 이제 어떻게 할 것입니까? 그냥 이집트에서 노예로 있는 게 더 나을 뻔했어요. 이제 우리는 광야에서 죽게 생겼습니다." 한쪽에는 바다가 있고 다른 한쪽은 산으로 막혀 있는데, 군대가 뒤쫓아 오니 빠져나갈 길이 없어 보였습니다. 그러자 모세가 말했습니다. "두려워하지 마십시오. 오늘 하나님이 행하시는 일을 볼 것입니다. 주님께서 우리를 위해 싸우실 것입니다!"

궁지에 몰렸을 때 무엇을 해야 할까?

화재, 홍수, 지진 같은 재난이 발생하면 때때로 사람들은 잔해 아래 갇히고, 다가오는 불길이나 불어나는 물에서 벗어날 수 없습니다. 어딘가에 갇히는 것은 정말 무섭습니다. 누군가 당신을 해하려고 하는데, 그 사람이 너무 강해 빠져나올 수 없는 경우도 있습니다.

위험에서 빠져나올 수 없는 경우라면 하나님을 부르십시오. 하나님이 도와주시고 구해주실 것입니다. 여전히 두렵고 악몽을 꿀 정도로 끔찍한 경험을 했다면, 그 두려움을 가족이나 믿을 만한 지인에게 말하십시오. 그리고 그런 생각이 사라지고 평안을 달라고 하나님께 기도하십시오.

"환난 날에 나를 부르라 내가 너를 건지리니 네가 나를 영화롭게 하리로다"

_ 시편 50:15

모세 출애굽기 14:15-22

물벽

주님께서 강한 동풍으로 바닷물을 뒤로 밀어 내시니 바다가 말라서 바닥이 드러났습니다. 바닷물이 갈라지고 이스라엘 백성은 바다 한가운데로 마른 땅을 밟으며 지나갔습니다.

하나님의 천사가 이스라엘 백성 뒤로 가자, 구름기둥과 불기둥이 이집트 사람들이 있는 쪽은 어둡게 하고 이스라엘 백성에게는 빛이 비치게 했습니다. 이집트 사람들은 어두워 자기들이 어디로 가는지 보이지 않았고, 이스라엘 백성은 마른 땅을 걸어 홍해를 안전하게 건넜습니다.

하나님께 구하면 바다에 길을 만들어주실까?

수도꼭지에서 떨어지는 물이 구불구불 흘러가며 작은 물길을 만듭니다. 개미 한 마리가 그 물 앞에서 멈춰 섭니다. 개미는 그 흐르는 물을 걸어가거나 헤엄쳐갈 수 없습니다. 그러나 당신이 개미를 들어 건너편으로 옮겨주는 일은 아주 쉽습니다. 당신은 개미를 건너편으로 옮기거나, 수도꼭지를 잠그거나, 손으로 물의 흐름을 막을 수 있습니다.

하나님이 바다에 길을 내시는 것은 정말 쉬운 일입니다. 하나님은 무슨 일이든 하실 수 있지만 사람들이 요구한다고 해서 어떤 일이든 하시지는 않습니다. 예수님은 맹인을 고치셨지만, 충분한 이유가 있을 때 모든 일을 하셨습니다. 예수님은 성전 꼭대기에서 뛰어내리면 천사가 받아줄 거라고 기대하는 일 같은 것은 어리석음임을 아셨습니다(눅 4:9-12).

당신이 어려움에 처해 하나님께 도움을 구하면 그분은 듣고 응답하시겠지만, 당신이 기대하는 방식으로만 응답하지는 않으실 것입니다. 때로 하나님은 매우 평범한 방식으로 우리 기도에 응답하십니다.

"예수께서 대답하여 이르시되 주 너의 하나님을 시험하지 말라 하였느니라"

_ 누가복음 4:12

감사하기

모든 이스라엘 백성이 마른 땅을 밟으며 바다를 건널 때, 이집트 사람들은 말과 마차를 타고 그들을 쫓고 있었습니다. 그러나 하나님이 그들의 마차 바퀴를 벗겨 달리기 어렵게 하시자 이집트 사람들은 우왕좌왕했습니다. 그때 하나님이 모세에게 말씀하셨습니다. "네 손을 바다 위로 뻗어라. 물이 다시 돌아와 이집트 군대를 덮칠 것이다."

모세가 명령대로 하자 양쪽으로 나뉘어 있던 거대한 물벽이 이집트 사람들을 덮쳐 몰사시켰습니다. 하나님의 백성은 하나님이 이렇게 놀라운 방식으로 자신들을 구원하신 것을 보고 찬양하며 감사를 드렸습니다.

하나님께 어떻게 감사하고 찬양할까?

오랫동안 갖고 싶었던 것을 누군가에게 받거나 누군가 아주 특별한 선물을 주면 당신은 감사해하며 그 사람을 꼭 안아줄지도 모릅니다. 음식을 만들어준 사람에게 최고의 요리사라고 말하거나 또 다른 사람에게 그 사람이 정말 요리를 잘한다고 말하는 것은 그를 찬양하는 것입니다.

하나님이 당신의 기도에 응답하신 것이나 당신을 위해 매일 행하신 일에 대해 하나님께 감사할 수 있습니다. 또 하나님이 얼마나 위대하신지 하나님께 직접 말씀드리거나 혹은 다른 사람들에게 그분의 놀라운 능력과 한없는 사랑을 말할 수도 있습니다. 이것은 하나님을 찬양하는 것입니다. 말, 노래, 혹은 미리암이 했던 것처럼 춤으로 하나님께 감사하며 찬양할 수 있습니다.

"감사함으로 그의 문에 들어가며 찬송함으로 그의 궁정에 들어가서
그에게 감사하며 그의 이름을 송축할지어다" _ **시편 100:4**

쓴 물

이스라엘 백성이 홍해를 건너자 모세는 그들을 수르 광야로 인도했습니다. 그들은 사흘 동안 걸었는데 물을 찾지 못했습니다. 마침내 마라에 이르렀는데 그곳 물이 써서 마실 수 없었습니다. 그러자 모두 불평하기 시작했습니다. "모세, 우리가 뭘 마셔야 합니까?"

모세가 하나님께 기도하자 그에게 나무 한 그루를 보여주셨습니다. 모세가 그 나뭇가지를 꺾어서 물에 던지니 물이 달게 되었습니다.

어떻게 나뭇가지가 물맛을 바꿀 수 있을까?

모세가 물속에 던진 나뭇가지가 특별했을까요? 그 나뭇가지가 물에 맛을 더하거나 스펀지처럼 쓴맛을 빨아들였을까요? 아마도 그 나뭇가지는 광야 어디서나 발견할 수 있는 흔한 것이었을 겁니다. 그렇다면 무엇이 그 나뭇가지를 특별하게 만들었을까요? 쓴 물을 달게 만든 분은 바로 하나님이었습니다.

이스라엘 백성에게 생긴 절박한 문제는 우리가 하나님을 의지해야 함을 상기시켜 줍니다. 하나님은 우리가 도움을 구하고, 하나님이 불가능한 일을 행하실 것을 신뢰하기 원하십니다. 이해되지 않는 일을 하는 것은 우리가 하나님을 믿고 순종할 의지가 있음을 보여줍니다. 그 일을 해야 하는 이유를 먼저 알려 하지 않고 그냥 순종하는 것입니다.

하나님은 여전히 쓴 물을 달게 하십니다. 하나님은 우리를 화나게 하는 생각과 나쁜 감정을 없애시고, 우리 마음에 평안을 주십니다. 성령은 거듭난 사람에게서 사랑으로 흘러나오는 생수의 강입니다(요 4:10-14).

"너희는 하나님의 은혜에 이르지 못하는 자가 없도록 하고
또 쓴 뿌리가 나서 괴롭게 하여 많은 사람이 이로 말미암아 더럽게 되지 않게 하며"
_ 히브리서 12:15

하늘에서 온 만나

—

이스라엘 백성은 광야에서 몇 주 지내자 모세에게 불평하기 시작했습니다. "여기 광야에서 죽는 것보다 그냥 이집트에 있는 게 더 좋을 뻔했습니다. 이집트에서는 고기도 먹고 우리가 원하는 다른 음식도 다 먹었어요."

하나님이 모세에게 말씀하셨습니다. "내가 너희를 위해 하늘에서 빵을 비처럼 내려주겠다. 백성이 매일 나가서 그날 먹을 만큼 거둬들여라. 여섯째 날에만 이틀 치를 모아 다음 날 안식일까지 보관하여라."

만나가 뭘까?

만나가 뭐라고 생각합니까? 잘 모르겠다고요? 이스라엘 백성도 잘 몰랐습니다. 그래서 만나라는 이름을 붙였습니다. 만나는 '이게 뭐지?'라는 의미입니다. 하나님이 하늘에서 만나를 내려주신 첫날 아침, 사람들이 일어나 보니 땅에 하얀 것이 있었습니다. 그것은 하나님이 모든 백성을 먹이려고 보내신 음식이라서 그냥 거둬들이면 되었습니다.

오랜 세월이 지나 예수님이 이 땅에 오셔서 말씀하셨습니다. "나는 생명의 떡이니 내게 오는 자는 결코 주리지 아니할 터이요"(요 6:35). 우리가 영원한 생명을 얻는 유일한 길은 예수님의 영원한 생명이 우리 안에 들어오는 것입니다. 마치 우리가 먹는 떡처럼 그분을 받아들이는 것입니다.

예수님은 우리 안에 거하셔서 우리 안의 빈 공간을 채우십니다. 우리가 그분의 선함으로 가득 채워질 때, 사탄이 주는 쾌락을 갈구하는 마음이 사라집니다.

"살아 계신 아버지께서 나를 보내시매 내가 아버지로 말미암아 사는 것 같이
나를 먹는 그 사람도 나로 말미암아 살리라 이것은 하늘에서 내려온 떡이니
조상들이 먹고도 죽은 그것과 같지 아니하여 이 떡을 먹는 자는 영원히 살리라"

_ 요한복음 6:57-58

A 365-Day Devotional

3월

March

모세, 발람, 라합, 여호수아, 기드온과 함께 걷다

바위에서 물이?

이스라엘 백성은 신 광야에서 하나님께 불평했습니다. 하나님이 매일 신선한 음식 주실 것을 신뢰하기는커녕 다음 날 먹을 만나를 보관하면서 하나님께 불순종했습니다.

백성은 물을 찾지 못해 목이 말라서 모세에게 말했습니다. "왜 우리를 이 광야로 끌어내 목말라 죽게 하는 거요!" 모세가 기도하자 하나님이 말씀하셨습니다. "너는 이스라엘 장로들을 데리고 이 백성보다 앞서서 가거라. 나일강을 치던 지팡이를 들고 가라. 내가 호렙산 바위 위에서 네 앞에 서리니 너는 그 바위를 치라. 그것에서 물이 나오리니 백성이 마시리라"(17:5-6).

바위에서 어떻게 물이 나올까?

하나님은 전혀 예상치 못한 방식으로 일하기를 좋아하십니다. 물이 어떻게 그 바위 안에 들어 있었는지 우리는 모릅니다. 땅 밑에 물이 저장되어 있듯 하나님이 오랜 시간에 걸쳐 그 바위 안에 물을 저장해 두셨을 수도 있고, 아니면 아무것도 없던 상태에서 하나님이 물을 창조하셨을 수도 있습니다. 하나님이 세상을 창조하실 때 그렇게 하셨습니다. 그러니 이것이 하나님께 어려운 일이겠습니까? 모세가 수년간 광야의 바위를 다 두드리고 다녀도 물 한 방울 얻지 못했을 것입니다. 그런데 하나님이 말씀하신 바위를 치자 많은 사람과 동물이 먹을 물이 나왔습니다.

반석이신 예수님은 우리에게 생명을 주는 성령의 물을 주십니다. 누구나 와서 값없이 마시라고 우리를 초대하십니다(요 4:13-14).

"다 같은 신령한 음료를 마셨으니
이는 그들을 따르는 신령한 반석으로부터 마셨으매 그 반석은 곧 그리스도시라"
_ 고린도전서 10:4

모세 출애굽기 18:13-24

좋은 충고

모세의 장인 이드로가 하나님이 이스라엘 백성에게 행하신 모든 일을 듣고 모세를 찾아왔습니다. 이드로는 모세가 아침부터 저녁까지 백성 사이에 일어난 온갖 다툼과 불화를 해결하느라 한시도 쉬지 못하는 것을 보고 물었습니다. "왜 자네 혼자 이 모든 일을 하는가? 그러다 지치고 말 거야." 모세가 대답했습니다. "백성의 문제를 해결하도록 제가 도와주어야 합니다. 그들이 하나님의 규율과 법을 알도록 도와야 해요." 그러자 이드로가 말했습니다. "믿을 수 있는 지도자를 몇 명 뽑아 그들에게 하나님의 규율을 가르치게. 그들이 나눠서 백성을 다스리게 하게나." 모세는 이드로의 말대로 했습니다.

그때부터 모세는 아주 어려운 문제만 판결했고 이드로는 자기 고장으로 돌아갔습니다.

위대한 지도자들은 어떻게 일을 완수할까?

지도자가 어떻게 자신의 역할을 다 감당하는지 궁금한 적이 있습니까? 당신의 교회에서 진행되는 일을 떠올려보십시오. 목사 한 명이 어떻게 그 모든 일을 하고 모든 곳에 다 있을 수 있겠습니까? 그럴 수 없습니다! 많은 사람이 각자 다른 방식으로 교회를 섬기고 있습니다. 교회에 오는 사람을 환영하고 맞이하는 사람도 있고, 아이들을 가르치는 교사도 있고, 찬양 팀으로 섬기는 사람도 있습니다. 교회를 청소하거나 주보를 접는 것처럼 눈에 띄지 않는 일을 하는 사람도 있습니다.

예수님도 제자들 그룹이 있어서 각기 다른 방식으로 예수님을 도왔습니다. 당신도 누군가를 돕는 선한 조력자가 될 수 있습니다.

"밝으매 그 제자들을 부르사 그 중에서 열둘을 택하여 사도라 칭하셨으니"

_ 누가복음 6:13

시내산

이집트에서 나온 지 3개월 정도 되었을 때 이스라엘 백성은 시내산 아래에 진을 쳤습니다. 모세는 하나님을 만나러 시내산으로 올라갔습니다. 하나님이 모세에게 말씀하셨습니다. "백성에게 가서 내가 짙은 구름 속에 내려올 것이라고 전하여라. 예배를 위해 옷을 빨고 정결하게 하라고 전하여라. 온 백성이 나를 볼 수 있는 곳으로 내려올 것이다. 산 주위에 경계를 정하여 사람이나 동물이 지나가지 못하게 하여라."

하나님이 오시겠다고 말씀하신 그날, 시내산에 천둥과 번개가 치고 큰 나팔 소리가 들렸습니다. 산 전체가 자욱한 연기로 덮였습니다. 하나님이 모세에게 올라와 만나자고 말씀하셨습니다. 그래서 모세는 올라갔고, 짙은 연기 속으로 사라졌습니다.

사람이 정말 하나님을 만날 수 있을까?

하나님은 너무 크신 분이라 산 전체가 그분의 영광으로 뒤덮였습니다. 백성은 산 가까이 갈 수 없었습니다. 모세가 정해놓은 선에 발만 넘어가도 백성은 죽을 것입니다. 온 백성이 하나님을 만날 준비를 하려면 해야 할 것과 하지 말아야 할 것이 있습니다.

하나님을 만나러 교회에 갈 때 우리 마음을 합당하게 준비하면 놀라운 경험을 할 수 있습니다. 하나님 만나는 것을 가볍게 여기고 삶에서 죄를 짓는다면 우리 마음은 하나님께 가까이 갈 수 없습니다. 그러나 우리 마음이 정결하고 기쁘게 하나님을 예배할 준비가 되어 있다면, 하나님이 가까이 계심을 느낄 수 있고 그분의 영광을 경험할 수 있습니다. 하나님의 임재로 들어갈 수 있습니다(히 4:14-16).

"그러므로 우리는 긍휼하심을 받고 때를 따라 돕는 은혜를 얻기 위하여 은혜의 보좌 앞에 담대히 나아갈 것이니라" _ **히브리서 4:16**

모세 출애굽기 20:1-17; 24:12; 32:15-16

하나님의 법칙

모세가 하나님이 말씀하신 것을 백성에게 전하려고 산을 내려간 후에, 하나님은 다시 모세를 부르셨습니다. "내가 두 개의 돌 판 위에 백성이 따라야 할 명령과 지시사항을 써주겠다." 모세는 구름으로 덮인 시내산으로 올라가서 40일 동안 머물렀습니다.

계명이란 뭘까?

계명은 하나님이 주신 지시사항입니다. 하나님은 우리에게 아주 중요한 삶의 10가지 법칙을 주셨습니다. 이 법칙은 우리와 하나님의 관계를 보호하고 사람과 사람 사이의 관계를 보호합니다.

1. 오직 하나님만 섬겨야 한다.
2. 마음 안에서 어떤 것도 하나님의 자리를 뺏어서는 안 된다.
3. 하나님의 이름을 생각 없이 사용하거나 맹세하는 말로 사용해서는 안 된다.
4. 주일은 하나님을 위해 떼어놓고 쉼의 날이 되게 하여라.
5. 부모를 공경하고 순종하여라.
6. 다른 사람의 생명을 빼앗지 말아라.
7. 배우자에게 성실하여라.
8. 도둑질하지 말아라.
9. 누군가에 대해 진실이 아닌 것을 말하지 말아라.
10. 남의 것을 탐내지 말아라.

하나님은 우리 삶을 평화롭고 안전하며 행복하게 하기 위해 십계명을 주셨습니다. 이 계명을 지킴으로써 우리는 하나님을 높이고 다른 사람을 존중하게 됩니다.

"내가 전심으로 주를 찾았사오니 주의 계명에서 떠나지 말게 하소서" _ **시편 119:10**

성막

모세가 시내산에 40일 밤낮을 머무르는 동안 하나님은 모세에게 중요한 것을 말씀하셨습니다. "백성에게 나를 위한 성막을 만들게 하여라. 내가 그곳에 거하며 그들 가운데 살 것이고, 그들이 내게 구하는 것을 줄 것이다."

하나님은 백성이 제물로 무엇을 가져와야 하고, 천막을 어떻게 지어야 하는지 정확하게 설명해 주셨습니다.

하나님이 성막에 들어가실 수 있을까?

하나님은 아담과 하와가 죄를 짓기 전 에덴동산에서 그들을 만났던 것처럼 이스라엘 백성과 만나기 원하셨습니다. 아담 안에 있던 죄는 아담과 하나님 사이에 막힌 담이 되었습니다.

백성은 죄 때문에 하나님을 만나러 성막을 갈 수 없었습니다. 성막에는 특별한 휘장이 쳐져 있어서 백성과 하나님 사이를 가로막았습니다. 대제사장만 1년에 한 번 모든 사람의 죄 용서를 구하러 휘장 뒤에 있는 지성소에 들어갈 수 있었습니다.

온 우주보다 크신 하나님이 어떻게 자기 백성에게 가까이 가려고 성막 안으로 내려오실 수 있습니까?(왕상 8:27) 예술가가 자신이 그린 그림의 일부가 되지 않듯, 하나님은 창조하신 세상 안으로 물리적인 방법을 사용해 들어오실 필요가 없습니다. 그분은 어디나 계실 수 있고, 동시에 특정한 장소에 계실 수도 있습니다! 하나님은 예수님을 믿는 모든 사람 안에 성령을 통해 살아 계십니다!

"지극히 존귀하며 영원히 거하시며 거룩하다 이름하는 이가 이와 같이 말씀하시되
내가 높고 거룩한 곳에 있으며 또한 통회하고 마음이 겸손한 자와 함께 있나니
이는 겸손한 자의 영을 소생시키며 통회하는 자의 마음을 소생시키려 함이라"

_ 이사야 57:15

모세 출애굽기 25:10-11, 16

언약궤

하나님이 이스라엘 백성을 만나시겠다고 한 성막 안에는 언약궤가 있었습니다. 하나님은 모세에게 그 궤의 정확한 치수와 모양을 알려주셨습니다. 언약궤는 아카시아나무로 만들고 안과 밖을 금으로 덮어야 했습니다. 또 측면에는 고리를 달아 막대기를 걸어 옮길 수 있게 했습니다. 모세는 계명이 적혀 있는 돌판을 언약궤 안에 넣으라는 명령을 받았습니다.

어떻게 하나님의 모든 계명을 다 기억할까?

뭔가 기억해내느라 힘든 적이 있었나요? 하나님은 우리가 계명과 규칙, 특히 그 전체 목록을 너무 쉽게 잊어버린다는 사실을 아십니다. 그래서 계명을 돌판에 새겨 오래 지속되게 하셨습니다. 하나님은 모세에게 그 돌판을 언약궤 안에 안전히 보관하라고 하셨습니다.

이제 백성은 그들이 계명을 따르는지 확인하기 위해 계명을 읽을 수 없습니다. 그래서 모세는 자녀에게 그 계명을 가르치라고 부모들에게 명령했습니다. 또 계명을 문설주에 써놓으라고 했고, 이마에 두르고 손목에 감고 다니라고 했습니다(신 6:4-9).

하나님의 율법을 기억하고 행하는 더 좋은 방법은 그 계명을 마음에 새기는 것입니다. 당신 마음이 하나님을 기쁘게 해드리고 싶어하면, 십계명은 실제로 하나의 계명이 됩니다. 마음을 다하여 주 하나님을 사랑하고, 자기 자신을 사랑하듯 이웃을 사랑하십시오(마 22:37-40). 이제 외우기 훨씬 쉬워졌습니다!

"내가 주께 범죄하지 아니하려 하여 주의 말씀을 내 마음에 두었나이다"

_ 시편 119:11

제단

하나님은 모세에게 성막 안과 성막을 둘러싼 뜰에 넣어야 할 것들도 말씀해 주셨습니다. "아카시아나무로 네모난 제단을 만들고 가장자리에 고리를 만들어 막대로 옮길 수 있게 하여라. 청동으로 재를 담는 통과 부삽과 대야와 갈고리를 만들어라." 모세는 지시하신 대로 다 행하였고 제단도 말씀하신 대로 만들었습니다.

오늘날에도 제단이 있을까?

제단은 주님께 바친 제물을 놓는 데 사용되었습니다(레 1-5장 참조). 제단은 나무나 큰 돌로 만들었고, 위에는 불이 있었습니다. 각종 제물이 제단 위에 놓였고, 백성은 자신의 죄를 위한 동물을 오직 제단에서만 하나님께 드릴 수 있었습니다. 동물을 죽여서 제단 위에 놓았는데, 동물의 죽음과 피로 죗값을 치렀다는 징표였습니다. 이 징표는 예수님을 가리킵니다. 그분은 자신의 생명을 주기 위해 이 땅에 오셨고, 단번에 모든 이를 위해 세상의 모든 죄를 위해 죽으셨습니다.

예수님의 피가 우리 마음의 모든 죄를 씻어내기 때문에(요일 1:7) 우리는 더 이상 동물을 희생시킬 필요가 없습니다. 그래서 우리에게는 제단이 필요하지 않습니다(히 10:1-7 참조).

용서받은 우리가 행하고 말하는 선한 일이 우리의 제물이 됩니다. 예수님이 우리를 깨끗게 하셨기 때문에 그것은 하나님이 받으실 만한 찬양의 제물이 됩니다(히 13:15-16).

"너희도 산 돌 같이 신령한 집으로 세워지고 예수 그리스도로 말미암아
하나님이 기쁘게 받으실 신령한 제사를 드릴 거룩한 제사장이 될지니라"

_ **베드로전서 2:5**

금송아지

—

모세가 시내산에서 오래 머물자 산 밑에 있던 백성은 점점 초조해졌습니다. 그들은 아론에게 말했습니다. "모세에게 무슨 일이 일어났는지 알 수 없으니 우리를 이끌 신을 만들어주시오." 아론은 이집트 사람들에게서 받은 금귀고리를 가져오게 하여 그 금을 녹여 송아지 모양을 만들었습니다.

산에서 내려온 모세는 백성이 금송아지를 숭배하는 모습을 보았습니다. 몹시 화가 난 모세는 주님께서 주신 돌판을 깨뜨려버렸습니다. 그리고 진영으로 돌아와 금송아지를 불에 태워 가루로 빻아 물에 타서 백성에게 마시게 했습니다.

우상숭배가 뭘까?

이 사건은 우리가 듣기에도 정말 어리석은 일이 아닙니까? 금으로 송아지 조각상을 만들고, 그것이 자기들을 이집트에서 이끌어냈다고 믿었습니다. 그들은 금송아지를 만들어놓고 그것이 위대한 듯 우러러 보았습니다. 금송아지가 그들의 우상이 된 것입니다.

우상숭배는 하나님 대신 다른 것을 숭배하거나 믿는 것을 의미합니다. 십계명 중에서 두 번째 계명 기억납니까? 출애굽기 20장 2-5절을 여러 번 읽어보십시오. 집에 우상이 있거나 돌이나 나무 같은 것에 절하지 않을지는 몰라도, 당신 마음에 다른 것이 틈탈 위험이 있습니다. 정말 중요하게 생각하는 것이 하나님 자리를 차지할 수 있습니다. 당신의 생각이 항상 어떤 특정한 것으로 가득 차 있다면, 그것이 당신 마음에서 하나님 자리를 차지하고 있다는 의미입니다.

"너는 나 외에는 다른 신들을 네게 두지 말라" _ **출애굽기 20:3**

주를 위해 빛나기

모세는 하나님이 쓰실 수 있도록 새 돌판을 가지고 다시 산으로 올라갔습니다. 첫 돌판은 이스라엘 백성이 금송아지 숭배하는 것을 보고 모세가 화가 나서 깨뜨려버렸습니다.

백성에게 돌아온 모세의 얼굴에서 광채가 났습니다. 하나님과 함께 대화를 나누다 왔기 때문입니다. 백성은 모세의 얼굴이 빛나는 것을 보고 두려워서 가까이 다가가지 못했습니다. 모세는 자신의 얼굴이 빛나는지 모르고 백성에게 가까이 오라고 했습니다. 먼저 아론과 지도자들이 그에게 갔고, 나머지 사람들이 주변으로 모여들었습니다. 모세는 산에서 하나님이 주신 율법을 그들에게 들려주었습니다.

어떻게 해야 예수님을 위해 빛날 수 있을까?

어두운 밤에 형광 스티커나 형광 시계바늘이 빛나는 것을 보았을 것입니다. 그것은 시간이 지나면 점점 빛을 잃다가 아침에는 거의 희미해집니다.

모세는 오랜 시간 하나님과 함께 있었기 때문에 얼굴에서 광채가 났습니다. 모세는 하나님을 만날 때마다 얼굴이 밝게 빛나서 천으로 얼굴을 덮어야 했습니다. 하나님은 정결하고 거룩하시기에 우리가 그분을 보면 살 수 없습니다(출 33:20). 그래서 하나님은 누군가에게 말씀하실 때 그들의 눈을 가려 하나님의 얼굴을 보지 못하게 하십니다.

우리가 성경을 읽고 기도하는 시간을 더 가질수록 우리 마음에는 하나님의 빛이 더 비칩니다(고후 4:6). 우리가 주님과 더 많은 시간을 보낼수록 우리는 그분을 위해 더 빛날 수 있습니다. 그 빛은 그냥 평범한 빛이 아니라 하나님의 아름다움과 거룩을 지닌 빛입니다.

"이같이 너희 빛이 사람 앞에 비치게 하여 그들로 너희 착한 행실을 보고
하늘에 계신 너희 아버지께 영광을 돌리게 하라" _ **마태복음 5:16**

모세 출애굽기 35:10, 30-35

기술자를 모집하다

모세는 이스라엘 백성에게 말했습니다. "주님께서 명령하셨습니다. 모든 기술 있는 자들은 와서 주의 성막과 언약궤와 상과 등잔대와 제단 두 개와 모든 필요한 것을 만들라고 하셨습니다." 하나님은 유다 지파의 브살렐을 뽑아 그에게 모든 일을 할 수 있는 기술과 능력과 지식을 주셨습니다. 그리고 단 지파의 오홀리압을 조력자로 세워 다른 사람에게 기술을 가르치게 하셨습니다. 그들은 모세가 준 목록대로 만들기 시작했습니다.

하나님을 위해 내 재능을 어떻게 사용할까?

하나님은 각 사람에게 능력과 재능을 주셨습니다. 당신의 강점과 약점, 당신이 성장한 방식, 당신이 받은 도움과 격려, 심지어 당신이 겪은 고난까지도 당신의 능력을 발전시키는 데 유익합니다.

하나님이 당신의 능력을 사용하실지 의문이 든다면, 하나님이 원하시는 방식으로 당신을 만드셨다는 사실을 기억하십시오. 하나님은 그분을 기쁘시게 하는 데 필요한 모든 것을 당신 안에 넣어 두셨습니다. 하나님은 당신이 완벽해질 때까지 기다리지 않고 지금 당장 사용하고 싶어하십니다.

당신에게 재능이 없다고 생각한다면, 당신이 잘하는 것이 무엇이든 하나님이 주신 재능임을 기억하십시오. 그분의 영광을 위해 당신의 재능을 사용하십시오. 칭찬을 들을 때는 겸손히 하나님을 높이고, 다른 사람을 돕고 격려할 수 있는 길을 찾으십시오.

"우리는 그가 만드신 바라 그리스도 예수 안에서 선한 일을 위하여
지으심을 받은 자니 이 일은 하나님이 전에 예비하사
우리로 그 가운데서 행하게 하려 하심이니라" _ **에베소서 2:10**

충분 그 이상

이스라엘 백성은 하나님의 놀라운 능력을 목격하고 나서야 금송아지를 만든 것이 잘못임을 깨달았습니다. 하나님은 이스라엘 백성이 하나님을 향한 사랑을 보여줄 수 있도록 성막을 짓는 데 필요한 것을 가져오게 하셨습니다. 성막은 하나님이 진영 안에서 그들을 만나주실 특별한 장소가 될 것입니다.

백성은 자원하는 마음으로 금과 은과 좋은 천을 가져왔습니다. 물건이 너무 많아지자 모세는 백성에게 더 가져오지 말라고 말했습니다. (백성이 가져온 물건 목록은 출애굽기 25장 1-7절에 기록되어 있습니다.)

나도 하나님 일에 뭔가 보탤 수 있을까?

하나님은 기쁘게 드리는 자를 사랑하십니다(고후 9:7). 우리가 하나님의 '장부'에 기록되기 위해 드린다는 생각 없이 기쁘게 드리는 것을 좋아하십니다. 동방박사들은 왕 중의 왕이신 예수님께 아름다운 선물을 드리기 위해 먼 길을 여행했습니다(마 2:11). 그들은 사람들 편에 선물을 보내지 않았습니다. 직접 선물을 드리고 싶어했습니다. 우리도 하나님께 우리 자신과 시간, 그리고 힘들게 번 돈의 일부를 드림으로써 우리 자신이 선물의 일부가 되어야 합니다.

하나님은 우리가 기쁜 마음으로 드릴 때 그것이 무엇이든 사용하실 수 있습니다. 하나님께 드리는 것이 곧 예배입니다. 우리가 준비한 선물을 드림으로써 우리의 사랑을 그분께 보여드립니다. 기억하십시오! 예수님은 당신이 드리는 아주 작은 사랑의 선물도 아십니다.

"한 가난한 과부는 와서 두 렙돈 곧 한 고드란트를 넣는지라
예수께서 제자들을 불러다가 이르시되 내가 진실로 너희에게 이르노니
이 가난한 과부는 헌금함에 넣는 모든 사람보다 많이 넣었도다"
_ 마가복음 12:42-43

모세 출애굽기 40:16-17, 34-38

주께서 그 백성과 함께 사신다

이스라엘 백성이 이집트를 떠난 지 2년이 될 때 주님의 성막이 준비되었습니다. 돌판은 언약궤에 넣었고, 상과 등잔대는 성막에 비치되었고, 백성이 하나님의 거룩한 임재에 접근하지 못하게 막는 휘장이 지성소 앞에 쳐졌습니다. 모든 것이 준비되자 구름이 성막을 덮었고 하나님의 임재를 나타내는 눈부신 빛이 성막을 가득 채웠습니다.

교회에는 왜 구름이 없을까?

어떤 면에서 성막은 오늘날 교회와 같습니다. 성막은 하나님과 평범한 사람들이 가까이 만나는 특별한 장소였습니다. 그곳은 사람들이 하나님을 예배하기 위해 나아오고, 제단에서 용서를 구하며, 하나님께 감사의 제물을 드리는 장소였습니다. 하나님이 언제나 우리 곁에 계시고, 하나님이 실재하신다는 것을 우리에게 상기시키는 장소였습니다.

예수님을 통해 하나님은 어디든 계십니다. 몇몇 사람이 예수님의 이름으로 모이는 곳에 하나님도 계십니다(마 18:20). 교회는 하나님을 믿고 그분을 예배하기 위해 모이는 사람들의 무리입니다.

교회에서는 하나님의 임재를 나타내는 밝은 빛이나 교회 건물을 덮는 구름을 왜 볼 수 없는지 궁금할 수도 있습니다. 예수님은 하늘에 계신 아버지께로 돌아가기 위해 이 땅을 떠나시기 전, 제자들을 돕고 위로하며 인도할 성령을 보내주겠다고 말씀하셨습니다. 40일 후 성령께서 오셨고, 모든 믿는 자 안에 임하셨습니다.

사람이 신자(예수님을 따르는 자)가 되면 성령께서 그 안에 계십니다. 즉, 하나님은 모든 믿는 자 안에 사십니다. 이제 우리가 그분의 성막입니다.

"너희 몸은 너희가 하나님께로부터 받은 바
너희 가운데 계신 성령의 전인 줄을 알지 못하느냐 너희는 너희 자신의 것이 아니라"
_ 고린도전서 6:19

구름기둥과 불기둥

성막을 덮은 구름은 하나님이 이스라엘 백성과 함께하신다는 징표였습니다. 밤에는 구름이 성막 위로 불처럼 타올랐습니다. 이스라엘 백성은 구름이 성막 위에 멈추었을 때는 행진하지 않았습니다. 그러다 구름이 움직이기 시작하면 그것을 따라갔고 구름이 멈추는 곳에 진을 쳤습니다. 때로는 구름이 성막 위에 하루나 이틀 정도 머물렀지만, 때로는 1년이나 그 이상 머물렀습니다.

주님은 우리를 어떻게 인도하실까?

하나님의 임재를 나타내는 구름은 이스라엘 백성이 언제 걷고, 언제 멈추고, 어디로 가야 하는지 알려주었습니다. 낮에는 검은 구름이 그들을 인도했고, 밤에는 불처럼 타는 구름이 그들을 인도했습니다.

이스라엘 백성에게는 인도하는 구름이 있었지만, 당신이 중요한 결정을 내려야 하거나 무엇을 해야 할지 모를 때, 하나님이 원하시는 길을 어떻게 알 수 있나요? 당신을 구원해 달라고 예수님께 요청할 때, 그리고 당신이 예수님을 따를 때, 성령께서 당신 안에 사십니다. 하나님은 성령을 통해 당신을 아주 특별한 방식으로 인도하십니다. 그분은 당신 마음 안에 좋은 생각을 넣어주십니다. 또 당신이 그분께 순종할 때 마음에 평안을 느끼게 해주십니다. 당신이 잘못된 길로 갈 때는 불편한 마음을 주십니다.

그러나 감정에만 의존하면 헷갈릴 수 있습니다. 이런 이유로 하나님은 우리에게 성경을 주어 어두운 길을 갈 때 인도할 빛이 되게 하셨습니다.

"너는 마음을 다하여 여호와를 신뢰하고 네 명철을 의지하지 말라
너는 범사에 그를 인정하라 그리하면 네 길을 지도하시리라" _ **잠언 3:5-6**

모세 민수기 13:1-2, 25-31

정탐꾼

이스라엘 백성은 하나님이 약속하신 가나안에 거의 도착했습니다. 하나님이 모세에게 말씀하셨습니다. "열두 지파에서 지도자를 한 사람씩 뽑아서 가나안 땅에 정탐꾼으로 보내라." 모세는 열두 정탐꾼을 보내 그 나라에 대해 알아오게 했습니다.

40일 후 정탐꾼들은 거대한 포도송이와 다른 과일을 가지고 돌아왔습니다. 그들은 모세에게 도시에는 높은 벽이 세워져 있고 큰 사람들이 살고 있다고 말했습니다. 열두 정탐꾼 중 여호수아와 갈렙만 하나님을 신뢰했고, 하나님이 우리 편이니 아무것도 두려워할 필요가 없다고 말했습니다. 그러나 다른 열 명은 약속의 땅에 사는 불경한 자들을 정복할 수 없을 거라고 말했습니다.

하나님이 모든 곳을 보실 수 있다면 정탐꾼이 왜 필요할까?

하나님은 정탐꾼이 필요하지 않으십니다. 하나님은 약속의 땅에 있는 모래알과 그곳에 사는 사람의 머리카락 수까지 알고 계십니다. 그런데 왜 모세에게 정탐꾼을 보내라고 하셨을까요?

하나님은 이스라엘 백성이 하나님의 약속을 믿는지 알고 싶으셨습니다. 이스라엘 백성은 정탐꾼들이 보고한 내용을 듣고, 그 땅은 그냥 쉽게 정복할 수 없는 곳임을 깨달았습니다. 백성은 그 땅을 정복하는 모험에 뛰어들 만큼 충분히 하나님을 신뢰했을까요? 여호수아와 갈렙은 하나님을 신뢰하여 그 시험을 통과했지만, 다른 정탐꾼들은 실패했고 온 나라가 하나님을 의심하도록 만들었습니다.

"네 하나님 여호와께서 이 사십 년 동안에 네게 광야 길을 걷게 하신 것을 기억하라
이는 너를 낮추시며 너를 시험하사 네 마음이 어떠한지
그 명령을 지키는지 지키지 않는지 알려 하심이라" _ **신명기 8:2**

모세가 다시 잘못을 저지르다

하나님이 이스라엘 백성을 약속의 땅에 들여보내지 않고 다시 광야로 가게 하셨을 때, 모세는 여호수아와 갈렙만큼 실망했습니다. 이스라엘 백성은 불신의 대가로 40년을 광야에서 보내게 될 것입니다.

모세를 더 힘들게 한 것은 백성의 끊임없는 불평이었습니다. 백성은 신 광야에서 물도 없고 아무것도 자라지 않는 비참한 곳으로 데려왔다고 불평했습니다. 그러자 모세와 아론이 성막으로 갔고, 하나님은 모세에게 특정 바위를 말씀하시며 거기서 물이 나올 거라고 하셨습니다. 모세는 백성을 그 바위로 모이게 했습니다. "잘 들으시오. 우리가 이 바위에서 당신들을 위해 물을 내야 한단 말이오?" 모세가 바위를 지팡이로 치자 물이 뿜어 나왔습니다. 그러나 하나님은 마음이 언짢으셨습니다. 모세에게 바위에 명령하라고 말씀하셨는데, 모세가 지팡이로 쳤기 때문입니다. 모세는 하나님께 순종하지 않았습니다.

어떻게 해야 감정을 조절할 수 있을까?

누구나 일진이 나쁜 날이 있습니다. 모든 일이 꼬이고, 실망이 몰려오며, 짜증이 나고, 몸이 지치는 날이 있습니다. 우리의 죄 된 본성은 우리가 연약할 때 쉽게 올라옵니다. 막 소리를 치고 싶고 아무거나 집어던지고 싶을 때, 성령께서 당신을 통제하도록 내어드리십시오.

분노가 내면에 쌓이지 않게 하십시오. 분노의 감정을 잘 풀어낼 수 있는 방법을 찾으십시오. 누군가에게 왜 화가 났는지 이야기하거나 운동으로 감정을 소모시키는 방법도 있습니다. 내면에 평안을 주시고 차분해질 수 있도록 도와달라고 주님께 기도하십시오.

"내 사랑하는 형제들아 너희가 알지니 사람마다 듣기는 속히 하고
말하기는 더디 하며 성내기도 더디 하라" _ **야고보서 1:19**

놋뱀

이스라엘 백성은 하나님께 불평하던 이들이 다 죽을 때까지 광야에 머물렀습니다. 그 자손들만 약속의 땅에 들어가는 것이 허락되었습니다(민 14:31-32). 그런데 백성이 호르산에서 에돔 지역으로 가는 길에서 다시 불평하기 시작했습니다. 하나님은 불뱀을 보내셨고, 많은 백성이 물려 죽었습니다.

백성은 하나님께 죄 지었음을 깨닫고 모세에게 기도해 달라고 요청했습니다. 하나님이 모세에게 말씀하셨습니다. "뱀을 하나 만들어 장대에 달아라. 뱀에게 물린 사람이 그것을 보면 살 것이다." 모세는 놋뱀을 만들어 장대에 달았습니다. 하나님 말씀에 순종하여 그 뱀을 쳐다본 사람은 모두 나았습니다.

하나님은 왜 뱀을 만드셨을까?

뱀은 다른 위험한 동물들과 마찬가지로 하나님이 창조하신 것입니다. 아담과 하와가 죄를 짓기 전에는 위험도 없고 죽음도 없었습니다. 하와는 뱀을 전혀 두려워하지 않았습니다. 죄가 모든 것을 바꾸어 놓았습니다. 아담과 하와가 죄를 짓던 날, 하나님은 뱀을 저주하셨습니다. "내가 너로 여자와 원수가 되게 하고 네 후손도 여자의 후손과 원수가 되게 하리니 여자의 후손은 네 머리를 상하게 할 것이요 너는 그의 발꿈치를 상하게 할 것이니라"(창 3:15). 이스라엘 백성에게 뱀은 다시 한 번 불순종과 반역에 대한 심판인 죽음의 상징이 되었습니다.

오직 예수님만이 이 일을 바로잡으실 수 있었습니다. 오랜 시간이 지나 예수님이 오셨고, 그분은 십자가에 달려 죽으셨습니다. 그분을 바라보는 사람은 모두 나았습니다.

"모세가 광야에서 뱀을 든 것 같이 인자도 들려야 하리니
이는 그를 믿는 자마다 영생을 얻게 하려 하심이니라" _ **요한복음 3:14-15**

하나님이 당나귀를 사용하시다

이스라엘 백성이 모압 계곡까지 왔습니다. 모압 왕은 하나님이 아모리 군대를 이기게 하신 것을 듣고 두려움에 떨었습니다. 그래서 발람을 불러 이스라엘을 저주하게 하려고 사신을 보냈습니다.

처음에 하나님은 발람에게 그들과 함께 가지 말라고 하셨습니다. 그러나 나중에는 발람에게 그들과 함께 가되 하나님이 명령하는 것만 말하라고 하셨습니다. 가는 길에 주님의 천사가 발람이 탄 나귀 앞에 서서 가로막았습니다. 나귀가 길에서 벗어나자 발람은 화가 나서 나귀를 때렸습니다. 그러자 이번에는 천사가 두 포도원 사이의 좁은 길을 막아섰습니다. 나귀는 천사를 보고 몸을 담에 바짝 붙여 발람의 발이 그 담에 짓눌렸습니다. 발람은 또 나귀를 때렸습니다. 그때 주님께서 나귀가 발람에게 말하도록 하셨습니다. "내가 무슨 잘못을 했기에 때립니까?" 주님께서 발람의 두 눈을 열어 주셔서 칼을 들고 길에 서 있는 천사를 볼 수 있게 하시자 발람은 땅에 엎드렸습니다.

당나귀가 정말 말할 수 있을까?

발람은 하나님 말씀을 듣지 않았습니다. 발람은 하나님이 원하시는 것보다는 자신의 이기적인 마음을 따랐습니다. 발람이 사신들과 함께 떠나자 하나님이 진노하셨다는 것에서 이를 알 수 있습니다.

하나님은 발람이 고집을 부려 곤경에 빠지기 전에 나귀를 통해 경고하셨습니다. 하나님이 말씀하시는 것을 주의 깊게 듣는 법을 배우십시오. 그래야 당신 마음 안에 거하시는 성령의 음성이 다른 소리에 묻히지 않습니다.

"대답하여 이르시되 내가 너희에게 말하노니
만일 이 사람들이 침묵하면 돌들이 소리 지르리라 하시니라" _ **누가복음 19:40**

발람 민수기 22:34-38; 23:1-10

축복합니다!

발람이 모압 왕에게 가는 도중 주님의 천사가 나타나 그를 멈춰 서게 했습니다. 주님의 천사는 발람에게 말했습니다. "그 사람들과 함께 가라. 하지만 내가 너에게 말하는 것만 전하여라." 발람은 발락 왕을 만나기 위해 그들과 함께 갔습니다. 그곳에 도착한 발람은 하나님이 말하라고 하신 것만 말할 수 있다고 왕에게 말했습니다.

다음날 아침, 왕은 발람을 데리고 이스라엘 백성을 볼 수 있는 곳으로 갔습니다. 발람은 혼자 언덕 꼭대기로 올라가 주님께서 하시는 말씀을 듣고 왕에게 돌아갔습니다. 왕이 강요했습니다. "이제 이스라엘 백성에게 저주를 내려라." 발람은 하나님의 백성을 저주하는 대신 축복하기 시작했습니다.

말로 다른 사람을 축복할 수 있을까?

"축복합니다"라고 말하는 것을 들으면, 그냥 인사말 정도라고 생각할지 모릅니다. 그러나 말은 매우 강력하고 누군가의 인생을 바꿀 수도 있습니다. 우리가 진심을 담아 "축복합니다"라고 말할 때는 그 사람에게 복 주시기를 하나님께 간구하는 것입니다. 오직 하나님만 참된 복을 주실 수 있습니다.

하나님의 복 주심은 특별한 호의이자 친절이며, 보호하심이고, 그분께 가까이 있음을 느끼게 합니다. 하나님은 축복하기 원하시는데, 이는 하나님이 선하시고 친절하시기 때문입니다(시 145:9).

악하고 나쁜 말이 사람들에게 상처를 주는 것처럼, 축복의 말은 용기를 주며 슬프고 외로운 마음을 치유할 수 있습니다. 우리는 얼마든지 축복을 뿌리며 다닐 수 있습니다. 하나님의 축복은 결코 고갈되지 않기 때문입니다.

"찬송하리로다 하나님 곧 우리 주 예수 그리스도의 아버지께서 그리스도 안에서
하늘에 속한 모든 신령한 복을 우리에게 주시되" _ **에베소서 1:3**

모세가 여호수아에게 자리를 물려주다

120세 된 모세가 온 이스라엘 백성을 불러 모아 말했습니다. "주 너희 하나님을 사랑해라. 그분께 순종하고 충성해라. 그러면 그분이 너희에게 주겠다고 약속하신 그 땅에서 너희가 오래 살 것이다." 모세는 자신이 더 이상 지도자로 있을 수 없고, 여호수아가 그들을 약속의 땅으로 인도할 것이라고 말했습니다.

모세가 높은 산꼭대기에 올라가자 하나님은 백성을 위해 선택하신 땅을 보여주셨습니다. 그러나 모세는 약속의 땅에 들어가는 것이 허락되지 않았습니다. 모세가 바위에게 명하여 물을 내지 않고 바위를 쳐서 물을 내어 하나님께 불순종했기 때문입니다. 모세는 모압 땅에서 죽었고, 그곳에 묻혔습니다.

하나님은 내가 언제 죽을지 아실까?

하나님은 우리가 이 땅에서 몇 년을 살지 알고 계십니다. 당신이 언젠가 죽을 것이고, 아무도 그것을 바꿀 수 없다고 생각하면 두렵나요? 반면, 그때가 되기 전까지는 어떤 것도 당신의 생명을 빼앗을 수 없다는 의미(즉, 당신은 완벽하게 하나님 손에서 안전하다)이기에 위안이 되지 않습니까? 하나님이 친히 우리와 함께하시며, 우리를 그분의 임재 안으로 인도하여 영원히 안전하고 행복하게 하실 거라는 사실은 위로가 됩니다.

예수님을 믿고 죄에서 구원받은 사람에게 죽음은 끝이 아닙니다! 모세는 수백 년 후 예수님이 이 땅에 계실 때 예수님과 실제로 대화를 나누었습니다(마 17:1-3). 모세는 더 이상 인간의 몸을 갖고 있지 않습니다. 그는 늙거나 죽지 않을 몸을 받았습니다(고후 5:1).

"내 형질이 이루어지기 전에 주의 눈이 보셨으며
나를 위하여 정한 날이 하루도 되기 전에 주의 책에 다 기록이 되었나이다"
_ 시편 139:16

새 지도자를 높이기

모세가 죽은 뒤에 주님께서 여호수아에게 말씀하셨습니다. "요단강을 건너 약속의 땅으로 들어가도록 백성을 준비시켜라. 내가 너와 내 백성에게 그 온 땅을 주었다."

모세가 지도자로 있을 때, 열두 지파 중 르우벤, 갓, 므낫세 반 지파는 요단강을 건너는 대신 약속의 땅 건너편 강 동쪽에 정착하겠다고 했습니다. 모세는 그들에게 다른 지파들이 가나안 정복하는 것을 돕는다면, 강 동쪽에 있는 집으로 돌아올 수 있을 거라고 말했습니다. 여호수아는 두 지파에게 말했습니다. "너희가 다른 지파들이 약속의 땅을 정복하도록 돕겠다고 모세와 약속한 것을 기억해라. 이 약속을 지키면 주님께서 너희가 원하는 땅을 주실 것이다." 그러자 그들이 말했습니다. "당신이 말한 대로 행하겠습니다. 당신이 우리를 보내는 곳이 어디든 가겠습니다."

언제까지 약속을 지켜야 할까?

어떤 사람이 당신이 약속한 대로 행할지 확인하고 싶어하면, 그냥 그렇게 하겠다고 말하면 됩니다. 당신이 신뢰를 주는 사람이라면 그 말 한 마디로 충분합니다. 늘 신뢰할 수 있는 사람, 자신이 한 말을 지키는 사람으로 남으십시오. 만약 약속을 한다면, 당신이 약속한 일을 할 수 있을지 확실히 해야 합니다. 상황이 좋아야만 지킬 수 있다거나, 혼자 힘으로는 지키지 못하고 누군가의 허락이 필요하다면 약속하지 말아야 합니다. 차라리 '최선을 다하겠다' 혹은 '가능하면 최대한' 혹은 '상황이 허락되면'이라고 말하는 것이 낫습니다.

약속은 항상 지키십시오. 약속을 지킬 때 당신의 명예가 지켜집니다. 약속을 깨면 거짓말이 됩니다.

"오직 너희 말은 옳다 옳다, 아니라 아니라 하라 이에서 지나는 것은 악으로부터 나느니라" _ **마태복음 5:37**

두 정탐꾼이 목숨을 걸다

이스라엘 백성이 가나안 땅에서 정복해야 할 첫 도시는 여리고였습니다. 여호수아는 그 땅과 여리고 성에 정탐꾼을 보냈습니다. 두 정탐꾼은 들키지 않고 성 안으로 들어갔고, 라합의 집에서 밤을 보냈습니다. 그런데 정탐꾼들이 라합의 집에 있는 것을 알게 된 왕이 그들을 잡으러 병사를 보냈습니다.

라합은 정탐꾼을 삼대 더미 아래로 숨겼습니다. 병사들이 라합의 집에 와서 정탐꾼에 대해 물었습니다. 라합은 어떤 사람들이 왔지만 해지기 전에 떠났다고 말했습니다. 병사들은 급히 그들을 추격하러 갔습니다.

언젠가 나도 하나님을 위한 정탐꾼이 될 수 있을까?

누군가를 정탐해 본 적이 있습니까? 누군가 지켜보고 있다는 것을 모른 채 이런저런 일을 하는 사람을 보는 것은 재미있습니다.

하나님은 정탐꾼이 필요하지 않지만 당신에게 그에 맞먹는 담대한 임무를 맡기십니다. 적진에 들어가 하나님에 대해 알리라는 임무입니다. 그러나 그곳에 있는 사람들은 적이 아닙니다. 하나님의 적은 눈에 보이지 않는 사탄입니다. 사탄은 이리저리 다니며 온갖 악을 퍼뜨립니다. 사탄은 사람들 마음에 의심을 심고 실망을 뿌립니다. 사탄이 가는 곳마다 비참함과 슬픔이 남습니다. 우리는 예수님을 알지 못하는 사람들에게 예수님의 사랑을 전함으로써 소망을 줄 수 있습니다. 예수님은 그들의 죄를 용서하시고 소망을 주실 것입니다. 그분은 영원히 최고의 친구가 되어주실 것입니다!

"하나님이 능히 모든 은혜를 너희에게 넘치게 하시나니
이는 너희로 모든 일에 항상 모든 것이 넉넉하여
모든 착한 일을 넘치게 하게 하려 하심이라" _ **고린도후서 9:8**

라합 여호수아 2:8-21

위대한 탈출

여리고 왕은 부하들을 시켜 이스라엘 정탐꾼을 찾았습니다. 정탐꾼들은 라합의 집 지붕에 널어 놓은 삼대 더미 아래 숨어 있었습니다. 라합이 지붕으로 올라가 말했습니다. "우리는 당신들의 하나님이 어떻게 홍해를 마르게 했고, 어떻게 요단강 동편에 있는 왕들을 무찌르게 했는지 들었습니다. 이제 저와 제 가족에게 은혜를 베풀어주세요. 이 도시를 공격할 때 우리를 죽이지 않겠다고 약속해 주세요." 정탐꾼들이 라합에게 말했습니다. "우리가 이 땅에 들어올 때, 우리를 달아 내린 이 붉은 줄을 창문에 묶어 두시오. 그러면 해를 입지 않을 것입니다."

라합은 정탐꾼들이 탈출하도록 도왔습니다. 라합의 집은 그 성을 둘러싼 성벽 위에 있어서 정탐꾼들은 긴 밧줄을 이용해 벽을 타고 내려갔습니다.

구원받기 위해 무엇을 해야 할까?

라합이 자기 집에 정탐꾼을 숨기는 일은 큰 용기가 필요했습니다. 라합은 하나님이 이스라엘 백성을 위해 행하신 놀라운 일을 들었기에 목숨을 걸었습니다. 라합은 그들의 하나님이 진정 유일한 하나님임을 믿었습니다. 라합은 믿었을 뿐 아니라 행함으로 믿음을 증명했습니다. 창문에 붉은 줄을 달아 자기 생명을 구해 주실 것을 신뢰함을 보여주었습니다(히 11:31). 라합이 하나님을 믿었지만, 그녀를 구한 것은 붉은 줄이었습니다. 우리도 하나님을 믿지만, 우리를 구원하는 것은 예수님의 피입니다. 하나님이 계시다는 사실을 믿는 것으로는 구원받지 못합니다. 라합도 믿음만으로는 구원받지 못했을 것입니다. 라합은 붉은 줄이 보이도록 창문에 묶어 두었습니다.

구원받는 유일한 길은 예수님께 용서해 달라고 구하는 것입니다.

"사람이 마음으로 믿어 의에 이르고 입으로 시인하여 구원에 이르느니라"

_ 로마서 10:10

강 건너기

정탐꾼들은 사흘 간 숨어 있다가 여호수아에게 돌아갔습니다. 주님께서 여호수아에게 말씀하셨습니다. "제사장들이 언약궤를 메고 요단강으로 가게 하여라. 강에 도착해도 멈추어서는 안 된다." 제사장들은 말씀대로 했고, 그들이 요단강으로 들어서자 흐르던 물이 멈추어 온 이스라엘이 마른 땅을 밟고 강을 건넜습니다.

그때 주님께서 여호수아에게 말씀하셨습니다. "각 지파에서 한 사람씩 뽑아, 강 한복판에서 돌 열두 개를 가져다가 오늘 진을 치는 곳에 두라고 하여라." 열두 명이 돌을 옮겨 한곳에 쌓았습니다. 여호수아가 말했습니다. "이 돌들은 오늘 여기서 일어난 일을 백성에게 생각나게 할 것이다."

하나님이 나를 위해 행하신 놀라운 일을 어떻게 다 기억할 수 있을까?

하나님이 당신의 기도에 특별한 방식으로 응답하신 적이 있습니까? 그분의 도움이 절실히 필요할 때 신실한 사랑을 보여주셨나요? 하나님이 우리 삶에서 행하신 놀라운 일을 기억하지 않는다면, 바로의 군대가 뒤쫓아올 때 하나님이 홍해 가운데로 이스라엘 백성이 지나갈 길을 만드신 것을 잊어버린 이스라엘 백성처럼 되겠지요. 하나님은 다시 한번 이스라엘 백성을 위해 길을 여셨는데, 이번에는 돌로 기념비를 세워 하나님의 신실하신 사랑을 기억하도록 했습니다.

하나님이 당신의 기도에 응답하신 것과 당신에게 주신 약속을 기억하려면, 일어난 일을 기록하고 날짜를 적어놓으세요. 성경 구절을 덧붙여 써놓아도 좋습니다. 일기장이나 성경책 뒷면에 기록해 두십시오.

"기도를 계속하고 기도에 감사함으로 깨어 있으라" _ **골로새서 4:2**

여호수아 여호수아 6:1-21

견고한 여리고 성

마침내 이스라엘 백성이 약속의 땅에 들어왔습니다. 하지만 그곳에 살고 있던 사람들을 정복해야 했습니다. 여리고 성문은 굳게 닫혔고, 군인들이 지키고 있었으며, 성벽은 높았습니다. 그때 하나님이 여호수아에게 말씀하셨습니다. "내가 너희에게 여리고 성과 그 왕과 용사들을 넘겨줄 것이다."

하나님은 여호수아에게 할 일을 알려주셨고, 백성은 순종했습니다. 첫째 날, 이스라엘 백성은 그 성을 한 번 돌았습니다. 제사장 일곱 명이 숫양뿔 나팔을 들고 언약궤 앞에서 걸었습니다. 그들은 6일 동안 그 성을 행진하며 돌았습니다. 일곱째 날, 제사장들은 나팔을 불고 백성이 큰 소리로 외치자 여리고 성벽이 무너졌습니다! 이스라엘 백성은 그 성을 점령했습니다.

하나님은 내 '큰 벽'도 무너뜨리실 수 있을까?

거대한 성벽처럼 보이는 문제가 있습니까? 어디를 가든 무엇을 하든 그 벽이 당신을 가로막고 있는 것 같나요? 삶은 뻥 뚫린 고속도로가 아닙니다. 오르막과 내리막이 있고, 길 위에 장애물이 있기도 하며, 예상치 못하게 방향을 틀어야 할 때도 있습니다. 예수님은 편하고 문제없는 삶을 우리에게 약속하지 않으셨습니다(눅 9:23).

문제가 우리 믿음이 성장하는 데 도움이 되지만, 어떤 문제는 너무 커서 오르거나 돌아서 갈 수 없을 때가 있습니다. 어떻게 해도 문제는 사라질 것 같지 않습니다. 당신과 하나님의 관계에서 성장하는 것을 막고 있는 그 벽을 오직 하나님만 허물 수 있습니다. 그 벽을 허물어 달라고 기도하십시오.

"이것을 너희에게 이르는 것은 너희로 내 안에서 평안을 누리게 하려 함이라
세상에서는 너희가 환난을 당하나 담대하라 내가 세상을 이기었노라"

_ **요한복음 16:33**

여호수아 여호수아 7:1-7, 20-21

진영 안에서 일어난 죄

여리고 성이 무너졌습니다! 여호수아는 그 성의 어떤 물건도 취하지 말라고 명령했는데, 한 사람이 명령을 어겼습니다. 그는 아름다운 외투와 은과 금덩어리 하나를 몰래 가져와 천막 안에 숨겼습니다. 여호수아는 아간이 보물을 가져와 숨긴 사실을 몰랐습니다.

여호수아는 근처 아이 성으로 군대를 보내 그 성을 공격하게 했습니다. 그런데 아이 성은 작았는데도 이스라엘 군대가 패해 쫓겨 돌아왔습니다. 이스라엘 백성은 용기를 잃고 두려움에 떨었습니다. 여호수아는 기도하며 주님께 패배한 이유를 물었습니다. 하나님은 이스라엘이 죄를 지었기 때문이라고 말씀하셨습니다.

한 사람의 불순종 때문에 왜 다른 사람들이 벌을 받아야 할까?

당신은 아무 잘못이 없는데 다른 사람의 잘못 때문에 불이익을 당한 적이 있습니까? 한두 사람이 규칙을 어겨서 모든 사람이 고통받는 것은 불공평해 보입니다. 하나님은 이스라엘 백성에게 여리고 성에서 아무것도 취하지 말라고 엄하게 명령하셨습니다. 그런데 아간은 금과 은을 그대로 두는 것은 낭비 같았고, 자기가 갖지 않으면 다른 사람이 가질 것 같았습니다. 결국 그의 불순종은 자신뿐 아니라 수많은 이스라엘 백성의 생명을 앗아갔습니다.

다른 사람 때문에 고통받는 것은 불공평합니다. 그러나 기억하십시오. 불순종을 부추기는 사탄은 절대 공정하지 않습니다. 하나님은 거룩하고 공정하시기 때문에 죄를 간과하실 수 없습니다. 또 용서받지 못한 죄가 있는 사람을 축복하실 수도 없습니다.

"하나님이여 나를 살피사 내 마음을 아시며 나를 시험하사 내 뜻을 아옵소서
내게 무슨 악한 행위가 있나 보시고 나를 영원한 길로 인도하소서"
_ 시편 139:23-24

승리!

범죄하여 이스라엘 군대를 패배하게 한 아간은 죽음으로 벌을 받았습니다. 불순종의 죄가 다루어지자 하나님은 다시 이스라엘을 축복하셨습니다. 하나님은 여호수아에게 말씀하셨습니다. "두려워하지 말고 용기를 잃지 마라. 내가 너로 아이 왕을 이기게 하겠다."

다음 날 여호수아는 적의 눈을 피해 최정예 군인을 아이 성 뒤쪽으로 보냈습니다. 나머지 군인은 마치 공격하려는 듯 성문을 향해 나아갔습니다. 아이 성의 군인들이 싸우러 나오자 이스라엘 군인들은 첫 번째 전쟁에서처럼 달아나기 시작했습니다. 아이 성의 모든 군인이 그들을 뒤쫓았고, 성문은 활짝 열려 있었습니다. 그때 성 뒤에 숨어 있던 이스라엘 군인들이 성 안으로 들어가 불을 질렀습니다. 이제 아이 성 사람들은 안전한 성으로 돌아올 수 없게 되었습니다. 여호수아의 군인들은 아이 성 군인들을 앞뒤로 포위해 공격하기 시작했습니다. 결국 아이 성 군인들은 패했습니다.

어떻게 해야 주변의 유혹을 이길 수 있을까?

하나님 편에 서는 것이 승리하는 길입니다. 사탄은 하나님을 이길 수 없습니다. 예수님은 우리가 과거에 지었던 모든 죄와 현재 짓는 모든 죄를 위해 십자가에서 죽으심으로써 사탄을 단번에 영원히 정복하셨습니다. 그러나 매일 유혹을 이기는 것은 당신에게 달려 있습니다.

매일 아침 하나님의 도우심을 구하고, 사탄으로부터 보호해 달라고 기도하십시오(마 6:13). 더 쉽게 유혹받을 수 있는 곳에 가지 마십시오. 마음을 선한 것들로 가득 채우십시오(빌 4:8).

"그런즉 너희는 하나님께 복종할지어다 마귀를 대적하라 그리하면 너희를 피하리라"

_ **야고보서 4:7**

여호수아가 속아 넘어가다

이스라엘의 승리 소식이 온 땅에 퍼졌습니다. 여호수아가 여리고 성과 아이 성을 어떻게 정복했는지 듣고 기브온 사람들은 여호수아를 속이기로 결정했습니다. 그들은 몇몇 사람에게 낡은 옷과 딱딱하게 굳은 빵을 가지고 가서 여호수아를 만나게 했습니다. 그 사람들은 여호수아에게 말했습니다. "우리는 먼 땅에서 당신과 평화조약을 맺기 위해 왔습니다. 우리가 당신을 섬기겠습니다." 그러자 여호수아의 부하들이 말했습니다. "당신들은 우리 근처에 사는 듯한데, 어떻게 우리가 당신들과 조약을 맺을 수 있겠소?" 그들이 대답했습니다. "집을 떠날 때 막 구운 빵을 가지고 나왔는데 마르고 곰팡이가 났습니다. 우리 옷과 신발도 오랜 여행을 하느라 이렇게 낡았습니다."

여호수아는 (하나님께 묻지 않고) 그들과 평화조약을 맺었습니다. 사흘 후에 여호수아는 그 사람들이 근처에 산다는 것을 알게 되었습니다. 그러나 그들에게 아무것도 할 수 없었습니다.

누구를 믿어야 할지 어떻게 알까?

어린아이들은 본능적으로 다른 사람을 신뢰합니다. 하나님이 우리를 그렇게 만드셨기 때문입니다. 태어나면 부모님을 신뢰하는 법을 배웁니다. 나중에는 가족을 신뢰하고 선생님과 다른 어른들을 신뢰하는 법을 배웁니다.

당신이 좋은 사람들 속에서 성장했다면, 모든 사람을 다 믿을 수 있는 건 아니라는 사실을 알고 깜짝 놀랐을 것입니다. 다정하게 미소를 짓는 사람도 그 마음을 믿을 수 없을 때가 있습니다. 여호수아는 하나님께 물어야 했습니다. 잘 모르는 사람과 계약을 맺거나 계획을 세워야 할 일이 있다면 먼저 하나님께 물어보십시오!

"여호와는 선하시며 환난 날에 산성이시라 그는 자기에게 피하는 자들을 아시느니라"

_ 나훔 1:7

해가 계속 떠 있던 날

기브온 사람들이 이스라엘 백성과 평화조약을 맺었다는 소식을 듣고, 그 땅의 다른 왕들이 세력을 규합하여 기브온을 공격했습니다. 기브온 사람들이 여호수아에게 전갈을 보냈습니다. "우리를 버리지 마십시오. 즉시 우리를 도우러 와주십시오." 그래서 여호수아와 그의 군대가 아모리 군대를 급습했습니다. 아모리 군대가 도망치자 하나님은 그들에게 큰 우박을 퍼부으셨습니다. 싸움이 계속되고 있을 때, 여호수아는 하나님께 아뢰고 백성 앞에서 외쳤습니다. "태양아, 기브온 위에 머물러라."

그러자 하나님은 태양을 멈추게 하셨고, 하루 종일 지지 않게 하셨습니다. 이전에도 이후에도 이런 날은 한 번도 없었습니다. 하나님이 사람의 간곡한 명령을 들어주신 날입니다.

태양이 지구 주변을 도는 것일까?

태양계와 행성들이 태양 주위를 도는 궤도에 대해 알 것입니다. 태양과 가장 가까운 행성은 매우 뜨겁고, 가장 먼 행성은 매우 춥습니다. 하나님이 지구를 태양과 가장 적합한 거리에 두셔서, 우리는 얼어 죽거나 더워 죽는 일 없이 외부 활동을 즐길 수 있습니다.

행성들이 태양 주위를 돌고 있다면, 하나님이 어떻게 태양을 멈추셨을까요? 여호수아가 보았을 때, 태양은 하늘에서 멈추어 움직이지 않았습니다. 여호수아가 본 그것이 전부였습니다. 반면, 하나님이 하루 동안 지구의 자전을 멈추게 하셨다는 생각도 놀랍습니다. 하나님이 어떻게 하셨는지는 사실 중요하지 않습니다. 그분께서 실제로 태양이 하늘을 가로질러 움직이는 것을 멈추셨다는 사실이 놀라울 뿐, 우리는 그 방법을 설명할 수 없습니다. 정말 멋지지 않습니까!

"전능하신 이 여호와 하나님께서 말씀하사
해 돋는 데서부터 지는 데까지 세상을 부르셨도다" _ **시편 50:1**

약속된 상급

마침내 이스라엘 백성은 하나님이 약속하신 땅을 정복했습니다. 사람들은 새 집과 마을을 꾸리며 정착했고, 하나님은 그들에게 평화를 주셨습니다. 주님께서 그들에게 승리를 주셨기에 그들을 대적할 수 있는 적이 하나도 없었습니다. 여호수아는 요단강 건너편에 정착하기 원했던 지파들을 불러 모았습니다. 그들은 이스라엘의 나머지 지파들이 전쟁할 때 돕기로 한 약속을 지켰습니다.

여호수아가 그들에게 말했습니다. "너희는 모세가 명령한 일을 다 행했고 내 명령에도 순종했다. 너희 형제를 저버리지 않고 끝까지 함께 싸웠다. 이제는 요단강 동편에 있는 너희 땅으로 돌아가라. 주님의 계명을 반드시 지키고, 늘 하나님께 충성하라. 많은 옷과 수많은 가축과 은과 금을 가지고 가서 다른 사람들과 나누어라." 르우벤, 갓, 므낫세 반 지파 사람들은 집으로 돌아갔습니다.

나는 하나님께 상을 받을까?

일에서 큰 성과를 내거나 스포츠 경기에서 큰 역할을 해서 상을 기대한 적이 있습니까? 다른 사람들만큼 열심히 일하고 훈련했는데 빈손으로 가게 되면 실망스러울 수 있습니다. 이 땅에서 성취의 대가로 받는 상급은 영원히 지속되지 않습니다. 그러나 예수님은 우리가 누군가에게 물 한 잔이라도 주면 상을 받게 될 거라고 말씀하셨습니다(막 9:41).

예수님을 위해 선을 행할 때마다 당신의 상(아직은 볼 수 없지만)은 천국에서 점점 더 커질 것입니다. 천국에 그 상이 안전하게 보관되어 있을 것입니다(마 6:19-20).

"이기기를 다투는 자마다 모든 일에 절제하나니
그들은 썩을 승리자의 관을 얻고자 하되 우리는 썩지 아니할 것을 얻고자 하노라"
_ 고린도전서 9:25

악인들과 섞여 살다

—

이스라엘 백성이 약속의 땅에 정착한 지 얼마 지나지 않아, 그곳에 살던 악한 사람들과 친해졌습니다. 그들은 사실 그 땅에서 쫓아내야 할 사람들이었습니다. 또 하나님이 이방인의 우상과 제단을 허물라고 하셨지만, 이스라엘 백성은 순종하지 않았습니다. 하나님이 그들에게 말씀하셨습니다. "내가 그 땅의 사람들을 너희 앞에서 쫓아내지 않을 것이다. 그들은 너희를 찌르는 가시 같은 존재가 될 것이다."

여호수아가 110세에 죽자, 다음세대는 하나님이 이스라엘을 위해 행하신 일을 잊어버렸습니다. 그들은 이방 부족들과 섞여 살며 그들과 결혼하고 그들의 신을 섬겼습니다.

하나님을 믿지 않는 사람과 친하게 지내도 될까?

우정은 하나님이 우리에게 주신 놀라운 선물입니다. 함께 즐겁게 지내며 꿈을 나눌 친구가 있다는 것은 굉장한 일입니다. 삶이 힘들 때 나를 이해하고 지지해 주는 친구는 큰 위로가 됩니다.

예수님에게는 대부분의 시간을 함께 보내는 친한 친구들이 있었습니다. 예수님이 십자가에서 죽으시기 전날 밤에는 그들과 함께 기도하러 가셨습니다. 예수님은 하나님이시지만 동시에 인간이기에 친한 친구들의 지지가 필요했습니다. 예수님은 열두 명의 친한 친구뿐만 아니라, 죄인들과도 친하게 지내셨습니다. 나쁜 일을 저지른 죄인들은 기도하는 법을 몰랐을 것입니다. 예수님은 그들도 하나님의 사랑을 알기 원하셔서 그들에게 사랑을 베풀었습니다.

하나님은 우리도 하나님을 모르는 사람에게 다가가기 원하십니다. 그렇다고 우리가 그들이 하는 나쁜 일에 연루되기를 원하시는 것은 아닙니다. 늘 당신이 믿는 바를 친구들에게 분명히 보여주십시오.

"의인은 그 이웃의 인도자가 되나 악인의 소행은 자신을 미혹하느니라" _ **잠언 12:26**

기드온 사사기 6:1, 11-14

하나님은 용감한 사람을 선택하신다

이스라엘 백성은 하나님이 어떻게 그들을 이집트 노예살이에서 해방시켜 주셨는지를 잊어버렸습니다. 백성은 하나님이 약속하신 땅에서 편안하고 평화로운 삶을 살면서 더 이상 하나님을 신뢰하거나 의지하지 않았습니다. 심지어 그 땅에 살던 이방사람들의 신을 숭배하기 시작했습니다! 하나님은 택한 백성이 구별되고 헌신하기를 원하셨습니다. 그래서 미디안 사람들이 이스라엘을 통치하도록 허락하셨습니다.

어느 날, 주님의 천사가 (미디안 사람들에게 들킬까 봐) 몰래 밀을 수확하고 있던 기드온에게 나타나 말했습니다. "큰 용사여, 주님께서 너와 함께하신다. 네 강한 힘으로 이스라엘을 미디안의 손에서 구해내라!"

하나님은 특별한 사람만 뽑아 중요한 임무를 맡기실까?

어떤 팀을 구성할 때, 리더가 민첩하고 똑똑한 사람을 먼저 고르면 어떤가요? 어떤 사람은 대기만 하다가 기회를 전혀 얻지 못하기도 합니다. 그러나 하나님은 그런 방식으로 사람을 선택하지 않으십니다. 하나님은 우리 마음을 보십니다. 기드온은 하나님이 정말로 자기를 사용하기 원하신다는 것을 믿을 수 없어서 이렇게 질문했습니다. "제가 어떻게 이스라엘을 구해냅니까? 제 가족은 우리 지파 안에서 가장 약하고 저는 가족 안에서도 가장 미천합니다."

그러자 하나님이 대답하셨습니다. "내가 도울 것이기에 너는 할 수 있다!" 하나님은 그분을 위해 용기를 낼 사람을 찾고 계십니다.

"여호와께서 사무엘에게 이르시되 그의 용모와 키를 보지 말라
내가 이미 그를 버렸노라 내가 보는 것은 사람과 같지 아니하니
사람은 외모를 보거니와 나 여호와는 중심을 보느니라 하시더라" _ **사무엘상 16:7**

A 365-Day Devotional

4월
April

—

기드온, 삼손, 룻, 사무엘, 사울과 함께 걷다

담대한 행동

주님의 천사가 기드온에게 나타나, 하나님이 그를 사용해 이스라엘 백성을 적에게서 구해내실 거라고 말했습니다. 그날 저녁, 천사는 기드온에게 수소 두 마리를 끌고 가서 이방 신 바알에게 제사하기 위해 세운 제단을 허물고, 하나님께 제단을 쌓고 둘째 수소를 제물로 바치라고 했습니다. 수소를 태울 때는 아세라 상을 찍어 그 나무를 사용하라고 했습니다.

그날 밤 기드온과 열 명의 종이 수소 두 마리를 끌고 가서 그 제단을 부쉈습니다. 아침에 마을 사람들이 일어나 그들의 제단이 무너진 것을 보고 서로 물었습니다. "누가 그랬지?" 사람들은 기드온이 그랬다는 것을 알고 그의 아버지 요아스에게 말했습니다. "기드온을 여기로 데리고 오시오. 그를 죽여야겠소." 요아스는 이렇게 말했습니다. "당신들은 바알 편을 들려고 하는 거요? 부서진 것은 바알의 제단이요. 바알이 자신을 변호하게 두시오."

어떻게 공개적으로 하나님을 높일 수 있을까?

사람들은 대개 마음에 가득한 것을 말하고 글로 씁니다. 다윗은 하나님을 향한 아름다운 노래와 시를 많이 썼는데, 늘 하나님 생각으로 가득했기 때문입니다(시 63:6). 끔찍한 일을 보고 듣는 사람은 마음과 정신이 그런 것으로 가득 찹니다. 마음이 악한 것으로 가득 차면 주변 사람들이 보고 들을 수 있는 여러 방식으로 악이 흘러나옵니다.

누군가 하나님에 대해 나쁘게 말하는 것을 보면 그렇지 않다고 정정해 주십시오. 당신이 기드온처럼 옳은 일을 한다면 하나님이 당신을 높이실 것입니다.

"마음이 청결한 자는 복이 있나니 그들이 하나님을 볼 것임이요" _ **마태복음 5:8**

기드온 사사기 6:36-40

확인하기

기드온은 자기가 적에게서 이스라엘 백성을 구해내는 것이 정말 하나님이 원하시는 일인지 확실히 알고 싶었습니다. 그래서 하나님께 말씀드렸습니다. "제가 오늘 밤 땅 위에 양털을 올려놓겠습니다. 아침에 그 양털 위에만 이슬이 있고 땅에 이슬이 없으면, 제가 이스라엘을 구하는 데 사용될 것이라고 알겠습니다."

다음 날 아침 양털이 흠뻑 젖어 짜보니 그릇에 물이 가득 찼습니다. 그러나 양털 주변의 땅은 말라 있었습니다. 기드온은 하나님께 다시 말씀드렸습니다. "노하지 마십시오. 한 번 더 말씀드립니다. 이번에는 반대로 양털이 마르고 땅이 젖게 해주십시오." 다음 날 아침 기드온이 잠에서 깨어보니 양털은 말라 있고 양털 주변의 땅은 젖어 있었습니다!

하나님께 징표를 구하는 것이 잘못일까?

대부분의 경우에는 뭔가를 할지 말지 결정하는 데 특별한 징표가 필요하지 않을 것입니다. 누군가에게 친절을 베풀거나 부모님의 말씀을 들을 때 하나님의 징표를 구하지 않을 것입니다. 성경이 선하고 옳은 일이라고 말하기 때문입니다. 또 성경은 우리가 하나님을 시험하면 안 된다고 가르칩니다(눅 4:12).

어떤 사람들은 불신 때문에 하나님께 특별한 징표를 구합니다(막 8:11-12). 또 하나님이 그들에게 하라고 말씀하신 것을 행하고 싶지 않아서 특별한 징표를 구할 때도 있습니다.

그러나 기드온의 경우는, 그가 하나님의 뜻을 제대로 이해하지 못하면 이스라엘 백성의 생명이 위태로울 수 있습니다. 당신이 정말로 하나님의 인도하심을 원한다면, 하나님은 당신이 해야 할 일을 보여주실 것입니다.

"너희 중에 누구든지 지혜가 부족하거든 모든 사람에게 후히 주시고 꾸짖지 아니하시는 하나님께 구하라 그리하면 주시리라" _ **야고보서 1:5**

너무 많다!

하나님이 기드온에게 승리에 대한 확실한 징표를 주셔서 기드온과 군인들은 다음 날 일찍 일어나 작은 강 옆에 진을 쳤습니다. 하나님이 기드온에게 말씀하셨습니다. "군인들이 너무 많다. 그들이 자기 힘으로 싸워 이겼다고 자랑할까 염려된다. 그러니 두려워하는 사람들은 집으로 돌려보내라." 많은 사람이 집으로 돌아간 후에 주님께서 기드온에게 다시 말씀하셨습니다. "아직도 많다. 군인들을 강으로 데려가거라. 누구를 선택할지 내가 보여주겠다."

하나님은 기드온에게 물을 손으로 떠서 혀로 핥는 사람들은 데려가고, 무릎을 꿇고 물을 마신 사람들은 집으로 돌려보내라고 말씀하셨습니다. 결국 기드온에게 3백 명만 남았습니다.

더 적은 것이 어떻게 더 좋을 수 있지?

경기를 앞두고 코치가 선수의 수를 절반으로 줄이면 어떨 것 같습니까? 처참하게 패할 거라고 모두 수군거릴 것입니다. 상대가 최강 팀이라는 걸 코치가 전혀 고려하지 않았다는 생각이 들지도 모릅니다. 그런데 선수의 수를 절반으로 줄인 팀이 최강 팀을 큰 점수 차로 이긴다면 어떨까요? 실력 있는 코치를 둔 것이 매우 자랑스러울 것입니다.

우리 주님은 우리가 불리한 상황에 처할 때, 승리가 불가능해 보일 때, 모든 영광을 받으십니다. 우리 힘이 아닌, 하나님의 힘을 자랑하게 하십니다(고전 1:28-29).

"또 여호와의 구원하심이 칼과 창에 있지 아니함을 이 무리에게 알게 하리라
전쟁은 여호와께 속한 것인즉 그가 너희를 우리 손에 넘기시리라" _ **사무엘상 17:47**

말도 안 되는 꿈이 이루어지다

하나님이 이스라엘 군대 대부분을 돌려보내라고 하셔서 이제 기드온에게는 3백 명만 남았습니다. 그날 밤 하나님은 기드온에게 미디안 진영을 공격하라고 말씀하셨습니다. "공격하기 무서우면 부하를 데리고 그 진영으로 내려가 보아라. 그들이 하는 말을 듣게 될 것이다."

기드온과 그의 부하는 미디안 진영 근처에서 어떤 사람이 다른 사람에게 이야기하는 소리를 들었습니다. "내가 꿈을 꾸었는데, 보리떡 한 덩이가 우리 진영으로 굴러오더니 장막을 쓰러뜨렸네." 다른 사람이 말했습니다. "그건 이스라엘의 사람 기드온의 칼일세." 기드온이 그 꿈과 해석을 듣고 하나님을 경배하며 찬양했습니다.

두려워한다는 것은 하나님을 믿지 않는다는 의미일까?

하나님은 우리에게 두려움이라는 자연적인 감정을 주셨습니다. 우리가 아무것도 두려워하지 않는다면 좌우를 살피지 않고 차도를 건너거나, 건물에서 뛰어내릴지도 모릅니다. 두려움은 우리에게 해를 줄 수 있는 위험한 일을 하지 못하도록 막을 때만 유익합니다. 두려움 때문에 삶을 누리지 못하고, 우리가 될 수 있는 최선의 모습이 되지 못한다면 어떨까요? 하나님이 우리에게 계획하신 일을 못하게 막는다면 두려움은 좋은 것이 아닙니다.

하나님은 기드온이 두려워할 때도 그를 용감한 자라고 부르셨습니다(삿 6:12). 용감해진다는 것은, 우리의 두려움이 상황이 안전하지 못하다고 말하는데도 하나님을 믿고 순종하여 발을 내디딜 만큼 하나님을 신뢰하는 것입니다.

"내가 두려워하는 날에는 내가 주를 의지하리이다 내가 하나님을 의지하고
그 말씀을 찬송하올지라 내가 하나님을 의지하였은즉 두려워하지 아니하리니
혈육을 가진 사람이 내게 어찌하리이까" _ **시편 56:3-4**

혼란과 공포!

적진을 염탐하고 돌아온 기드온은 3백 명을 세 부대로 나누고 각 사람에게 나팔과 횃불이 든 빈 항아리를 주었습니다. 기드온은 이렇게 말했습니다. "내가 미디안 진영 가까이 가면 내가 하는 대로 따라하거라." 자정이 되기 전, 기드온과 부대는 적진 가까이 갔습니다. 그들은 한꺼번에 나팔을 불고 항아리를 깨뜨렸습니다. 그리고 횃불을 들고 외쳤습니다. "주님의 칼이다! 기드온의 칼이다!"

적진은 아수라장이 되었습니다. 혼란 속에서 그들은 서로 공격하고 도망치기 시작했습니다. 기드온은 미디안 사람들이 요단강을 건너지 못하게 하려고 에브라임 지파에게 전령을 보냈습니다.

사탄은 하나님의 계획을 알까?

하나님이 계획하신 것과 그분이 그 일을 어떻게 하실지는 아무도 모릅니다. 오직 하나님만 전지(全知)하시고 영원하십니다. 그분은 일이 어떻게 풀릴지 보기 위해 계획이 실행되기를 기다릴 필요가 없습니다. 하나님은 이미 미래에 살고 계십니다. 하나님이 지금 결정하신다 해도, 그분은 이미 계획이 이루어지는 것을 보실 수 있습니다. 믿는 자들 안에는 예수님의 영이 거하십니다. 우리는 하나님의 자녀이기에, 하나님은 그분의 계획에 대해 우리가 알아야 할 만큼 알게 하십니다(고전 2:16). 하나님은 자녀들에게 적들이 전혀 알지 못하는 것을 보여주십니다. 기드온이 하나님의 계획에 대해 들었지만 적들은 아무것도 알지 못했습니다!

사탄은 하나님의 계획에 대해 전혀 모릅니다. 사탄이 하나님의 계획을 망치려고 할 때, 하나님은 앞서가셔서 자신의 영광을 위해 사탄의 하잘것없는 계략을 사용하십니다!

"사람의 일을 사람의 속에 있는 영 외에 누가 알리요 이와 같이 하나님의 일도 하나님의 영 외에는 아무도 알지 못하느니라" _ **고린도전서 2:11**

기드온 사사기 8:1-3, 28

소외감을 느끼다

모든 싸움이 끝나고 미디안의 두 족장이 죽자, 에브라임 지파 사람들이 기드온에게 불평하며 따졌습니다. "미디안 사람들과 싸울 때 왜 우리를 부르지 않았습니까?" 그러자 기드온이 말했습니다. "내가 한 일은 당신들이 한 일에 비하면 아무것도 아닙니다. 하나님의 도우심으로 당신들은 미디안 족장들을 죽였습니다! 내가 한 일이 어찌 당신들이 한 일에 비교나 되겠습니까?" 에브라임 사람들은 기드온의 말을 듣고 노여움이 풀렸습니다.

결국 미디안 사람들은 완전히 패배했고 더 이상 위협이 되지 않았습니다. 기드온이 사는 날 동안 하나님이 그 땅에 평화를 주셨습니다.

소외되었다고 느끼는 사람에게 어떻게 해야 할까?

소수의 인원만 생일파티에 초대해 본 적이 있습니까? 그때 초대하지 않았던 친구를 만났는데, 그 친구가 상처 받았다고 하면 뭐라고 하겠습니까? 당신이 팀의 주장이어서 경기에 나갈 사람을 정해야 하는데 뽑히지 않은 사람에게 뭐라고 설명하겠습니까? "당신은 실력이 부족해요." "다 들어갈 수 있는 자리가 없어요." 이 정도 말할 수 있겠지요. 그러나 그렇게 대답하면 마음이 편치 않을 것입니다. 또한 문제가 사라지기를 바라며 친구를 피한다면 문제는 사라지지 않고 오히려 우정만 식게 될 뿐입니다.

기드온은 한 지파가 활동에서 제외된 것을 깨닫고 그들을 높이며 승리의 기쁨을 함께 나눕니다. 소외되었다고 느끼는 친구를 격려할 방법을 생각해 보세요.

"각각 자기 일을 돌볼뿐더러 또한 각각 다른 사람들의 일을 돌보아 나의 기쁨을 충만하게 하라" _ **빌립보서 2:4**

예상치 못한 메신저

기드온이 죽자 이스라엘 백성은 다시 하나님을 떠나 죄짓기 시작했습니다. 하나님은 40년간 이스라엘 백성이 블레셋 사람들에게 통치받게 하셨습니다. 어느 날, 하나님의 천사가 아이를 낳지 못하던 한 여인에게 나타나 말했습니다. "너는 곧 임신하여 아들을 낳게 될 것이다. 아이가 태어나면 아이의 머리카락을 절대 자르지 마라. 그 아이는 하나님께 바쳐진 사람이다." 여인은 남편 마노아에게 그 말을 전해 주었습니다. 마노아는 하나님께 기도했습니다. "주님, 하나님의 사람을 다시 보내주셔서 우리가 그 아이를 어떻게 길러야 할지 알려 주십시오." 하나님은 마노아의 기도에 응답하여 천사를 다시 보내주셨습니다.

아이가 태어나자 어머니는 삼손이라는 이름을 지어주었고, 하나님이 아이에게 복을 주셔서 강하게 해주셨습니다.

왜 삼손은 머리카락을 자르면 안 될까?

모세 시대에는 특별한 방식으로 하나님께 자신을 드리고 싶은 사람은 하나님의 지시사항을 따라야 했습니다(민 6:1-8). 누구든 특정 기간 동안 자신을 하나님께 온전히 드리기 위해 나실인 서약을 할 수 있었습니다. 그 기간에는 포도를 먹거나 포도주를 마시는 것, 머리를 자르는 것이 허락되지 않았습니다(이것은 하나님께 헌신했다는 징표였습니다).

하나님이 당신을 사용하시도록 삶을 드리고 싶다면, 다른 사람에게 당신의 헌신을 보여주기 위해 외적 징표가 필요하지 않습니다. 사람들은 당신 삶의 방식을 통해 주님을 향한 신실함을 볼 것입니다. 당신이 하나님께 약속한 것을 기억하고 싶다면, 예쁜 카드에 그 내용을 적어 성경책에 끼워두어도 좋을 것입니다.

"너희는 나에게 거룩할지어다 이는 나 여호와가 거룩하고
내가 또 너희를 나의 소유로 삼으려고 너희를 만민 중에서 구별하였음이니라"
_ 레위기 20:26

삼손이 자기 멋대로 하다

성인이 된 삼손은 딤나라는 곳으로 가서 블레셋 여자를 만나 사귀었습니다. 고향으로 돌아온 삼손이 부모에게 말했습니다. "제가 딤나에서 한 여자를 만났는데 결혼하고 싶습니다." 부모가 물었습니다. "왜 이방 땅인 블레셋에 가서 아내를 구하려고 하느냐? 우리 동족 중에서 아내를 고를 수는 없겠느냐?" 삼손이 말했습니다. "제가 원하는 사람은 그 여자입니다. 그 여자와 결혼하겠습니다!"

왜 부모들은 '항상' 안 된다고 할까?

어떨 때 보면 부모들은 항상 "안 돼!"라고 말하는 것 같습니다. 혹시 내가 잘못된 것을 부모님께 요구하는 걸까 하는 생각이 든 적이 있습니까? 삼손은 하나님을 믿지 않는 블레셋 사람 중에서 애인을 구하려고 했습니다. 그의 부모는 그것이 좋은 생각이 아님을 알았기 때문에 그를 설득하려고 했습니다. 삼손의 부모는 말했습니다. "하나님의 백성 중에도 분명 예쁜 아가씨들이 많이 있을 게다." 그러나 삼손은 고집을 부리며 자기 방식대로 하려고 했습니다. 삼손은 블레셋 사람들이 좋은 사람이 아니라는 것도 몰랐고, 이 블레셋 여자친구도 믿을 만한 사람이 아니라는 것을 몰랐습니다.

때로 부모의 행동이 이해되지 않아도, 부모는 자녀에게 가장 좋은 것을 주기 원하고 나쁜 것에서 자녀를 보호하고 싶어합니다. 부모는 자녀를 안전하게 지켜주고, 모든 면에서 해를 입지 않기를 바랍니다. 그러니 부모가 안 된다고 말할 때마다 자녀를 보호하는 것이거나 자녀가 많은 욕구를 조절할 수 있도록 돕는다는 것임을 기억하십시오.

"자녀들아 주 안에서 너희 부모에게 순종하라 이것이 옳으니라" _ **에베소서 6:1**

비밀 지키기

삼손은 결혼하고 싶은 블레셋 여자를 만나러 부모와 함께 딤나로 갔습니다. 딤나의 포도원을 지나는데 어린 사자가 으르렁거리며 달려들었습니다. 그때 주님의 능력이 삼손에게 임해 사자를 맨손으로 죽이고 부모에게는 그 일을 말하지 않았습니다.

얼마 후, 삼손이 그 여자를 아내로 맞으러 그곳으로 다시 가다가 자기가 죽인 사자를 보았는데, 사자의 사체 안에 벌떼가 있고 꿀이 고여 있었습니다. 삼손은 꿀을 부모에게 가져다 주었으나 그 꿀을 어디서 났는지는 말하지 않았습니다.

부모에게 모든 것을 말해야 할까?

부모들은 자녀가 아무리 숨기려 해도 신기할 정도로 잘 알아냅니다. 자녀가 한동안은 숨길 수 있지만, 결국 부모들은 증거를 우연히 발견하거나 불편한 질문을 하기 시작합니다. 죄를 숨기려고 하면 결국 죄책감, 더러움, 부정직함, 비참함을 느끼게 될 것입니다. 하나님은 당신이 완벽하지 않다는 것을 아십니다. 우리가 죄를 지으면 곧바로 고백하기 원하십니다(요일 1:9).

삼손은 원래 죽은 것에 가까이 가면 안 되었습니다. 삼손도 그것을 알고 있었지만 불순종했고 그것을 비밀로 했습니다. 혹시 죄책감에 짓눌려 있거나 비밀스러운 실패감에 젖어 살고 있습니까? 그럴 필요 없습니다! 목회자나 믿을 만한 지인에게 당신이 받는 유혹과 비밀을 털어놓으십시오. 그들이 당신을 위해 기도하고 용기를 불어넣어 줄 것입니다.

"지으신 것이 하나도 그 앞에 나타나지 않음이 없고 우리의 결산을 받으실 이의 눈 앞에 만물이 벌거벗은 것 같이 드러나느니라" _ **히브리서 4:13**

삼손 사사기 14:10-20

삼손이 잔치를 열다

—

삼손은 신랑들이 장가갈 때 하는 풍습을 따라서 잔치를 열었습니다. 결혼한 여자의 집으로 갔는데, 젊은 블레셋 사람 30명이 합류했습니다. 삼손이 그들에게 말했습니다. "내가 수수께끼를 하나 내겠소. 결혼 잔치가 끝날 때까지 이 문제를 풀면, 각 사람에게 베옷 하나와 특별한 겉옷을 주겠소." 그들이 다 동의하자 삼손이 말했습니다. "자, 수수께끼는 이렇소. 먹는 자에게서 먹는 것이 나오고 강한 자에게서 단 것이 나왔다."

그들은 사흘이 지나도록 수수께끼를 풀지 못하자 삼손의 아내에게 수수께끼의 답을 알아오라고 시켰습니다. 삼손은 처음에는 아내에게 말해 주지 않았지만, 아내가 조르며 며칠 동안 울자 말해 주었습니다. 삼손의 아내가 블레셋 사람들에게 수수께끼의 의미를 알려주었고 삼손은 내기에서 졌습니다.

내기하는 게 잘못일까?

사람들은 왜 내기를 할까요? 자신들이 옳다는 것을 확신하기 때문일까요? 누군가 틀렸다는 것을 증명하는 것이 재미있어서일까요? 아니면 공짜로 뭔가를 얻을 수 있기 때문일까요? 이런 이유(그리고 그 외의 다른 이유도)는 매우 이기적으로 보이고 다툼과 실망을 야기할 수 있습니다.

수수께끼는 얼마든지 재미있게 할 수 있고, 친구들끼리 두뇌게임으로 하는 것은 좋습니다. 그런데 삼손의 경우에는 친구들끼리 하는 두뇌게임이 아니라 힘과 자만을 드러내려는 것이었습니다. (게다가 삼손은 상품으로 건 베옷과 겉옷도 갖고 있지 않았습니다.) 어떤 내기든 누군가는 패자가 됩니다. 다른 사람보다 낫다는 것을 증명하려고 내기하거나 다른 사람에게서 뭔가를 얻어내기 위해 내기하지는 마십시오.

"어리석고 무식한 변론을 버리라 이에서 다툼이 나는 줄 앎이라" _ **딤후 2:23**

잔인하고, 비열하고, 잔혹한

삼손은 아내가 블레셋 사람들에게 수수께끼의 의미를 말한 것을 알고 분노했습니다. 그는 아내를 홀로 남겨두고 부모님 집으로 돌아갔습니다. 나중에 삼손이 아내를 찾으러 가자, 장인이 딸을 다른 사람에게 아내로 주었다고 말했습니다. 삼손은 화가 나서 말했습니다. "이번에 블레셋 사람들에게 행한 일에 대해 나는 아무 책임이 없습니다."

삼손은 여우 3백 마리를 잡아 둘씩 꼬리를 묶고, 꼬리를 묶은 매듭에 불을 붙여 블레셋 사람들의 옥수수밭에 풀어 놓았습니다. 여우가 달리자 밭에 불이 붙어 옥수수가 탔습니다.

하나님은 왜 삼손이 힘을 잘못된 방식으로 사용하도록 허용하실까?

당신이 멋진 선물을 받았는데, 그 선물을 제대로 사용하지 않는다는 이유로 선물을 도로 가져가면 어떨까요? 하나님은 당신에게 뭔가를 할 수 있는 능력과 결정할 수 있는 이성을 선물로 주셨습니다. 그리고 자유의지라는 선물도 주셨습니다.

하나님은 우리가 좋은 결정을 하고 우리 능력을 선한 방식으로 사용하리라 믿으십니다. 하나님이 주신 선물로 우리가 나쁜 일을 한다고 해서 그 선물을 빼앗아 가지는 않으십니다. 하나님이 우리에게 결정할 자유를 주셨고, 그것을 존중하시기 때문입니다. 그러나 모든 사람이 하나님 앞에 서서 그 능력을 어떻게 사용했는지 말해야 할 날이 옵니다.

"알지 못하고 맞을 일을 행한 종은 적게 맞으리라
무릇 많이 받은 자에게는 많이 요구할 것이요
많이 맡은 자에게는 많이 달라 할 것이니라" _ **누가복음 12:48**

하나님의 능력으로

삼손이 옥수수밭을 망쳐놓자 블레셋 사람들은 복수하기로 마음을 먹습니다. 그들은 이스라엘 백성 근처에 진을 치고 그들을 공격했습니다. 이스라엘 백성이 왜 우리를 공격하냐고 묻자 그들은 삼손을 잡으러 왔다고 대답했습니다. 이스라엘 백성이 삼손에게 말했습니다. "너는 블레셋 사람들이 우리를 다스리는 것을 알지 못하느냐? 왜 그들의 옥수수밭을 불태웠느냐? 이제 너를 그들에게 넘겨주어야겠다."

그러자 삼손은 자신을 결박하도록 허락했습니다. 그들이 삼손을 데리고 블레셋 사람들에게 거의 왔을 때, 하나님의 능력이 삼손에게 임하여 결박한 끈을 풀었습니다. 그러고는 나귀의 턱뼈를 들고 블레셋 사람 천 명을 죽였습니다.

하나님 없이 우리는 얼마나 강할까?

건강하고 힘이 세려면 음식을 골고루 먹어야 합니다. 우리 몸은 좋은 음식과 운동과 쉼이 필요합니다.

삼손은 왜 다른 사람보다 힘이 셀까요? 야채를 먹고 근력운동을 열심히 해서일까요? 삼손은 아마 몸이 건강하고 힘도 셌을 것입니다. 그러나 성경은 그의 초능력이 하나님으로부터 왔다고 말합니다. 삼손이 엄청난 힘을 발휘할 때마다 주의 성령이 그에게 임했습니다(삿 14:6, 19, 15:14). 그러나 초능력만 하나님으로부터 오는 것이 아닙니다. 우리의 모든 일상은 그분이 주시는 힘으로 가능합니다. 하나님이 그 손으로 우리를 붙잡아 주시기 때문입니다.

"나는 포도나무요 너희는 가지라 그가 내 안에, 내가 그 안에 거하면
사람이 열매를 많이 맺나니 나를 떠나서는 너희가 아무것도 할 수 없음이라"
_ 요한복음 15:5

덫

삼손이 블레셋 사람 천 명을 죽이고 나서 또 다른 블레셋 여자 들릴라와 사랑에 빠졌습니다. 블레셋 왕들은 들릴라에게 삼손이 가진 힘의 비밀을 알아내면 큰 보상을 해주겠다고 약속했습니다. 들릴라는 삼손에게 힘의 비밀을 알려달라고 계속 졸랐고, 삼손은 그를 약하게 만드는 방법을 세 차례 알려주었습니다. 매번 들릴라가 그 방법대로 했지만 삼손은 번번이 묶인 것을 쉽게 풀어버렸습니다.

들릴라는 매일같이 삼손을 조르며 말했습니다. "당신이 정말 나를 사랑한다면 진실을 말해 주세요." 마침내 삼손이 지쳐서 말했습니다. "나는 나실인으로 하나님께 드려진 사람이오. 그래서 머리카락이 잘리면 나도 다른 사람들처럼 약해진다오." 삼손이 잠들자 들릴라가 그의 머리카락을 잘랐습니다. 들릴라가 삼손을 깨웠을 때, 그는 다른 사람처럼 약해졌고 블레셋 사람들이 그를 붙잡아 갔습니다.

사랑 때문에 눈이 멀 수 있을까?

삼손은 블레셋 사람들이 들릴라를 이용해 그의 힘의 비밀을 알아내려고 한다는 것을 알지 못했습니다. 들릴라가 삼손을 약하게 만들려고 시도할 때마다, 블레셋 사람들이 그를 잡을 준비를 했습니다. 삼손은 원수인 블레셋 사람들을 괴롭히는 데 힘을 사용했지만, 안타깝게도 이성을 사용하지 않았습니다. 그는 블레셋 여자와 사랑에 빠져서는 안 된다는 것을 깨달아야 했습니다. 이기적인 사랑에 눈이 멀어 사탄의 덫을 보지 못했습니다.

하나님의 사랑은 우리 눈을 멀게 하지만 좋은 쪽으로 그렇게 합니다. 하나님의 사랑은 다른 사람의 불완전함과 오류를 보지 못하게 합니다(고전 13:5). 그분의 사랑은 숨겨진 죄의 덫을 보게 도와줍니다.

"무엇보다도 뜨겁게 서로 사랑할지니 사랑은 허다한 죄를 덮느니라" _ **베드로전서 4:8**

삼손 사사기 16:23-30

마지막 한 번

블레셋 사람들은 드디어 삼손의 힘이 어디서 나오는지 알게 되었습니다. 그들은 삼손이 태어난 날부터 하나님께 드려졌고, 그의 머리카락이 나실인의 서원의 징표임을 알게 되었습니다. 삼손은 블레셋 사람들의 포로가 되었습니다. 눈이 멀고 사슬에 묶여 감옥에서 맷돌을 돌려야 했습니다. 그의 머리카락이 다시 자라기 시작했습니다.

블레셋 왕들은 삼손을 이긴 것을 축하하고자 한 자리에 모여 말했습니다. "삼손을 불러내 재주를 부리게 합시다." 그들이 삼손을 불러내자, 삼손은 신전을 지탱하는 기둥 사이에 자신을 세워달라고 종에게 부탁했습니다.

삼손은 하나님께 기도했습니다. "하나님, 저를 기억해 주십시오. 이번 한 번만 제게 힘을 주십시오." 삼손이 두 기둥에 한 손씩 대고 온 힘을 다해 밀자 신전이 무너지기 시작했습니다. 삼손이 그날 죽인 블레셋 사람들의 수는 그가 살아 있는 동안 죽인 수보다 더 많았습니다.

내가 엉망이어도 하나님은 나를 사용하실까?

하나님이 죄를 짓거나 잘못된 길로 간 사람들을 사용하지 않으신다면, 사용할 사람이 한 명도 없을 것입니다. 우리는 모두 죄를 지었고 하나님의 영광에 미치지 못했습니다(롬 3:23). 사도 바울은 말했습니다. "내가 이미 얻었다 함도 아니요 온전히 이루었다 함도 아니라 오직 내가 그리스도 예수께 잡힌 바 된 그것을 잡으려고 달려가노라"(빌 3:12).

삼손은 일을 다 망쳐놓았지만, 하나님은 여전히 그를 사용하실 수 있었습니다. 삼손은 자신의 힘이 어디서 오는지 알았기 때문에 결국 하나님께로 향했습니다.

"여호와께서 이와 같이 말씀하시되 네가 만일 돌아오면
내가 너를 다시 이끌어 내 앞에 세울 것이며" _ **예레미야 15:19상**

평화로운 가정

사사들이 이스라엘을 다스릴 때, 그 땅에 흉년이 들었습니다. 당시 베들레헴에 살던 한 남자가 아내 나오미와 두 아들을 데리고 모압 땅으로 이사했습니다. 모압에 사는 동안 나오미의 남편은 죽었고, 나오미는 두 아들과 함께 남았습니다. 나오미의 두 아들은 모압 여인 오르바와 룻과 결혼했습니다. 10여 년이 지난 후 두 아들은 죽었습니다.

왜 안 좋은 시간은 우리의 좋은 시간을 망치러 올까?

우리 삶은 굴곡으로 가득해 보입니다. 하나님은 우리가 지루하지 않도록 좋은 시간과 나쁜 시간을 주시는 것이 아닙니다. 우리에게 일어나는 모든 일에는 목적이 있습니다. 하나님은 우리 삶에 일어나는 굴곡을 통해 우리를 성장시키십니다. 여러 굴곡 속에서 애쓰다 보면 우리 인격이 강건해집니다. 어려움을 통해 믿음이 성장합니다. 힘든 시간을 보내다 보면 예수님을 더욱 닮아가게 됩니다(롬 8:28-29). 그러나 우리가 깨닫는 것보다 훨씬 더 자주 하나님은 축복의 시간을 주셔서 우리가 기력을 회복하고 용기를 갖고 삶을 누릴 수 있게 해주십니다!

나오미의 인생에는 기복이 꽤 있었습니다. 처음에는 흉년이 들어 먼 나라로 이사했고, 그다음에는 자녀들이 결혼해 행복한 시절을 보냈습니다. 그러다 남편과 두 아들이 죽었습니다. 그러나 겨울이 지나면 봄이 오고 밤이 지나면 새벽이 오듯, 어려운 시절은 지나갈 것입니다.

"다만 이뿐 아니라 우리가 환난 중에도 즐거워하나니 이는 환난은 인내를, 인내는 연단을, 연단은 소망을 이루는 줄 앎이로다" _ **로마서 5:3-4**

힘든 결정

남편과 두 아들이 죽은 후, 나오미는 고국 땅의 흉년이 그쳤다는 소식을 들었습니다. 주님께서 그의 백성에게 풍성한 수확을 주셨습니다. 나오미는 두 며느리와 함께 고국으로 돌아갈 채비를 했습니다. 길을 가던 중 나오미가 두 며느리에게 말했습니다. "너희는 친정으로 돌아가 너희 부모와 함께 지내는 것이 어떻겠니? 주님께서 복을 주셔서 다시 결혼하면 좋겠구나. 너희가 내게 잘했으니 하나님이 복 주시기를 빈다."

그러자 오르바는 고향으로 돌아갔습니다. 룻이 나오미에게 말했습니다. "어머니를 떠나라고 하지 마세요. 어머니가 가시는 곳에 저도 가고, 어머니가 사시는 곳에 저도 살겠습니다. 어머니 동족이 제 동족입니다. 어머니의 하나님이 제 하나님이 될 것입니다." 나오미는 룻의 결심이 확고한 것을 보고 더 이상 말하지 않고 함께 길을 떠났습니다.

사람들이 다른 믿음을 갖고 있을 때 나는 누구를 따라야 할까?

누가 옳고 누가 그를까요? 누구의 신이 진짜 신인지 어떻게 알까요? 룻은 모압에서 태어나 자랐기에 하나님을 경배하는 사람이 아니었습니다. 룻은 나오미가 기쁠 때나 슬플 때나 신실하게 하나님 믿는 모습을 수년간 지켜보았습니다. 나오미의 믿음이 얼마나 강한지, 또 하나님이 나오미에게 얼마나 신실하신지 보았습니다. 이제 룻은 나오미처럼 자신의 인생을 바쳐 하나님을 믿을 준비가 되었습니다.

당신 주변에도 다른 신을 믿거나 하나님은 믿지만 예수님이 하나님의 아들이라는 것은 믿지 못하는 사람이 있을 것입니다. 그러나 성경이 말하는 하나님은 온 세상을 만드신 참 하나님이고, 당신의 기도를 들으시는 분입니다(히 11:6).

"하나님은 한 분이시요 또 하나님과 사람 사이에 중보자도 한 분이시니 곧 사람이신 그리스도 예수라" _ **디모데전서 2:5**

아끼고 아낌받기

나오미와 룻이 베들레헴에 왔을 때 보리 수확이 막 시작되었습니다. 마을 여자들이 나오미를 알아보고 귀향을 축하해 주었습니다. 어느 날, 룻이 나오미에게 말했습니다. "나가서 밭에 떨어진 이삭을 좀 주워 올게요. 누군가는 제가 그들과 함께 일하도록 해주겠지요." 룻은 밭으로 나가 곡식을 수확하는 사람들의 뒤를 따라다니며 떨어진 이삭을 주웠습니다. 그러나 그 밭이 나오미의 부유한 친척 보아스의 밭이라는 것은 알지 못했습니다.

보아스는 우연히 밭에 들렀다가 룻을 보고 일꾼들에게 누구냐고 물었습니다. 일꾼들은 룻이 나오미와 함께 모압 땅에서 왔으며, 아침 일찍부터 밭에서 일하고 있다고 했습니다. 그러자 보아스는 룻에게 다른 밭에 가지 말고 자기 밭에서 일하라고 말했습니다.

하나님은 늘 내 필요를 채워주실까?

예수님은 하늘 아버지께서 우리를 돌보시기에 내일 일을 염려하지 말라고 말씀하셨습니다(마 6:31-34). 이 말은 미리 계획을 세워도 안 되고, 저축하거나 생계를 위해 일해서는 안 된다는 의미일까요? 전혀 그렇지 않습니다! 하나님은 우리가 미래를 위해 계획을 세우고 열심히 일함으로 책임감 있게 살기를 원하십니다. 사실 바울은 일하지 않고 게으른 그리스도인들을 책망하며, 제 힘으로 벌어서 먹으라고 권면했습니다(살후 3:11-12).

룻은 나오미와 자신이 먹을 양식을 구하기 위해 매일 열심히 일했습니다. 그러나 룻은 하나님이 충분한 수확과 일할 수 있는 밭과 친절한 일꾼들과 세심히 돌보는 주인을 만나게 하신 것을 알았습니다.

"공중의 새를 보라 심지도 않고 거두지도 않고 창고에 모아들이지도 아니하되
너희 하늘 아버지께서 기르시나니 너희는 이것들보다 귀하지 아니하냐"

_ 마태복음 6:26

충성에는 보상이 따른다

룻은 매일 보아스(나오미의 친척)의 밭에서 이삭을 모았습니다. 어느 날, 나오미가 룻에게 말했습니다. "네가 다시 가정을 이루도록 남편감을 찾아봐야겠다. 네가 지금 일하고 있는 밭의 주인 보아스가 오늘 밤 보리를 타작할 게다. 가장 좋은 옷을 입고 향수도 뿌리고 그가 타작하는 곳으로 가거라. 하지만 그 사람이 너를 보지 못하게 하거라. 오늘 밤, 저녁식사를 마치면 그가 어디에 눕는지 잘 보고 있다가 그가 잠이 들면 그의 발치에 가서 누워라."

룻은 나오미가 말한 대로 했습니다. 보아스가 밤에 자다가 깨어 말했습니다. "누구요?" 룻이 대답했습니다. "룻입니다. 당신은 제 친척이시지요. 저를 돌봐주시고 저와 결혼해 주시겠습니까?" 그러자 보아스가 대답했습니다. "주님께서 당신에게 복 주시길 빕니다! 당신이 이렇게 하는 것은 그간 시어머니에게 한 것보다 더 큰 충성심을 보여주는 것이요."

진정한 충성이란 무엇일까?

사람들은 충성심을 항상 중요하게 여기지는 않습니다. 충성심보다는 육체적인 힘, 권력, 영향력, 부, 영리함 등이 더 큰 인상을 줍니다. 그러나 하나님은 다르게 보십니다(삼상 16:7).

- 충성은 사랑과 신실함을 묶습니다.
- 충성은 보상받기를 기대하지 않습니다.
- 충성은 다른 사람에게 가장 좋은 것을 원합니다.
- 충성은 대가를 지불해야 합니다. 생명을 내주어야 할 수도 있습니다.
- 충성은 그만두지 않습니다.

"형제를 사랑하여 서로 우애하고 존경하기를 서로 먼저 하며" _ **로마서 12:10**

족보

그날 밤, 룻은 보아스 발치에 누워 결혼해 달라고 말했습니다. 보아스는 룻을 사랑했고, 그녀와 결혼하고 싶었습니다. 그러나 문제는 룻에게 보아스보다 더 가까운 친척이 있다는 것입니다. 보아스는 룻에게 말했습니다. "오늘 밤은 여기 머무시오. 아침이 되면 그 친척이 당신을 돌봐줄지 알아봅시다."

아침이 되자 보아스는 룻에게 보리를 한가득 안겨 집으로 돌려보냈습니다. 보아스는 마을에 있는 만남의 장소로 가서 그 친척을 기다렸습니다. 그 사람이 지나가자 보아스가 말했습니다. "나오미가 밭을 팔기 원하는데, 당신이 가장 먼저 선택할 수 있소. 하지만 당신이 그 밭을 사면 룻을 아내로 맞아 그 자녀들이 그 밭을 상속받게 해야 합니다." 그 친척은 자녀가 있었기에 이렇게 대답했습니다. "저는 그 밭을 사지 않겠습니다." 그래서 보아스가 그 밭을 사고 룻과 결혼했습니다. 주님께서 룻에게 복을 주셨고, 룻은 오벳이라는 아들을 얻었습니다. 오벳은 이새의 아버지이고, 이새는 위대한 이스라엘 왕 다윗의 아버지입니다.

족보란 무엇일까?

모든 사람에게는 족보가 있는데, 이는 각 사람의 부모 이름을 적어 내려가며 여러 세대에 걸쳐 기록하는 방법입니다. 당신이 가는 가지에 접붙여진 작은 가지라고 상상해 보십시오. 가는 가지는 큰 나무의 줄기에서 자라난 좀 더 굵은 가지에 붙어 있습니다.

예수님의 족보는 마태복음에 기록되어 있습니다. 마태복음 1장 5절에 룻의 이름이 나옵니다. 거의 이름이 알려지지 않았을 사람이 예수님의 족보에 기록된 것이 놀랍지 않습니까?

"이새의 줄기에서 한 싹이 나며 그 뿌리에서 한 가지가 나서 결실할 것이요"

_ 이사야 11:1

상한 마음

삼손이 죽은 후, 하나님은 다른 사사들을 일으켜 이스라엘을 이끌게 하셨습니다. 한나는 아이를 갖지 못해 몹시 슬프고 속상했습니다. 어느 날, 남편과 저녁식사를 마친 한나는 속상하여 성막에 기도하러 갔습니다. 한나는 흐느끼며 기도했습니다. "전능하신 주님, 저를 보시고 제 깊은 상처를 보시옵소서. 제게 아들을 주시면 그 아이의 한평생을 주님께 드리겠습니다."

한나를 지켜보고 있던 제사장 엘리는 그녀가 술에 취했다고 생각했습니다. 그러나 한나가 하나님께 자신의 깊은 상처를 아뢰고 있음을 알고 이렇게 말했습니다. "이스라엘의 하나님께서 당신이 간구한 것을 주시기를 원합니다."

하나님은 내 마음 깊은 곳의 상처를 아실까?

우리는 실망이나 상처받는 것을 피할 수 없습니다. 그러나 우리가 겪고 있는 일을 이해해 주는 사람이 있으면 도움이 됩니다. 인생을 편안하게 살 수 있는 사람이 있다면 바로 예수님일 것입니다. 예수님은 바다의 폭풍을 잠잠하게 하시고, 수천 명을 먹일 음식도 만들 능력이 있었습니다. 어떤 질병도 고칠 수 있었고, 심지어 죽음도 피할 수 있었습니다(눅 4:28-30). 그러나 예수님은 40일 동안 금식하셨고, 집을 떠나 잠잘 곳이 없는 삶을 선택하셨습니다. 그분은 냄새 나는 마구간에서 태어나셨고, 다른 사람 소유의 무덤에 묻혔습니다. 예수님은 다른 사람들의 고통은 치유해 주셨지만, 자신은 채찍질 당하고 십자가에 못 박히셨습니다. 인간이 되신 예수님은 우리가 느끼는 고통을 아십니다(히 4:15). 하늘에 계신 우리 아버지도 당신의 아픔을 아십니다.

"상심한 자들을 고치시며 그들의 상처를 싸매시는도다" _ **시편 147:3**

약속대로 하다

한나가 하나님께 기도를 드리고 임신하여 아들을 낳아 사무엘이라 이름 지었습니다. 매년 한나의 가족은 하나님께 제사를 드리기 위해 실로로 갔습니다. 그 해에 한나는 사무엘과 집에 머물고 남편 엘가나만 실로로 갔습니다.

사무엘이 조금 더 자라자, 한나와 엘가나는 사무엘을 실로에 있는 하나님의 집으로 데려가 엘리 제사장에게 보였습니다. 한나가 엘리 제사장에게 말했습니다. "저를 기억하시나요? 제가 하나님께 기도 드리는 모습을 보셨잖아요. 하나님께 아들을 구했는데, 이 아이를 주셨습니다. 이제 이 아이를 하나님께 드리려고 합니다. 이 아이의 한평생을 하나님께 드립니다."

부모가 자녀를 하나님께 드리면 어떤 일이 일어날까?

헌신예배에 참석해서 부모가 자녀를 주님께 바치는 모습을 보았다면, 헌신이 무엇인지 궁금했을 것입니다. 당신이 아기였을 때나 그보다 조금 컸을 때 하나님께 드려졌을지 모릅니다. 그렇다면 하나님께 드려진 당신에게 어떤 변화가 있었는지 궁금할 것입니다.

부모가 자녀를 하나님께 드릴 때는, 비록 키우는 것은 자신들이지만 자녀를 하나님께 돌려드리기로 결심한 것입니다. 다른 사람들 앞에서 자녀를 하나님께 드림으로써, 부모들은 자녀에게 하나님에 대해 가르치겠다는 약속을 잊지 않게 될 것입니다. 또 그곳에 참석한 사람들은 그 아이를 위해 기도할 수 있고, 하나님을 기쁘게 섬길 수 있는 방식으로 부모가 자녀를 기르도록 도울 수 있습니다. 이런 방식으로 아이는 어린 시절부터 사랑과 보호에 둘러싸이게 됩니다.

"그 때에 사람들이 예수께서 안수하고 기도해 주심을 바라고
어린 아이들을 데리고 오매" _ **마 19:13**

사무엘 사무엘상 3:1-10

밤중에 들린 목소리

소년 사무엘은 엘리 제사장을 도우며 성전에서 하나님을 섬겼습니다. 어느 날 밤, 사무엘이 성전 언약궤 근처에서 잠들었는데 주님께서 부르셨습니다. 사무엘은 엘리가 부른 줄 알고 그의 방으로 갔습니다. 그런데 엘리가 말했습니다. "나는 너를 부르지 않았다. 다시 가서 자거라." 주님께서 사무엘을 세 번째 부르셨습니다. 이번에도 사무엘이 엘리에게 가자, 엘리는 주님이 부르신다는 것을 깨닫고 말했습니다. "다시 가서 자거라. 그리고 다시 너를 부르거든 이렇게 말하여라. '주님, 말씀하십시오. 주님의 종이 듣겠습니다.'"

주님께서 다시 사무엘을 부르셨고, 사무엘은 대답했습니다. "말씀하십시오. 주님의 종이 듣겠습니다." 그러자 주님께서 사무엘에게 말씀하셨습니다.

하나님이 내게 말씀하시는 것을 정말 들을 수 있을까?

하나님은 사무엘에게 하신 것처럼 사람들에게 말씀하실까요? 그게 아니라면 우리는 어떻게 하나님의 음성을 들을 수 있을까요?

예수님이 이 땅에 오시기 전까지, 하나님은 사사나 예언자 같은 지도자를 통해 백성에게 메시지를 주셨습니다. 하나님은 특별한 꿈이나 천사를 통해 그들이 들을 수 있게 말씀하셨습니다. 하나님은 아들 예수님을 보내셔서 우리에게 말씀하셨습니다(히 1:1-2). 이제 우리에게는 예수님의 말씀과 본이 있으며, 예수님의 말씀을 우리 마음에 실재하게 하기 위해 보내신 성령이 있습니다. 이것이 지금 하나님이 우리에게 말씀하시는 방식입니다.

"너희가 오른쪽으로 치우치든지 왼쪽으로 치우치든지
네 뒤에서 말소리가 네 귀에 들려 이르기를 이것이 바른 길이니
너희는 이리로 가라 할 것이며" _ **이사야 30:21**

얼마나 부끄러운가!

그날 밤, 하나님은 사무엘에게 이스라엘 나라가 불순종했기 때문에 끔찍한 일을 행하실 거라고 말씀하셨습니다. 얼마 후, 블레셋 사람들이 이스라엘을 공격하여 전쟁에서 이겼습니다. 전쟁에서 살아남은 자들이 진영으로 돌아왔을 때, 이스라엘의 지도자들이 말했습니다. "주님께서 우리를 전쟁에서 지게 하신 까닭이 무엇이겠느냐? 언약궤를 가져와 전쟁에 메고 가면 주님께서 우리와 함께하셔서 우리를 구원하실 것이다."

언약궤가 도착하자 이스라엘 백성이 크게 소리 질러 블레셋 사람들은 두려워했습니다. 블레셋 사람들은 더 격렬하게 싸워서 이스라엘을 이겼습니다. 이스라엘은 더 크게 졌고, 언약궤도 빼앗겼습니다.

사람들은 어떻게 하나님의 이름을 모욕할까?

이스라엘 백성은 하나님을 저버렸습니다. 그들은 하나님을 의지하지 않았고, 중요한 결정을 내릴 때 하나님께 묻지 않았습니다. 그래서 적들이 쳐들어오자 자신들의 힘으로 싸우다가 졌습니다. 하나님은 과거에 하신 것처럼, 자기 백성을 통해 그분의 영광을 보여주기 원하셨습니다. 그런데 이스라엘 백성은 자기 멋대로 행동하며 거룩한 언약궤를 가져왔습니다. 이 언약궤는 옮기면 안 되는데, 그들은 언약궤를 부적처럼 전쟁터로 가지고 갔습니다.

하나님은 누군가에게 그분의 능력과 영광을 증명하실 필요가 없습니다. 우리는 불신자들과 다를 바 없이 살아감으로써 하나님의 거룩한 이름을 모독하지 않도록 주의해야 합니다.

"여럿이 그들의 호색하는 것을 따르리니 이로 말미암아
진리의 도가 비방을 받을 것이요" _ **베드로후서 2:2**

적에게 골칫거리가 되다

블레셋 사람들은 언약궤를 빼앗아 다곤 신전에 두었습니다. 다음 날 아침 일찍 블레셋 사람들은 다곤 신상이 조각나 엎어져 있는 것을 발견했습니다. 하나님은 아스돗 사람들의 몸에 종기가 나는 벌을 내리셨습니다. 그들은 이스라엘의 하나님에게 벌을 받는다고 여겨 언약궤를 다른 성읍으로 옮겼습니다.

하나님은 그 성읍에도 벌을 내리셨습니다. 그들이 언약궤를 어디로 옮기든 그곳 사람들이 벌을 받았습니다. 결국 그들은 언약궤를 두 마리의 소가 끄는 수레에 실었습니다. 소들은 곧장 이스라엘의 벳세메스 마을로 갔고, 언약궤는 기럇여아림으로 옮겨졌습니다. 언약궤는 그곳에서 20년 동안 머물렀습니다.

하나님의 대적은 빼앗은 것을 가질 수 있을까?

성경은 사탄이 하나님께 속한 것을 빼앗고 파괴하러 왔다고 말합니다(요 10:10). 사탄은 모든 것을 빼앗고 망가뜨리려고 합니다. 사탄은 정결하고 선한 것을 싫어합니다. 하나님의 대적은 우리의 순수함을 빼앗아 우리가 죄책감에 빠지게 했습니다. 사탄은 우리의 기쁨을 빼앗고, 우리를 슬픔과 고통 가운데 남겨놓습니다. 또 우리 마음에서 평화를 빼앗아 걱정하고 두려워하게 만듭니다.

예수님은 우리의 죄 문제를 해결하기 위해 십자가에서 죽으셨습니다. 그분은 우리에게 정결함을 주셔서 우리가 하나님께 받아들여지게 하셨습니다(엡 1:4). 그분은 우리에게 슬픔 대신 기쁨을 주시고, 우리 마음에 그분의 평화를 주십니다.

"내가 그들에게 영생을 주노니 영원히 멸망하지 아니할 것이요
또 그들을 내 손에서 빼앗을 자가 없느니라" _ **요한복음 10:28**

이스라엘이 왕을 원하다

사무엘이 나이가 많아지자, 아들들을 이스라엘의 사사로 세웠습니다. 그들은 사무엘처럼 좋은 사사가 아니었고 정직하지 않았습니다. 이스라엘 지도자들이 사무엘에게 말했습니다. "당신은 점점 나이가 들어가는데 당신의 아들들은 당신의 본을 따르지 않습니다. 그러니 다른 나라들처럼 왕을 세워 우리를 다스리게 해주십시오."

사무엘이 하나님께 묻자 하나님이 말씀하셨습니다. "그들은 너를 거부한 것이 아니라, 나를 그들의 왕으로 인정하지 않고 다른 신들을 섬기려고 하는 것이다. 그들이 원하는 대로 하게 두어라. 하지만 왕이 그들을 어떻게 대할지 엄하게 경고하여라."

왕을 갖는 게 왜 문제일까?

왕을 달라고 한 것이 잘못입니까? 하나님은 왕을 싫어하시는 걸까요? 하나님은 한 나라가 통치자나 왕을 갖는 것을 반대하신 것이 아닙니다. 성경은 하나님이 왕을 세우셨다고 말합니다(단 2:21). 그리고 히브리서 13장 17절은 통치자들에게 복종해야 한다고 말합니다.

하나님은 이집트에서 노예로 살던 백성을 구해내셨고, 광야에서 먹을 것을 주셨으며, 약속의 땅에 있던 이방 족속을 몰아내 주셨습니다. 하나님은 지상의 어떤 왕보다도 훨씬 뛰어나셨습니다. 하나님은 백성을 보호하고 필요를 공급하셨을 뿐 아니라 그들을 사랑하고 돌보셨습니다. 그런데 이제 하나님께 등을 돌리며 다른 나라들처럼 인간 왕을 달라고 합니다. 당신 마음에 있는 왕은 누구입니까? 왕 중의 왕이신 예수님이 당신 마음을 통치하게 하십시오.

"또 주께서 이르시되 그 날 후에 내가 이스라엘 집과 맺을 언약은 이것이니
내 법을 그들의 생각에 두고 그들의 마음에 이것을 기록하리라
나는 그들에게 하나님이 되고 그들은 내게 백성이 되리라" _ **히브리서 8:10**

사무엘 사무엘상 9:1-6, 18-20

잃은 것을 찾다

기스라는 사람에게는 키가 크고 잘생긴 사울이라는 아들이 있었습니다. 기스의 나귀 중 몇 마리가 길을 잃자, 기스는 사울에게 종을 데리고 가서 찾아오라고 했습니다. 그들은 3일 동안 나귀를 찾아 다녔는데, 결국 사울이 종에게 말했습니다. "집으로 돌아가자. 아버지가 나귀보다 우리를 더 걱정하시겠다." 종이 말했습니다. "이 마을에 거룩한 분이 계시는데 그분이라면 나귀가 어디 있는지 알려주실 겁니다."

사울과 종이 마을로 들어갈 때, 사무엘이 그들을 향해 걸어오고 있었습니다. 사무엘이 사울에게 말했습니다. "걱정하지 말게. 자네 나귀들을 이미 찾아 놓았네."

뭔가를 잃어버렸을 때 어떻게 해야 할까?

사랑하는 애완동물이 사라졌다면 어떨까요? 중요한 서류나 귀중한 물건을 잃어버렸다면 어떨 것 같습니까? 사울은 아버지의 나귀를 찾아 다녔고, 나귀가 어디에도 없다는 것을 알고 하나님의 사람 사무엘을 찾아갔습니다. 사울은 하나님이 나귀가 어디 있는지 아시며, 그를 그곳으로 인도하실 수 있다는 것을 알았습니다.

뭔가를 잃어버리면 하나님께 기도하십시오. 하나님은 믿음으로 드리는 기도를 귀히 여기십니다. 기도한 후에 계속 찾으면서 하나님이 인도하실 것을 신뢰하십시오. 하나님이 마음을 평온하게 하신다면, 당신의 기도를 들어주신 것에 감사하십시오. 하나님이 응답하실 것을 기대하고, 가장 합당한 방법으로 행하실 것을 신뢰하십시오.

"집에 와서 그 벗과 이웃을 불러 모으고 말하되 나와 함께 즐기자 나의 잃은 양을 찾아내었노라 하리라" _ **누가복음 15:6**

하나님의 차선책

사무엘이 사울을 보았을 때, 하나님은 이스라엘의 왕으로 선택한 사람이라고 사무엘에게 말씀하셨습니다. 사무엘이 사울에게 말했습니다. "주님께서 당신을 이스라엘의 통치자로 선택하셨습니다. 당신이 그분의 백성을 다스리고 적들의 손에서 보호하게 될 것입니다."

그런 후 사무엘은 백성을 불러 하나님이 하신 말씀을 전했습니다. "하나님이 이렇게 말씀하셨습니다. '나는 너희를 이집트에서 구해낸 너희 하나님이다. 하지만 너희는 너희를 모든 문제에서 구해낸 하나님을 버리고 왕을 구하였다.'" 사무엘은 백성 앞에 사울을 데리고 나와 말했습니다. "하나님이 당신들을 위해 선택하신 사람이 여기 있소."

잘못된 결정이 나를 위한 하나님의 계획을 망칠 수 있을까?

이스라엘은 눈에 보이는 왕을 원했습니다. 그들의 믿음이 약해져서 더 이상 눈에 보이지 않는 왕을 신뢰할 수 없었습니다. 그들이 왕을 원한 또 다른 이유는 주변의 다른 나라들처럼 되고 싶었기 때문입니다. 이스라엘 백성은 왕이 있으면 더 강해 보일 거라고 생각했습니다.

때때로 하나님은 우리가 고집을 부려 원하는 대로 하려고 할 때, 우리가 원하는 것을 주십니다. 하나님은 우리가 실수를 통해 배우게 하십니다. 결정에는 늘 결과가 따릅니다. 하나님은 우리의 잘못된 선택을 용서해 주시지만, 그 선택으로 인한 결과는 그냥 없어지지 않습니다. 그래서 (자신이나 다른 사람의) 인생에 영향을 미치는 결정을 할 때는 신중해야 합니다. 중요한 결정을 하나님께 묻지 않고 가볍게 해서는 안 됩니다.

"여호와께서 이와 같이 말씀하시되 네가 만일 돌아오면
내가 너를 다시 이끌어 내 앞에 세울 것이며" _ **예레미야 15:19상**

사무엘 사무엘상 11:1-6, 11-15

왕이 좋아 보이다

사무엘은 이스라엘 백성에게 사울을 소개한 후, 왕의 권리와 의무에 대해 설명했고 그것을 책에 기록했습니다. 얼마 되지 않아, 사울은 이스라엘의 적이 야베스를 위협하고 있다는 소식을 들었습니다. 이 소식을 들었을 때 하나님의 영이 사울에게 임하여 크게 분노했고, 온 이스라엘에서 대적과 싸울 사람들을 모집했습니다. 사울과 군인들은 새벽에 적을 공격했고, 정오쯤 사울의 군대가 적을 무찔렀습니다. 이스라엘 백성이 사무엘에게 말했습니다. "사울이 왕이 되면 안 된다고 말한 사람들은 어디 있습니까? 그들을 다 없애버립시다." 그러자 사무엘이 말했습니다. "오늘은 주님께서 이스라엘을 구원하신 날이니 사람을 죽이지 못하오!"

하나님은 내 잘못된 결정에도 복을 주실까?

왕을 갖겠다는 이스라엘의 결정이 그리 나쁜 생각은 아닌 것처럼 보였습니다. 사울이 왕이 된 지 얼마 지나지 않아 이스라엘의 숙적을 물리쳤기 때문입니다. 사울의 첫 승리였습니다. 사울은 좋은 출발을 한 것처럼 보였지만, 우리는 앞으로 어떤 일이 기다리고 있는지 엿볼 수 있습니다. 사무엘상 16장 1절에 하나님이 사울에 대해 말씀하신 내용이 나옵니다.

하나님은 우리의 도움과 상관 없이 계획하신 것을 행하실 수 있고 행하실 것입니다. 우리가 하나님이 기뻐하시지 않는 일을 한다면, 하나님은 계획을 실행하기 위해 다른 방법을 찾아내십니다. 하나님은 우리의 잘못된 결정도 계획의 일부로 사용하실 수 있지만, 완전히 다른 방법을 선택하실 수도 있습니다. 하나님의 방식이 아닌 자기 방식을 고집하는 사람은 하나님의 뜻 안에 있을 때 누리는 기쁨과 축복을 잃게 됩니다.

"어떤 길은 사람이 보기에 바르나 필경은 사망의 길이니라" _ **잠언 16:25**

임무 수행 중인 사울

블레셋 사람들이 다시 이스라엘을 공격하기 위해 모였고, 아주 좋은 위치를 선점하는 바람에 이스라엘 백성은 동굴이나 바위 뒤에 숨었습니다. 이때 사울은 길갈에서 사무엘을 기다리고 있었는데 7일을 기다리다 마음이 조급해졌습니다. 군인들이 떠나가기 시작하자, 사울은 사무엘을 기다리는 대신 직접 하나님께 제사 드리기로 결정했습니다.

사울이 막 제사를 끝내자 사무엘이 도착해 말했습니다. "이게 도대체 무슨 일입니까?" 사울이 대답했습니다. "백성이 나를 떠나고 있는데 당신은 오지 않아서 제가 직접 제사를 드려 하나님의 도움을 받으려고 한 것입니다." 사무엘이 말했습니다. "어리석은 일을 하셨습니다. 당신이 이렇게 했으니 더 이상 이스라엘을 다스리지 못할 것입니다."

하나님은 왜 사울의 제사를 기뻐하지 않으실까?

사울은 아마 이렇게 생각했을 것입니다. '어떻게 해서든 이 전쟁에서 이길 거야! 사무엘이 하나님께 제사 드리러 바로 오지 않으면 규칙을 조금 어겨서 내가 하면 돼. 무슨 짓이든 해서 내가 이 전쟁에서 이기도록 하나님이 내 편이 되게 할 거야. 지금 당장 이 일을 하지 않으면 모두 나를 떠날 거야. 그러면 내 인기도 끝나겠지.'

사울은 하나님이 돕도록 하기 위해 뭔가 종교적인 일을 하고 싶었습니다. 사울은 조급하여 불순종했습니다. 그는 하나님을 신뢰하며 하나님의 방식대로 하는 대신, 자기가 보기에 '좋은 생각'을 따랐습니다. 사울은 그저 하나님의 축복을 얻어내 전쟁에서 이기기를 원했고 전쟁에서 이긴 영광을 자기가 취하려고 했습니다.

"순종이 제사보다 낫고" _ **사무엘상 15:22하**

믿음과 용기

어느 날, 사울 왕의 아들 요나단이 부하에게 말했습니다. "우리 블레셋 진영으로 가보자." 요나단은 이 일은 아버지에게 알리지 않았습니다. 요나단은 블레셋 진영 가까이 가서 부하에게 말했습니다. "진영으로 들어가자. 하나님이 도와주시면 비록 우리 둘이라도 저 많은 적을 상대하여 이기게 하실 것이다. 먼저 블레셋 사람들에게 우리를 드러내자. 그들이 우리에게 꼼짝 말고 있으라 하고 우리에게 오면 여기 그대로 있자. 하지만 그들이 우리에게 오라고 하면 우리가 그들에게로 가자. 이것을 우리가 이길 거라는 하나님의 징표로 알자."

블레셋 사람들이 요나단을 보자 말했습니다. "저 봐라. 히브리 사람들이 숨은 곳에서 나온다." 그리고 요나단에게 소리쳤습니다. "이리로 와라. 알려줄 게 있다." 요나단과 부하는 블레셋 사람들에게 가서 그들을 공격했습니다. 주님께서 그들에게 승리를 주셨습니다.

대담한 행동은 용기일까 어리석음일까?

요나단의 행동은 용감한 걸까요, 아니면 어리석은 걸까요? 그 차이를 어떻게 알 수 있습니까? 다음 질문이 도움이 될 것입니다.

- 용기: 요나단이 용기 있는 행동을 한 것은 하나님께 순종한 것인가요? 하나님의 영광과 명예를 위한 것인가요? 위험에 처한 사람을 구하는 것인가요?
- 어리석음: 요나단이 위험을 무릅쓴 것은 재미를 위한 것인가요? 자신의 힘과 재능을 보여주기 위한 것인가요? 상을 원해서인가요?

"깨어 믿음에 굳게 서서 남자답게 강건하라" _ **고린도전서 16:13**

"내가 반드시 너와 함께 하리니
네가 미디안 사람 치기를 한 사람을 치듯 하리라"

_ 사사기 6:16

A 365-Day Devotional

5월
May

사울, 다윗, 솔로몬과 함께 걷다

저 소음은 뭐지?

사울은 이스라엘의 적들과 싸워 매번 승리했습니다. 어느 날, 사무엘이 사울에게 말했습니다. "주님께서 아말렉을 공격해 그들이 소유한 모든 것을 완전히 파괴하고 하나도 남기지 말라고 하십니다." 사울은 나가 싸워 아말렉을 무찔렀지만 가장 좋은 양과 소는 죽이지 않았고 좋은 물건은 파괴하지 않았습니다. 다음 날 아침 일찍 사무엘이 사울에게 말했습니다. "내게 들리는 이 동물들의 소리는 다 뭡니까?" 사울이 설명했습니다. "군인들이 하나님께 제사 드리기 위해 가장 좋은 양과 소를 남겨두고 약하고 형편없는 것들은 다 죽였습니다."

"멈추시오!" 사무엘이 말했습니다. "하나님께서 지난 밤 내게 하신 말씀을 전하겠소. 하나님은 모든 것을 파괴하라고 말씀하셨는데, 당신은 가장 좋은 것을 남겨두어 하나님께 불순종했습니다." 사울이 대답했습니다. "저는 하나님께 순종했습니다. 우리는 아말렉 군대와 맞서 싸워 그들을 죽였습니다." 사무엘이 말했습니다. "당신은 하나님의 가르침에 온전히 순종하지 않았습니다. 그래서 하나님께서 당신을 이스라엘의 왕으로 두기를 거절하셨습니다."

하나님의 명령에 '거의' 순종하는 것은 괜찮을까?

시험을 쳐서 10문제 중 8문제를 맞추면 잘했다고 생각할 수 있습니다. 웬만한 시험은 그 정도만 맞춰도 통과하는 데 문제가 없습니다. 그런데 하나님이 매기시는 순종의 점수는 어떨까요? 하나님의 명령 중에서 몇 개 (아니면 거의 다) 순종하는 것으로 충분할까요?

하나님께 순종하는 문제에 있어서는 그분이 말씀하신 모든 것을 행해야 합니다! 별로 나빠 보이지 않는 일을 했지만 마음이 편치 않을 때는 하나님께 용서를 구하십시오.

"누구든지 온 율법을 지키다가 그 하나를 범하면 모두 범한 자가 되나니"

_ **야고보서 2:10**

다윗 사무엘상 16:1, 6-13

어린 목동

사울이 하나님의 백성을 엉망으로 이끄는 것을 보면서 사무엘은 슬펐습니다. 주님께서 사무엘에게 말씀하셨습니다. "사울이 이스라엘을 다스리지 못하도록 내가 이미 그를 버렸는데 너는 언제까지 슬퍼할 것이냐? 기름을 가지고 베들레헴에 사는 이새에게 가거라. 내가 그의 아들 중 하나를 왕으로 선택했다." 사무엘이 이새의 집에 도착해 장자 엘리압을 보고, 그가 하나님이 선택하신 사람이라고 생각했습니다. 그런데 주님께서 사무엘에게 말씀하셨습니다. "그가 키가 크고 잘생긴 것을 보지 마라. 나는 사람을 외모로 판단하지 않고 마음을 본다." 이새의 일곱 아들이 차례로 사무엘 앞에 나왔지만 주님께서 다 아니라고 하셨습니다. 사무엘이 이새에게 아들이 더 있는지 물었습니다. 들판에서 양을 치는 막내가 있다고 하자 사무엘은 이새에게 그를 불러오라고 했습니다.

다윗이 들어오자 하나님이 사무엘에게 말씀하셨습니다. "바로 이 사람이다. 그에게 기름을 부어라." 사무엘은 모든 사람 앞에서 다윗에게 기름을 부었습니다. 주님의 성령이 다윗에게 임했습니다.

기름을 붓는다는 것이 무슨 의미일까?

하나님이 특별한 일을 하도록 누군가를 선택하실 때마다, 주님의 종이 그 사람에게 기름을 부었습니다. 하나님의 예언자와 제사장과 왕은 하나님을 섬기기에 앞서 기름부음을 받았습니다. 그 사람의 머리에 기름을 부어 하나님의 영이 새로운 지도자에게 임했음을 보여주었습니다. 그때부터 성령은 그 사람에게 하나님이 명하시는 일을 행할 능력을 주셨습니다.

"주의 성령이 내게 임하셨으니 이는 가난한 자에게 복음을 전하게 하시려고
내게 기름을 부으시고 나를 보내사 포로 된 자에게 자유를,
눈 먼 자에게 다시 보게 함을 전파하며 눌린 자를 자유롭게 하고" _ **누가복음 4:18**

선한 목자

사무엘은 다윗에게 기름을 부은 후 라마로 돌아갔습니다. 다윗은 아버지의 양떼를 먹이러 들판으로 돌아갔습니다. 다윗은 양떼를 돌보기 위해 들판에 머물면서 양들이 푸른 풀밭에서 풀을 먹게 했고, 조용한 물가로 인도해 거센 물소리에 놀라지 않게 했습니다. 그는 막대기로 야생동물을 위협해 쫓아내고, 위험한 곳에서는 지팡이로 양들을 부드럽게 이끌었습니다.

다윗은 하나님에 대한 시를 썼는데, 자신이 아버지의 양을 보살피듯, 하나님이 자신을 돌보시는 목자라고 생각했습니다.

예수님은 왜 우리를 양이라고 부르실까?

목장이나 들판에서 풀을 뜯는 양떼를 본 적이 있습니까? 목자가 양떼를 이끄는 사진이나 그림을 본 적이 있을 것입니다. 양은 시력이 그리 좋지 않습니다. 누군가 당신을 양에 빗대면 기분이 썩 좋지 않을 것입니다. 예수님은 왜 우리를 양이라고 부르실까요?

우리는 양처럼 목자를 따라야 합니다. 그러지 않고 서로 따라가다 보면 결국 길을 잃고 맙니다(눅 15:4-6). 우리는 양처럼 자신을 보호할 수 없습니다(벧전 5:8). 우리는 양처럼 어디에 위험이 있는지 알지 못합니다(잠 3:26).

양으로 불린다고 너무 걱정하지 마십시오. 당신을 보살피는 최고의 목자가 있습니다. 그분은 당신을 구하기 위해 자기 생명을 줄 정도로 당신을 사랑하십니다. 그분의 양떼에 속하지 않은 사람은 염소라고 불리는데, 그것이 훨씬 좋지 않습니다(마 25:32).

"우리는 다 양 같아서 그릇 행하여 각기 제 길로 갔거늘
여호와께서는 우리 모두의 죄악을 그에게 담당시키셨도다" _ **이사야 53:6**

두려움 없는 목자

어느 날, 다윗이 아버지의 양떼를 돌보고 있을 때 사자 한 마리가 양 새끼 하나를 물어갔습니다. 다윗이 사자를 공격하자 다윗에게 덤벼들었습니다. 다윗은 사자의 목덜미를 잡고 내리쳐 죽이고 어린 양을 구해냈습니다.

또 곰 한 마리가 와서 양을 잡아간 적도 있습니다. 다윗은 곰을 쫓아가 힘없는 어린양을 구해냈습니다.

목자는 왜 어리석은 양을 위해 자기 목숨을 걸까?

다윗은 자기 양을 걱정만 한 것이 아니라 양을 보호할 용기와 힘도 있었었습니다. 목자의 일은 양떼를 돌보는 것입니다. 두 종류의 목자가 있습니다. 자기 양의 안전을 위해 무엇이든 하는 선한 목자와 그저 돈을 벌려고 양을 돌보는 목자입니다. 돈을 받고 양을 돌보는 목자는 늑대가 와서 양을 낚아채 가도 신경 쓰지 않습니다. 양이 다 흩어져도 그들을 모으기 위해 자기 목숨을 걸려고 하지 않습니다.

예수님이 말씀하셨습니다. “나는 선한 목자라 선한 목자는 양들을 위하여 목숨을 버리거니와”(요 10:11). 예수님의 양은 그분께 소중한 존재입니다. 그래서 생명까지 내주신 것입니다. 예수님은 양들의 이름을 다 아시는 유일한 목자입니다(요 10:3-4). 예수님이 우리를 부르실 때, 우리는 그분을 신뢰하는 방법을 배웠으므로 그분의 음성을 알아듣습니다. 또 예수님은 문이십니다(요 10:9). 문을 통과한 양은 모두 안전합니다. 도둑이 들어와 훔쳐 갈 수 없기 때문입니다. 우리가 예수님이라는 문을 통해 하나님께로 나아갈 때 사탄에게서 안전할 수 있습니다.

“여호와가 우리 하나님이신 줄 너희는 알지어다 그는 우리를 지으신 이요 우리는 그의 것이니 그의 백성이요 그의 기르시는 양이로다” _ **시편 100:3**

음악성 있는 목동

다윗은 들판에서 아버지의 양을 지키며 많은 시간 기도하고 하나님을 찬양하는 아름다운 노래도 지었습니다. 반면, 궁전에 사는 사울 왕은 그리 행복하지 않았습니다. 사울은 감정 기복이 심하고 불행한 상태로 지냈습니다. 사울이 하나님께 불순종한 후 하나님의 영이 그를 떠났습니다. 사무엘은 사울에게 하나님이 그의 왕위를 빼앗아 하나님을 사랑하는 다른 사람에게 주실 거라고 말했습니다.

사울의 신하들이 누군가 왕을 위해 부드러운 음악을 연주하면 기분이 좋아질 거라고 말했습니다. 우연히 다윗에 대해 알고 있던 신하가 사울에게 다윗이 하프를 연주하는 재주가 있다고 말했습니다. 사울은 다윗을 불러오라고 명했습니다. 다윗은 사울을 위해 아름다운 음악을 연주했고, 사울은 다윗을 좋아했습니다. 사울이 성질을 부릴 때마다 다윗의 음악이 사울의 영을 잠잠하게 했고, 사울의 기분은 훨씬 좋아졌습니다.

어떤 음악을 들어야 할까?

하나님은 사람에게 아름다운 음악을 만드는 재능을 주셨습니다. 우리가 하나님을 찬양하는 음악을 만들 때(노래를 하든 악기를 연주하든) 하나님은 얼마나 기쁘실까요(시 150:3-6).

하나님은 당신이 어떤 노래를 좋아하는지 어떤 종류의 음악을 좋아하는지 개의치 않으십니다. 좋은 음악을 많이 들으면 들을수록 여러 세대와 여러 나라의 다양한 음악을 더 많이 즐기게 될 것입니다. 그러나 하나님을 모독하는 노래(어떤 노래는 들어도 잘 알아차리지 못할 수도 있음)는 가능한 한 듣지 않는 것이 좋습니다.

"시와 찬송과 신령한 노래들로 서로 화답하며
너희의 마음으로 주께 노래하며 찬송하며" _ **에베소서 5:19**

다윗 사무엘상 17:1-11

벌벌 떨고 있는 군대

블레셋 사람들이 다시 전쟁을 벌였습니다. 그들의 군대가 계곡 한쪽에 진을 쳤고, 이스라엘 백성은 반대편에 진을 쳤습니다. 거인처럼 큰 블레셋 군인 하나가 나와 이스라엘 군대에게 도전했습니다. 그는 놋으로 만든 갑옷을 입고, 긴 창을 차고 있었습니다. 그의 방패를 옮기는 군인이 따로 있었습니다. 그 블레셋 사람이 계곡 저편에 있는 이스라엘 백성에게 소리쳤습니다. "이스라엘 군대에게 도전한다. 너희 중에 나와 싸울 사람을 선택해라. 그가 이기면 우리가 너희 종이 되고 내가 이기면 너희가 우리 종이 될 것이다." 사울과 온 백성은 골리앗의 말을 듣고 두려움에 떨었습니다.

하나님의 대적이 나보다 더 강할까?

블레셋 군대의 거인 골리앗은 기골이 장대했습니다. 사울의 군대에서 가장 용맹한 군인도 골리앗의 도전에 응하려 하지 않았습니다. 골리앗과 달리 우리의 대적은 눈에 보이지 않습니다. 우리는 사탄이 무슨 계획을 세우고 있는지, 사탄의 군대가 무엇을 하고 있는지 알지 못합니다. 사탄은 그의 통제를 허용하는 사람들의 마음속에 악한 계획을 심습니다. 그들은 우리가 세상에서 보는 악한 행동을 통해 사탄의 더러운 일을 행합니다. 우리 주변의 악을 볼 때, 우리는 사탄이 어디서 어떻게 일하는지 알 수 있습니다.

인간의 힘으로 사탄의 군대에 맞서는 것은 어리석은 일입니다. 사도행전 19장 11-16절은 주님의 힘으로 사탄을 이기는 것과 인간의 힘으로 사탄과 싸우려는 것의 차이를 보여줍니다. 우리가 사탄의 공격에 맞설 수 있는 것은 우리 안에 있는 성령의 능력 때문입니다. 우리가 성경의 능력 있는 말로 사탄에 대항하면 사탄은 도망갑니다(약 4:7).

"근신하라 깨어라 너희 대적 마귀가 우는 사자 같이 두루 다니며 삼킬 자를 찾나니"

_ 베드로전서 5:8

감히 그런 말을 하다니!

골리앗은 살아 계신 하나님의 군대를 날마다 모욕했습니다. 그러나 이스라엘 군인 중 누구도 그 블레셋 거인과 싸울 용기를 내지 못했습니다. 그즈음 이새가 다윗에게 사울의 군대에 있는 형들에게 다녀오라고 보냈습니다.

다윗이 그곳에 도착했을 때 이스라엘 백성과 블레셋 사람들이 대치하고 있었습니다. 다윗이 형들을 발견하고 함께 이야기를 나눌 때 골리앗이 늘 하던 대로 이스라엘 백성을 자극하기 시작했습니다. 골리앗이 하나님의 백성과 하나님을 모욕하자 이스라엘 백성이 다윗에게 말했습니다. "저 사람이 도전하는 소리를 들어 보아라."

누군가 하나님을 모욕할 때 어떻게 해야 할까?

누군가 하나님을 모욕하거나 당신이 하나님 믿는 것을 비웃는다면 어떤 기분이 들까요? 모든 사람이 보는 앞에서 하나님이 강력한 방식으로 그분을 증명해 주시길 바랍니까?

예수님은 조롱당할 때 어떻게 하셨나요?(마 27:30-31) 자신을 변호하지 않으셨고, 자신을 비웃는 사람에게 위협을 가하지 않으셨습니다. 사람들이 예수님을 모욕할 때 그분은 무엇을 하셨나요?(막 15:29) 예수님은 그들을 용서하셨습니다!(눅 23:34) 하나님은 오래 참으시고 자비로우십니다. 하나님을 모욕하고 욕하는 자들까지 사랑하십니다. 누군가 하나님을 모욕하는 소리를 들으면 그러지 말라고 요청할 수 있고, 그 사람이 하나님께 나아가는 길을 찾도록 기도할 수 있습니다.

"내가 너희에게 이르노니 사람이 무슨 무익한 말을 하든지 심판 날에 이에 대하여 심문을 받으리니" _ **마태복음 12:36**

네 양떼에게로 돌아가라!

—

이스라엘 군대에게 도전하는 골리앗의 말을 듣고, 다윗은 주변에 있던 사람들에게 물었습니다. "저 블레셋 사람을 죽인 사람에게는 어떤 보상이 있나요?" 다윗이 보상에 대해 묻자, 큰형 엘리압이 화내며 말했습니다. "네가 무엇을 하려고 여기 왔느냐? 네가 돌봐야 할 양들은 어떻게 하고 온 거야? 건방진 녀석아, 너는 전쟁 구경하러 온 거지?" 다윗이 대답했습니다. "제가 뭘 했다고 그러세요? 그냥 물어본 것뿐입니다."

다윗의 말을 듣고 누군가 사울 왕에게 가서 전하자 왕이 즉시 다윗을 불렀습니다. 다윗은 사울 앞에 가서 말했습니다. "블레셋 사람을 두려워할 필요가 없습니다. 제가 가서 그와 싸우겠습니다."

하나님께 쓰임받기에 나는 너무 약할까?

다윗은 어린 목동이었습니다. 전쟁 무기를 사용해 본 적도 없고 훈련받은 군인도 아니었습니다. 다윗이 어떻게 블레셋 군대에서 가장 강한 군인과 맞설 수 있겠습니까? 그러나 누구라도 하나님이 힘 주실 것을 믿는다면 나이나 몸집은 문제가 되지 않습니다.

당신이 가진 약점 때문에 하나님이 원하시는 일을 하지 못하게 용기를 꺾는 사람이 있을 것입니다. 사람들은 이렇게 말할지 모릅니다. "좀 더 실력을 갖추고 준비된 다음에 해." 그러나 하나님을 위해 뭔가를 하고 싶다면 그렇게 하십시오. 하나님이 당신을 사용하여 거인을 이기도록 하실 것입니다.

"누구든지 네 연소함을 업신여기지 못하게 하고 오직 말과 행실과
사랑과 믿음과 정절에 있어서 믿는 자에게 본이 되어" _ **디모데전서 4:12**

하나님의 갑옷

사울 왕은 소년 다윗이 블레셋 거인과 맞서 싸울 수 있을지 확신이 없었습니다. 그러나 아무도 골리앗과 맞서려고 하지 않았기에 사울은 이렇게 말했습니다. "주님께서 너와 함께 계시길 바란다." 그러고는 다윗에게 자기의 갑옷을 주었습니다.

다윗은 사울의 놋투구를 쓰고 갑옷을 입고 사울의 칼을 찼습니다. 그런데 갑옷을 입고 걸어보니 너무 무거웠습니다. 다윗은 갑옷을 벗고 맨몸으로 계곡으로 내려갔습니다.

사탄의 공격에서 자신을 어떻게 보호할 수 있을까?

다윗은 막대기와 물매를 들고 블레셋 군대에서 가장 강력한 전사와 맞설 준비를 했습니다. 다윗은 이미 하나님의 갑옷을 입고 있어서 사울의 갑옷이 필요 없었습니다. 사울 왕은 믿을 수 없다는 듯 머리를 저었는지 모르지만, 다윗의 마음에는 이미 이긴 싸움이었습니다.

당신도 하나님의 갑옷을 입으면 이길 수 있습니다(엡 6:14-17). 허리에 진리의 허리띠를 단단히 매어, 하나님에 대한 잘못된 생각에 빠지지 않게 하십시오. 의의 흉배로 가슴을 보호하여 마음을 지키십시오. 정결함과 선함으로 마음이 죄에 빠지지 않도록 지키십시오. 평안의 복음이라는 신발을 신고 하나님의 사랑의 복음을 온 땅에 전하십시오. 믿음의 방패를 들어 의심이라는 불화살을 막아내십시오. 구원의 투구를 쓰십시오. 예수님께 삶의 주인이 되어달라고 구할 때 이 투구를 받게 됩니다. 하나님의 말씀인 성령의 검을 사용하십시오.

"그러므로 하나님의 전신 갑주를 취하라
이는 악한 날에 너희가 능히 대적하고 모든 일을 행한 후에 서기 위함이라"
_ 에베소서 6:13

다윗 사무엘상 17:41-51

정확히 맞히다!

블레셋 거인은 다윗이 자신을 향해 걸어오는 모습을 보고 믿을 수가 없었습니다. 다윗이 싸우러 가지고 나온 것은 양을 칠 때 사용하던 막대기와 물매와 강에서 주운 돌 다섯 개가 전부였습니다. 골리앗은 다윗 쪽으로 걸어가며 물었습니다. "그 막대기는 뭐에 쓰려는 거냐? 내가 개냐? 네 시체를 새와 짐승의 먹이가 되게 하겠다!" 다윗이 말했습니다. "너에게는 칼과 창과 단창이 있지만, 나는 전능하신 주 하나님과 함께 간다. 주께서 자기 백성을 구하기 위해 칼이나 창이 필요하지 않음을 오늘 모든 사람이 보게 될 것이다!"

다윗은 주머니에서 돌멩이를 꺼내 물매에 넣고 골리앗을 향해 던졌습니다. 그 돌은 골리앗의 머리를 맞혔고, 골리앗은 쓰러졌습니다. 다윗은 달려가 칼로 골리앗의 목을 베었습니다.

내 삶에 있는 골리앗을 어떻게 제거할 수 있을까?

골리앗은 날마다 이스라엘 백성을 모욕하러 나왔습니다. 그 비웃음에 이스라엘 백성은 점점 더 무력감과 패배감을 느꼈습니다. 골리앗이 없었다면 이스라엘 백성은 적을 공격할 용기를 가졌을 것입니다.

많은 문제에 직면할 때마다 당신은 용기 내어 해결했을 것입니다. 그러나 당신 안에 절대 없어질 것 같지 않은, (날마다 당신을 비웃는) 골리앗만큼 큰 장애물이 있을지도 모릅니다. 다른 사람을 믿지 못하게 하는 나쁜 기억이나 최선을 다하지 못하게 막는 두려움이나 일하다 겪는 어려움일 수도 있습니다. 아니면 자신을 바라보는 방식일 수도 있습니다. 그 거인과 맞닥뜨리십시오! 용기를 달라고 기도하며 하나님이 주시는 힘과 하나님의 갑옷을 입고 그 문제에 정면으로 맞서십시오!

"무릇 하나님께로부터 난 자마다 세상을 이기느니라
세상을 이기는 승리는 이것이니 우리의 믿음이니라" _ **요한일서 5:4**

절친(best friends)

다윗이 골리앗과 싸우는 모습을 본 사울은 군대 사령관에게 다윗을 데려오라고 했습니다. 그날부터 사울의 아들 요나단은 다윗과 절친이 되었고, 영원히 친구로 남기로 약속했습니다. 사울은 다윗에게 임무를 맡겼고, 다윗과 그의 부하들이 적과 싸울 때마다 승리했습니다. 사울은 다윗을 기쁘게 여겨 자기 군대의 장교로 임명했습니다.

좋은 친구가 어떻게 절친이 될까?

절친이 있으려면 먼저 당신이 가장 좋은 친구가 되어야 합니다. 요나단과 다윗의 우정이 견고했기에 그들은 절친이 될 수 있었습니다. 요나단과 다윗의 우정은 튼튼한 기초 위에 세워졌습니다.

성격: 서로 좋아하고 잘 맞아야 친구가 됩니다. 요나단의 용기 있는 행동과 다윗의 용기 있는 행동을 비교해 보십시오(삼상 14:1; 17:36).

이기적이지 않음(나눔): 요나단은 가장 특별한 것을 다윗에게 주었습니다(삼상 18:4). 요나단이 다윗에게 자기 옷을 준 것은 왕자의 옷을 벗어 다윗에게 입힌 것입니다. 요나단은 다윗이 왕이 되는 것을 꺼리지 않았고 다윗에게 자기 갑옷과 칼도 주었습니다.

신뢰(충성심): 요나단과 다윗은 서로 완전히 신뢰했는데, 그런 신뢰가 쌓여 서로 깊은 충성심을 갖고 있었습니다. 요나단은 자기 생명이 위험할 뻔했는데도 다윗을 지키려 했습니다(삼상 20:33).

믿음(신앙): 그들은 강한 믿음과 모든 일에 하나님을 기쁘시게 하려는 같은 목적이 있었습니다. 하나님을 향한 요나단의 용감한 믿음(삼상 14:6)과 다윗의 용감한 믿음을 비교해 보십시오(삼상 17:37).

"마음의 정결을 사모하는 자의 입술에는 덕이 있으므로 임금이 그의 친구가 되느니라"

_ **잠언 22:11**

음악과 환호

사울 왕의 군인들이 전쟁에서 이기고 돌아오자, 근처 마을 여자들이 음악을 연주하고 춤을 추며 노래를 불렀습니다. "사울은 수천 명을 죽였고, 다윗은 수만 명을 죽였다네." 사울은 이 노래를 좋아하지 않았습니다. 다윗이 훨씬 훌륭해 보였기 때문입니다. 사울은 화가 났습니다. "저들은 왜 내가 수천 명만 죽였다고 노래하는 거지? 조금 있으면 다윗을 왕으로 삼고 싶어하겠군." 그날부터 사울은 다윗을 질투해 제거하려고 했습니다. 그러나 다윗은 훌륭한 지도자였기 때문에 모든 사람이 좋아했습니다.

칭찬과 찬사에 어떻게 반응해야 할까?

좋은 성과로 메달을 따거나 상을 받으면 어떤 기분이 들까요? 환호하는 군중 앞에서 상을 받으러 올라갈 때 여러 감정이 섞여 뭐라 표현하기 힘들 겁니다. 사람들은 잘한 일에 대해 칭찬받을 때 다른 방식으로 반응합니다. 사람들의 칭찬을 받아들이는 것은 전혀 잘못된 것이 아닙니다. 칭찬을 받으면 감사하다고 말하는 것이 예의 있는 행동입니다. 그 기회에 하나님께 공개적으로 감사를 표현하며 영광을 돌릴 수 있습니다.

다윗은 칭찬받을 때도 부하들을 이끌고 전쟁에서 계속 승리했고, 자기 능력을 과소평가하지도 않았습니다. 그는 하나님의 도우심을 인정했습니다(시 54:4). 반면, 신약성경은 사람들의 칭찬에 목말라했던 왕에 대해 이야기합니다. 사람들이 그를 신이라고 하자, 그는 하나님의 영광을 가로챘습니다. 그에게 어떤 일이 일어났는지 읽어보십시오(행 12:21-23).

"이 직무로 증거를 삼아 너희가 그리스도의 복음을 진실히 믿고 복종하는 것과 그들과 모든 사람을 섬기는 너희의 후한 연보로 말미암아 하나님께 영광을 돌리고"

_ **고린도후서 9:13**

질투, 용기 그리고 사랑

다윗은 이스라엘 전역에서 유명해졌고, 사울은 질투가 났습니다. 사울은 생각했습니다. '다윗을 치열한 전투에 내보내서 블레셋 사람들 손에 죽게 해야겠다. 그러면 내 손으로 죽이지 않아도 되겠지.'

사울의 딸 미갈이 다윗과 사랑에 빠졌습니다. 사울은 이 사실을 알고 기뻐하며 다윗에게 다음과 같이 전하라고 했습니다. "사울 왕이 미갈을 아내로 주는 대가로 블레셋 사람 시체 100구를 원합니다." 다윗은 미갈을 향한 사랑을 증명하기 위해 블레셋 사람의 시체 200구를 가져왔습니다. 사울은 미갈이 다윗과 결혼하는 것을 허락했지만, 미갈을 이용해 다윗을 함정에 빠뜨리고자 했습니다.

삶이 바빠질 때 무엇을 붙잡아야 할까?

다윗이 평화로운 목동의 삶을 버리고 사울의 군대에 합류한 후, 그의 삶에 정말 많은 일이 일어났습니다. 다윗은 단시일 안에 전국적으로 유명해져 사울의 군대에서 사령관이 되었습니다. 그러다 사울 왕이 그를 시기해 죽이려 했고, 또 사울의 딸과는 결혼한 상태였습니다. 모든 일이 순식간에 일어났습니다.

살다 보면 꽃을 감상하고 구름의 모양이 바뀌는 것을 지켜볼 수 있는 평화로운 순간이 있습니다. 그러다 순식간에 상황이 변하고, 작은 배가 폭풍 속에서 흔들리듯 감정이 요동치기도 합니다. 그러나 다윗에게는 절대 변하지 않는 한 가지가 있었습니다. 하나님이 그의 삶을 통치하신다는 사실이었습니다. 이 사실을 알 때 모든 것이 달라집니다!

"주께서 심지가 견고한 자를 평강하고 평강하도록 지키시리니
이는 그가 주를 신뢰함이니이다" _ **이사야 26:3**

다윗 사무엘상 19:9-18

침대에 감춘 우상

어느 날 사울의 기분이 많이 안 좋았습니다. 그는 손에 창을 든 채 다윗의 하프 연주를 듣고 있었습니다. 깊은 증오와 분노가 사울의 마음에 가득 차자, 그는 창을 다윗에게 던졌습니다. 다윗은 몸을 피했고 목숨을 구하기 위해 도망쳤습니다.

사울은 다윗의 집으로 부하들을 보내 다음 날 그를 죽이라고 명령했습니다. 아내 미갈이 다윗에게 귀띔해 주었습니다. "오늘 밤 탈출하지 않으면 아침에 당신을 죽일 거예요." 미갈은 다윗이 창문을 통해 탈출하도록 돕고, 침대 위에 사람 크기의 우상을 눕혀 놓았습니다. 사울의 부하들이 다윗을 잡으러 오자 미갈은 다윗이 아프다고 말했습니다. 부하들이 사울에게 가서 이 말을 전하자 사울은 이렇게 말했습니다. "침대에 눕힌 채로 데리고 와라. 그를 죽여야겠다." 다윗을 붙잡으러 다시 온 부하들은 침대에 우상이 있는 것을 보았습니다. 사울은 딸이 자기를 속이고 다윗을 탈출시킨 것을 알고 분노했습니다.

다윗은 사울을 두려워했을까?

다윗은 사울 왕보다 훨씬 크고 사나운 골리앗과 맞붙는 것도 두려워하지 않았습니다. 그런 다윗이 왜 사울을 두려워하여 도망쳤을까요?

다윗의 용기는 하나님이 원하시는 일을 할 때 나왔습니다. 다윗이 골리앗과 맞섰을 때는 하나님이 원하시는 일임을 분명히 알았습니다. 또 하나님이 자신을 다음 왕으로 선택하셨지만, 아직 그때가 오지 않았음을 알았습니다(삼상 24:6). 그는 사울처럼 하나님을 대신하여 모든 것을 하려고 하지 않았습니다. 다윗은 하나님의 완벽한 때를 기다리고 있었습니다.

"나의 앞날이 주의 손에 있사오니
내 원수들과 나를 핍박하는 자들의 손에서 나를 건져 주소서" _ **시편 31:15**

다윗을 위한 화살

사울은 정기적인 축하행사로 잔치를 열었습니다. 다윗도 잔치에 참여해야 했지만 들판에 며칠 숨어 있기로 했습니다. 다윗이 요나단에게 말했습니다. "자네 아버지가 내가 어디 있냐고 물으면 고향 베들레헴으로 갔다고 말씀드려 주게." 요나단은 들로 나가 다윗이 돌아와도 되는지, 아니면 도망쳐야 할지 알려주는 신호를 보내기로 했습니다.

다윗을 죽이려고 계획한 사울은 다윗이 잔치에 오지 않자 격노했습니다. 사울은 요나단에게 다윗의 친구가 되었다고 소리를 지르며 창을 던졌습니다. 요나단은 다윗이 숨어 있던 들판으로 나가 화살을 몇 개 쏘고 종을 불러 말했습니다. "화살이 네 앞쪽에 있지 않느냐? 서둘러라!" 이 말은 다윗의 목숨이 위험하니 도망가라는 신호였습니다.

다윗은 왕이 되기까지 왜 그렇게 오래 기다려야 했을까?

사무엘은 하나님 백성의 새로운 지도자로 다윗에게 기름 부었습니다. 다윗은 골리앗을 무찌르고 많은 전쟁에서 이김으로 용기를 증명했습니다. 또 다윗은 존경받는 지도자요 군대 사령관이었습니다. 반면, 사무엘은 사울에게 하나님이 그를 이스라엘의 왕으로 두기를 거절하셨다고 말해 주었습니다.

시간이 흘렀지만 아무 일도 일어나지 않는 것 같았습니다. 왜 지연된 걸까요? 인간인 우리는 하나님의 완벽한 계획을 알지도 이해하지도 못합니다. 우리는 종종 분명한 것만 보고, 하나님이 사람들의 마음을 준비시키기 위해 하시는 일을 보지 못합니다. 신실한 마음을 준비하는 데는 시간이 걸립니다. 하나님이 우리에게 계획하신 일을 하도록 준비되기 위해 우리를 변화시키시는 데 수년이 걸릴 수도 있습니다.

"그러므로 하나님의 능하신 손 아래에서 겸손하라 때가 되면 너희를 높이시리라"

_ 베드로전서 5:6

사악한 양 주인

땅과 많은 양을 소유한 나발이 가족과 자신의 목자들을 위해 잔치를 준비했습니다. 다윗은 나발의 목자들이 도둑과 적의 침략을 받지 않도록 보호해 주었습니다. 다윗은 나발에게 부하를 보내 음식이나 그가 가진 소유를 조금 나누어 달라고 요청했습니다. 나발은 다윗의 부하들에게 하나도 주지 않은 채 돌려보내며 말했습니다. "다윗이 누구냐? 나는 그 사람을 알지도 못한다." 부하들이 나발의 말을 전하자 다윗은 화를 내며 부하 4백 명에게 명령했습니다. "칼을 차고 나를 따르라."

대부분의 싸움이 어떻게 일어날까?

싸움은 서로 의견이 맞지 않을 때 시작됩니다. 각자 자신이 옳다고 믿으며 거친 말을 하다가 결국 싸움으로 끝날 수 있습니다. 최초의 싸움이 어떻게 시작되었는지 기억하십니까? 그들은 형제지간이었습니다. 가인은 아벨을 질투했습니다. 하나님이 아벨의 제사는 기쁘게 받으셨지만, 가인의 제사는 받지 않으셨기 때문입니다. 가인의 마음에 타오른 질투심은 동생을 죽이게 했습니다. 이기심, 자만, 복수, 질투 같은 죄악 된 욕망은 분노의 감정을 일으켜 우리가 바르게 생각하지 못하게 막습니다. 이기적인 우리는 다른 사람이 어떻게 느낄지 이해하려고 하지 않습니다.

나발이 다윗에게 음식을 나눠주어야 했다고 생각합니까? 나발은 다윗이 누구인지 알았을까요? 아니면 다윗에게 자신의 목자들을 안전하게 지켜달라고 부탁했을까요? 다윗이 음식을 요구할 권리가 있다고 생각합니까? 음식을 얻지 못하면 나발을 위협하거나 죽일 권리가 있는 것일까요? 싸움을 피하려면 상대방의 입장에서 보려고 해야 합니다.

"너희 중에 싸움이 어디로부터 다툼이 어디로부터 나느냐
너희 지체 중에서 싸우는 정욕으로부터 나는 것이 아니냐" **_ 야고보서 4:1**

평화를 만드는 자

아비가일은 다윗과 그의 부하들이 자기 남편 나발을 죽이는 것을 막기 위해 급히 방법을 강구했습니다. 아비가일은 떡 2백 덩이와 포도주, 양 다섯 마리, 곡식, 건포도와 무화과 뭉치를 챙겨 나귀에 싣고 종들에게 먼저 가라고 말했습니다. 아비가일은 다윗을 만나러 간다는 말을 남편 나발에게 하지 않았습니다.

아비가일은 다윗을 보고 얼굴을 땅에 대고 엎드려 말했습니다. "내 주여, 일어난 일에 대한 책임을 제게 돌리시고 나발의 말은 신경 쓰지 마십시오. 하나님의 싸움을 하고 계시니 하나님께서 당신을 왕으로 삼으실 것입니다. 이 선물을 받으시고 나발의 생명을 취하지 마십시오. 그래야 주님께서 당신을 이스라엘 왕으로 삼으셨을 때 불필요하게 누군가의 생명을 빼앗은 것으로 죄책감을 느끼지 않을 것입니다." 다윗이 말했습니다. "오늘 당신을 내게 보내신 하나님을 찬양합니다. 당신이 옳은 소리를 하여 내가 복수하지 않게 하신 하나님께 감사합니다."

친구들 간의 싸움을 어떻게 그치게 할까?

어떻게 해야 싸움이나 다툼을 정당한 방식으로 멈출 수 있을까요? 아비가일은 자신이 뭔가 하지 않으면 누군가 다칠 것을 알았습니다. 엉망이 된 상황에서 평화를 가져오기 위해 아비가일이 한 일을 살펴봅시다. 아비가일은 한 사람의 편을 들지 않았습니다. 아비가일은 나발의 아내지만 다윗이 어떤 기분일지 이해하려고 애썼습니다. 아비가일은 수고를 아끼지 않았습니다. 음식을 내주었고, 현명한 계획을 세웠으며, 종들을 이용했습니다(18-19절 참조). 아비가일은 위험을 무릅쓰고 나발과 다윗 사이에 섰습니다(23-24절 참조). 아비가일은 다윗이 더 큰 그림을 보도록 도왔습니다. 나중에 후회하게 될 일을 하지 말라고 다윗을 설득했습니다(30-31절 참조).

"화평하게 하는 자들은 화평으로 심어 의의 열매를 거두느니라" _ **야고보서 3:18**

다윗 사무엘상 26:1-12, 17-21

왕이 자는 사이

사람들이 사울에게 와서 다윗이 광야에 숨어 있다고 말했습니다. 사울은 정예 병사 3천 명을 데리고 다윗을 찾으러 갔습니다. 그날 밤 다윗은 부하 아비새와 함께 동굴에서 나와 사울이 진 친 곳으로 갔습니다. 그들은 사울과 병사들이 잠들어 있는 진으로 몰래 숨어들었습니다. 아비새가 다윗에게 말했습니다. "하나님이 대적을 당신의 손에 넘겨주셨습니다. 제가 그를 죽이겠습니다." 그러나 다윗은 말했습니다. "아니다! 하나님께서 그를 왕으로 세우셨다. 우리가 그를 죽이는 것은 옳지 않다. 그의 창과 물병만 가지고 가자."

그들은 병사들을 한 명도 깨우지 않고 진을 떠났습니다. 다윗은 골짜기 저편으로 건너가 사울의 군사령관에게 소리쳤습니다. "아브넬! 당신은 이스라엘에서 가장 강한 자가 아니요? 왜 당신의 왕을 보호하지 않는 거요? 주변을 살펴보시오. 왕의 창과 물병이 어디 있소?" 사울은 다윗의 말을 듣고 자기가 하려던 일을 부끄럽게 여겼습니다. "내가 잘못했다. 네가 나를 살려주었으니 이제 네게 해를 가하지 않을 것이다." 그래서 다윗은 자기 길을 갔고, 사울은 집으로 돌아갔습니다.

하나님을 믿지 않는 지도자도 존중해야 할까?

교통규칙을 지키지 않는 사람들을 통제하는 교통경찰관이 없다고 상상해 보십시오. 아니면 교통규칙 자체가 아예 없다고 상상해 보십시오. 사람들은 역방향으로 달리고, 교차로를 마음대로 질주하고, 다른 사람들의 안전은 신경 쓰지 않을 것입니다. 교통경찰관이 하나님을 믿지 않는다고 해서 우리가 그를 무시하거나 그의 말을 듣지 않아도 되는 것은 아닙니다. 마찬가지로 부모나 교사, 그리고 이 나라의 질서를 유지하는 지도자의 말을 따르고 그들을 존중해야 합니다. 그들이 하나님을 믿든 안 믿든 말입니다.

"너희를 인도하는 자들에게 순종하고 복종하라" _ **히브리서 13:17상**

급습

다윗과 부하들이 머물던 마을로 돌아왔을 때, 아말렉 사람들이 마을을 공격해 모든 것을 태우고 여자와 아이들을 붙잡아 간 것을 알게 되었습니다. 다윗은 하나님께 물었습니다. "우리가 그 침략자들을 쫓아가면 잡을 수 있겠습니까?" 하나님은 다윗에게 그들을 쫓아가라고 말씀하셨습니다.

다윗과 부하들은 아말렉 사람들을 쫓아갔습니다. 그런데 부하 몇 사람이 지쳐서 가지 못하고 뒤에 남게 되었습니다. 다른 사람들은 침략자들을 쫓아가 소유를 되찾고 아내와 자녀들도 구했습니다. 승리하고 돌아온 사람들은 되찾은 물건을 뒤에 남아 있던 사람들과 나누고 싶어하지 않았습니다. 그때 다윗이 말했습니다. "마을을 지킨 사람들과 싸움에 나간 사람들이 똑같이 나누어 가져야 한다."

하나님을 섬기는 모든 사람의 일이 똑같이 중요할까?

다윗이 아말렉 사람들을 무찌른 것이 양을 돌보는 일보다 더 중요하다고 생각합니까? 야생동물에게서 양을 지키는 목자의 일이 나라를 지키는 일만큼 중요하지 않다고 생각할지 모릅니다. 그러나 하나님은 우리가 그분을 위해 무엇을 하는지가 아니라 우리가 얼마나 순종하고 신실한지를 중요하게 여기십니다. 하나님은 다윗이 무슨 일을 하든 그를 기뻐하셨습니다.

우리는 모두 하나님의 나라에서 할 일이 있습니다. 우리가 그 일을 잘 해내면 하나님은 우리에게 좀 더 크고 어려운 일을 맡기실 것입니다. 다윗이 성실하고 용기 있게 아버지의 양떼를 잘 돌보았기 때문에, 하나님은 다윗이 백성을 잘 돌볼 준비가 되었다고 생각하신 것입니다.

"심는 이와 물 주는 이는 한가지이나 각각 자기가 일한 대로 자기의 상을 받으리라"

_ **고린도전서 3:8**

비극이 찾아오다

다윗이 아말렉과의 전쟁을 마치고 돌아왔을 때, 한 젊은이가 나쁜 소식을 가지고 왔습니다. 블레셋 사람들이 길보아 산에서 사울의 군대를 공격했다는 소식이었습니다. 치열한 전투에서 화살을 맞아 부상당한 사울은 결국 자신의 칼에 엎드러져 자살했습니다. 요나단과 그의 형제들도 그 전쟁에서 죽었고, 미처 도망가지 못한 사람들도 다 죽었습니다. 다윗은 사울과 요나단이 죽었다는 소식을 듣고 자신의 옷을 찢으며 저녁까지 슬피 울었습니다.

죽음으로 친구를 잃은 사람을 어떻게 위로할 수 있을까?

친구가 죽은 사람에게 말을 건네는 것은 쉽지 않습니다. 그에게 슬픈 표정이나 감정을 보여주려고 하지 말고, 그냥 진심 어린 관심을 보여주는 것이 좋습니다. 때로는 너무 많이 말하지 말고 그냥 옆에 조용히 앉아 있는 것이 최선일 때도 있습니다. 말을 많이 하지 않아도 그는 당신의 사랑을 느낄 것입니다. 그가 말하고 싶어하면, 죽은 친구에게 좋았던 점이 무엇인지 물어보거나 그 친구와 함께한 즐거웠던 추억을 말해 달라고 하십시오.

그리고 그가 슬퍼하는 모습을 보니 어떤 기분이 드는지 말해 주고, 하나님이 그를 많이 사랑하시고 함께 슬퍼하신다고 말해 주어도 좋습니다. 그리고 자신의 감정을 하나님께 말씀드려 보라고 격려해 주십시오. 만약 그가 기도할 마음이 없다면, 그를 위해 기도해도 괜찮은지 물어볼 수 있습니다. 그가 하나님의 큰 사랑과 돌봄을 느낄 수 있도록 도와달라고 기도해 주세요.

"내가 사망의 음침한 골짜기로 다닐지라도 해를 두려워하지 않을 것은
주께서 나와 함께 하심이라 주의 지팡이와 막대기가 나를 안위하시나이다"

_ 시편 23:4

다윗이 왕이 되다

다윗이 30세 되었을 때 이스라엘 지도자들이 와서 말했습니다. "당신은 우리 중 하나입니다. 사울이 우리 왕이었을 때도 당신이 전쟁에서 이스라엘 백성을 이끌었고, 또 주님은 당신이 그분의 백성을 통치하게 될 것이라고 약속하셨습니다." 그들은 다윗을 왕으로 기름 부었고, 다윗은 40년간 이스라엘을 다스렸습니다. 다윗은 예루살렘 성벽으로 둘러싸인 도시를 점령하여 다스렸습니다. 그 도시는 다윗의 도시로 알려지게 되었습니다.

어떻게 해야 예수님이 내 삶의 왕이 될 수 있을까?

지금 이 순간부터 당신은 온 우주의 왕이 당신의 삶을 다스리시도록 할 수 있습니다. 그분은 당신에게 최고의 왕입니다. 당신을 사랑하는 왕이며, 강한 힘이 있고, 영원히 사시는 왕입니다. 그 왕은 당신에게 다음과 같은 일을 하라고 하십니다. 내게 순종하라(요 14:23). 나를 섬겨라(요 15:16). 내게 충성해라(눅 16:13).

그 왕은 당신을 안전하게 지켜주십니다(요 10:28). 당신이 평화롭게 살게 하십니다(요 14:27). 왕께 속한 것을 당신에게 주십니다(롬 8:17). 영원히 끝나지 않는 새로운 생명을 당신에게 주십니다(요 3:16).

당신이 해야 할 일은 예수님께 주인이 되어 달라고 요청하는 것입니다. 그러면 당신은 하나님나라에 속하게 되고 영생을 얻게 됩니다. 예수님께 왕이 되어달라고 요청하면 당신의 마음에 오셔서 거하시며 통치하십니다.

"왕이신 나의 하나님이여 내가 주를 높이고 영원히 주의 이름을 송축하리이다"

_ 시편 145:1

언약궤가 돌아오다

다윗은 왕이 되고 나서, 언약궤를 원래 장소로 가져올 생각을 했습니다. 언약궤는 아직 아비나답의 집에 있었습니다. 다윗의 부하들이 언약궤를 황소가 끄는 수레에 실었고, 모두 춤을 추며 즐거워했습니다.

나곤의 타작마당에 다다랐을 때, 황소가 뛰는 바람에 웃사가 손을 뻗어 언약궤를 잡았습니다. 하나님은 웃사가 언약궤를 만진 것에 진노하셨고, 웃사는 언약궤 옆에서 죽었습니다. 다윗은 하나님이 웃사를 벌하신 것 때문에 화가 났지만, 또 한편으로는 두려워서 언약궤를 오벳에돔의 집에 두었습니다.

하나님 말씀이 사라질 수 있을까?

모세가 언약궤에 무엇을 넣었는지 기억하십니까? 열왕기상 8장 9절을 보십시오. 그 물건이 아직 거기 있을까요? 하나님이 언약궤 만지는 것을 엄하게 금하셨기 때문에 두 돌판(십계명)은 줄곧 궤 안에 있었습니다. 언약궤를 운반하는 특별한 임무를 맡은 제사장들만 언약궤를 만질 수 있었습니다. 십계명은 단순한 규율 그 이상이었습니다. 하나님은 그분의 율법을 지키는 사람은 그분의 백성이 되고, 그들을 사랑으로 돌보실 거라고 약속하셨습니다(시 103:17-18).

하나님은 우리에게 성경을 주실 때 명령과 약속을 함께 주셨습니다. 우리가 순종해야 할 명령과 우리가 지켜야 할 약속을 주셨습니다. 또 성경에 있는 말 하나라도 바꾸려는 사람에게 엄중히 경고하셨습니다(계 22:18-19). 하나님의 말씀은 변하거나 사라지지 않을 것이기에 우리는 성경을 신뢰할 수 있습니다.

"천지는 없어질지언정 내 말은 없어지지 아니하리라" _ **마태복음 24:35**

기뻐서 춤추다

언약궤가 오벳에돔의 집에 있는 동안 하나님이 그와 가족을 축복하셨습니다. 하나님이 오벳에돔을 축복하셨다는 소식을 들은 다윗은 부하들과 함께 언약궤를 가지러 갔습니다.

다윗과 이스라엘 백성은 언약궤를 예루살렘으로 가져오는 동안 환호하며 나팔을 불었습니다. 언약궤가 예루살렘에 도착하자 다윗은 춤을 추며 기뻐 뛰었습니다. 이 기쁜 일을 축하하기 위해 모든 사람에게 떡과 고기와 건포도를 나주어주었습니다.

예배하는 기쁨을 어떻게 표현할 수 있을까?

숨 막히도록 접전을 벌이던 경기에서, 당신이 응원하던 팀이 이기면 어떻게 합니까? 팔짝팔짝 뛰거나 고래고래 소리 지르지 않나요?

열성을 다해 하나님을 찬양하다 보면 가만히 앉아 있기 힘들 것입니다. 발을 구르고 손을 높이 들 것입니다. 언약궤가 돌아왔을 때 다윗의 심정이 바로 그랬습니다. 사람들은 환호하며 나팔을 불었습니다.

하나님이 우리를 바라보며 기쁨을 이기지 못하시듯, 우리가 감격하며 하나님을 예배할 때 하나님은 기뻐하십니다(습 3:17). 하나님을 예배할 때 손뼉을 치고(시 47:1) 노래하며 소리칠 수 있습니다(시 108:1). 음악을 연주하고 춤을 출 수 있습니다(시 149:3). 당신이 드리는 예배는 하나님을 높이는 것이어야 합니다. 자기 감정에 취해 무례해서는 안 됩니다. 다윗을 지켜보던 미갈은 남편이 모든 사람 앞에서 춤추는 것이 못마땅했습니다. 그러나 다윗은 아랑곳하지 않고 하나님을 높이기 위해 춤추었습니다.

"시와 찬송과 신령한 노래들로 서로 화답하며
너희의 마음으로 주께 노래하며 찬송하며" _ **에베소서 5:19**

다윗 사무엘하 7:1-7, 12-13

왕궁과 성막

왕궁의 생활이 안정되어 가기 시작했습니다. 하나님은 다윗을 적으로부터 안전하게 지키셨고, 이제 그는 이스라엘의 왕이었습니다. 그런데 다윗의 마음에 불편함이 생기기 시작했습니다. 다윗은 나단 선지자를 불러 말했습니다. "나는 이렇게 아름다운 궁전에 사는데 하나님의 언약궤는 아직 휘장 안에 있습니다." 나단이 대답했습니다. "하나님이 왕과 함께하시니 무엇이든 계획하신 대로 하십시오."

그날 밤 하나님이 나단 선지자에게 말씀하셨습니다. "다윗에게 가서 내가 거할 성전을 지을 사람은 그가 아니라고 전해라. 그의 아들 중 하나를 왕으로 세울 것이고, 그가 나를 위해 성전을 건축할 것이다."

교회를 세우는 것이 중요할까?

하나님이 모든 곳에 계신다면, 다윗이 하나님이 거하실 성전을 짓는 것이 왜 중요할까요? 우리는 어디서든 하나님께 기도하고 성경을 읽을 수 있는데, 왜 교회 건물이 중요할까요? 성경은 예수님을 믿는 모든 사람이 그분의 몸인 교회의 일부라고 말합니다. 이것은 모든 신자가 하나님의 성전에 들어가는 살아 있는 돌임을 의미합니다(벧전 2:4-5).

그러나 우리가 살아 있는 돌처럼 온 사방에 흩어져 함께하지 못한다면, 우리가 교회의 일부라는 것을 아무도 알지 못할 것입니다. 온라인 설교를 보거나 라디오로 설교를 듣는 것은 다른 신자들과 함께 모여 하나님을 예배하는 것과 다릅니다. 우리가 함께 모일 때 하나님이 거기 계십니다!

"사람이 내게 말하기를 여호와의 집에 올라가자 할 때에 내가 기뻐하였도다"

_ 시편 122:1

다윗의 기도

다윗은 나단 선지자에게서 하나님이 그의 아들 중 하나를 통해 성전을 건축하기 원하신다는 말을 듣고 행복했습니다. 다윗은 주님의 성막에 가서 기도했습니다. "주님이 저를 위해 행하신 일은 제게 과분합니다. 그런데 이제 제 아들에 관한 약속까지 주셨습니다. 당신은 저를 가르치시려고 이 일들을 행하셨습니다. 전능하신 주님, 당신은 얼마나 위대하신지요. 당신 같은 분은 없습니다! 전능하신 하나님이시여, 당신이 약속하신 것을 행하소서."

왕에게 왕이 있을 수 있을까?

왕보다 더 큰 존재가 있습니까? 왕에게 가서 왕이 가장 높은 존재가 아니라고 말할 수 있습니까? 자신이 가장 높은 존재가 아니라는 것을 알면, 왕은 기뻐하지 않을 것입니다. 다윗은 자신보다 훨씬 큰 분이 계신 것을 알았습니다. 다윗은 하나님이 자기를 왕의 자리에 앉히셨고, 다른 사람을 그 자리에 앉히실 수도 있음을 알았습니다.

다윗은 자신보다 더 높고 강한 분이 계신 것을 알 때, 기쁨과 평화를 맛볼 수 있었습니다. 목자로서 느꼈던 기쁨이 여전히 마음에 있었고, 왕이 되어서도 여전히 하나님을 의지했습니다. "나의 왕, 나의 하나님이여 내가 부르짖는 소리를 들으소서 내가 주께 기도하나이다"(시 5:2).

다윗이 목자였을 때는 목자처럼 생각했고 하나님을 목자로 여기며 기도했습니다(시 23편). 왕이 되어서는 하나님을 전능하신 왕으로 여기며 기도했습니다(삼하 7:27). 다윗은 하나님을 전능하신 분이라 부르며, 하나님이 그의 왕이시고 왕 중의 왕이심을 고백했습니다.

"그 옷과 그 다리에 이름을 쓴 것이 있으니 만왕의 왕이요 만주의 주라 하였더라"

_ 요한계시록 19:16

아들로 입양되다

어느 날 다윗이 물었습니다. "사울의 집안에 살아 남은 자가 없느냐? 내가 요나단을 생각해 그에게 호의를 베풀고 싶구나." 다윗의 절친 요나단은 전쟁 중에 죽었습니다. 사울 집안을 섬겨오던 종 시바가 요나단의 아들 므비보셋이 남아 있다고 말했습니다. 유모는 므비보셋이 다섯 살일 때 사울과 요나단이 전쟁에서 죽었다는 소식을 듣고, 그를 데리고 도망쳤습니다. 므비보셋도 죽임을 당할까 두려웠기 때문이었습니다. 그런데 도망치다 유모가 아이를 떨어뜨리는 바람에 므비보셋은 두 다리를 절게 되었습니다.

므비보셋을 데려오자 다윗이 말했습니다. "두려워하지 마라. 네 아버지 요나단을 위해 네게 호의를 베풀 것이다. 네 할아버지 사울에게 속했던 모든 땅을 네게 주겠다." 그날부터 므비보셋은 다윗의 친아들처럼 그의 식탁에서 함께 먹었습니다.

두 가족에 속할 수 있을까?

입양된다는 것이 무슨 의미인지 아십니까? 비록 그 가족 안에서 태어나지는 않았지만, 아들과 딸로 맞아들여 진짜 가족이 되는 것입니다. 므비보셋이 다윗의 집에 입양되었을 때, 그는 다윗의 집에서 태어난 것처럼 대우받았습니다. 하루아침에 왕의 자녀가 된 것입니다.

부모가 있으면 다른 집에 입양될 필요가 없습니다. 그러나 하나님의 집에 입양될 수는 있습니다. 예수님이 당신의 마음을 통치하시도록 내어드릴 때, 당신은 하나님의 자녀가 됩니다!

"곧 창세 전에 그리스도 안에서 우리를 택하사 우리로 사랑 안에서 그 앞에 거룩하고
흠이 없게 하시려고 그 기쁘신 뜻대로 우리를 예정하사
예수 그리스도로 말미암아 자기의 아들들이 되게 하셨으니" _ **에베소서 1:4-5**

얼룩

어느 날 저녁, 다윗이 왕궁 옥상을 거닐다가 아름다운 여인이 목욕하는 모습을 보았습니다. 다윗은 신하에게 그 여인이 누구인지 알아보고 왕궁으로 데려오라고 했습니다. 다윗은 그 여인이 우리야의 아내이며, 남편이 아모리 족속과의 전투에 나간 것을 알았습니다. 그는 군사령관에게 우리야를 가장 치열한 싸움의 선두에 세우라고 시켰습니다. 다윗은 우리야가 죽고, 밧세바와 결혼하기를 바랐습니다.

우리야는 전사했고, 다윗은 밧세바와 결혼했습니다. 다윗이 한 일은 하나님 보시기에 옳지 않았습니다. 하나님은 나단 선지자를 보내 다윗이 누군가에게서 가장 소중한 것을 빼앗았음을 깨닫게 하셨습니다. 그러자 다윗은 죄를 고백하며 말했습니다. "제가 주님께 죄를 지었습니다."

주님은 내가 저지른 나쁜 일을 용서하실까?

혹시 얼룩이 진 옷이 있습니까? 아무리 빨아도 말끔히 지워지지 않는 잉크 자국이나 페인트 얼룩일 수 있습니다. 다윗이 한 일은 정말 나쁜 일이었습니다! 그는 자기 것이 아닌 것(사람)을 원했습니다. 결국 우리야를 죽게 만들어 하나님의 영광을 가렸습니다. 다윗은 용서받을 자격이 있을까요? 다윗은 용서받을 자격이 없습니다. 우리도 마찬가지입니다! 우리가 행한 잘못에 어떤 변명도 할 수 없습니다.

그러나 하나님은 은혜로우십니다. 우리 죄가 아무리 크더라도, 하나님은 우리 모든 죄를 용서하십니다. 예수님은 우리를 사랑하셔서 십자가에 못 박히기로 선택하셨습니다. 그분의 피가 우리 죄를 씻어내고, 우리 마음을 눈처럼 희게 해주셨습니다.

"나의 죄악을 말갛게 씻으시며 나의 죄를 깨끗이 제하소서" _ **시편 51:2**

반역이 계획되다

다윗의 아들 압살롬은 하나님을 따르지 않았습니다. 그는 이스라엘의 왕이 되고 싶어 주변에서 충성된 자들을 모아 그들을 돌봐주고 문제를 해결해 주며 선심을 얻었습니다. 압살롬은 아버지 다윗의 권좌를 넘겨받도록 그들이 도와주기를 원했습니다. 결국 압살롬의 무리는 점점 많아져서 다윗의 부하들과 싸울 정도로 강해졌습니다.

반역은 어떻게 시작될까?

반역하는 사람은 법과 질서를 유지하는 구조와 권위에 대항합니다. 구조는 규칙과 틀이고, 권위는 그 규칙을 만들어서 사람들이 잘 지키도록 감시하는 사람입니다. 나라에는 백성을 보호하고 그들이 평화롭게 살게 해주는 법률이 있습니다(딤전 2:2). 당신이 속한 조직에도 규율이 있고, 가정에는 가족 구성원을 화합하게 해주는 특정한 규칙이 있습니다.

반역은 법을 따르지 않는 것이고 권위를 가진 사람들(부모든 스승이든 나라의 지도자든 혹은 하나님이든)을 존중하지 않는 것입니다. 하나님이 사람을 창조하시기 전, 하늘에 있는 천사가 하나님을 반역하려고 했습니다. 하나님은 그를 하늘에서 쫓아내셨습니다(사 14:12). 그의 이름은 사탄입니다. 반역은 사탄이 사람의 마음에 반역적인 생각을 넣어줄 때 시작됩니다. 사람의 마음이 하나님으로 가득하지 않으면, 그의 마음에 가득하던 분노, 질투 혹은 자만이 더 커집니다. 나쁜 생각은 나쁜 행동으로 이어지고, 나쁜 행동은 다른 사람에게 영향을 주면서 반역은 확대됩니다.

"그러므로 권세를 거스르는 자는 하나님의 명을 거스름이니 거스르는 자들은 심판을 자취하리라" _ **로마서 13:2**

왕의 아들이 죽다

왕이 되고 싶었던 압살롬은 아버지의 군대와 맞서 싸웠습니다. 노새를 타고 울창한 나무 사이를 지나던 압살롬은 머리카락이 나뭇가지에 걸렸는데 노새가 그대로 가버려서 공중에 매달렸습니다. 그때 다윗의 부하 요압이 압살롬을 보고 창으로 죽였습니다.

누군가 다윗 왕에게 가서 말했습니다. "주님을 찬양합니다! 반역을 일으킨 당신의 아들이 죽었습니다." 다윗은 방으로 가서 울부짖었습니다. "압살롬아, 내 아들 압살롬아. 내가 대신 죽었어야 했는데."

최고의 사랑은 어떤 것일까?

아버지가 아들을 사랑하는 것은 당연합니다. 그러나 아들이 아버지에게 반기를 든다면 어떨까요? 그때도 아버지가 아들을 사랑한다면 큰 사랑임이 분명합니다. 다윗은 자기에게 반기를 든 압살롬을 사랑했기에, 그가 죽었다는 소식을 듣자 울부짖었습니다. "내가 대신 죽었다면." 다윗의 마음에는 하나님의 사랑이 있었습니다. 예수님도 이렇게 말씀하셨습니다. "사람이 친구를 위하여 자기 목숨을 버리면 이보다 더 큰 사랑이 없나니"(요 15:13).

최고의 사랑은 누군가를 위해 자기 생명을 내어주는 것입니다. 예수님은 당신을 위해 생명을 내어주셨습니다. 최고의 사랑을 알고 싶다면 성경이 하나님의 사랑에 대해 말하는 것을 보십시오. "의인을 위하여 죽는 자가 쉽지 않고 선인을 위하여 용감히 죽는 자가 혹 있거니와 우리가 아직 죄인 되었을 때에 그리스도께서 우리를 위하여 죽으심으로 하나님께서 우리에 대한 자기의 사랑을 확증하셨느니라"(롬 5:7-8).

"사랑은 여기 있으니 우리가 하나님을 사랑한 것이 아니요
하나님이 우리를 사랑하사 우리 죄를 속하기 위하여
화목제물로 그 아들을 보내셨음이라" _ **요한일서 4:10**

솔로몬 열왕기상 2:1-4, 10-12

옛 왕과 새 왕

다윗 왕이 점점 나이 들자 아들 솔로몬을 불러 중요한 것을 가르쳤습니다. "확신 있고 결단력이 있어야 한다. 주 너의 하나님께서 네게 명하시는 것은 무엇이든 행하여라. 주의 명령에 순종하면 그분이 하신 약속을 지키실 것이다."

얼마 후 다윗은 죽었고, 다윗의 도시인 예루살렘에 묻혔습니다. 솔로몬이 다윗을 승계하여 이스라엘의 새 왕이 되었습니다.

언젠가 나도 어려운 일을 감당할 수 있을까?

주변에서 어렵고 힘든 일을 하는 사람을 보면서 나도 저런 일을 할 수 있을지 궁금했던 적이 있습니까? 믿음의 선배들이 행한 놀라운 일은 지금 당신이 감당하기에는 힘들 수도 있습니다. 그러나 지금 당신에게 주어진 작은 일을 잘 감당하면, 나중에 어려운 일을 하는 데 도움이 될 것입니다. 하나님은 당신이 책임을 다하는 모습을 보실 것입니다. 그리고 당신이 준비되면 더 큰 일을 맡기실 것입니다.

다윗은 아들 솔로몬에게 책임감이 있어야 한다고 가르쳤습니다. 그리고 하나님의 성전을 지을 때 필요한 모든 지시사항과 계획을 알려주었습니다(대상 28:10-21). 다윗이 완벽하지 않았던 것처럼 부모는 완벽하지 않습니다. 부모가 실수하더라도 우리는 순종해야 합니다. 부모님이 어떤 일을 하지 말라고 하는 것은, 예전에 그런 실수를 한 적이 있어서 당신이 똑같은 실수를 하여 상처받지 않기를 바라시기 때문입니다.

"너희 자녀들아 와서 내 말을 들으라
내가 여호와를 경외하는 법을 너희에게 가르치리로다" _ **시편 34:11**

현명한 선택

솔로몬 왕은 하나님을 사랑했고, 모든 면에서 하나님을 기쁘게 해드리려고 애썼습니다. 어느 날, 솔로몬은 기브온에 제사를 드리러 갔습니다. 그날 밤 하나님이 꿈에 나타나 말씀하셨습니다. "내가 네게 무엇을 주기 원하느냐?" 솔로몬이 대답했습니다. "저는 아직 어려서 어떻게 통치해야 할지 잘 모릅니다. 제가 당신의 백성을 잘 다스리도록 듣는 마음(지혜)을 주셔서 옳고 그름을 판단할 수 있는 능력을 주십시오."

하나님은 솔로몬이 구한 것을 기뻐하셨습니다. "네가 장수나 부를 구하는 대신 공정하게 다스릴 지혜를 구했으니, 이 세상 그 누구도 갖지 못한 지혜를 네게 주겠다. 그리고 네가 구하지 않은 부와 영광도 주겠다."

하나님은 내가 구한 것은 무엇이든 주실까?

세 가지 소원을 빌면 다 이루어진다는 이야기를 좋아하나요? 그런 소원을 빌 수 있으면 어떨지 상상해 보는 것은 재미있습니다. 당신이 원하는 것을 말할 수 있다면 무엇을 빌겠습니까? 만약 주님이 정말 무엇을 원하는지 묻는다면 뭐라고 말하겠습니까?

예수님이 말씀하셨습니다. "너희가 내 안에 거하고 내 말이 너희 안에 거하면 무엇이든지 원하는 대로 구하라 그리하면 이루리라"(요 15:7). 이 말은 정말 우리가 원하는 것은 무엇이든 주시겠다는 의미입니까?

우리가 구하는 것이 선하고 하나님이 주고 싶으신 것이라면 주실 것입니다. 우리가 예수님 가까이 있으면, 우리는 그분이 우리에게 주기 원하시는 것을 기도할 것입니다.

"대저 여호와는 지혜를 주시며 지식과 명철을 그 입에서 내심이며" _ **잠언 2:6**

A 365-Day Devotional

6월

June

솔로몬, 욥, 엘리야, 엘리사, 요나와 함께 걷다

누구의 아이인가?

다윗 왕이 죽고 아들 솔로몬이 이스라엘의 왕이 되었습니다. 그는 아주 지혜로웠습니다. 어느 날, 두 여자가 솔로몬에게 왔습니다. 그들은 한 집에 살고 있었는데, 각자 아이를 낳았습니다. 그들이 아침에 눈을 떠보니 한 아이가 죽어 있었습니다. 두 여자는 다투며 서로 말했습니다. "살아 있는 아이가 제 아이입니다!" 그러자 솔로몬이 말했습니다. "아이를 데려오거라. 절반으로 자르면 아이를 반씩 가질 수 있을 것이다."

솔로몬이 아이를 죽이겠다고 하자 진짜 엄마가 말했습니다. "아이를 죽이지 마십시오. 차라리 저 여자에게 주는 것이 더 낫습니다." 솔로몬은 그 여자가 진짜 엄마임을 알았습니다. 아이가 살아 있기를 원했기 때문입니다. 솔로몬은 그 여자에게 아이를 주었습니다.

어떻게 진실을 알아낼 수 있을까?

당신이 왕인데, 누군가에게 진실을 알아내야 한다고 상상해 보십시오. 칼로 그 사람을 위협하겠습니까? 그 사람이 진실을 말하고 있다고 계속 주장하면 믿겠습니까? 하나님의 지혜가 없으면 칼은 그저 무기일 뿐 진실을 가려내지 못합니다.

하나님은 우리에게 다른 종류의 칼을 주셨습니다. 이 칼은 아주 예리해서 마음을 꿰뚫습니다(피를 흘리지 않으면서). 하나님 말씀의 진리는 사람의 거짓과 기만을 드러냅니다. "하나님의 말씀은 살아 있고 활력이 있어 좌우에 날선 어떤 검보다도 예리하여 혼과 영과 및 관절과 골수를 찔러 쪼개기까지 하며 또 마음의 생각과 뜻을 판단하나니"(히 4:12).

성경을 읽음으로써 우리는 솔로몬처럼 하나님께 지혜를 얻습니다. 하나님 말씀은 진리이기에 사탄의 거짓을 알아채도록 도와줍니다.

"구원의 투구와 성령의 검 곧 하나님의 말씀을 가지라" _ **에베소서 6:17**

솔로몬 열왕기상 4:20-34

솔로몬이 영화를 누리다

솔로몬 왕이 다스리는 동안 유다와 이스라엘 전역이 평화로웠습니다. 솔로몬은 수천 마리의 말과 많은 관리를 거느렸고, 열두 관리는 최고의 음식을 그에게 공급했습니다.

하나님이 솔로몬에게 특별한 지혜와 명철을 주셔서 그 지식을 시험하는 것은 거의 불가능할 정도였습니다. 그는 잠언 3천 개와 천 곡이 넘는 노래를 지었습니다. 또 식물과 나무, 동물, 새, 파충류, 물고기에 대해서도 다 알았습니다. 솔로몬은 큰 나라를 다스렸고, 주변 나라의 왕들은 그에게 조공을 바쳤습니다.

하나님을 따르면 나도 부자가 될 수 있을까?

구약에서 하나님께 복 받은 사람들은 하나님의 보호하심을 받거나 부자가 되거나 아니면 둘 다 받았습니다. 하나님은 자녀를 많이 주시고, 오래 사는 복도 주셨습니다. 지금까지 읽은 성경인물 중에 생각나는 사람이 있습니까?

예수님은 도둑이 훔칠 수 있고, 좀이나 녹이 스는 이 땅에 보물을 쌓아두지 말고 하늘에 보물을 쌓아두라고 말씀하셨습니다. 하늘에 쌓아둔 보물은 우리가 그곳에 갈 때 안전하게 보관되어 있습니다.

하나님의 축복은 돈이나 물건보다 훨씬 큽니다. 돈이나 물건은 영원하지 않습니다. 하나님은 그분의 영원한 부요함을 나누어주십니다(롬 8:16-17). 그것은 이 땅에서 오래 사는 것보다 더 크며, 천국에서의 영원한 생명입니다. 또 성령을 보내주셔서 우리는 지금도 그리고 영원히 진정으로 행복을 누릴 수 있습니다!

"지혜를 얻는 것이 금을 얻는 것보다 얼마나 나은고
명철을 얻는 것이 은을 얻는 것보다 더욱 나으니라" _ **잠언 16:16**

성전이 세워지다

두로의 히람 왕은 다윗 왕의 친구였습니다. 다윗 왕이 죽고 그의 아들 솔로몬이 왕이 되었다는 말을 듣자 히람은 신하들을 솔로몬에게 보냈습니다. 솔로몬은 히람에게 다음과 같은 답신을 주어 보냈습니다. "하나님은 내 아버지가 성전을 짓는 것을 허락하지 않으셨지만 그의 아들이 성전을 지을 거라고 약속하셨습니다. 그래서 제가 성전을 짓기로 결심했는데 도움이 필요합니다. 레바논에서 백향목을 가져다주면 감사하겠습니다." 히람 왕은 기꺼이 돕고자 했습니다. 그는 종들을 시켜 나무를 베어, 그 나무를 해안을 따라 떠내려가게 했습니다. 솔로몬은 강한 돌벽으로 성전을 지었으며, 내부는 위에서 아래까지 백향목으로 덮었습니다.

하나님이 말씀하셨습니다. "네가 모든 율법과 명령을 지키면 내가 한 모든 약속을 이행하겠다. 나는 이 성전에서 내 백성 가운데 머물 것이고 절대 그들을 버리지 않을 것이다."

하나님의 성전에 무슨 일이 있었을까?

솔로몬이 지은 성전은 아름다울 뿐 아니라 거대한 돌을 벽돌 삼아 지어서 튼튼합니다. 그러나 역대하 36장 19절을 보면, 바벨론 사람들에 의해 성전이 파괴됩니다. 오랜 세월이 지나 재건되지만 솔로몬 성전만큼 아름답지 않았습니다. 처음 성전을 보았던 사람들은 작은 새 성전을 보며 눈물을 흘렸습니다(스 3:12). 그런데 이 성전마저 파괴되고 맙니다(눅 21:6).

하나님이 머무실 아름답고 큰 성전이 없어서 슬픕니까? 하나님은 돌로 만든 성전이 필요치 않으십니다. 하나님은 가장 아름다운 성전에 머무십니다. 바로 그분을 사랑하는 사람들의 마음입니다(고전 6:19).

"우리가 그의 말을 들으니 손으로 지은 이 성전을 내가 헐고 손으로 짓지 아니한 다른 성전을 사흘 동안에 지으리라 하더라 하되" _ **마가복음 14:58**

솔로몬 열왕기상 10:1-10

여왕이 찾아오다

솔로몬의 명성이 널리 퍼지자 시바 여왕이 그의 지혜에 대한 소문을 듣고 예루살렘에 왔습니다. 여왕은 솔로몬의 왕궁과 많은 신하들과 산해진미를 보고 놀랐습니다. "주 당신의 하나님을 찬양합니다. 그분이 당신을 얼마나 기뻐하시는지 알겠습니다."

여왕은 솔로몬에게 자신이 할 수 있는 가장 어려운 질문을 했습니다. 그러나 솔로몬이 설명하기 어려운 문제는 아무것도 없었습니다. 여왕은 금과 보석을 포함해 가져온 선물을 솔로몬에게 주었습니다. 솔로몬도 여왕이 원하는 것을 전부 주었습니다.

지혜의 말을 들으려면 어디로 가야 할까?

지혜를 구하는 것은 좋은 일입니다(잠 3:13). 그동안 수많은 지혜의 말이 있었고, 어떤 지혜의 말은 특정 상황에서 도움이 됩니다. 그러나 성경에서 얻는 지혜는 좋은 충고 이상입니다. 성경에 있는 지혜라는 하나님의 보물은 우리를 영생으로 이끕니다. 성경 구절을 배우며, 하나님의 말씀에서 얻는 지혜를 마음에 담아두면, 하나님의 지혜가 필요할 때마다 그 진리를 꺼내 사용할 수 있습니다.

성경을 읽으면 지식이 커집니다. 성경 말씀을 행동으로 옮기면 거룩해집니다. 합당한 때에 합당한 방법으로 그 진리를 적용하는 것이 지혜입니다. 우리가 하나님과 바른 관계를 맺고 있을 때 진정으로 지혜로울 수 있습니다. "여호와를 경외함이 지혜의 근본이라 그의 계명을 지키는 자는 다 훌륭한 지각을 가진 자이니 여호와를 찬양함이 영원히 계속되리로다"(시 111:10). 지혜롭고 싶다면 우리를 창조하신 분이 쓰신 지침서를 사용하십시오.

"너희 중에 지혜와 총명이 있는 자가 누구냐 그는 선행으로 말미암아 지혜의 온유함으로 그 행함을 보일지니라" _ **야고보서 3:13**

솔로몬이 돌아서다

솔로몬은 하나님께 불충실해지면서, 아내들의 이방 신을 숭배하며 하나님께 죄를 지었습니다. 심지어 이방 신을 섬기기 위해 특별한 장소를 짓기도 했습니다. 하나님이 솔로몬에게 이방 신들을 섬기지 말라고 두 번이나 경고하셨지만, 그는 순종하지 않았습니다. 하나님이 솔로몬에게 말씀하셨습니다. "네가 고의로 내 말에 불순종했기 때문에 네게서 나라를 빼앗을 것이다. 그러나 네 아버지 다윗을 위해 나라의 일부만 빼앗을 것이며, 그것은 네가 죽은 후에 이루어질 것이다." 솔로몬은 40년 동안 이스라엘을 다스렸고, 그가 죽자 아들 르호보암이 왕이 되었습니다.

지혜로운 사람이 왜 어리석은 일을 할까?

당신은 몇 살에 걷기 시작했나요? 지금은 아주 잘 걷겠지만 가끔 미끄러지거나 뭔가에 걸려 넘어지기도 할 것입니다. 아무리 오랜 시간 걷고 아무리 잘 걸어도 한눈 팔면 넘어질 수 있습니다.

솔로몬은 자신이 어떤 문제든 해결할 수 있을 만큼 충분히 지혜롭다고 확신했을 것입니다. 주변 세상에 대해 알 만한 것은 거의 다 알았고, 평생 써도 다 못 쓸 만큼 많은 것을 소유하고 있었습니다. 세상에서 가장 지혜로운 사람이 왜 이방인들이 생각해낸 신을 숭배하는 어리석은 짓을 했을까요?

알지만 행하지 않는 것, 즉 옳은 것을 알지만 행하지 않는 것은 위험합니다. 지혜는 실천할 때 유용합니다. 예수님은 이렇게 말씀하셨습니다. "나의 이 말을 듣고 행하지 아니하는 자는 그 집을 모래 위에 지은 어리석은 사람 같으리니"(마 7:26).

"교만이 오면 욕도 오거니와 겸손한 자에게는 지혜가 있느니라" _ **잠언 11:2**

선한 사람

우스 땅에 욥이라는 사람이 살고 있었습니다. 그는 선한 사람이었고 하나님을 경외했습니다. 욥에게는 일곱 아들과 세 딸이 있었으며, 낙타와 양, 나귀도 수천 마리가 있었고 종도 많았습니다.

어느 날, 천사들이 하나님 앞에 왔을 때 사탄도 함께 있었습니다. 하나님이 사탄에게 말씀하셨습니다. "내 종 욥을 아느냐? 세상에 그처럼 신실한 사람이 없다." 사탄이 대답했습니다. "욥이 하나님께 얻는 것이 있으니 예배하는 것입니다. 주님이 욥과 그의 모든 소유를 보호해 주셨습니다. 그에게서 모든 것을 빼앗으면 아마 주님 앞에서 주님을 저주할 것입니다."

내 동기를 어떻게 다른 사람에게 납득시킬 수 있을까?

"저 사람한테 얻을 게 있으니까 저 사람을 도와주는 거지!" 많이 들어본 말 아닙니까? 욥은 그저 자기 일에 신경 쓰는 착한 사람이었습니다. 그는 잘못된 일을 하지 않으려고 조심했습니다. 하나님은 그동안 욥을 지켜보셨습니다. 하나님은 우리가 하는 모든 일도 지켜보십니다. 하나님은 욥에 대해 이렇게 말씀하셨습니다. "세상에 욥처럼 신실하고 선한 사람은 없다." 반면, 사탄은 즉시 욥이 하나님의 축복을 받고 싶어 선한 척할 뿐이라고 비난했습니다. 하나님이 욥의 동기가 순수한지 증명하실 수 있는 한 가지 방법은, 사탄이 그의 모든 소유를 빼앗도록 허용하는 것이었습니다.

당신이 옳은 일 하는 이유를 다른 사람에게 납득시킬 필요는 없습니다. 당신의 사랑과 성실함이 선한 의도를 증명할 것입니다.

"너희가 이방인 중에서 행실을 선하게 가져
너희를 악행한다고 비방하는 자들로 하여금 너희 선한 일을 보고 오시는 날에
하나님께 영광을 돌리게 하려 함이라" _ **베드로전서 2:12**

재앙이 닥치다

욥은 선한 사람이었고, 하나님은 그를 축복하셨습니다. 사탄은 하나님께 욥에 대해 말씀드렸고, 욥의 신실함을 시험해 보라는 허락을 받았습니다. 그러나 하나님은 욥의 몸에는 손대지 말라고 하셨습니다.

사탄은 욥을 공격하기 시작했습니다. 어느 날, 약탈자들이 욥의 황소와 나귀를 모두 훔쳐갔습니다. 그다음에는 번개가 쳐서 모든 양과 목자들이 죽었습니다. 또 다른 약탈자들이 욥의 낙타를 전부 훔쳐갔고 종들을 죽였습니다. 그리고 욥의 자녀들이 맏형의 집에서 잔치를 벌이고 있을 때, 태풍이 휩쓸고 가 모두 죽었습니다. 욥은 이 모든 일을 듣고 벌떡 일어나 슬픔으로 옷을 찢었습니다. 그러나 하나님을 원망하는 죄는 범하지 않았습니다.

내가 감당할 수 없는 방식으로 시험받게 될까?

우리 믿음이 얼마나 강한지 알려면 시험을 치러야 합니다. 시련과 어려움과 유혹을 통과하면서 우리 신앙은 시험받고 강해집니다. 사탄은 우리가 시험을 통과할지 실패할지 모르지만 하나님은 아십니다.

예수님은 베드로가 일생일대의 시험을 통과할 것을 아셨습니다. 베드로가 예수님을 부인하여 그 시험을 통과하지 못하겠지만, 신앙을 완전히 잃어버리지 않을 것을 아셨습니다. 예수님은 베드로에게 말씀하셨습니다. "그러나 내가 너를 위하여 네 믿음이 떨어지지 않기를 기도하였노니"(눅 22:32). 예수님은 우리가 문제에 직면하지 않게 하시지는 않지만, 그 문제를 이겨내도록 도와주십니다.

"사람이 감당할 시험 밖에는 너희가 당한 것이 없나니 오직 하나님은 미쁘사 너희가 감당하지 못할 시험 당함을 허락하지 아니하시고 시험 당할 즈음에 또한 피할 길을 내사 너희로 능히 감당하게 하시느니라" _ **고린도전서 10:13**

욥 욥기 2:1-10

욥에 대한 또 다른 시험

천사들이 다시 한번 하나님 앞에 모였고, 사탄이 그들과 함께 있었습니다. 하나님이 사탄에게 물으셨습니다. "내 종 욥을 보았느냐? 지난번 네가 이유 없이 욥을 공격하게 해달라고 나를 설득했지만 그때도 욥은 믿음을 저버리지 않았다." 사탄이 대답했습니다. "욥이 주님을 저주하지 않은 이유는 몸이 건강하기 때문입니다."

그래서 하나님은 사탄이 욥을 병들게 하도록 허락하셨습니다. 사탄은 욥의 온몸에 종기가 나게 했습니다. 욥은 온몸에 종기가 심하게 났지만 하나님께 범죄하지 않았습니다.

질병은 하나님이 주시는 걸까?

질병의 이유와 원인에 대해 사람들은 각기 다르게 생각합니다. 왜 아픈지 분명히 알 수는 없지만, 질병에 대해 성경에서 배울 수 있는 것이 몇 가지 있습니다. 아담이 죄를 짓기 전, 창조 세계는 모든 면에서 완벽했습니다. 죄가 슬픔과 고통과 죽음을 세상에 가져왔습니다. 그래서 우리는 불완전한 세상의 일부가 되었습니다(롬 8:22). 때때로 하나님은 질병을 죄에 대한 심판으로 사용하십니다. 엘리사의 종 게하시는 범죄했기 때문에 나병에 걸렸습니다(왕하 5:26-27).

때로 하나님은 누군가의 질병을 사용해 하나님께 영광 돌리게 하십니다. 그 사람을 고쳐주심으로써 말입니다(요 9:3). 우리 몸은 약한 천막과 같습니다(고후 5:1-3). 우리는 하나님의 방법과 목적을 다 알 수 없습니다. 그러나 아플 때 예수님이 당신을 돌보신다는 것은 확실합니다. 예수님은 아픈 자들을 긍휼히 여기시는 분입니다(마 14:14).

"예수께서 들으시고 이르시되 이 병은 죽을 병이 아니라 하나님의 영광을 위함이요 하나님의 아들이 이로 말미암아 영광을 받게 하려 함이라 하시더라"

_ **요한복음 11:4**

'친절한' 조언

욥의 세 친구가 욥이 심한 고통을 받고 있다는 소식을 듣고 위로하러 왔습니다. 욥의 자녀는 다 죽었고, 가축도 도둑맞았고, 그의 몸은 종기투성이였습니다. 욥의 친구들은 처음에 그를 알아보지도 못했습니다. 그를 알아보고 나서는 옷을 찢으면서 놀라고 아픈 마음을 표현했습니다. 그들은 7일 동안 욥과 함께 조용히 있었습니다. 그러다 이 모든 일이 일어난 이유를 한 사람씩 욥에게 말하기 시작했습니다. 한 명은 욥이 하나님께 죄를 지었기 때문이라 말했고, 또 다른 한 명은 욥의 자녀들이 행한 일 때문에 그가 벌을 받는다고 말했습니다. 그러나 욥이 생각하기에 자신이나 자녀들은 아무 잘못도 저지르지 않았습니다.

풀이 죽어 있는 사람을 어떻게 격려할 수 있을까?

모든 게 엉망진창인 것 같은 시간을 누구나 경험합니다. 주변의 친구나 지인이 그런 어려움을 당할 수도 있습니다. 최근에 절망하거나 걱정에 휩싸인 적이 있다면 다른 사람이 겪는 어려움을 공감하고 이해할 수 있을 것입니다. 그러면 그들을 위로할 수 있습니다. 당신이 그런 상황일 때 듣기 바랐던 말을 해줄 수 있기 때문입니다. "우리의 모든 환난 중에서 우리를 위로하사 우리로 하여금 하나님께 받는 위로로써 모든 환난 중에 있는 자들을 능히 위로하게 하시는 이시로다"(고후 1:4).

(욥의 친구들처럼) 그럴듯한 이유를 지적하기보다, 친구가 자기 기분을 말하게 하십시오. 만약 친구가 당신에게 화난 것 같으면, 그건 당신이 친구의 이야기를 경청하면서 좌절감과 분노를 털어버리도록 도와주고 있기 때문입니다.

"그러므로 피차 권면하고 서로 덕을 세우기를 너희가 하는 것 같이 하라"

_ 데살로니가전서 5:11

하나님이 말씀하시다

욥과 친구들이 욥의 문제에 대해 그럴듯한 이유를 길게 토론한 후에 하나님이 폭풍 속에서 욥에게 말씀하셨습니다. “내가 한 일에 의문을 품는 너는 누구냐? 내가 세상을 만들 때 너는 어디 있었느냐? 누가 마른 땅을 적셨고, 공간에 식물을 심었느냐?” 하나님은 욥에게 이런 질문을 하시고 그에게 말할 기회를 주셨습니다. 욥이 말했습니다. “제가 어리석은 것을 말했습니다. 제가 무엇을 답할 수 있겠습니까? 이제 더는 말하지 않겠습니다. 주제넘게 너무 많이 말했습니다.”

우리가 정말 하나님을 알 수 있을까?

당신이 개미와 대화할 수 있다면, 개미에게 물을 만한 질문을 몇 가지 생각해 보십시오. “너는 신발 끈 묶는 법을 아니? 개를 산책시킬 수 있니? 더하기나 빼셈을 할 수 있니?”

어쩌면 하나님은 피조물을 둘러보며 웃으셨을지도 모릅니다. 그리고 하나님께는 명백하고 쉬운 일에 대해 욥에게 물으셨을지 모릅니다. 우리는 인간이 현명하고 강하다고 생각합니다. 우리는 달이 지구에서 얼마나 멀리 떨어져 있는지 계산할 수 있고, 큰 도시를 파괴할 폭탄도 만들 수 있습니다. 그러나 누가 행성을 바른 궤도와 바른 속도로 돌게 할 수 있습니까? 또 누가 백만 개의 원자폭탄만큼 강한 열기로 태양을 계속 빛나게 할 수 있습니까?

우리는 하나님을 온전히 알거나 이해할 수 없습니다. 바울은 이렇게 말합니다. “깊도다 하나님의 지혜와 지식의 풍성함이여, 그의 판단은 헤아리지 못할 것이며 그의 길은 찾지 못할 것이로다”(롬 11:33).

“누가 주의 마음을 알아서 주를 가르치겠느냐
그러나 우리가 그리스도의 마음을 가졌느니라” _ **고린도전서 2:16**

이전보다 더 많이

하나님은 욥에게 말씀을 마치시고 욥의 친구들에게 말씀하셨습니다. "너희가 나에 대해 진실을 말하지 않으니 화가 난다. 이제 가서 내게 희생제사를 드려라! 욥이 너희를 위해 기도할 것이고 내가 그의 기도를 들을 것이다." 세 친구는 하나님이 명령하신 대로 행했습니다. 욥이 그들을 위해 기도하자 하나님은 욥에게 이전 소유의 두 배를 주셨습니다.

욥은 다시 일곱 아들과 세 딸을 갖게 되었습니다. 다시 낙타와 양과 나귀와 소 수천 마리를 갖게 되었습니다. 욥은 손자와 증손자까지 볼 정도로 오래 살았습니다.

내 문제도 끝이 날까?

겨울이 가면 봄이 오고, 어둡고 외로운 밤이 지나면 아침이 오듯, 하나님은 어려운 시기를 통과하게 하십니다. 다윗은 시편에서 이렇게 말했습니다. "그의 노염은 잠깐이요 그의 은총은 평생이로다 저녁에는 울음이 깃들일지라도 아침에는 기쁨이 오리로다"(시 30:5). 욥이 잠시 버려진 것처럼 보였지만, 하나님은 한 번도 욥을 떠나신 적이 없습니다. 하나님은 욥의 삶을 조금씩 회복시키셨습니다. 욥에게는 아무것도 남은 것이 없었기 때문에 욥 혼자서는 절대 할 수 없는 일이었습니다.

하나님은 신실함에 보상해 주십니다. 하나님은 사탄이 빼앗아 갔던 것을 모두 기록해 두셨습니다. 사탄은 욥의 마음이 하나님에게서 돌아서게 하려고 기회를 엿보았지만, 욥은 그 시험을 통과했습니다! 하나님이 욥을 기뻐하셔서, 그가 빼앗겼던 모든 것을 얼른 돌려주고 싶으셨던 것 같습니다. 사실 하나님은 욥이 이전에 가졌던 것보다 훨씬 더 많은 것을 주셨습니다.

"우리가 잠시 받는 환난의 경한 것이 지극히 크고
영원한 영광의 중한 것을 우리에게 이루게 함이니" _ **고린도후서 4:17**

엘리야 열왕기상 17:1-7

한 방울도 없다!

솔로몬 왕이 죽자 왕국은 나뉘어져 두 왕이 다스렸습니다. 여로보암은 북쪽에 있는 이스라엘 열 지파를 다스렸고, 솔로몬의 아들 르호보암은 남쪽에 있는 두 지파를 다스렸습니다. 여러 왕을 거쳐 아합이 이스라엘의 왕이 되었습니다. 그는 이전 왕들보다 더 많은 죄를 지었고, 이세벨이라는 악한 여자와 결혼하여 이방 신 바알을 섬겼습니다.

하나님의 선지자 엘리야가 아합 왕에게 말했습니다. "살아 계신 이스라엘의 하나님 이름으로 말합니다. 앞으로 몇 년 동안 비나 이슬이 전혀 내리지 않을 것입니다." 하나님은 엘리야에게 동쪽으로 가서 그릿 시냇가에 숨으라고 말씀하셨습니다. "너는 그 시내에서 물을 마실 수 있을 것이다. 내가 까마귀들에게 명하여 네게 음식을 가져다주도록 하겠다." 엘리야는 하나님 말씀에 순종해 그 시냇가로 갔습니다. 까마귀들이 매일 아침저녁으로 엘리야에게 떡과 고기를 가져다주었습니다.

지도자 한 명 때문에 모든 사람이 고통받을 수 있을까?

한 사람(강력한 지도자 한 명)이 온 나라에 큰 고통과 어려움을 가져온 경우가 많습니다. 수많은 전쟁이 한 사람의 결정으로 시작되었고, 수천 명의 사람이 한 사람의 고집과 탐욕 때문에 죽임을 당했습니다. 아합 왕의 죄도 수많은 사람에게 고통을 안겨주었습니다.

어떤 경우 사람들은 스스로 지도자를 선택합니다(그가 나중에 어떤 사람으로 판명될지 모른 채). 우리는 지도자가 하나님의 인도하심을 받도록 기도하는 것을 잊어서는 안 됩니다(딤전 2:1-3).

"이방인의 우상 가운데 능히 비를 내리게 할 자가 있나이까
하늘이 능히 소나기를 내릴 수 있으리이까 우리 하나님 여호와여 그리하는 자는
주가 아니시니이까 그러므로 우리가 주를 앙망하옵는 것은
주께서 이 모든 것을 만드셨음이니이다 하니라" _ **예레미야 14:22**

과부의 마지막 음식

엘리야가 물을 얻은 시내도 오랫동안 비가 오지 않아 말라버렸습니다. 하나님이 엘리야에게 사르밧으로 가라고 말씀하셨습니다. 엘리야가 그 마을에 도착했을 때, 땔감을 줍는 과부를 만났습니다. "내게 물 좀 주시오. 먹을 것도 줄 수 있겠소?" 여자가 대답했습니다. "제겐 음식이 하나도 없습니다. 남은 것은 그릇에 조금 있는 밀가루와 병에 기름 몇 방울이 전부입니다. 이제 땔감을 주워 저와 아들이 마지막 음식을 해 먹고 죽으려고 합니다." 엘리야가 대답했습니다. "걱정하지 마시오. 하나님이 다시 비를 내리실 때까지 그릇에 밀가루가 떨어지지 않을 것이고, 병에 기름이 떨어지지 않을 것이오."

과부는 엘리야를 위해 음식을 준비하러 갔습니다. 그리고 가뭄이 계속되는 동안 밀가루와 기름이 떨어지지 않았습니다.

선교사와 복음전도자들을 누가 돌볼까?

대부분의 사람이 직장을 다니거나 개인 사업을 합니다. 직장에서 월급을 받거나 사업을 해서 돈을 법니다. 선교사와 복음전도자들은 하나님을 위해 일하는데, 누가 그들에게 월급을 줄까요? 하나님이 그들에게 보상하십니다. 그들도 살아갈 음식과 옷과 다른 것들이 필요합니다.

하나님은 경제활동을 하는 사람들이 예수님을 전하며 살아가는 사람들을 위해 헌금하게 하십니다. 당신도 선교사를 도우려는 하나님의 계획에 동참할 수 있습니다. 선교사에게 일정액을 헌금하거나 물건을 기부할 수 있습니다.

"이와 같이 주께서도 복음 전하는 자들이 복음으로 말미암아 살리라 명하셨느니라"

_ 고린도전서 9:14

엘리야 열왕기상 17:17-24

한 어머니가 하나님의 능력을 목격하다

하나님이 특별한 방식으로 돌보셔서 과부와 그 아들과 엘리야가 먹을 음식이 충분해졌습니다. 어느 날, 과부의 아들이 심하게 아팠습니다. 상태가 점점 심각해지더니 결국 죽고 말았습니다. 과부가 엘리야에게 말했습니다. "당신이 여기 온 이유가, 하나님께 내 죄를 상기시켜서 내 아들을 죽게 하려는 것입니까?" 엘리야가 말했습니다. "아들을 내게 주시오." 엘리야는 그 아들을 다락방으로 옮겨 침대 위에 눕혔습니다. 자신에게 친절했던 과부에게 왜 이런 일이 일어났는지 하나님께 묻고 기도했습니다. "주님, 이 아이를 살려주십시오."

하나님은 엘리야의 기도에 응답하셨고, 아이가 다시 숨을 쉬기 시작했습니다. 엘리야는 아이를 어머니가 있는 아래층으로 데려가 말했습니다. "보시오. 당신 아들이 살아났소!"

아이들이 죽으면 어디로 갈까?

어린아이가 죽으면 특히 더 슬픕니다. 그들이 인생을 충분히 살 기회를 놓친 것처럼 보입니다. 죽음은 남은 사람에게도 슬픔을 줍니다. 그 사람을 더 이상은 사랑하고 아낄 수 없게 되고, 그와 나누던 특별한 친밀함을 느끼지 못하게 됩니다. 행복한 관계는 우리 삶에 기쁨을 주기에, 누군가 우리를 떠나면 마치 마음 한 조각이 찢겨 나간 것 같습니다.

삶은 긴 여행 같지만, 천국에서 함께할 시간에 비하면 잠시 동안 이 땅에 있는 것입니다. 예수님이 말씀하셨습니다. "어린아이들을 용납하고 내게 오는 것을 금하지 말라 천국이 이런 사람의 것이니라"(마 19:14). 어린아이 같은 마음(태도)을 가진 사람은 천국에서 하늘 아버지와 함께할 것이고, 예수님이 그들을 환영하실 것입니다.

"하나님이 주를 다시 살리셨고 또한 그의 권능으로 우리를 다시 살리시리라"

_ 고린도전서 6:14

바알은 들을 수 없다

—

엘리야가 말한 대로 3년간 비가 내리지 않았습니다. 엘리야는 아합 왕에게 가서 바알 선지자들과 모든 사람을 갈멜산에 모아달라고 했습니다. 엘리야가 그들에게 말했습니다. "황소를 잡아 나무로 쌓은 제단에 올려놓으시오. 그러나 불은 붙이지 마시오. 나도 똑같이 하겠소. 불을 보내 응답하는 신이 진짜 하나님이오." 바알의 선지자들은 하루 종일 그들의 신에게 기도했습니다. 저녁이 되어도 바알은 응답하지 않았습니다. 엘리야가 말했습니다. "이제 이리 모이시오." 그는 제단을 쌓고 그 둘레에 웅덩이를 팠습니다. 그러고는 황소를 준비하여 제단에 올리고 그 위에 물을 붓게 했습니다. 사람들은 물웅덩이에 물이 가득 찰 때까지 부었습니다.

엘리야가 기도했습니다. "주님, 제게 응답해 주십시오. 그래서 이 사람들이 당신이 하나님임을 알게 해주십시오." 엘리야가 기도를 마치자 하나님이 불을 보내 그 희생제물을 태우고, 나무와 돌과 심지어 물까지 다 말려버렸습니다.

우리 삶이 믿지 않는 사람들과 어떻게 달라야 할까?

하나님은 그분의 백성이 두 신을 섬길 수 없다는 것을 분명히 하셨습니다. 그들은 어느 편에 설지 결정해야 했습니다. "너희는 이 세대를 본받지 말고 오직 마음을 새롭게 함으로 변화를 받아 하나님의 선하시고 기뻐하시고 온전하신 뜻이 무엇인지 분별하도록 하라"(롬 12:2). 다른 말로 하면, 세상의 불신자들과 똑같이 행동해서 당신이 그리스도인인 줄 모를 정도가 되어서는 안 된다는 것입니다. 두 편에 다 속할 수 없음을 기억하십시오. 당신은 승리 팀에 뽑혔습니다!

" 너희가 섬길 자를 오늘 택하라 오직 나와 내 집은 여호와를 섬기겠노라 하니"

_ 여호수아 24:15하

엘리야 열왕기상 19:1-13

광야에서 들려온 세미한 소리

아합 왕은 아내 이세벨에게, 엘리야의 하나님이 불을 보내 어떻게 그 제단을 태웠고 엘리야가 바알의 선지자들을 다 죽이라고 했다는 것을 말했습니다. 이세벨은 엘리야에게 전갈을 보냈습니다. "네가 바알의 선지자들에게 행한 일을 내가 네게 행하지 않으면 신들이 나를 쳐서 죽일 것이다!"

엘리야는 두려워서 도망쳤습니다. 엘리야가 동굴에서 밤을 지낼 때 하나님이 말씀하셨습니다. "나가서 산 위에 서라. 나 주가 지나갈 것이다." 처음에 하나님은 강한 바람을 보내 바위를 부수셨습니다. 그 바람 속에 하나님은 계시지 않았습니다. 바람 후에 지진이 있었지만 하나님은 그 지진 속에도 계시지 않았습니다. 지진 후에는 불이 있었는데, 하나님은 그 불에도 계시지 않았습니다. 그 후에 엘리야는 세미한 속삭임을 듣고 얼굴을 가리며 나가 동굴 입구에 섰고, 하나님이 그에게 말씀하셨습니다.

하나님은 천둥 같은 소리로 말씀하실까?

하나님의 말씀으로 온 세상이 존재하게 되었습니다. 세상을 창조하실 때 하나님의 목소리는 강력했을 것입니다. 어두운 하늘에 천둥이 우르릉 쾅쾅 치는 소리를 들을 때면, 하나님이 말씀하실 때 소리가 어떨지 감이 옵니다(욥 3:16 참조).

하나님은 우리에게 말씀하실 때 큰 목소리를 내어 우리를 두렵게 하지 않으십니다. 엘리야가 들은 세미한 음성처럼, 우리 마음 안에서 성령의 조용한 음성으로 말씀하십니다. 사실 우리가 삶의 소음에서 벗어나 조용히 그분과 시간을 보내지 않으면, 그분의 음성을 듣지 못할 수도 있습니다.

"우리가 그에게서 들은 것도 속삭이는 소리일 뿐이니
그의 큰 능력의 우렛소리를 누가 능히 헤아리랴" _ **욥기 26:14하**

돕는 자

하나님이 엘리야에게 나타나셨습니다. 엘리사에게 기름을 부어 선지자로 세우라고 하셨습니다. 엘리야는 황소로 밭을 갈고 있는 엘리사를 찾아냈습니다. 엘리야는 엘리사에게 성령의 능력이 임했다는 징표로 자기 옷을 벗어서 입혀주었습니다.

엘리사는 먼저 부모에게 작별인사를 해도 되는지 물었습니다. 엘리야가 대답했습니다. "좋다. 가라." 엘리사는 가서 모두에게 작별인사를 했습니다. 그는 자기 황소를 잡아 쟁기의 나무로 불을 지펴 요리하여 사람들에게 대접하고 나서 엘리야를 돕기 위해 길을 나섰습니다.

예수님을 따르기 위해 집을 떠나야 할까?

예수님은 제자들을 부르실 때 "와서 나를 따르라"고 말씀하셨습니다(막 1:17-20; 2:14 참조). 그 부르심이 얼마나 강력했는지 제자로 뽑힌 어느 누구도 얼마 동안 집을 떠나야 하는지, 혹은 어디로 가는지 묻지 못했습니다. 하나님이 그들의 마음을 이미 준비하셨기 때문에 예수님이 그들을 불렀을 때 모든 것을 버려두고 따랐습니다.

하나님은 엘리사를 줄곧 지켜보셨고, 그가 엘리야를 이을 사람임을 아셨습니다. 엘리사는 하나님이 자기 인생에서 뭔가 큰 일을 행하실 것을 늘 기대하던 사람처럼, 놀라거나 혼란스러워하지 않았습니다.

예수님을 따른다는 것은, 짐을 싸고 예수님을 기다려야 한다는 뜻이 아닙니다. 예수님을 따른다는 것은 그분의 본을 따라 살아야 함을 의미합니다. 하나님이 당신의 마음을 준비시키시면, 그분이 부르실 때 당신은 어디든 갈 준비가 될 것입니다.

"예수께서 이르시되 내가 진실로 너희에게 이르노니 나와 복음을 위하여 집이나 형제나
자매나 어머니나 아버지나 자식이나 전토를 버린 자는
현세에 있어 집과 형제와 자매와 어머니와 자식과 전토를 백 배나 받되
박해를 겸하여 받고 내세에 영생을 받지 못할 자가 없느니라" _ **마가복음 10:29-30**

불마차

엘리야는 지상의 삶이 끝나가는 것을 알았습니다. 하나님은 그에게 엘리사가 선지자의 일을 넘겨받도록 가르치라고 하셨습니다. 그들이 요단강가에 서 있을 때, 엘리야가 겉옷을 벗어 둘둘 말아 강물을 내리쳤습니다. 강이 갈라졌고 그들은 마른 땅으로 건너갔습니다. 그때 엘리야가 엘리사에게 말했습니다. "내가 떠나기 전에 무엇을 해주기 원하느냐?" 엘리사가 대답했습니다. "당신이 가진 성령의 능력보다 더 큰 능력을 갖게 해주십시오." 엘리야가 말했습니다. "어려운 것을 구하는구나. 내가 떠나는 것을 볼 때 하나님께서 네가 구한 대로 주실 것이다."

그들이 함께 걷고 있을 때 말들이 끄는 불마차가 갑자기 나타났습니다. 엘리야는 회오리바람을 타고 하늘로 올라갔고, 엘리사가 그 모습을 지켜보았습니다.

죽지 않고 천국에 가는 것이 가능할까?

대부분의 사람은 천국에 가고 싶어합니다. 천국에 가려면 우리 몸이 변화해야 합니다. 하나님은 우리에게 새로운 천상의 몸을 주실 것입니다(고전 15:53). 이런 일이 일어나려면 우리 옛 몸이 죽어야 합니다. 엘리야는 실제로 죽지 않고 천국에 갔습니다.

믿는 자들에게는 이 일이 정말로 일어날 것입니다. 예수님이 우리를 천국에 데려가기 위해 오실 때 말입니다. 그분은 아무도 예상하지 못한 때 오실 것이고, 예수님을 사랑하는 사람은 모두 공중에서 그분을 만나게 될 것입니다. 우리는 순식간에 변화될 것이고, 그분과 영원히 함께 있게 될 것입니다. 그러니 항상 준비하고 계십시오.

"그 후에 우리 살아 남은 자들도 그들과 함께 구름 속으로 끌어 올려
공중에서 주를 영접하게 하시리니 그리하여 우리가 항상 주와 함께 있으리라"

_ 데살로니가전서 4:17

시험

엘리야는 하늘로 올라갔고, 이제 엘리사만 남았습니다. 엘리야가 하늘로 올라가는 것을 본 엘리사는 자신이 성령의 능력을 갑절로 받았음을 알았습니다. 그러나 사람들은 엘리사가 정말 선지자인지 확인하고 싶었습니다. 여리고에서 온 사람들이 엘리사에게 와서 말했습니다. "이 곳은 아름다운 도시지만 물이 사람들을 병들게 합니다."

엘리사가 말했습니다. "소금을 담은 그릇을 가져오시오." 엘리사는 소금을 집어 우물에 던지며 말했습니다. "주님께서 이렇게 말씀하셨습니다. '내가 이 물을 깨끗하게 하였으니 더는 사람들이 죽지 않을 것이다.'" 그날부터 물이 깨끗해졌습니다.

하나님의 영이 내 안에 거하시는지 어떻게 알까?

선지자가 전하는 내용이 하나님께로부터 온 것인지 보여줄 수 있는 방법은 기적을 행하는 것입니다. 하나님이 그분의 종들을 통해 놀라운 방식으로 일하실 때, 하나님의 종들은 권위를 부여받게 됩니다. 여리고 사람들은 물 때문에 고통을 겪고 있었습니다. 이제 물 문제도 해결하고, 엘리사가 참된 선지자인지도 확인할 수 있었습니다.

하나님의 영이 당신 안에 거하는 것을 아는 방법은 삶의 열매를 보는 것입니다. 열매를 보고 과일나무를 구별하듯, 사람들은 당신 삶을 통해 당신의 마음에 무엇이 있는지 알 수 있습니다. 하나님이 당신 안에 두신 선함을 실천할 때, 성령님이 열매를 맺게 하십니다. "오직 성령의 열매는 사랑과 희락과 화평과 오래 참음과 자비와 양선과 충성과 온유와 절제니 이 같은 것을 금지할 법이 없느니라"(갈 5:22-23).

"내가 아버지께 구하겠으니 그가 또 다른 보혜사를 너희에게 주사 영원토록 너희와 함께 있게 하리니 그는 진리의 영이라 … 너희는 그를 아나니 그는 너희와 함께 거하심이요 또 너희 속에 계시겠음이라" _ **요한복음 14:16-17**

엘리사 열왕기하 3:14-25

아침 햇살

—

이스라엘의 아합 왕이 죽고 아들 요람이 새 왕이 되자 모압 왕이 반기를 들었습니다. 요람 왕은 위협을 받자 유다 왕과 에돔 왕과 함께 선지자 엘리사를 만나러 갔습니다. 엘리사가 말했습니다. "계곡 전체에 구덩이를 파십시오. 당신 눈에는 비 한 방울 안보이겠지만, 그 계곡은 당신과 동물들이 먹을 물로 가득 찰 것입니다."

모압 사람들은 세 왕이 싸우러 온다는 말을 듣고, 다음 날 아침 일찍 일어나 싸울 준비를 했습니다. 아침 해가 떠오를 때, 웅덩이에 있던 물이 아침 햇살을 받아 붉게 보였고, 모압 사람들은 그것이 피라고 생각하여 말했습니다. "왕들끼리 서로 싸운 게 분명하다. 가서 그들의 진영을 급습하자!" 그들은 이스라엘을 급습했지만, 세 왕의 군대가 그들을 무찌르고 그들의 밭과 마을을 파괴했습니다.

악플을 어떻게 처리해야 할까?

악플을 보면 당황스럽고 자신이 무가치하게 느껴지고 거부당하는 느낌이 드나요? 하나님이 아침 햇살을 이용해 이스라엘을 승리로 이끄셨다면, 당신의 상황에도 사랑을 비추실 수 있습니다. 누군가 당신을 괴롭힌다면, 하나님은 이스라엘 백성에게 하신 것처럼 당신의 상황을 바꾸실 수 있습니다. 예수님의 사랑이 당신의 삶에 따스하게 비치고, 당신의 상한 심령이 치유받는 느낌이 들 때까지 기도하십시오.

예수님은 최고의 친구입니다. 그분은 어떤 일이 있어도 당신을 절대 떠나지 않으십니다! 예수님이 당신을 특별하게 만드셨기에 당신은 특별한 존재임을 기억하십시오. 당신이 그렇게 창조되었다는 사실을 누리십시오!

"내 이름을 경외하는 너희에게는 공의로운 해가 떠올라서 치료하는 광선을 비추리니 너희가 나가서 외양간에서 나온 송아지 같이 뛰리라" _ **말라기 4:2**

기름 항아리

한 선지자가 빌린 돈을 갚지 못한 채 죽었습니다. 돈을 꾸어준 사람은 선지자의 아내에게 그 돈을 갚지 않으면 두 아들을 종으로 팔아 돈을 찾아가겠다고 했습니다. 선지자의 아내가 일어난 일을 알리자 엘리사가 말했습니다. "집에 무엇이 있습니까?" 여인이 대답했습니다. "기름 조금밖에 없습니다." 엘리사가 말했습니다. "이웃에게 가서 빈 병을 많이 빌려오시오. 그런 다음 안으로 들어가 문을 닫고, 그 남은 기름을 병에 붓기 시작하시오."

그 여인은 엘리사가 말한 대로 했습니다. 여인이 기름을 병에 붓자 기름이 계속해서 흘러나왔습니다. 여인은 엘리사에게 가서 무슨 일이 일어났는지 말했습니다. 그러자 엘리사가 말했습니다. "이제 가서 기름을 팔아 그 돈으로 빚을 갚고 나머지는 생활비로 쓰시오."

항상 기뻐할 수 있을까?

"주 안에서 항상 기뻐하라 내가 다시 말하노니 기뻐하라"(빌 4:4). 항상 기뻐하는 것이 가능할까요? 우리는 모든 일이 잘 되어 기분 좋을 때 행복하다고 생각합니다. 빌립보 교인들에게 기뻐하라고 말한 바울은 감옥에서 많은 시간을 보냈습니다. 묶이고 매맞는 것이 바울에게 결코 행복한 일은 아니었습니다. 하지만 그는 하나님께 기쁨으로 노래했습니다.

기쁨은 우리 안에서 나옵니다. 기쁨은 우리 주변에 있는 사람이나 물질에 달려 있지 않습니다. 예수님이 우리를 사랑하시며 우리와 함께 계심을 알 때 기쁩니다. 예수님이 기쁨으로 당신에게 기름 부으셨으니, 예수님의 기쁨이 당신 안에 차고 넘치게 하십시오.

"그러므로 하나님 곧 왕의 하나님이 즐거움의 기름을 왕에게 부어
왕의 동료보다 뛰어나게 하셨나이다" _ **시편 45:7하**

넉넉한 방

엘리사가 한 번은 수넴에서 한 부부의 집에 머물렀습니다. 어느 날, 아내가 남편에게 말했습니다. "내가 알기로 이분은 하나님의 거룩한 사람입니다. 우리 집 지붕에 작은 방을 만들어서 거기에 침대와 탁자와 의자와 등불을 갖다 놓읍시다. 그러면 이분이 여기 올 때마다 우리 집에 머물 수 있잖아요." 그들은 엘리사의 방을 만들었습니다.

그러던 어느 날, 엘리사가 방에 있다가 그 집 아내를 불러 말했습니다. "내년 이맘때쯤 당신은 아들을 낳을 것입니다." 그 여인은 엘리사가 말한 대로 임신했고 다음 해 아들을 낳았습니다.

환대란 무엇일까?

며칠 혹은 몇 달간 손님을 초대한 적이 있습니까? 성령께서 어떤 사람에게는 환대하는 은사를 주셨습니다. 이 은사를 받은 사람은 다른 사람을 편하게 해주는 데 능숙합니다(한 끼의 식사든 며칠 머무는 것이든). 당신도 환대하는 은사가 있든 없든 다른 사람이 환영받는다고 느끼게 해 줄 수 있습니다. "서로 대접하기를 원망 없이 하고 각각 은사를 받은 대로 하나님의 여러 가지 은혜를 맡은 선한 청지기같이 서로 봉사하라" (벧전 4:9-10).

그 부부에게는 충분한 공간이 없었지만, 그들은 계획을 세웠습니다. 당신도 지금 당장은 집에 누구를 초대할 만한 공간이 없을 수 있지만 당신이 가진 것을 나눌 수 있습니다. 직장에 새로 온 사람을 안내해 준다거나, 교회에 처음 온 사람을 다른 사람에게 소개해 주는 일도 좋습니다. 당신이 밝은 미소를 가졌다면 그것을 다른 사람들과 나누십시오.

"성도들의 쓸 것을 공급하며 손 대접하기를 힘쓰라" _ **로마서 12:13**

신실한 여종

시리아 군대의 장관 나아만은 많은 전투에서 승리하여 왕의 총애를 받는 사람이었습니다. 그런데 나아만은 나병환자였습니다.

시리아 군대는 이스라엘을 공격하던 중 이스라엘 백성을 붙잡아 노예로 데려갔습니다. 그중에 한 소녀가 있었는데, 나아만 장군 아내의 종이 되었습니다. 어느 날, 그 여종이 여주인에게 말했습니다. "주인님이 이스라엘에 있는 선지자에게 가실 수만 있다면 병이 나을 것입니다." 나아만은 이스라엘에 있다는 선지자 이야기를 듣고 왕에게 가서 여종의 말을 전했습니다. 아람 왕은 즉시 이스라엘 왕에게 편지를 쓰고 나아만에게 말했습니다. "이 편지를 가지고 이스라엘로 가거라."

아직 초신자인데 굳건한 믿음을 가질 수 있을까?

이 어린 여종처럼 용감하게 행동할 수 있겠습니까? 나아만은 큰 군대의 사령관이었습니다. 소녀는 이스라엘에 있는 선지자의 이름도 몰랐을지 모릅니다. 또 그 선지자가 시리아 사람을 고쳐줄지도 모를 일이었습니다. 소녀는 그저 하나님을 신뢰했습니다.

소녀는 불가능해 보이는 일을 하나님은 쉽게 하신다는 것을 알았습니다. 소녀에게는 믿음이 있었습니다. 하나님은 소녀가 여주인에게 선지자에 대해 말할 수 있도록 확신을 주셨습니다. 소녀는 주인이 병이 낫지 않은 채 돌아올 경우 자신에게 큰 문제가 생길 것을 알았지만, 마음에 들려오는 하나님의 음성에 순종했습니다. 소녀는 하나님이 자기 주인을 치유하실 거라는 데 추호의 의심도 없었습니다.

"주께서 이르시되 너희에게 겨자씨 한 알만한 믿음이 있었더라면
이 뽕나무더러 뿌리가 뽑혀 바다에 심기어라 하였을 것이요
그것이 너희에게 순종하였으리라" _ **누가복음 17:6**

엘리사 열왕기하 5:5-8

왕은 도울 수 없다

나아만은 나병을 고칠 수 있다는 선지자를 찾아 이스라엘로 갔습니다. 그는 은과 금과 아름다운 옷과 왕이 써준 편지를 가지고 길을 나섰습니다. 긴 여정 끝에 나아만은 이스라엘에 도착해 왕에게 편지를 건넸습니다. 편지에는 이렇게 쓰여 있었습니다. "이 사람은 내 군대장관 나아만입니다. 당신이 그의 병을 고쳐주시면 좋겠습니다."

왕은 그 편지를 읽고 화를 내며 자기 옷을 찢었습니다. "어떻게 너희 왕은 내가 너를 고칠 거라고 기대한단 말이냐? 그는 내가 하나님이라고 생각하는 것이냐? 그냥 내게 싸움을 거는 것이 아니냐!" 엘리사가 일어난 일을 듣고 왕에게 소식을 전했습니다. "왜 그렇게 화를 내십니까? 그 사람을 제게 보내십시오. 살아 계신 하나님을 섬기는 선지자가 여기 있음을 보여주겠습니다."

아프면 병원에 가야 할까, 기도해야 할까?

아프면 쉬면서 약을 먹고 많이 아프면 병원에 갑니다. 하나님은 당신이 낫게 해달라고 기도해놓고 병원에 간다고 화내지 않으십니다. 치통이 있을 때 어떻게 하나요? 충치를 치료해 달라고 하나님께 기도합니까, 아니면 치과에게 갑니까?

대부분의 경우, 하나님은 의사와 약을 이용해 우리를 낫게 하십니다. 의사가 고치지 못할 때도 하나님은 기적적인 방식으로 우리를 치유할 능력이 있으십니다. 의사에게 간다고 해서 하나님을 신뢰하지 않는 것이 아닙니다. 의사에게 가도 당신은 하나님이 당신을 치유하시고, 다시 건강하게 해주실 것을 신뢰할 수 있습니다.

"해 질 무렵에 사람들이 온갖 병자들을 데리고 나아오매
예수께서 일일이 그 위에 손을 얹으사 고치시니" _ **누가복음 4:40**

믿지 않는 군대장관

나아만은 병거와 말을 몰고 엘리사 선지자가 사는 곳으로 갔습니다. 그가 도착했을 때, 엘리사는 하인을 시켜 나아만에게 이렇게 전하라고 했습니다. "요단강에 가서 물에 일곱 번 들어가면 나을 것입니다." 나아만은 엘리사가 직접 나와 고쳐주지 않는 것에 화가 났습니다. 그리고 이런 생각도 들었습니다. '내 고향에 더 좋은 강이 있지 않은가. 거기서 몸을 씻고 나을 수도 있었을 텐데.'

그러나 나아만의 하인들이 말했습니다. "주인님, 저 선지자가 힘든 일을 하라고 해도 그대로 하지 않으셨겠습니까? 그냥 강으로 가서 선지자가 말한 대로 해보십시오." 나아만은 요단강으로 갔습니다. 엘리사 선지자의 말대로 강에 일곱 번 들어갔다 나오니 완전히 치유되어 피부가 어린아이의 피부처럼 되었습니다.

어떻게 의심을 이겨낼 수 있을까?

아이들은 먼저 부모를 신뢰하는 법을 배우고 나서 주변 사람들을 신뢰하기 시작합니다. 우리는 보통 인간적인 방식으로 생각하기 때문에 하나님도 우리를 실망시킬지 모른다고 생각합니다. 특히 하나님이 우리가 원하는 방식으로 기도에 응답하지 않으실 때 그런 의심이 듭니다. 나아만은 특정한 방식으로 자기 병이 치유될 거라고 기대했을 겁니다. 그런데 일이 다르게 진행되자 거의 포기 직전에 이르렀습니다.

믿음이 성장하고 하나님을 더욱 신뢰할 수 있는 한 가지 방법은 성경을 읽는 것입니다. 수천 년간 하나님이 얼마나 신실하셨는지 읽다 보면, 하나님은 절대 변하지 않으시는 분임을 확실히 알 수 있습니다.

"그러므로 믿음은 들음에서 나며 들음은 그리스도의 말씀으로 말미암았느니라"

_ 로마서 10:17

엘리사 열왕기하 5:15-27

정직하지 못한 종

나아만은 병이 낫자 엘리사에게 진심으로 감사했습니다. "이제는 당신의 하나님이 유일한 하나님이심을 알겠습니다. 감사의 표현으로 이 선물을 드리니 받아주십시오." 엘리사가 대답했습니다. "그 선물은 받지 않겠습니다." 나아만이 선물을 받으라고 강권했지만 엘리사는 거절했습니다. 하는 수 없이 나아만은 그냥 돌아섰습니다. 그런데 엘리사의 하인 게하시가 그 대화를 듣고 나아만에게 몇 가지를 몰래 받아야겠다고 마음먹었습니다. 나아만이 그리 멀리 가지 않았을 때, 게하시가 그를 따라잡았습니다. "주인님이 당신에게 전하라고 하셨습니다. 선지자 두 명이 막 도착해 당신이 주려고 했던 선물이 필요해졌다고 하셨습니다." 나아만은 기쁜 마음으로 게하시가 원하는 것을 건네주었습니다. 게하시가 돌아왔을 때 엘리사가 어디 갔는지 물었습니다. 게하시는 거짓말을 했습니다. "아무 데도 가지 않았습니다." 그러자 엘리사가 말했습니다. "지금 너를 위해 돈과 옷을 챙길 때냐? 네가 이렇게 행동했으니 나아만의 피부병이 네게 날 것이다."

조금 정직하지 못하다고 문제가 될까?

게하시는 아마 속으로 이렇게 생각했을 것입니다. '나아만은 정말 감사를 표하고 싶어하는데 엘리사는 그 선물을 받지 않으려고 하니, 내가 그 선물을 받으면 모두에게 좋을 거야.' 꽤 그럴듯해 보였고 아무도 모를 일이었습니다.

작은 일에 정직하지 못하면 큰 일에도 정직하지 못합니다. 정직하지 못하면 사람들이 존중하지 않고, 다른 일에 대해서도 그 사람을 신뢰하기가 어려워집니다. 당신의 마음과 생각을 정결하게 하여 하늘 아버지가 더 큰 일에서 당신을 신뢰할 수 있게 하십시오.

"지극히 작은 것에 충성된 자는 큰 것에도 충성되고
지극히 작은 것에 불의한 자는 큰 것에도 불의하니라" _ **누가복음 16:10**

도끼날

어느 날, 한 무리의 선지자가 엘리사에게 말했습니다. "우리가 모이는 장소가 너무 좁습니다. 요단강에 가서 나무를 잘라 새 건물을 지읍시다." 엘리사도 그 말이 맞다고 생각해 함께 갔습니다.

그들이 나무를 베고 있는데, 도끼날 하나가 손잡이에서 떨어져 강물에 빠졌습니다. "아, 선생님, 빌려온 도끼인데 어쩌지요!" 엘리사가 물었습니다. "도끼가 어디에 빠졌는가?" 그 사람은 엘리사에게 도끼날이 빠진 곳을 보여주었습니다. 엘리사는 나뭇가지 하나를 꺾어 물에 던졌습니다. 그러자 도끼날이 수면으로 떠올랐고, 그것을 물에서 건져낼 수 있었습니다.

하나님을 위해 일하는데도 왜 일이 잘못될까?

하나님나라를 위해 뭔가를 건설하는 팀의 일원이 된다고 상상해 보십시오. 하나님을 위해 최선을 다할 때, 하나님이 아무 일도 잘못되게 하실 리 없다고 생각할 것입니다. 그런데 몇몇 선지자들이 더 큰 모임 장소를 지으려고 할 때, 그들을 좌절시키고 진행 속도를 늦추는 일이 일어났습니다.

하나님을 섬기는데도 일이 잘못되는 여러 이유가 있을 수 있습니다. 사람들이 열심히 하나님을 섬기는 것을 사탄이 그냥 팔짱 끼고 앉아서 보기만 하지 않을 것입니다. 사탄의 힘이 제한적이긴 하지만, 사탄은 그 일을 망가뜨리려고 최선을 다할 것입니다. 또 우리가 하나님을 위해 뭔가를 할 때 일이 잘못되는 데는 하나님께 이유가 있어서 그렇습니다. 우리가 주를 위해 뭔가를 할 때 자신도 모르게 교만해질 때가 있습니다. 그럴 때 하나님은 일이 잘못되게 하셔서 우리가 그분을 의지하게 하십니다. 그분의 방식과 그분의 능력으로 행하게 하십니다.

"우리가 알거니와 하나님을 사랑하는 자 곧 그의 뜻대로 부르심을 입은 자들에게는 모든 것이 합력하여 선을 이루느니라" _ **로마서 8:28**

엘리사 열왕기하 6:8-17

눈에 보이지 않는 힘

시리아 왕이 이스라엘과 전쟁을 벌였습니다. 엘리사는 시리아 사람들이 어디에 진을 쳤는지 이스라엘 백성에게 경고해 주었습니다. 시리아 왕은 자신의 위치를 이스라엘에게 알려주는 것이 엘리사임을 알고, 말과 병거로 무장한 부하들을 보내 엘리사가 있는 성을 포위했습니다.

다음 날 아침 일찍 엘리사의 종이 일어나 적들이 성을 에워싼 것을 보고 소리쳤습니다. "주인님, 이제 어떡합니까?" 엘리사가 대답했습니다. "두려워하지 마라. 우리 편이 저들보다 훨씬 많다." 엘리사는 기도했습니다. "주님, 그의 눈을 열어 보게 하소서!" 그 즉시 종은 불말과 불병거가 언덕을 덮고 그들을 에워싼 것을 볼 수 있었습니다.

천사들이 정말로 우리를 보호할까?

사람들이 수호천사에 대해 말하는 것을 들어본 적이 있습니까? 눈에 보이지 않는 자신만의 보디가드를 갖고 싶은가요? 성경은 말합니다. "그가 너를 위하여 그의 천사들을 명령하사 네 모든 길에서 너를 지키게 하심이라"(시 91:11). 천사들이 당신을 돌보고 해를 당하지 않도록 지킬 책임이 있다니, 특별한 존재가 된 것 같지 않나요?

위험을 만나거나 외로운 느낌이 들 때는, 당신을 돕는 눈에 보이지 않는 조력자를 감지하지 못할 수 있습니다. 엘리사의 종은 그들을 보호하고 있는 천사 군대를 알아보지 못했습니다. 그는 하나님이 그들 주변의 영적 세력을 볼 수 있도록 허락하셨을 때, 그들이 얼마나 안전한지 깨달았습니다. 성경에서 천사의 보호를 받은 다른 사람이 다니엘서 6장 22절에 나옵니다.

"삼가 이 작은 자 중의 하나도 업신여기지 말라 너희에게 말하노니
그들의 천사들이 하늘에서 하늘에 계신 내 아버지의 얼굴을 항상 뵈옵느니라"
_ 마태복음 18:10

죽어가는 도시

시리아 왕이 온 군대를 이끌고 이스라엘을 공격했고 사마리아 성을 에워쌌습니다. 아무도 나가거나 들어오지 못했습니다. 성 안에 있는 사람들은 음식이 없어서 굶주렸습니다. 엘리사가 왕에게 말했습니다. "하나님께서 내일 많은 식량이 생길 것이라고 말씀하셨습니다."

성벽 밖에 나병에 걸린 네 사람이 있었습니다. 그들은 서로 말했습니다. "우리는 잃을 것도 없잖아. 어차피 죽을 거 시리아 사람들의 진영에 함께 가보세." 그들은 하나님이 시리아 사람들의 귀에 수많은 말과 병거의 소리가 들리게 하셔서 도망쳤다는 사실을 알지 못했습니다. 네 사람이 시리아 진영에 도착했을 때, 그곳에는 아무도 없었습니다. 그들은 천막마다 다니며 금과 은과 옷과 음식을 찾아내어 말했습니다. "이봐, 모두에게 이 사실을 알리세!" 그들은 서둘러 성으로 가서 이스라엘 백성에게 이 좋은 소식을 전했습니다.

정말 내 안에 보물이 있을까?

영웅과는 거리가 멀어 보이는 사람이 영웅이 되는 이야기를 좋아하나요? 그 사람들이 성 밖에 살았던 이유가 있습니다. 심한 피부병이 나서 성에서 쫓겨난 것이었습니다. 그러나 그들이 적진에 많은 보물과 식량이 있는 것을 발견했을 때, 성 안에서 굶주리는 사람들보다 훨씬 나은 처지에 있었습니다. 그들은 악한 마음을 품고 그것을 비밀로 할 수도 있었지만, 돌아가서 좋은 소식을 함께 공유했습니다. 그들의 외모가 어떤지는 중요하지 않았고 그들이 전한 소식이 중요했습니다.

우리 겉모습은 중요하지 않습니다. 우리 안에는 특별한 보물, 바로 예수님의 복음이 있습니다. 그것을 다른 사람들과 나누십시오.

"우리가 이 보배를 질그릇에 가졌으니 이는 심히 큰 능력은 하나님께 있고 우리에게 있지 아니함을 알게 하려 함이라" _ **고린도후서 4:7**

요나 요나 1:1-10

그 사람들에게 가서 말하라

어느 날, 하나님이 요나 선지자에게 말씀하셨습니다. "니느웨 성으로 가서, 내가 그들의 악행을 모두 알고 있다고 전하여라." 요나는 니느웨로 가지 않고 욥바로 가서 스페인으로 가는 배를 탔습니다. 주님께서 큰 폭풍을 보내셔서 배가 가라앉을 위험에 처했습니다. 선원들은 겁에 질려 짐을 버리고, 신에게 도와달라고 기도했습니다.

선장이 선실에서 잠든 요나를 발견하고 말했습니다. "당신은 어떻게 잠을 잘 수 있소? 일어나서 당신의 하나님께 구해 달라고 기도하시오!"

선원들은 이 폭풍이 누구 때문에 일어났는지 알려고 제비뽑기를 했고 요나가 뽑혔습니다. 선원들이 물었습니다. "이 모든 게 당신 때문이요? 당신은 어디 출신이오?" 요나는 그가 하나님을 피해 달아나고 있다고 말했습니다.

하나님은 악한 사람들도 아끼실까?

하나님은 우리를 사랑하십니다. 우리가 선해서가 아니라 하나님의 본성이 사랑이기 때문입니다. 하나님은 사랑이십니다(요일 4:16). 하나님은 이 땅의 모든 사람을 사랑하셔서 자기 아들을 보내 우리 대신 죽게 하셨고, 예수님을 믿는 사람은 죽지 않고 영원히 그분과 함께 살 수 있게 해주셨습니다(요 3:16). 로마서 5장 8절은 우리가 아직 믿지 않을 때도 하나님은 우리를 사랑하셨다고 말합니다.

하나님은 죄악 된 사람도 사랑하시지만 그들이 행하는 악한 일은 좋아하지 않으십니다. 하나님은 요나 같은 사람을 보내 용서와 하나님의 길을 따르는 것을 전하게 하십니다.

"예수께서 대답하여 이르시되 건강한 자에게는 의사가 쓸 데 없고
병든 자에게라야 쓸 데 있나니 내가 의인을 부르러 온 것이 아니요
죄인을 불러 회개시키러 왔노라" _ 눅 5:31-32

"이스라엘의 하나님 여호와여 위로 하늘과 아래로 땅에
주와 같은 신이 없나이다 주께서는 온 마음으로 주의 앞에서 행하는
종들에게 언약을 지키시고 은혜를 베푸시나이다"

_ **열왕기상 8:23**

A 365-Day Devotional

7월

July

요나, 아모스, 호세아, 이사야, 미가, 스바냐,
예레미야, 다니엘과 함께 걷다

바다 밑

요나의 잘못 때문에 바다에 폭풍이 일어난 것을 알게 된 선원들은 어떻게 해야 폭풍이 멈출지 요나에게 물었습니다. 요나가 말했습니다. "나를 바다에 던지시오. 그러면 바다가 잔잔해질 것이오." 선원들은 그러고 싶지 않았지만, 폭풍이 점점 거세지자 요나를 들어 바다로 던졌습니다. 곧바로 바다가 잔잔해졌습니다.

하나님은 큰 물고기를 예비하여 요나를 삼키게 하셨습니다. 요나는 사흘 밤낮을 어두운 물고기 배 속에서 보내며 하나님께 기도했습니다. 하나님이 요나의 기도를 들으셨고, 물고기가 그를 해변에 뱉어내게 하셨습니다. 하나님은 다시 한번 요나에게 니느웨로 가서 말씀을 전하라고 하셨습니다. 요나는 순종해 니느웨로 갔습니다.

우리가 하나님을 피해 숨거나 도망칠 수 있을까?

요나는 왜 도망쳤을까요? 그는 선지자인데 왜 니느웨로 가고 싶지 않았을까요? 요나는 니느웨 사람들을 원수라고 여겼습니다. 그들은 하나님의 용서를 받을 자격이 없는 이방인이었습니다. 요나는 니느웨와 반대 방향으로 가는 배를 타면, 니느웨로 가는 것은 불가능해지고, 니느웨와 너무 멀리 떨어져 있어 양심의 가책을 받지 않을 거라 생각했습니다.

아담도 불순종한 다음 하나님을 피해 숨을 수 있을 거라 생각했습니다. 하나님을 피해 숨거나 달아나는 것은 어리석은 일입니다. 그분은 어떤 상황에서도 우리가 어디에 있는지 정확히 아십니다. 우리가 하나님의 사랑의 품에서 도망칠 때, 큰 문제에 직면하게 될 것입니다.

"내가 주의 영을 떠나 어디로 가며 주의 앞에서 어디로 피하리이까" _ **시편 139:7**

부유함에서 빈곤으로

니느웨는 큰 성읍이라서 둘러보는 데 사흘이나 걸렸습니다. 요나는 하나님이 주신 메시지(40일이 지나면 니느웨가 멸망할 것이다)를 전하기 시작했습니다. 니느웨 백성은 하나님의 말씀을 믿고 애통해하며 굵은 베옷을 입고 금식했습니다.

니느웨 왕도 그 메시지를 듣고 왕좌에서 내려와 왕의 옷을 벗고 굵은 베옷을 입고 잿더미에 앉았습니다. 그는 백성에게 먹거나 마시지 말고, 모두 하나님께 기도하며 용서를 구하라고 명령했습니다. 왕은 이렇게 생각했습니다. '우리가 악한 일을 멈추면 하나님께서 마음을 바꾸어 노여움을 푸실 것이다.'

악한 죄인의 마음이 어떻게 바뀔 수 있을까?

하나님은 이스라엘 백성에게 그들의 교만과 이방신 숭배에 대해 여러 번 경고하셨습니다. 그러나 이스라엘의 마음은 하나님을 향해 돌아서지 않았습니다(선지자 요나도 겸손하고 순종하는 마음이 아니었습니다). 하나님은 이 이방 민족에게 변화될 수 있는 기회를 한 번 주셨습니다. 그들은 즉시 자신을 낮추며 용서를 구했습니다. 요나의 경고를 듣고 곧바로 악한 행동을 멈췄습니다.

뭔가를 세게 밀면 움직일 것입니다. 뭔가를 충분히 뜨겁게 하면 녹을 것입니다. 그런데 사람의 마음은 어떻게 바꿀 수 있을까요? 악한 사람이 어떻게 선해질 수 있을까요? 오직 성령만이 사람을 변화시킬 수 있습니다. "이는 힘으로 되지 아니하며 능력으로 되지 아니하고 오직 나의 영으로 되느니라"(슥 4:6하). 오직 성령님만 사람의 마음(영적 태도)을 바꿀 수 있습니다.

"내가 그들에게 한 마음을 주고 그 속에 새 영을 주며
그 몸에서 돌 같은 마음을 제거하고 살처럼 부드러운 마음을 주어" _ **에스겔 11:19**

"불공평합니다!"

하나님은 니느웨 백성에게 자비를 베푸셨습니다. 그들이 진심으로 죄를 애통해하자 그 도시를 멸망시키려던 마음을 바꾸셨습니다. 요나는 그들이 경고를 들은 것을 기뻐하기는커녕 하나님이 그 도시를 멸망시키지 않으신 것에 화를 냈습니다. "하나님은 사랑이 많으시고 자비로운 분이심을 제가 압니다. 늘 오래 참고 온유하며 용서해 주려고 하시지요." 요나는 도시 밖으로 나가 울적하게 앉아 있었습니다. 하나님은 요나가 자기만 생각하고, 바른 길을 알지 못해 죽었을 수천 명에 대해서는 생각하지 않는 것이 얼마나 이기적인지 보여주셨습니다.

하나님이 자비를 베푸실 때 요나는 왜 화를 냈을까?

특별히 선발된 사람들만 들어갈 수 있는 모임에 당신이 오랜 시간을 기다려 참여하게 되었습니다. 몇 주가 지난 후 당신이 싫어하는 두 사람이 들어올 거라고 합니다. 그 사람들이 그 모임에 들어온다면 어떤 기분일까요?

요나는 하나님이 축복하기 위해 택하신 나라의 일원이 된 것에 아무 생각이 없었습니다. 하나님이 사랑하시는 것이 특권이 아니라 자기 권리라고 생각했을지도 모릅니다. 요나는 이스라엘이 하나님의 축복을 받는 것은 당연하고 이방 나라들보다 더 낫다고 여겼습니다. 그러다 하나님이 이방 민족에게 자비로우신 것을 보니 질투가 나고 화가 났습니다.

하나님이 다른 사람들에게 자비 베푸시는 것을 보면 기뻐하십시오. 당신도 그분의 자비와 용서가 필요한 사람임을 기억하십시오.

"모세에게 이르시되 내가 긍휼히 여길 자를 긍휼히 여기고
불쌍히 여길 자를 불쌍히 여기리라 하셨으니" _ **로마서 9;15**

아모스 아모스 2:6-7; 3:1-2

가난한 사람에게서 빼앗기

이스라엘 왕국은 이스라엘이라고 불리는 북 왕국과 유다라고 불리는 남 왕국으로 나뉘었습니다. 하나님은 여러 선지자를 보내 이스라엘과 유다에 사는 백성에게 말씀하셨습니다. 아모스는 북 왕국에 사는 백성에게 하나님 말씀을 전한 선지자였습니다. 북 왕국은 빈부 격차가 심했습니다. 하나님은 아모스에게 부자들에게 가서 전하라고 하셨습니다. "너희는 정직한 사람을 종으로 팔고 가난한 자들을 신발 한 켤레 값에 팔았다. 너희는 약하고 힘없는 사람을 짓밟고 가난한 자를 밀어냈다. 나는 이 땅의 모든 나라 중에서 너희를 선택했건만 너희가 이 모든 악을 저질렀으니 내가 너희를 벌할 것이다."

누군가 빚진 것을 갚지 못하면 어떻게 할까?

예수님은 큰 돈을 빚진 종의 이야기를 들려주셨습니다. 종이 돈을 갚지 못하자 왕은 그에게 모든 것을 팔아 빚을 갚으라고 명령했습니다. 종은 왕에게 기다려 달라고 애걸했습니다. 왕은 종을 불쌍히 여겨 빚을 탕감해 주었습니다. 그런데 이 종은 자기에게 돈을 빌려간 사람의 작은 빚을 탕감해 주지 않았습니다(마 18:23-35).

하나님은 부유한 이스라엘 사람들이 충분히 먹고살 수 있는데도 가난한 사람에게서 돈을 돌려받으려고 한 것에 화가 나셨습니다. 이스라엘 백성이 이집트에서 노예로 살다가 풀려났다는 사실을 잊고, 다른 사람을 종으로 팔았다는 사실에 더 화가 나셨습니다.

누군가 당신에게 갚을 수 없는 빚을 졌다면, 사람보다 물건을 더 중요하게 여겨서는 안 된다는 것을 기억하십시오. 다른 사람에게 호의를 베풀면 하나님도 당신에게 호의를 베푸실 것입니다.

"오직 너희는 원수를 사랑하고 선대하며 아무것도 바라지 말고 꾸어 주라
그리하면 너희 상이 클 것이요 또 지극히 높으신 이의 아들이 되리니
그는 은혜를 모르는 자와 악한 자에게도 인자하시니라" _ **누가복음 6:35**

축제일과 잔치

아모스 선지자가 이스라엘 백성에게 말했습니다. "악을 미워하고 선한 것을 사랑하면 하나님이 도우실 것이다." 아모스는 계속해서 말했습니다. "주님께서 이렇게 말씀하신다. '나는 너희의 종교적인 축제를 싫어한다. 너희가 희생제물과 헌물을 바친다 해도 받지 않을 것이다. 너희의 시끄러운 노랫소리와 거문고 소리가 견디기 힘들구나. 내가 너희에게 원하는 것은 넘치는 정의와 선이다.'"

하나님은 우리가 종교적으로 기념하는 것을 어떻게 생각하실까?

하나님은 이스라엘 백성에게 절기를 지키라고 하셨는데, 왜 그들의 종교 행위를 싫다고 하셨을까요? 하나님이 절기를 지키라고 하신 이유는 모든 사람이 바쁜 일상에서 쉼을 얻고, 그들의 믿음을 돌아보게 하려는 것이었습니다. 하나님께 첫 수확을 가져와 드리며 감사하는 절기가 있습니다. 또 다른 절기에는 죄 용서를 받기 위해 동물을 제물로 바칩니다. 그리고 하나님이 이스라엘 백성을 이집트에서 어떻게 구원해 내셨는지 기억하는 절기도 있었습니다. 그러나 백성은 하나님이 그들에게 얼마나 선을 행하셨는지 기억하는 대신, 절기를 빌미 삼아 큰 잔치를 벌였습니다. 하나님을 생각하고 그분의 선하심을 기뻐하도록 의도된 축제는 하나님을 잊어버리는 시끄러운 잔치로 변했습니다.

바울은 사람마다 특별한 의미가 있는 날과 평범한 날을 결정해야 한다고 말합니다. 어떤 행사가 중요한지는 자신이 결정할 몫입니다. 만약 그 행사가 주님을 기억하기 위한 것이라면, 당신의 마음에 주님을 기쁨으로 맞이하십시오.

"어떤 사람은 이 날을 저 날보다 낫게 여기고 어떤 사람은 모든 날을 같게 여기나니 각각 자기 마음으로 확정할지니라" _ **로마서 14:5**

하나님은 자기의 신실하심을 증명하신다

아모스가 사역을 마치자, 하나님은 호세아를 불러 말씀을 전하게 하셨습니다. 호세아가 전한 말씀은 우상 숭배를 멈추고 하나님께 돌아오라는 것이었습니다. 하나님은 불성실한 여자와 결혼하라고 호세아에게 말씀하셨습니다. 하나님은 백성이 하나님께 불성실했을 때 어떤 기분이었을지 호세아(와 이스라엘)에게 보여주셨습니다. 이스라엘이 이방 신들을 숭배하기로 선택한 것처럼 호세아의 아내는 다른 남자를 사랑하기로 선택했습니다.

호세아의 아내는 다른 남자와 살려고 도망쳤지만, 호세아는 사랑하는 아내를 찾아다녔습니다. 호세아는 아내를 되찾기 위해 은을 대가로 지불했고, 아내는 다시 그와 함께 살 수 있었습니다.

천국에 결혼식이 있을까?

한 남자와 한 여자가 결혼할 때, 서로 사랑하고 충실하기로 약속합니다. 하나님은 사랑하고 충실하겠다는 약속을 지키셨지만 그분의 백성은 그러지 못했습니다. 하나님은 그분과 이스라엘의 관계를 남편과 아내의 관계에 비유하십니다. 교회인 우리는 예수 그리스도의 신부가 되었습니다. 호세아가 돈을 지불하고 아내를 되찾아옴으로 사랑을 보여주었듯, 예수님은 우리를 찾아 구원하시고 다시 하나님께 데려가기 위해 이 땅에 오셨습니다. 예수님은 그분의 보배로운 피를 지불하고 우리를 사셨습니다(벧전 1:18-19).

교회인 우리는 예수님의 신부이기에 순결을 지키며 그분을 맞이할 준비를 해야 합니다. 그분이 다시 오실 때 천국에서 혼인잔치가 열릴 것이고, 우리는 예수님과 영원히 살게 될 것입니다.

"우리가 즐거워하고 크게 기뻐하며 그에게 영광을 돌리세
어린 양의 혼인 기약이 이르렀고 그의 아내가 자신을 준비하였으므로"

_ 요한계시록 19:7

미안하다고 했잖아!

호세아 선지자는 하나님에게서 돌아선 백성에게 간곡히 호소했습니다. "주님께로 돌아가자. 우리를 찢으셨으나 다시 싸매주시고, 우리에게 상처를 내셨으나 다시 아물게 하신다. 우리가 힘써 주님을 알자, 어김없이 해가 뜨고 봄비가 내리듯 주님께서 우리에게 오시리라."

하나님이 말씀하셨습니다. "너희 사랑은 아침 안개와 같고 태양이 떠오를 때 사라지는 이슬 같구나. 나는 너희의 제사를 원하지 않는다. 오히려 다른 사람들에게 자비를 베풀어라. 동물을 바치는 제사보다는 나를 존귀히 여기며 예배하여라."

'회개'가 무슨 의미일까?

누군가 고의로 당신을 다치게 하고서 미안하다고 했는데 다음에 또 그런다면 어떨까요? 그 사람이 정말로 당신에게 미안해한다고 생각됩니까? 하나님이 그분의 백성에 대해 느끼는 감정이 바로 이렇습니다. 그들은 희생제물을 드리면서 후회하는 척했지만 마음으로는 하나님을 사랑하는 대신 돈과 우상을 사랑하기로 선택했습니다.

회개는 당신이 한 일에 대해 정말로 미안해하는 것입니다. 회개 기도는 이래야 합니다. "사랑하는 아버지, 제가 또 당신을 실망시켜 드렸습니다. 잘못인 줄 알면서 또 그런 것을 진심으로 후회합니다. 제발 저를 용서하시고 제 마음을 깨끗하게 해주세요. 주님, 다시는 같은 실수를 저지르고 싶지 않습니다. 그러니 시험이 찾아올 때 주님께 더 가까이 나아가 당신의 힘을 의지하도록 저를 도와주세요."

당신이 얼마나 자주 '큰' 죄를 짓든 매번 당신을 용서하실 정도로 하나님의 은혜는 큽니다. 하나님은 당신이 진심으로 후회하고 변화되는 모습을 보기 원하십니다.

"하나님의 뜻대로 하는 근심은 후회할 것이 없는 구원에 이르게 하는 회개를 이루는 것이요 세상 근심은 사망을 이루는 것이니라" _ **고린도후서 7:10**

새 삶의 약속

하나님은 다시 한번 호세아를 통해 그분의 백성에게 말씀하셨습니다. "내 백성을 내게로 돌아오게 할 것이다. 내가 마음을 다해 그들을 사랑하고 더 이상 그들에게 화내지 않을 것이다. 나는 마른 땅에 내리는 비처럼 올 것이고, 그들은 꽃처럼 피어날 것이다. 그들은 새롭게 성장하며 다시 살아날 것이고, 백향목처럼 향기로울 것이다. 그들이 내 그늘 아래 살면서 농사 지어 곡식을 거두고 다시 포도원처럼 열매가 가득할 것이다. 그들은 더 이상 우상과 상관없으며, 나는 그들의 기도에 응답하고 그들을 돌볼 것이다. 그들의 모든 축복은 나로부터 올 것이다."

은혜란 무엇일까?

부끄러움과 죄책감이 들 정도로 정말 나쁜 일을 한 적이 있습니까? 누군가 당신이 한 일을 알게 되어 벌을 받을까 봐 두려웠을 것입니다. 아마도 그 죄를 덮으려고 뭔가 선한 일을 하려고 했을 것입니다. 누군가 당신에게 와서 이렇게 말한다면 어떨까요? "당신이 한 일에 대한 비난을 내가 받겠소. 당신이 받아야 할 벌도 내가 받고 그 끔찍한 죄책감도 내가 가져가겠소."

우리가 받아야 할 비난을 예수님이 대신 받으셨습니다. 그분은 온 세상의 죄를 대신 짊어지셨습니다. 예수님은 우리를 용서해 주십니다(사 53:6). 우리를 하나님의 자녀로 삼아주시고(눅 15:11-24), 온갖 좋은 것으로 축복하십니다(엡 1:3). 정말 놀라운 은혜입니다.

"너희는 그 은혜에 의하여 믿음으로 말미암아 구원을 받았으니 이것은 너희에게서 난 것이 아니요 하나님의 선물이라" _ **에베소서 2:8**

포도원

주님께서 이사야를 통해 말씀하셨습니다. "내 친구와 그의 포도원에 대해 노래하겠네. 내 친구는 기름진 언덕에서 포도원을 가꾸고 있네. 그는 포도원 가운데 망대를 쌓고 포도즙 틀을 마련해 놓았네. 그는 솜씨 있게 포도를 심고 길렀지만 들포도가 열렸다네."

이스라엘은 주님의 포도원이었고, 백성은 그가 심은 포도나무였습니다. 포도원 주인은 최선을 다했기에 최상급 포도를 기대했지만 백성의 죄가 그 포도를 시게 만들었습니다.

어떻게 해야 시지 않을까?

레몬을 좋아한다면 신 포도를 좋아할 수도 있습니다. 그러나 대부분의 사람은 달고 맛있는 포도를 얻으려고 포도나무를 심습니다. 만일 신맛을 원한다면 레몬나무를 심겠지요. 달콤한 포도주스를 기대하고 맛을 봤는데, 신맛이 난다면 어떻겠습니까? 아마 오만상을 다 찡그리겠지요.

우리도 잘못된 태도(누군가를 용서하지 않는 것 같은)를 보일 때 신맛을 낼 수 있습니다. 신맛을 내는 사람은 친절하거나 행복하지 않습니다. 단맛을 내는 사람이 되고 싶다면 예수님께 가지를 쳐달라고 구하십시오. 당신의 삶에서 좋은 열매 맺는 것을 방해하는 가지들을 쳐달라고 말입니다. 당신이 하나님의 사랑이라는 햇살을 받으며 살아가고, 성령의 선하심이 당신 안으로 흘러오게 한다면, 삶의 정원사이신 예수님을 기쁘시게 하고 많은 사람에게 복이 될 것입니다.

"나는 참포도나무요 내 아버지는 농부라 무릇 내게 붙어 있어
열매를 맺지 아니하는 가지는 아버지께서 그것을 제거해 버리시고
무릇 열매를 맺는 가지는 더 열매를 맺게 하려 하여 그것을 깨끗하게 하시느니라"
_ 요한복음 15:1-2

이사야 이사야 6:1-8

제가 가겠습니다!

유다 왕 웃시야가 죽던 해에 이사야는 주님이 보좌에 앉아 계신 것을 보았습니다. 그분 주위에 생물(스랍)들이 서 있는데, 각각 여섯 날개를 가지고 있었습니다. 그들은 서로 이렇게 외쳤습니다. "거룩하다, 거룩하다, 거룩하다. 전능하신 주님! 그분의 영광이 온 땅에 가득하다." 이사야는 혼잣말을 했습니다. "큰일났구나. 나는 입술이 부정한 사람인데 전능하신 주님을 뵈었으니 이제 나는 죽었구나!"

그때 한 스랍이 제단에서 타는 숯을 가져와 이사야의 입술에 대며 말했습니다. "이것이 네 입술에 닿았으니 이제 네 악은 사라지고, 네 죄는 사해졌다." 그때 주님의 음성이 들렸습니다. "내가 누구를 보낼까? 누가 우리의 말을 전할까?" 이사야가 즉시 대답했습니다. "제가 여기 있습니다. 저를 보내십시오."

하나님은 아직도 선지자들을 보내실까?

구약시대에 하나님은 선지자를 보내 백성에게 그분의 메시지를 전하셨습니다. 오늘날에는 설교자, 목회자, 복음전도자들이 성경을 통해 하나님의 메시지를 전합니다. 선지자들이 활동하던 시대에는 하나님이 전할 말을 직접 알려주셨습니다. 그때는 지금처럼 완벽한 형태의 성경이 없었습니다. 그들이 전한 말의 대부분이 구약성경의 내용입니다.

오늘날 우리에게는 성령의 인도함을 받은 사람들이 기록한 하나님의 메시지가 담긴 성경이 있습니다. 선지자 시대와 마찬가지로 하나님은 그분의 사랑과 용서의 내용이 담긴 복음을 널리 전할 메신저를 찾고 계십니다. 당신도 기꺼이 "제가 여기 있습니다. 저를 보내십시오"라고 말하겠습니까?

"우리가 그를 전파하여 각 사람을 권하고 모든 지혜로 각 사람을 가르침은 각 사람을 그리스도 안에서 완전한 자로 세우려 함이니" _ **골로새서 1:28**

격려의 말

이사야는 히스기야 왕에게 바벨론이 예루살렘을 침략해 백성의 모든 소유를 빼앗고, 그들을 바벨론의 종으로 끌고 갈 것이라고 말했습니다. 그러나 이사야는 주님께서 백성을 다시 돌아오게 하시고 하나님의 영광이 온 세상에 드러날 때가 올 것이라고 격려했습니다.

하나님이 말씀하셨습니다. "모든 육체는 한낱 들풀과 같다. 풀은 마르고 꽃은 시드나 하나님의 말씀은 영원히 서 있다. 주께서 권능으로 통치하시고, 백성에게 상을 주실 것이다. 그의 백성을 목자처럼 돌보고, 그 어린 양들을 두 팔로 안아 가슴에 품으시고 젖을 먹이는 어미 양들을 조심스럽게 이끄신다."

엉망진창인 세상에 사는 사람에게 소망이 있을까?

이사야는 유다에 살고 있는 백성에게 상황이 점점 나빠질 거라고 말했습니다. 수많은 경고에도 백성은 하나님의 명령을 따르지 않았습니다. 하나님은 그들이 포로로 끌려가게 하셔서 그들의 마음이 하나님께 돌아오게 하실 것입니다. 그러나 하나님은 그들이 소망을 잃지 않기 원하셨습니다. 하나님은 백성이 바벨론에서의 긴 노예생활로 인해 우상 숭배의 욕망에서 해방될 것임을 아셨습니다.

이사야 시대와 마찬가지로, 오늘날도 하나님을 모르는 사람들이 세상을 안전하지 않은 곳으로 만들고 있습니다. 그러나 우리는 주변의 악에 낙심해서는 안 됩니다. 예수님이 다시 오실 때 모든 것이 바뀔 것입니다. 그분은 따스한 목자처럼 우리를 이끄시고 영원히 안전하게 지키실 것입니다. 용기를 내십시오. 예수님은 그분을 신실하게 따르는 자들을 위한 상을 가지고 다시 오시겠다고 말씀하셨습니다.

"보라 내가 속히 오리니 내가 줄 상이 내게 있어
각 사람에게 그가 행한 대로 갚아 주리라" _ **요한계시록 22:12**

새 것

하나님은 이스라엘을 바벨론으로부터 구해내겠다고 이사야 선지자를 통해 말씀하셨습니다. "나는 너희 왕 하나님이다. 나는 너희를 위해 바다 가운데 길을 내고, 이집트 군대를 멸망으로 이끌었다. 너희는 지나간 일을 기억하지 말고, 이전 일을 생각하지 마라. 보라! 나는 새 일을 하려고 한다. 이 일이 이미 드러나고 있다. 내가 광야에 길을 내고 사막에 강을 낼 것이다."

내가 잘못 가도 하나님은 다른 계획이 있으실까?

하나님은 이집트 사람들의 손에서 자기 백성을 구해내셨고, 그들을 위해 광야와 바다에 길을 내셨습니다. 이스라엘 백성은 하나님이 그런 기적을 또 베푸실지 궁금했을 것입니다. 그런 시절은 이제 끝난 것일까요? 하나님은 그들을 노예생활에서 다시 구해 주실까요? 백성을 이집트에서 구해내는 것은 하나님 계획의 첫 단계였을 뿐입니다. 하나님은 말씀하셨습니다. "이전 일을 생각하지 마라! 내가 이제 행하려고 하는 새 일을 지켜보아라!"

당신은 하나님의 계획을 망칠까 봐 걱정하고 있나요? 우리는 가끔 잘못된 길로 가기도 하고, 마치 하나님과 멀리 떨어진 광야에 있는 것처럼 느낄 때도 있습니다. 그러나 이사야가 말한 사막의 강처럼, 하나님의 성령의 생수가 당신 삶에 흐를 것입니다(요 7:38-39).

하나님은 예수님이 당신의 상황 속으로 바로 오실 수 있도록 고속도로를 만드실 것입니다(막 1:1-3). 이 도로는 광야를 지나갑니다. 이것은 길이 있다는 의미입니다. 비록 당신이 실수하더라도 하나님은 새로운 계획을 세우실 것입니다. 하나님은 당신 삶에 새로운 일을 하실 것입니다.

"형제들아 나는 아직 내가 잡은 줄로 여기지 아니하고
오직 한 일 즉 뒤에 있는 것은 잊어버리고 앞에 있는 것을 잡으려고" _ **빌립보서 3:13**

메시아

하나님은 그분의 백성을 사랑하셨습니다. 백성이 먼 나라에 노예로 붙들려갔지만, 하나님은 그들이 어디로 가든 함께하셨습니다. 하나님은 그들을 자기 땅으로 그리고 그분께로 돌아오게 할 거라고 약속하셨습니다. 하나님이 백성을 죄에서 구하는 유일한 길은, 예수님을 이 땅에 보내 죄를 이기기 위해 고통받고 죽으시는 것이었습니다. 채찍에 맞고 멍이 든 예수님을 사람들이 알아보지 못할 것입니다.

예수님은 우리가 받아야 할 고통을 대신 받으셨습니다. 우리 죄를 없애기 위해 상처를 입으셨습니다. 예수님은 우리가 행한 일 때문에 멸시 천대를 받고 매를 맞아도 불평하지 않으셨습니다.

예수님은 왜 고통을 받으셔야 했을까?

우리 죄를 용서하시기 위해 왜 예수님이 죽으셔야 했는지 우리는 이해하기 어렵습니다. 예수님이 왜 십자가에 못 박혀 죽기까지 극심한 고통을 받으셔야 했는지 이해하는 것은 더 어렵습니다. 예수님이 십자가에 못 박히기 전날 밤 겟세마네 동산에서 이렇게 기도하셨습니다. "가능하다면 이것을 피할 수 있게 해주십시오. 하지만 제가 원하는 대로 마시고 아버지가 원하시는 대로 하십시오."

왜 하나님 아버지께서 예수님이 고통받게 하셨는지 우리는 다 알 수 없지만, 성경은 몇 가지 이유를 말해 줍니다. 예수님의 완전한 순종을 보여주고(빌 2:8), 우리를 향한 그분의 크신 사랑을 알게 하며(벧전 1:18-19), 우리 죄를 위한 희생제물이 되고(히 9:22), 우리의 고통을 느끼고 이해하며(사 53:3), 우리를 치유하시기 위함입니다(사 53:5; 마 8:16-17).

"사람의 모양으로 나타나사 자기를 낮추시고 죽기까지 복종하셨으니 곧 십자가에 죽으심이라" _ **빌립보서 2:8**

구원자를 약속하시다

이사야가 활동하던 때 미가 선지자도 유다 백성에게 말씀을 전했습니다. 미가 선지자는 심판을 경고했지만, 그의 메시지는 미래에 대한 소망으로 가득했습니다. 하나님은 미가 선지자를 통해 말씀하셨습니다. "베들레헴아, 너는 유다에서 가장 작은 족속이지만 네게서 위대한 왕이 나올 것이다. 그는 시간이 시작되기 전부터 있었다."

하나님은 해산하는 여인이 아이를 낳을 때까지 백성을 적들의 손에 넘겨주실 것입니다. 주님이 오셔서 양떼의 목자가 되시면 그들은 안전하게 살 것입니다. 그분의 위대하심이 온 땅에 미치고 평화가 있을 것입니다.

구약 선지자들은 예수님에 대해 알았을까?

선지자들이 활동하던 시기에는 우리를 죄에서 구하시려는 하나님의 큰 그림을 다 알 수 없었습니다. 그들은 하나님이 수백 년 후에 자기 아들을 이 땅에 보내실 것을 알지 못했습니다. 선지자들도 구원자가 올 거라고 말했지만(미가 선지자는 그 구원자가 어디서 태어날 것인지 말했습니다), 그분이 예수님인 것은 알지 못했습니다. 하나님의 계획은 그들에게 신비였습니다(롬 16:25-26).

세월이 많이 흘러 미가가 예언한 대로 예수님이 이 땅에 태어나셨습니다. 당시 왕이었던 헤롯은 종교지도자들에게 태어날 위대한 왕에 대해 선지자들이 뭐라 말했는지 알아내라고 했습니다. 그들은 성경에서 통치자가 베들레헴에서 태어날 거라고 한 미가의 정확한 예언을 찾아냈습니다(마 2:5-6).

"천사들이 떠나 하늘로 올라가니 목자가 서로 말하되 이제 베들레헴으로 가서 주께서 우리에게 알리신 바 이 이루어진 일을 보자 하고" _ **누가복음 2:15**

하나님을 기쁘시게 하기

미가의 설교를 통해 하나님은 유다에 살고 있던 이스라엘 백성에게 그들을 어떻게 이집트에서 이끌어냈는지 상기시켰습니다. 미가는 백성에게 자문해야 할 몇 가지를 질문했습니다. "하나님께 예배할 때 무엇을 가지고 나와야 합니까? 하나님이 수천 마리의 양이나 강물처럼 많은 올리브기름을 기뻐하시겠습니까?"

미가가 말했습니다. "하나님께서 너희에게 원하시는 것은 공의를 실천하고, 자비를 베풀며, 겸손히 네 하나님과 함께 행하는 것입니다."

하나님은 내게 무엇을 기대하실까?

당신의 삶이 하나님께 기쁨이 되기를 원하십니까? 하나님을 기쁘시게 하는 것이 무엇이라 생각합니까? 어떤 이들은 자신이 선하다는 것을 보이려고 선한(종교적인) 행동을 합니다. 그러나 그런 것은 하나님께 아무런 인상도 주지 못합니다!

예수님은 하나님을 기쁘시게 하는 삶의 완벽한 모범을 보여주셨습니다. 예수님은 죄 지은 여인을 변호하시면서, 그 여인을 벌하려는 사람도 죄인임을 지적함으로써 공정함을 보여주셨습니다(요 8:3-11). 예수님은 자신을 체포하러 온 사람의 귀를 고쳐줌으로써 자비를 보여주셨습니다(눅 22:50-51). 또 무릎 꿇고 제자들의 더러운 발을 씻어줌으로써 겸손을 보여주셨습니다(요 13:3-5).

예수님이 당신에게 기대하시는 것은 공정하고 공평하기, 자비를 베풀고 사랑하기, 겸손히 하나님께 복종하기입니다. 이 세 가지를 잊어버려도 걱정하지 마십시오. 남에게 대접받고 싶은 대로 남을 대접하면 된다는 것을 기억하십시오(눅 6:31).

"오직 선을 행함과 서로 나누어 주기를 잊지 말라
하나님은 이같은 제사를 기뻐하시느니라" _ **히브리서 13:16**

스바냐 스바냐 1:1; 역대하 34:1-7

어린 왕이 하나님을 기쁘시게 하다

요시야 왕이 유다를 다스릴 때, 하나님은 스바냐를 선지자로 택하여 유다 백성에게 말씀을 전하게 하셨습니다. 아버지 아몬이 살해당하고 요시야가 왕이 되었을 때, 여덟 살이었습니다. 요시야는 다윗 왕처럼 하나님을 기쁘시게 했고, 하나님의 모든 율법에 순종했습니다. 요시야 왕이 다스린 지 12년이 되자, 이방 신을 섬기던 곳을 없애고 온 땅의 우상을 쓸어버렸습니다.

어떻게 해야 훌륭한 리더가 될 수 있을까?

당신은 자신을 리더라고 생각한 적이 없을지 모르지만 누군가가 당신의 본을 따르고 있다면 당신은 리더입니다! 리더란 단순히 다른 사람들에게 명령을 내리는 사람이 아닙니다. 좋은 리더가 되기 위한 몇 가지 자질이 있습니다.

- 용감해야 한다: 좋은 리더가 되려면 용감해야 합니다. 무엇이 중요한지 알고, 자신이 믿는 바를 위해 싸우는 리더를 사람들은 존경합니다.
- 본이 되어야 한다: 옳은 일을 행하고 잘못된 것은 바꾸십시오. 요시야는 하나님을 기쁘시게 하는 삶에 대해 배웠습니다. 그는 주변에서 일어나는 잘못되고 악한 일들을 보며, 악을 막기 위해 자신이 할 수 있는 모든 것을 했습니다.
- 하나님께 충성해야 한다: 당신이 하나님을 섬기고 옳은 일을 하면 좋아하지 않는 사람도 있습니다. 요시야는 사람들이 그를 어떻게 생각하는지 신경 쓰지 않았습니다. 아버지와 달리, 그는 사람들보다 하나님을 기쁘시게 하는 것을 선택했습니다.

"범사에 네 자신이 선한 일의 본을 보이며" _ **디도서 2:7상**

하나님의 일이 드러나다

대제사장 힐기야는 주님의 성전에서 모세가 전한 하나님의 율법책을 발견했습니다. 힐기야는 그 책을 사반에게 주었고, 사반은 요시야 왕에게 가져갔습니다.

사반이 큰 소리로 그 책을 낭독하자 요시야는 옷을 찢으며 신하들에게 말했습니다. "이 책에 기록된 것에 대해 하나님께서 뭐라고 하시는지 알아보시오. 우리 조상들이 이 책에 쓰여 있는 대로 행하지 않았기 때문에 하나님이 우리에게 진노하셨소." 하나님은 요시야에게 메시지를 주셨습니다. "네가 자신을 낮추고 옷을 찢으며 내 앞에서 통곡하였으니, 네가 죽은 후에 예루살렘에 대한 내 심판이 임할 것이다."

성경은 시대에 뒤떨어진 것일까?

식사를 한 끼 거르거나 하루 정도 굶어도 생존에는 지장이 없습니다. 그러나 며칠 동안 음식을 먹지 않으면 에너지가 떨어지고 약해집니다. 마찬가지로, 우리가 매일 성경을 읽지 않으면 영적 음식을 얻지 못해 일상의 어려움에 맞서고 유혹을 이길 힘이 없어집니다.

하나님의 기록된 말씀 없이 지내던 하나님의 백성은 길을 잃고 말았습니다. 그들은 모세가 수백 년 전에 준 율법이 더 이상 필요 없다고 생각하여 버렸습니다. 율법은 시대에 뒤떨어진 것처럼 보였습니다! 하나님의 계명은 그들에게 우상숭배가 잘못된 것이라고 말했습니다. 백성은 하나님의 말씀이 실제로 현대적이고 미래에 일어날 일까지도 알려준다는 것을 깨닫지 못했습니다. 백성이 하나님 말씀을 읽었다면 그들에게 무슨 일이 일어날지 알았을 것입니다(대하 34:24-26).

"그러므로 내 백성이 무지함으로 말미암아 사로잡힐 것이요
그들의 귀한 자는 굶주릴 것이요 무리는 목마를 것이라" _ **이사야 5:13**

하나님의 기쁨의 노래

하나님은 스바냐 선지자에게 예루살렘과 유다를 향한 그분의 계획을 보게 하셨습니다. 백성이 먼 나라에 포로로 끌려가지만, 돌아올 때가 되면 겸손해지고 하나님께 다시 순종하게 될 것입니다. 하나님의 징벌이 그치고, 그들은 다시 자유로워졌기에 기뻐할 것입니다.

스바냐가 말했습니다. "주님도 기뻐하실 것이오! 하나님은 자기 백성을 기뻐하시고, 축제에 참여한 사람처럼 그들에 대해 노래하실 것이오!" 주님께서 말씀하셨습니다. "그때가 오고 있다! 내가 흩어져 있던 자들을 집으로 데려와 유명하게 하리라."

주님은 나를 기뻐하실까?

지루하다고 느껴질 때가 있습니다. 재미있게 할 일도 없고 이야기하고 싶은 것도 딱히 없습니다. 나 자신에 대해 기뻐할 것이 없는데, 어떻게 다른 사람이 나를 기뻐할 수 있을까요? 당신이 자신에 대해 이런 식으로 느낀다면, 당신에게 들려줄 놀라운 소식이 있습니다!

당신이 공부를 잘하지 못하거나 운동에서 두각을 나타내지 못해도 상관없습니다. 하나님은 당신을 기뻐하셔서 실제로 당신에 대해 노래하십니다! 하나님은 돌봐야 할 사람이 너무 많아서 당신과 보낼 시간이 없을 거라고 생각할 수 있습니다. 자, 이렇게 생각해 보세요. 당신의 머리카락이 몇 개인지가 중요할까요? 하나님은 그렇다고 생각하십니다! 하나님은 정확한 수를 알고 계십니다(눅 12:7). 그것이 하나님께 중요하다면, 그분이 당신을 바라보시고, 당신을 사랑하시며, 당신에게 말씀하시는 것이 얼마나 더 중요할지 생각해 보십시오.

"여호와께서는 자기 백성을 기뻐하시며 겸손한 자를 구원으로 아름답게 하심이로다"

_ 시편 149:4

기억하라!

예레미야는 요시야 왕이 다스리던 시기에 살았습니다. 어느 날, 주님께서 예레미야에게 말씀하셨습니다. "나는 네가 태어나기 전부터 너를 선택했고 네 삶에 특별한 목적을 가지고 있다. 너를 열방의 선지자가 되게 하는 것이다." 그러자 예레미야가 대답했습니다. "전능하신 주님, 저는 어려서 말을 잘 못합니다"

하나님은 말씀하셨습니다. "네가 너무 어리다고 말하지 말고 내가 네게 가라고 한 사람들에게 가거라. 그들을 두려워하지 마라. 내가 너와 함께하고 너를 보호할 것이다." 하나님은 유다 백성에게 다음과 같이 전하라고 하셨습니다. "나는 너희가 젊었을 때 얼마나 신실했는지 기억한다. 신부가 신랑을 사랑하듯 너희가 나를 사랑했다는 것을 기억한다. 너희가 광야에서 어떻게 나를 따랐는지 기억한다. 너희는 내게 속했고, 내 특별한 소유였다."

하나님을 향한 사랑이 식지 않으려면 어떻게 해야 할까?

시간이 지나면서 이스라엘 백성은 다른 신을 믿었고, 하나님께 기도하는 것을 멈췄습니다. 그들은 하나님의 율법책을 잃어버렸기 때문에 읽는 것을 멈췄습니다. 그들은 다른 신을 숭배했기 때문에 하나님을 예배하러 성전에 가는 것을 멈췄습니다. 그들에게는 하나님을 향한 사랑이 더 이상 중요하지 않았습니다.

예수님은 마지막 날(그가 다시 오시기 전)에 대부분의 사람이 예수님을 사랑하는 데 관심을 두지 않을 거라고 말씀하셨습니다. "불법이 성하므로 많은 사람의 사랑이 식어지리라 그러나 끝까지 견디는 자는 구원을 얻으리라"(마 24:12-13). 그분의 사랑의 온기가 당신이 믿음 안에 굳건히 서 있도록 지켜주시길 바랍니다.

"너의 처음 사랑을 버렸느니라 … 회개하여 처음 행위를 가지라"

_ 계 2:4하-5상

자랑하지 마라

하나님이 예레미야 선지자를 통해 말씀하셨습니다. "지혜로운 자는 그의 지혜를 자랑하지 말라 용사는 그의 용맹을 자랑하지 말라 부자는 그의 부함을 자랑하지 말라 자랑하는 자는 이것으로 자랑할지니 곧 명철하여 나를 아는 것과 나 여호와는 사랑과 정의와 공의를 땅에 행하는 자인 줄 깨닫는 것이라 나는 이 일을 기뻐하노라"(렘 9:23-24).

교만이 왜 그렇게 문제가 될까?

성경은 우리가 마땅히 생각할 그 이상으로 자신을 높게 생각해서는 안 된다고 말합니다(롬 12:3). 반면에, 우리 자신을 가치 없거나 못났거나 아무 쓸모가 없다고 생각해서도 안 됩니다. 우리는 하나님의 형상을 닮은 아름답고 귀한 자녀입니다. 하나님은 우리가 자신을 사랑하고 받아들이기를 원하십니다(갈 5:14). 그렇게 할 때 다른 사람들이 우리 안에 있는 예수님의 아름다움을 볼 수 있기 때문입니다.

하나님은 교만을 싫어하십니다. 교만은 우리의 존재와 소유가 자신의 힘과 능력, 똑똑함에서 왔다고 믿는 죄입니다. 교만한 태도가 마음에 뿌리내리도록 허용하면 교만한 생각이 머릿속에서 자랄 것입니다. 말로 자랑하지 마십시오. 자랑하는 말은 친구를 잃어버리고 스스로 바보가 되는 확실한 방법입니다! 행동으로 자랑하지 마십시오. 자랑하는 행동은 해를 끼치고 상처를 입힐 수 있는 어리석은 용기로 이어집니다. 생각(태도)으로 자랑하지 마십시오. 자랑하는 태도는 당신에게 하나님이 필요하지 않다고 말하는 것이기 때문에 최악의 교만입니다.

"그러나 내게는 우리 주 예수 그리스도의 십자가 외에 결코 자랑할 것이 없으니
그리스도로 말미암아 세상이 나를 대하여 십자가에 못 박히고
내가 또한 세상을 대하여 그러하니라" _ **갈라디아서 6:14**

토기장이

어느 날, 하나님이 예레미야에게 토기장이의 집으로 내려가라고 말씀하셨습니다. 예레미야가 가보니 토기장이가 물레를 돌리며 토기를 만들고 있었습니다. 그릇이 제대로 만들어지지 않으면 토기장이는 그 흙으로 다른 그릇을 만들었습니다.

그때 하나님이 예레미야에게 말씀하셨습니다. "이 토기장이가 진흙으로 한 것처럼 내가 이스라엘 백성에게 행할 권리가 없겠느냐? 너희는 토기장이 손에 있는 진흙처럼 내 손 안에 있다."

하나님은 어떻게 나를 빚으실까?

우리는 땅의 흙(혹은 진흙)으로 만들어졌습니다(창 2:7). 토기장이가 물레를 돌리며 자신이 만드는 진흙 덩어리에 시선을 고정하듯, 하나님은 우리를 자기 형상대로 빚으시고 우리에게 시선을 고정하십니다. 토기장이는 두 손으로 조심스럽게 그릇 모양을 만들면서 진흙의 상태를 느끼고, 어느 정도의 강도로 진흙을 눌러야 하는지 정확히 알고 있습니다.

우리 삶은 하나님의 사랑이 넘치는 손 안에 있습니다. 그분은 우리를 조심스럽게 다루십니다. 그분은 우리를 어떤 모양으로 만들어야 하는지 아시고, 우리가 흙이라는 것을 기억하십니다(시 103:13-14). 하나님은 당신 삶에서 환경과 관계(사람)를 사용하여 거친 부분을 부드럽게 하시고 당신을 특별한 목적에 맞게 준비시키십니다. 그분은 우리가 연약하고 깨지기 쉽다는 것을 아셔서 조심스럽게 그분이 원하시는 그릇이 되도록 우리 모양을 빚어 가십니다(롬 9:21).

"그러나 여호와여, 이제 주는 우리 아버지시니이다 우리는 진흙이요 주는 토기장이시니 우리는 다 주의 손으로 지으신 것이니이다" _ **이사야 64:8**

하나님의 훈육은 소망을 준다

요시야 왕이 죽고 시드기야가 유다 왕이 되었습니다. 그는 요시야와 달리 하나님을 따르지 않았습니다. 하나님은 요시아 왕이 살아 있는 동안 예루살렘에 재앙을 내리지 않겠다고 약속하셨습니다. 이제 예루살렘의 멸망이 다가오고 있습니다. 예레미야는 백성에게 우상을 버리고 주님께 돌아오라고 간절히 호소했습니다. 그때 바벨론의 느부갓네살 왕이 유다에 있는 이스라엘 백성을 공격해 주님의 성전을 약탈하고, 많은 남자와 여자와 어린아이들을 바벨론으로 끌고 갔습니다. 하나님 말씀대로 된 것입니다.

유다에 남아 있던 예레미야는 바벨론으로 끌려간 사람들에게 하나님의 약속을 전하기 위해 편지를 썼습니다. "너희가 70년간 바벨론에 잡혀 있는 시간이 끝나면, 내가 너희에게 자비를 베풀어 다시 고향으로 돌아오게 하겠다. 너희를 향한 계획은 내가 안다. 내 계획은 재앙이 아니라 평안이고, 너희에게 소망과 미래를 주는 것이다."

훈육과 처벌의 차이는 무엇일까?

훈육은 과속으로 벌금을 받은 운전자가 속도 제한 내에서 운전할 수 있는 또 다른 기회를 받는 상황으로 설명할 수 있습니다. 처벌은 과속으로 적발된 운전자의 운전면허를 취소하는 상황으로 설명할 수 있습니다.

하나님은 훈육을 통해 우리가 잘못된 일을 하지 못하게 막으십니다. 훈육은 하나님이 우리를 바로잡고 훈련하는 방식입니다. 하나님은 우리가 고집스럽게 반항하지 않고 훈육을 받아들이기 원하십니다. 훈육은 아버지가 우리 삶을 위해 세워놓은 계획 안에 우리를 두기 위한 사랑의 행위입니다.

"여호와를 경외하는 것이 지식의 근본이거늘 미련한 자는 지혜와 훈계를 멸시하느니라"

_ **잠언** 1:7

일이 엉망이 되다

예레미야는 예루살렘에 남아 있는 백성이 바벨론에 항복하면 죽지 않을 거라고 말했습니다. 그 말을 들은 지도자들은 시드기야 왕에게 가서 예레미야를 죽이라고 말했습니다.

시드기야 왕이 대답했습니다. "너희가 하고 싶은 대로 하여라." 사람들은 예레미야를 붙잡아서 깊은 진흙 구덩이에 던져 넣었습니다. 왕궁에서 일하는 두 사람이 왕에게 가서 예레미야에게 일어난 일을 말했고, 왕은 예레미야를 진흙 구덩이에서 끌어올리라고 명령했습니다.

내 인생을 향한 하나님의 계획을 사람들이 바꿀 수 있을까?

당신의 삶을 향한 하나님의 계획을 바꾸거나 하나님의 뜻에서 당신을 벗어나게 할 수 있는 것은 없습니다. 하나님은 당신이 태어나기 전부터 당신을 위한 놀라운 계획을 마련해 두셨습니다.

예레미야에게 변화를 일으킨 세 종류의 사람이 있습니다. 예레미야가 전한 메시지 때문에 그를 공격한 사람들, 예레미야에게 무슨 일이 일어나든 신경 쓰지 않은 왕, 예레미야를 돕기 위해 목숨 걸고 왕에게 말을 전한 예레미야의 친구들입니다. 예수님이 이 땅에 계실 때도 그분을 십자가에 못 박으려던 사람들, 별로 관여하고 싶어하지 않은 빌라도 총독, 예수님의 친구인 제자들이 있었습니다.

하나님은 예레미야와 예수님의 삶에 문제와 변화를 가져 올 사람들을 허락하셨고, 예수님이 기도하신 대로 그분의 뜻은 이루어졌습니다.

"내 양은 내 음성을 들으며 나는 그들을 알며 그들은 나를 따르느니라 … 그들을 내 손에서 빼앗을 자가 없느니라" _ **요한복음 10:27-28**

다니엘 다니엘 1:1-19

메뉴에 없다!

예레미야가 예언한 대로, 바벨론의 느부갓네살 왕은 예루살렘을 공격해 많은 이스라엘 백성을 바벨론으로 끌고 갔습니다. 다니엘도 포로로 잡혀갔던 사람 중 하나였습니다. 느부갓네살 왕은 이스라엘 백성 중에서 지혜롭고 잘생긴 사람들을 뽑아 왕궁에서 일하게 하라고 신하들에게 명령했습니다. 환관장 아스부나스는 다니엘과 세 친구를 뽑고, 바벨론 언어와 생활양식을 가르치려 했습니다.

다니엘은 왕궁의 음식과 술을 먹지 않기로 마음 먹고 감독관에게 말했습니다. "열흘간 우리를 시험해 보십시오. 우리에게는 채소와 물만 준 다음 왕궁의 음식을 먹은 다른 사람들과 비교해 보십시오." 감독관은 동의했습니다. 10일 후, 다니엘과 친구들은 왕의 음식을 먹은 다른 사람들보다 더 건강하고 강해 보였습니다. 하나님이 그들을 축복하셨습니다.

나도 채소를 먹어야 할까?

다니엘과 친구들은 평범하고 건강한 음식을 먹는 데 익숙했습니다. 다니엘은 우리를 창조하신 하나님이 우리 몸에 필요한 모든 자연 식품을 주실 것을 알았습니다. 다니엘은 자신의 몸을 돌봄으로써 하나님께 영광을 돌리고자 했습니다. 또 동족은 고통받고 있는데, 자신이 화려한 삶을 사는 것을 원하지 않았습니다. 다니엘이 채소만 먹겠다고 한 것은 그의 개인적인 결정이었지만, 하나님은 다니엘의 선택을 기뻐하셨고 그를 축복하셨습니다. 당신의 몸은 주님의 성전이므로 잘 돌봐야 합니다(고전 6:19).

"모든 것이 가하나 모든 것이 유익한 것은 아니요
모든 것이 가하나 모든 것이 덕을 세우는 것은 아니니" _ **고린도전서 10:23**

거대한 우상

바벨론의 느부갓네살 왕은 금으로 신상을 만들라고 명령했습니다. 금신상이 완성되자, 왕은 전국 각지의 관리들에게 와서 보라고 명령했습니다. 모두 모이자(다니엘의 세 친구도 포함해서) 전령이 큰소리로 외쳤습니다. "민족과 언어가 다른 뭇 백성들아 나팔이 울리고 악기가 연주되면 금신상에 절하며 경배하라. 느부갓네살 왕이 세운 금신상에 절하지 않는 사람은 맹렬히 타는 풀무불에 던져질 것이다." 악기 연주 소리가 들리자 사람들은 금신상에게 절하며 경배했습니다.

영웅이나 슈퍼스타를 존경하는 게 잘못일까?

가장 존경하는 사람의 서명이 담긴 큰 포스터를 받을 수 있다면 누구를 선택하겠습니까? 사람들은 뛰어난 용기, 리더십, 재능, 그밖에 다른 이유로 누군가를 존경할 수 있습니다.

느부갓네살 왕은 금신상에 대한 꿈을 꾸었습니다(단 2:37 참조). 그는 꿈에서 아이디어를 얻어 사람들이 자신을 우상처럼 섬기게 하고자 했습니다. 그래서 사람들이 자신을 예배하는 것처럼 금신상에 절하도록 강요했습니다.

훌륭하고 유명한 사람을 존경하는 것은 잘못이 아닙니다. 그러나 경건하지 못한 사람을 존경하고, 그가 한 잘못된 일을 따라한다면 잘못입니다. 경건한 누군가를 롤모델로 삼아 따라가는 것은 좋은 일입니다. 바울은 다른 사람들에게 자신을 본받으라고 말했습니다(빌 3:17). 그러나 아무리 선한 사람도 인간일 뿐이고 예수님만이 완벽하십니다!

"하늘에 있는 자들과 땅에 있는 자들과 땅 아래에 있는 자들로
모든 무릎을 예수의 이름에 꿇게 하시고" _ **빌립보서 2:10**

절하거나 죽거나!

느부갓네살 왕이 금신상에 절하라고 지시하자 모두 그 신상에 절했습니다. 다니엘의 세 친구 사드락, 메삭, 아벳느고만 제외하고 말입니다!

왕은 불같이 화내며 그들을 불러 금신상에 절하지 않으면 풀무불에 던지겠다고 말했습니다. 그들이 왕에게 말했습니다. "우리 하나님은 우리를 맹렬한 풀무불에서 건지실 수 있습니다. 하지만 그렇게 하지 않으시더라도 우리는 당신이 만든 금신상에 절하지 않겠습니다!"

하나님은 내가 믿음 때문에 괴롭힘당하지 않도록 지켜주실까?

느부갓네살 왕은 세 사람을 죽이겠다고 협박했지만, 그들은 (죽든지 살든지) 하나님이 그들을 떠나지 않으실 것을 알았습니다. 다니엘의 세 친구는 하나님의 계명을 기억했습니다. "너는 나 외에는 다른 신들을 네게 두지 말라 … 그것들에게 절하지 말며…"(출 20:3-5).

시편 91편 14-15절은 이렇게 말합니다. "하나님이 이르시되 그가 나를 사랑한즉 내가 그를 건지리라 그가 내 이름을 안즉 내가 그를 높이리라 그가 내게 간구하리니 내가 그에게 응답하리라 그들이 환난당할 때에 내가 그와 함께하여 그를 건지고 영화롭게 하리라."

바울은 예수님을 전한다는 이유로 여러 번 매를 맞고 감옥에 갇혔습니다. 그는 이렇게 말했습니다. "주께서 나를 모든 악한 일에서 건져내시고 또 그의 천국에 들어가도록 구원하시리니 그에게 영광이 세세무궁토록 있을지어다"(딤후 4:18). 우리가 예수님을 사랑한다는 이유로 모욕당하거나 놀림을 받더라도, 하나님은 원수의 모든 악한 공격에서 우리를 건져주십니다.

"의를 위하여 박해를 받은 자는 복이 있나니 천국이 그들의 것임이라" _ **마태복음 5;10**

내가 너와 함께하겠다

느부갓네살 왕의 금신상에 절하기를 거부한 다니엘의 친구들은 뜨거운 풀무불에 던져졌습니다. 불이 얼마나 뜨거웠는지, 그 세 사람을 끌고 갔던 경비병들이 타죽었습니다.

왕이 격렬하게 타오르는 풀무불 안을 들여다보니 네 사람이 서 있었습니다. 왕은 풀무불로 가서 그들에게 나오라고 소리쳤습니다. 그들은 몸의 털 하나 타지 않았고, 옷에서 연기 냄새도 나지 않았습니다. 그러자 왕이 그들의 하나님(진짜 하나님)을 찬양했고, 그 세 사람을 왕궁의 신하로 삼았습니다.

문제에 처하면 왜 하나님이 멀리 느껴질까?

우리는 하나님을 볼 수 없어도 그분이 우리 가까이 계시며 상황을 완전히 통제하고 계심을 믿을 수 있습니다. 어떤 상황은 스트레스가 몹시 심할 수 있습니다. 위기 상황에 감정이 요동하는 것은 당연한 일입니다. 그러나 감정에 의존하면 우리 믿음을 평안으로 채울 수 없습니다.

하나님은 예레미야 선지자를 통해 이스라엘 백성과 함께하겠다고 말씀하셨습니다. "여호와의 말씀이니라 너희는 너희가 두려워하는 바벨론의 왕을 겁내지 말라 내가 너희와 함께 있어 너희를 구원하며 그의 손에서 너희를 건지리니 두려워하지 말라"(렘 42:11). 예수님은 하늘로 올라가시기 전 제자들에게 이렇게 말씀하셨습니다. "내가 세상 끝날까지 너희와 항상 함께 있으리라"(마 28:20하). 예수님은 약속을 깨지 않으실 것입니다. 그분은 항상 우리와 함께하십니다!

" 네가 불 가운데로 지날 때에 타지도 아니할 것이요 불꽃이 너를 사르지도 못하리니"

_ 이사야 43:2하

왕이 풀을 먹다

느부갓네살 왕이 이상한 꿈을 꾸었는데, 가장 현명한 조언자들도 해몽하지 못했습니다. 결국 왕은 다니엘을 불러 꿈 이야기를 들려주었고, 다니엘은 그 꿈의 의미를 말하기 두려워했습니다. 그러나 왕이 계속해서 요구하자 다니엘은 그 꿈의 의미를 말해 주었습니다. "왕은 사람들에게서 쫓겨나 들짐승과 함께 살게 될 것입니다. 7년 동안 들에서 풀을 먹고 거할 집도 없을 것입니다. 그제서야 비로소 하나님이 세상 모든 왕국을 통치하고 계심을 깨닫게 될 것입니다."

다니엘의 말은 곧 현실이 되었습니다. 느부갓네살 왕은 자기 민족에게서 쫓겨났습니다. 7년이 지나면서 왕의 마음은 정상이 되었고, 하나님을 찬양하며 그분께 영광을 돌렸습니다.

어떻게 나쁜 경험이 우리를 하나님께 이끌 수 있을까?

사람은 풀을 먹지 않고 가축이나 양이 풀을 먹습니다. 느부갓네살 왕이 그랬듯, 소만큼 겸손해지거나 양만큼 의존적이 되지 않는 한 사람이 풀을 먹지 않습니다.

예수님은 아버지를 거역하고 행복하게 살려고 집을 떠난 한 아들의 이야기를 들려주셨습니다. 그는 허랑방탕하게 놀다가 돈을 탕진했습니다. 돈이 다 떨어지니 일을 해야 했고, 마지막에는 돼지 치는 일까지 했습니다. 그는 배가 너무 고프자 돼지 밥마저 좋아 보였습니다(눅 15:11-20 참조).

느부갓네살 왕과 집 떠난 아들은 아버지를 거역했습니다. 그들은 제멋대로 하고 싶어했고 하나님을 의지하지 않았습니다. 우리가 하나님을 떠나면, 그분은 우리가 다시 돌아오기를 원하십니다.

"주 앞에서 낮추라 그리하면 주께서 너희를 높이시리라" _ **야고보서 4:10**

잔치

느부갓네살 왕의 아들 벨사살이 바벨론의 다음 왕이 되었습니다. 그는 수천 명의 손님을 초대해 성대한 잔치를 벌였습니다. 벨사살 왕은 아버지가 예루살렘 성전에서 탈취해 온 금잔과 그릇을 가져오라고 명했습니다. 그와 친구들은 하나님의 거룩한 성전을 위해 특별히 제작된 잔으로 술을 마셨습니다.

갑자기 한 손이 나타나 등잔 빛이 환히 비추는 벽에 뭔가 쓰기 시작했습니다. 왕의 안색이 창백해졌습니다. 누가 그 글자를 읽을 수 있는지 물었지만 아무도 그것을 이해할 수 없었습니다. 결국 다니엘을 불렀고 그가 그 의미를 풀어주었습니다. "하나님께서 당신 왕국의 날들을 세셨고 그 수가 다하게 하셨습니다. 당신은 저울에 달렸는데 시험에 합격하지 못했습니다. 당신의 왕국이 둘로 나뉘어 메대와 페르시아 사람에게 넘어갈 것입니다."

하나님은 왜 왕이 읽을 수 없는 메시지를 쓰셨을까?

그리스어나 프랑스어나 중국어를 읽을 수 있습니까? 지시사항이 알 수 없는 외국어로 적혀 있다면 좌절감을 느낄 것입니다. 벨사살 왕은 벽에 쓰인 메시지가 중요하다는 것을 알았기 때문에 더 좌절했습니다.

하나님은 왜 왕이 알아볼 수 없는 메시지를 쓰셨을까요? 하나님은 왕이 그 글을 그냥 읽는 것을 원하지 않고, 영적인 사람이 그에게 깊은 의미를 설명해 주기 원하셨습니다. 성경의 어떤 부분은 이해하기 어려워서 성령님만이 하나님 말씀의 의미를 파악하도록 도우실 수 있습니다. 또 목사님이 깊은 의미를 설명해 주시기도 합니다.

"육에 속한 사람은 하나님의 성령의 일들을 받지 아니하나니 …
그는 그것들을 알 수도 없나니 그러한 일은 영적으로 분별되기 때문이라"

_ 고린도전서 2:14

어떤 것도 나를 멈추지 못할 것이다

벨사살 왕이 궁전 벽에 쓰인 글자를 본 그날 밤, 왕국은 다리오에게 정복당했습니다. 다니엘이 하나님의 메시지를 설명한 그대로였습니다. 다리오 왕은 다른 사람들과 더불어 다니엘을 선택해 왕국의 일상 업무를 보게 했고, 탁월한 다니엘을 왕국 전체의 책임자로 세우려 했습니다. 다른 관료들은 질투가 나서, 다니엘이 일하는 방식에서 꼬투리를 잡으려고 했지만 하나도 찾아낼 수 없었습니다. 다니엘은 정직하고 신뢰할 만한 사람이었습니다. 그래서 그들은 30일 동안 왕에게만 기도하고 하나님께 기도하지 말라는 명령을 내리라고 왕을 설득했습니다. 이 법을 어기는 사람은 사자 굴에 던져질 것입니다.

왕은 이것이 다니엘을 잡아 죽이려는 책략인 줄 모르고 그 법에 서명했습니다. 다니엘은 이 새로운 법에 관한 소식을 듣고도 집에 가서 위층으로 올라가 예루살렘으로 난 창문 앞에 무릎을 꿇었습니다. 그는 날마다 하던 대로 하나님께 기도했습니다.

다니엘은 왜 기도하는 모습을 모든 사람이 보게 했을까?

다니엘은 기도와 관련해 왕이 내린 법을 알고도 여전히 하루에 세 번 기도했습니다. 아무도 그를 보지 않는 작은 방에서 무릎 꿇지 않고 속으로 기도할 수도 있었습니다.

다리오가 그 법을 제정하기 전, 다니엘은 매일 창문 앞에서 기도하기로 결단했습니다. 그래서 다니엘은 그 법이 제정된 후에도 비밀리에 기도하지 않았고, 다른 사람들이 그가 기도를 멈췄다고 생각하게 만들지 않았습니다. 심지어 죽음의 위협도 그의 빛을 끌 수 없었습니다.

"너희는 세상의 빛이라 산 위에 있는 동네가 숨겨지지 못할 것이요" _ **마태복음 5:14**

사자굴

다리오 왕은 누구든 기도하다 잡히면 사자 굴에 던지는 법에 서명하도록 설득당했습니다. 그러나 다니엘은 전에 하던 대로 하루 세 번 기도했습니다. 다니엘의 적들은 그가 기도하는 것을 보고 즉시 다리오 왕에게 전했습니다. 왕은 다니엘을 좋아했지만 서명한 법을 바꿀 수 없었습니다. 결국 다니엘은 체포되어 굶주린 사자 굴에 던져졌습니다. 왕이 다니엘에게 말했습니다. "네가 섬기는 하나님이 사자들로부터 너를 안전하게 지켜주시길 원한다." 사자 굴은 거대한 돌로 봉인되었습니다.

다리오 왕은 궁전으로 돌아갔지만 먹지도 자지도 못했습니다. 다음 날 아침 일찍 그는 사자 굴로 가서 다니엘을 불렀습니다. "살아 계신 하나님의 종 다니엘아! 네 하나님이 너를 안전하게 지키셨느냐?" 다니엘이 대답했습니다. "오 왕이여! 하나님께서 천사를 보내 사자들의 입을 막으셔서 저를 해치지 못했습니다."

다니엘은 사자가 두려웠을까?

하나님은 우리에게 기쁨, 사랑, 분노, 두려움 같은 감정을 주셨습니다. 하나님이 우리에게 주신 감정은 나쁜 것이 아니지만 감정 때문에 하나님이 원하시는 일을 하지 못하는 것은 조심해야 합니다.

두려움 때문에 옳은 일을 하지 못하면 문제가 됩니다. 성경은 사랑이 두려움을 내쫓는다고 말합니다(요일 4:18 참조). 우리가 하나님을 사랑하면 그분을 신뢰합니다. 우리가 하나님을 신뢰하면 그분이 보호하실 것을 확신합니다. 다니엘도 사자가 두려웠을 것입니다. 하지만 그 두려움이 하나님을 향한 그의 믿음을 더 강하게 했을 것입니다. 다윗은 시편에 이렇게 썼습니다. "내가 두려워하는 날에는 내가 주를 의지하리이다"(시 56:3).

"나를 사자의 입에서 구하소서 주께서 내게 응답하시고 들소의 뿔에서 구원하셨나이다"

_ 시편 22:21

A 365-Day Devotional

8월

August

에스겔, 학개, 에스라, 느헤미야, 에스더, 말라기,
사가랴, 마리아와 함께 걷다

그들은 듣지 않을 것이다

하나님은 바벨론에 포로로 잡혀간 유대인들을 위해 에스겔 선지자를 선택하셨습니다. 하나님은 이스라엘 백성이 먼 나라에 포로로 끌려가게 하심으로써, 그들이 하나님께 돌아오게 하려 하셨습니다.

그러나 백성의 마음은 완고했고, 하나님께 돌아오는 데 수년이 걸렸습니다. 하나님은 에스겔을 격려하시며 백성을 두려워하지 말라고 말씀하셨습니다. "그들이 듣든 듣지 않든 계속해서 내가 네게 이르는 모든 말을 그들에게 전하여라."

예수님을 전했는데 그들이 듣지 않으면 어쩌지?

하나님은 당신이 믿지 않는 이웃에게 성경을 믿도록 설득하기를 기대하지 않으십니다. 다만 그들에게 예수님이 그들을 사랑하시고 그들의 구원자이자 친구가 되고 싶어하신다는 것을 말해 주기 원하십니다. 성경을 믿지 않는 사람과 논쟁할 필요가 없습니다. 하나님, 죄, 용서에 대해 아는 것을 말해 주면 됩니다. 그들을 판단하거나 비난하지 말고, 우리는 죄인이기 때문에 구원받으려면 예수님이 필요하다고 말해 주십시오. 당신의 사랑과 친절을 행동으로 보여주십시오.

이웃에게 예수님을 전하기 전에 먼저 그를 위해 기도하고, 이후에도 계속해서 기도해 주십시오. 그렇게 함으로써 당신은 그들의 마음에 하나님 말씀의 씨앗을 심는 것입니다. 성령께서 그들의 마음 안에서 일하실 것입니다. 누군가 당신이 전하는 말을 듣지 않는다고 죄책감을 느끼지 마십시오. 때로는 상대방이 당신의 말을 곱씹어 볼 시간이 필요하다는 것을 기억하고 인내하십시오. 당장 변화가 나타나지 않을 수도 있습니다.

"너는 말씀을 전파하라 때를 얻든지 못 얻든지 항상 힘쓰라
범사에 오래 참음과 가르침으로 경책하며 경계하며 권하라" _ **디모데후서 4:2**

에스겔 에스겔 33:30-33

그런 척 하자

주님은 에스겔에게 그가 전하는 말을 듣고 있는 백성은 관심 있는 척만 할 뿐이라고 말씀하셨습니다. "그들은 네 뒤에서 말하기를, '자, 오늘 주님이 우리에게 하실 말씀을 들으러 가자'고 한 다음, 네가 말하는 것을 듣기는 하지만 그대로 실천하지 않는다. 그들은 마치 나를 사랑하는 것처럼 말하지만, 그들의 마음은 탐욕스럽고 오직 돈만 생각한다. 그들은 너를 사랑 노래를 부르는 사람이나 악기를 연주하는 사람처럼 여긴다. 그들은 네 말을 듣지만, 그것을 실천하지 않는다."

성경공부나 설교를 더 의미 있게 받아들이려면 어떻게 해야 할까?

어떤 사람은 매주 교회에 가지만 영적 성장이 거의 없습니다. 들은 말씀을 실천하지 않기 때문에 삶에 놀라운 변화가 없습니다. 믿음이 계속 자라기 위해 할 수 있는 일들은 다음과 같습니다.

- 새로운 것을 배울 수 있게 해달라고 하나님께 기도하세요.
- 영적 리더를 존중하고 그의 말을 주의 깊게 들어보세요.
- 성경구절을 찾아보고 질문하세요.
- 가르침의 요점을 기억하도록 도와주는 단어를 적어보세요.
- 당신의 삶이 성경 인물들과 얼마나 비슷한지 생각해 보세요.
- 배운 것을 실천할 수 있게 해달라고 하나님께 구하세요.

"듣고 행하지 아니하는 자는 주추 없이 흙 위에 집 지은 사람과 같으니 탁류가 부딪치매 집이 곧 무너져 파괴됨이 심하니라 하시니라" _ **누가복음 6:49**

말라죽은 나무

하나님이 에스겔에게 말씀하셨습니다. "죽은 포도나무 가지가 무슨 쓸모가 있느냐? 꺾어서 요긴한 물건을 만들 수 없고, 땔감으로도 쓸 수 없다! 숲의 나무가 땔감으로 훨씬 낫다. 그것을 땔감으로 불 속에 넣으면 그을려서 이전보다 더 쓸모없게 된다. 내가 열매 맺지 못하는 가지는 잘라서 태우듯, 예루살렘을 멸하고 나를 배반하기로 선택한 백성을 심판할 것이다. 내가 그 땅을 황무지로 만들 것이다."

나는 열매 맺고 있을까?

우리는 매일 여러 가지 선택을 합니다. 어떤 선택은 중요하고 어떤 것은 그렇지 않습니다. 어떤 선택은 다른 사람이 대신해 줄 수 있지만, 어떤 선택은 우리가 직접 해야 합니다. 어떤 선택은 바꿀 수 있지만 그럴 수 없는 선택도 있습니다.

하나님의 백성은 중요한 선택을 잘못 결정했습니다. 그들은 하나님께 불성실한 길을 선택했습니다. 약함이나 유혹에 빠져 실수한 것이 아니라 의도적으로 한 선택이었습니다. 우상을 숭배하기로 결정한 그들의 마음은 하나님을 향한 사랑 대신 탐욕으로 가득 찼습니다.

포도나무는 숲속의 소나무처럼 땔감용이 아닙니다. 포도나무는 해마다 열매를 맺어야 합니다. 나무는 땔감용으로 베어지지만, 포도나무는 계속 열매를 맺어 사람들에게 유익을 줍니다. 예수님은 하나님이 정원사라고 말씀하셨습니다. 그분은 열매 맺는 가지는 가지치기를 해서 더 많은 열매를 맺게 하십니다(요 15:2). 우리는 땔감으로 사용되는 나무가 아니라 열매를 맺도록 선택되었습니다!

"아름다운 열매를 맺지 아니하는 나무마다 찍혀 불에 던져지느니라
이러므로 그들의 열매로 그들을 알리라" _ **마태복음 7:19-20**

예루살렘으로 돌아가기

바벨론에서 70년을 종으로 지냈던 유대인 중 일부가 예루살렘으로 돌아가기 시작했습니다. 하나님은 약속하신 대로 자기 백성을 고향으로 돌아가게 하셨습니다. 백성이 정착하기 시작하자, 자신을 위한 아름다운 집을 지었고 하나님의 성전은 폐허인 채로 남아 있었습니다.

하나님은 학개 선지자를 통해 말씀하셨습니다. "너희에게 지금 무슨 일이 벌어지는지 보이지 않느냐? 너희가 씨를 많이 뿌렸으나 거둔 것이 거의 없다. 너희에게 음식이 있지만 배부르지 않고, 너희에게 옷이 있지만 너희를 따듯하게 해주지 못한다. 왜 이런 일이 일어났는지 아느냐? 이제 산으로 올라가 나무를 베어다가 성전을 지어라. 그러면 내가 기뻐할 것이다."

사람이 너무 바빠도 될까?

성경은 게으른 사람에 대해 많이 이야기합니다(히 6:12 참조). 하나님은 우리가 아무것도 시도하지 않고, 아무것도 성취하지 못하는 게으른 사람이 되기를 원하지 않습니다. 하나님은 우리가 미친 듯이 일하는 것도 원하지 않습니다. 이스라엘 백성이 바벨론으로 끌려가기 전 지었던 죄 중 하나가 더 많은 돈과 재물을 끊임없이 원하는 것이었습니다. 예루살렘으로 돌아온 후에는 삶이 너무 바빠서 다시 하나님을 외면했습니다. 마치 정신없이 돌아다니는 개미 같았습니다. 하나님은 말씀하셨습니다. "너무 바쁘게 움직이며 일하지 마라. 오히려 시간과 힘을 비축해서 내가 너희와 다시 만날 수 있는 성전을 지어라."

하나님은 우리가 그분과 보낼 시간도 없이 많이 일하는 것을 원하지 않으십니다! 하루 중 가장 좋은 시간을 하나님께 드리십시오.

"하나님을 가까이하라 그리하면 너희를 가까이하시리라" _ **야고보서 4:8상**

축복의 약속

학개가 바벨론에서 돌아온 유대인들에게 하나님이 성전 재건하기를 원하신다고 말하자, 그들은 곧바로 순종했습니다. 백성이 성전을 짓기 시작하자 하나님은 그들을 격려하셨습니다. "너희가 성전 건축을 시작하기 전에는 큰 수확을 기대해도 거둔 것이 거의 없었다. 내가 바람과 우박을 보내 너희가 키우는 모든 곡식을 망쳐버렸다. 오늘 너희가 성전의 기초를 세우는 일을 끝냈다. 이제 무슨 일이 일어나는지 보아라! 비록 곡식이 하나도 남아 있지 않고 무화과나무와 올리브나무에 열매가 없을지라도, 이제부터는 내가 너희를 축복할 것이다."

축복받으려면 꼭 뭔가를 해야 할까?

이스라엘 백성이 주님의 성전을 재건하기 시작했을 때에야 하나님은 그들에게 복을 주겠다고 약속하셨습니다. 겨우 성전의 기초를 놓았을 뿐인데, 하나님은 이미 그들에게 축복을 쏟아부으려고 기다리셨습니다. 하나님은 오랫동안 그들에게 복 주기를 원하셨지만, 그들의 불순종이 축복을 가로막고 있었습니다. 이제 나무가 다시 열매를 맺고, 곡식은 크게 성장할 것입니다. 하나님의 축복은 소낙비 같을 것입니다.

우리가 복을 받으려면 뭔가를 꼭 해야 할까요? 하나님은 백성이 한 일로 상을 주시는 것이 아니라, 순종에 대해 상을 주십니다. 하나님은 백성이 죄에서 돌이키도록 복을 감추셨습니다. 이제 그들이 순종하며 하나님의 길로 행하자, 그간 보류했던 복이 다시 흘러넘친 것입니다. 당신의 순종이 중요합니다. 그것은 잘못된 일을 하지 않는 것일 수도 있고, 하나님이 명령하신 일을 하는 것일 수도 있습니다.

"내가 그들에게 복을 내리고 내 산 사방에 복을 내리며 때를 따라 소낙비를 내리되 복된 소낙비를 내리리라" _ **에스겔 34:26**

에스라 에스라 1:1-5; 3:6-13

성전 재건하기

고레스가 페르시아 왕이 된 첫 해에, 그는 바벨론에 남아 있던 유대인들에게 예루살렘으로 돌아가 성전 재건을 도우라고 격려했습니다. 예루살렘으로 돌아온 유대인들은 기쁘게 성전을 재건했습니다. 백성은 돌을 잘라 제자리에 놓는 석공과 목공 작업을 하는 목수에게 돈을 주어 일을 시켰습니다.

일꾼들이 깊은 도랑을 파고 튼튼한 기초를 세웠습니다. 그러나 첫 성전을 보았던 나이 많은 제사장들은 새 성전의 기초를 보고 실망했습니다. 다른 사람들은 성전의 기초가 예배로 돌아가는 시작이기에 기뻐하며 즐겁게 노래했습니다.

기초가 왜 중요할까?

깊은 도랑에 콘크리트 붓는 것을 보면서, 깊은 구멍을 파고 다시 메우는 것이 낭비라고 생각한 적이 있습니까? 건물의 기초는 눈에 보이지 않지만, 건물 전체를 지탱하기 때문에 가장 중요한 역할을 합니다. 기초가 없으면 건물은 무너져 잔해더미로 남을 것입니다!

인생에서 고난의 시기를 지날 때, 우리를 지탱하고 강하게 지켜줄 튼튼한 기초가 필요합니다. 우리 믿음이 반석이신 예수님에게 있다면 확실한 기초를 가진 것입니다. 자신이 무엇을 믿는지 모르는 사람들은 흔들리는 땅에 서 있는 것입니다. 고난이 닥치면 그들은 무엇을 믿고 무엇을 해야 할지 모릅니다. 그들은 갑자기 약하고 무력함을 느끼게 되고, 그들의 삶은 무너집니다(마 7:26-27). 고난이 닥쳤을 때 우리가 의지할 강한 분이 없다는 것은 두려운 일입니다. 예수님을 온전히 의존하십시오. 그분은 고난의 때에 당신을 굳건히 지켜줄 반석이십니다.

"이 닦아 둔 것 외에 능히 다른 터를 닦아 둘 자가 없으니 이 터는 곧 예수 그리스도라"

_ 고린도전서 3:11

성전이 드디어 완성되다

바벨론에서 돌아온 유대인들은 성전 재건에 열심을 냈지만 그곳에 남아 있던 사람들이 방해했습니다. 그들은 페르시아 왕에게 이 유대인들이 세금을 내지 않으려 모의한다고 편지를 썼습니다. 결국 성전 재건은 중단되었습니다.

수년 후 다리오 왕이 페르시아에서 권력을 잡았습니다. 그는 고레스 왕의 기록을 찾아보다가, 고레스 왕이 유대인들에게 성전을 재건하라고 명령했던 문서를 발견했습니다. 다리오 왕은 성전 재건을 방해하지 말고 모두 그들을 도우라고 명령했습니다. 마침내 성전이 완공되어 백성은 그 성전을 하나님께 봉헌했습니다.

나라의 지도자를 위해 어떻게 기도해야 할까?

하나님은 고레스 왕의 마음을 움직여서 유대인들을 예루살렘으로 돌려보내 성전을 짓게 하셨습니다. 유대인들이 용기를 잃고 성전 재건을 멈추자, 하나님은 다리오 왕을 사용하여 다시 시작하게 하셨습니다. 하나님은 왕들을 사용하시어 예배할 장소를 짓게 하셨습니다. 우리가 나라의 지도자들을 위해 기도할 때, 하나님은 그들을 통해 위대한 일을 하십니다.

지도자들이 현명하게 결정하도록 기도하십시오. 재판관과 통치자들이 무엇이 옳은지 알아 바르게 수행하기를 기도하십시오. 법을 만들 권한이 있는 자들을 위해 기도하고, 법을 집행하는 사람들이 잘못한 사람들을 제대로 다루어 평화롭게 살 수 있도록 기도하십시오.

"그러므로 내가 첫째로 권하노니 모든 사람을 위하여
간구와 기도와 도고와 감사를 하되 임금들과 높은 지위에 있는 모든 사람을 위하여 하라
이는 우리가 모든 경건과 단정함으로 고요하고 평안한 생활을 하려 함이라"

_ 디모데전서 2:1-2

에스라 에스라 7:1-7; 8:21-23

에스라가 고국으로 돌아오다

성전이 건축되고 몇 년 후, 에스라는 2차로 유대인들을 모아 바벨론에서 예루살렘으로 돌아왔습니다. 에스라는 서기관인데 그는 하나님이 모세에게 주신 율법을 공부했고, 그것을 다른 사람에게 가르쳤습니다.

페르시아의 왕 아닥사스다는 에스라와 유대인들이 예루살렘으로 돌아가는 것을 허락했고, 성전을 위한 선물도 주었습니다. 에스라는 예루살렘으로 돌아가고 싶어하는 사람들을 모아 안전하게 돌아갈 수 있도록 하나님께 기도하라고 했습니다. (에스라는 돌아가는 길에 자신들을 보호해 줄 군사를 왕에게 요청하고 싶지 않았습니다. 하나님은 그분을 신뢰하는 자들에게 복 주신다고 왕에게 말했기 때문입니다.) 그들은 자신과 자녀들을 보호해 달라고 기도했습니다. 하나님의 보호하심으로 그들은 안전하게 예루살렘에 도착했고, 에스라는 성전 제사장들에게 금과 은을 선물로 주었습니다.

여행을 떠나기 전 왜 기도할까?

하나님은 늘 우리를 돌보시고 보호하겠다고 약속하셨습니다(살후 3:3). 그런데 왜 우리는 하나님이 약속하신 것을 기도해야 하나요?

바울은 사람들에게 하나님이 보호해 주시기를 기도하라고 했습니다. 바울은 우리가 세상에 있는 동안 선과 악 사이에 보이지 않는 전쟁이 늘 있음을 알았습니다(롬 15:30-32). 우리는 기도와 하나님을 향한 믿음으로 우리 편을 강화하고 하나님의 뜻이 이루어지게 합니다. 그리고 하나님께 보호를 요청함으로써 우리가 (우리의 능력이 아닌) 하나님을 신뢰하고 있음을 보여드립니다. 우리는 죄악된 세상에 살고 있기에 하나님의 돌보심과 보호를 위해 기도해야 합니다.

"이 여러 날을 지낸 후 우리가 떠나갈새 그들이 다 그 처자와 함께
성문 밖까지 전송하거늘 우리가 바닷가에서 무릎을 꿇어 기도하고" _ **사도행전 21:5**

나쁜 소식

아닥사스다 왕은 20년간 페르시아를 다스렸고, 느헤미야는 그의 보좌관으로 일했습니다. 느헤미야의 형제 중 한 명이 예루살렘으로 돌아간 유대인들이 다른 민족에게 모욕당하고 있다는 소식을 전했습니다. 또 예루살렘 성벽도 느부갓네살이 그 도시를 침공한 이후로 줄곧 폐허 상태로 남아 있다는 것을 알게 되었습니다. 느헤미야는 슬퍼하며 금식했습니다. 어느 날, 왕은 느헤미야가 보통 때와 다르다는 것을 알아차렸습니다. "느헤미야, 무슨 일이냐? 왜 그렇게 슬퍼하느냐?" 느헤미야가 대답했습니다. "내 백성이 사는 도시의 성벽이 무너졌는데 어찌 슬프지 않겠습니까?"

느헤미야는 무너진 성벽을 왜 그리 슬퍼했을까?

몇 달째 못 본 친한 친구가 그동안 아파서 제대로 먹지도 못했다는 소식을 들으면 어떤 기분이 들겠습니까? 아마 느헤미야의 마음이 이와 같았을 것입니다. 느헤미야는 왕의 궁전에서 일하고 있었지만, 마음은 예루살렘에 있는 그의 민족에게 있었습니다. 무너진 예루살렘 성벽이 문제가 아니라 백성이 패배자처럼 행동하는 것이 더 큰 문제였습니다. 백성은 경건하지 못한 이방 민족의 나쁜 생활 방식에 맞서 스스로 변호할 의지나 용기가 없었습니다. 게다가 이방 민족 중 일부는 이미 유대민족들과 섞여 살며 결혼했습니다.

백성이 폐허 속에서 사는 것은 하나님이 약속하신 삶이 아니었습니다. 느헤미야는 목자 없는 양처럼 연약한 자기 민족으로 인해 가슴이 미어졌습니다.

"무리를 보시고 불쌍히 여기시니
이는 그들이 목자 없는 양과 같이 고생하며 기진함이라" _ **마태복음 9:36**

느헤미야 느헤미야 2:4-15

밤 사이에…

느헤미야가 슬퍼하는 이유를 말하자, 아닥사스다 왕이 말했습니다. "유대 땅으로 가서 네 백성이 사는 도시의 성벽을 재건해도 좋다." 왕은 성문을 만드는 데 필요한 나무를 느헤미야에게 공급해 주고, 느헤미야와 함께 예루살렘으로 돌아가는 유대인들을 보호하기 위해 군대장관들도 보내주었습니다.

예루살렘에 도착한 느헤미야는 자신이 돌아온 이유를 아무에게도 말하지 않았습니다. 사흘 후, 그는 가까운 친구들과 함께 한밤중에 몰래 빠져나와 무너진 성벽과 성문을 샅샅이 살펴본 후에 집으로 돌아왔습니다.

큰 과제를 해결하려면 어떻게 해야 할까?

당신이 성벽을 재건할 일은 없겠지만, 학교나 직장에서 벽처럼 느껴지는 큰 일을 마주하게 될 것입니다.

맡은 일을 시작할 때 이렇게 해보십시오. 시작하기 전에 하나님의 도우심을 구하는 기도를 드리십시오. 하나님께 좋은 아이디어 주시기를 구하고, 일할 때 인도해 달라고 기도하십시오. 목표를 정하십시오. 그 일을 특정 날짜에 완수해야 하면 업무별로 나누십시오. 일은 생각한 것보다 늘 시간이 더 걸린다는 점을 기억하십시오. 계획을 세우십시오. 어떤 것이 필요합니까? 비용은 얼마나 들까요? 도움이 필요합니까? 잘못될 수 있는 요인을 찾아보십시오.

최선을 다하십시오. 우리가 일을 잘 해내면 하나님이 영광을 받으십니다. 큰 일을 완수해야 하거나 중요한 결정을 내려야 할 때, 하나님께 먼저 말씀드리지 않은 채 뛰어들지 마십시오.

"너희 중의 누가 망대를 세우고자 할진대 자기의 가진 것이 준공하기까지에 족할는지 먼저 앉아 그 비용을 계산하지 아니하겠느냐" _ **누가복음 14:28**

힘차게 시작하자!

전날 밤 예루살렘의 무너진 성벽을 조사한 느헤미야는 이제 그의 계획에 대해 지도자들에게 말할 준비가 되었습니다. 지도자들은 성벽 재건 계획을 듣고 흥분하며 말했습니다. "지금 당장 재건을 시작합시다!" 그러나 느헤미야의 계획에 마음이 불편한 지도자들도 있었습니다. 그들은 처음에는 느헤미야를 비웃다가 나중에는 그가 페르시아 왕에게 반기를 들었다고 고소했습니다. 그러나 느헤미야는 차분히 말했습니다. "하늘의 하나님이 우리를 도우실 것입니다. 우리는 그분의 종입니다. 그러니 이제 성벽을 재건합시다!"

느헤미야는 일을 나누어 그룹별과 가족별로 성벽의 특정 구간을 책임지게 했습니다.

누구나 건축자가 될 수 있을까?

건축가가 되려면 어떻게 해야 합니까? 특별한 기술을 갖추고 건축 과정을 이수해야 한다고 생각하십니까? 성벽의 일정 부분을 재건하도록 임무를 부여받은 백성은 건축가가 아니었습니다. 그저 평범한 일을 하는 평범한 사람들이었습니다. 제사장, 향수 제조업자, 대장장이, 무역상이었습니다. 심지어 아이들도 도왔습니다! 살룸의 딸들과 하스나아의 아들들도 맡은 일을 도왔습니다.

예루살렘 백성이 서로 다른 직업을 갖고 있었듯, 우리도 다른 재능과 은사를 갖고 있습니다. 우리가 하나님을 섬길 때 교회의 일상적인 일들을 도와야 합니다. 우리가 받은 은사가 무엇이든 일상에서 서로 도와야 합니다. 우리 모두 교회를 함께 세워가야 합니다. 한 사람 한 사람이 옆 사람과 조화를 이루어 적이 통과할 틈이 없는 강한 벽을 만들어야 합니다.

"내게 주신 하나님의 은혜를 따라 내가 지혜로운 건축자와 같이 터를 닦아 두매 다른 이가 그 위에 세우나 그러나 각각 어떻게 그 위에 세울까를 조심할지니라"

_ 고린도전서 3:10

돌무더기와 다른 문제들

백성이 예루살렘 성벽을 재건하자, 적들이 화를 내며 일하는 사람들을 조롱했습니다. "여우도 그 벽을 무너뜨릴 수 있겠다!" 그러나 백성은 계속해서 건축을 이어갔고, 성벽이 절반 정도 완성되었습니다. 적들은 예루살렘을 공격해 혼란을 야기할 계획을 세웠습니다. 느헤미야가 기도할 때 하나님은 그들의 계획을 알려주셨습니다. 느헤미야는 백성의 절반은 성전을 재건하고 절반은 경비를 서게 했습니다.

어떻게 하면 패배하지 않을 수 있을까?

적들은 우리가 하나님이 명하신 일을 하지 못하게 하려고 모든 수단을 강구할 것입니다. 적들은 느헤미야의 사역을 두 가지 방법으로 막으려 했습니다. 먼저, 몇몇 사람을 시켜 일꾼들을 공격할 계획을 세웠습니다. 경건하지 못한 사람들이 하나님을 위한 우리의 사역을 방해하고 막을 수 있습니다. 둘째, 적들은 백성을 낙담시키려 했습니다. 좌절하게 되면 선한 일을 하려는 힘과 열정을 빼앗깁니다.

느헤미야는 사탄의 공격을 기도로 막아냈습니다(9절). 하나님은 느헤미야의 기도에 응답하시고 그가 적들의 계획을 알아내도록 도와주셨습니다(엡 6:11 참조). 느헤미야는 고난을 예상했습니다(13절). 그는 예상치 못한 상황에 대비하여 행동할 준비가 되어 있었습니다(요 16:33 참조). 느헤미야는 실용적인 사람이었습니다(13, 16절). 그는 일꾼들 주변에 무장한 경비병을 세웠습니다(엡 6:16-17 참조). 느헤미야는 연합의 중요성을 알았습니다(19-20절). 그는 모든 사람에게 함께 맞서자고 말했습니다(롬 15:5 참조).

"너희는 강하고 담대하라 두려워하지 말라 그들 앞에서 떨지 말라
이는 네 하나님 여호와 그가 너와 함께 가시며 결코 너를 떠나지 아니하시며
버리지 아니하실 것임이라 하고" _ **신명기 31:6**

모범을 보여 이끌기

아닥사스다 왕은 느헤미야를 유대 총독으로 임명했고, 총독이 된 느헤미야와 친척들은 그 땅 사람들에게 식량과 돈을 요구할 수 있었습니다. 그러나 느헤미야는 백성에게 돈을 받거나 도움을 요청하지 않았습니다. 백성이 힘들게 살아가고 있었기 때문입니다. 느헤미야도 다른 사람들과 마찬가지로 성벽 재건을 도왔고, 백성 150명과 그들의 지도자들을 매일 먹였습니다.

50일 만에 성벽 재건이 완성되자 느헤미야의 적들은 이 일이 하나님의 도우심으로 가능했음을 깨달았습니다.

왜 리더가 먼저 섬겨야 할까?

'리더 따라하기' 게임을 해본 적이 있습니까? 모든 사람이 리더를 잘 보고 있다가 리더가 하는 대로 정확히 따라 해야 합니다. 실제로 리더는 가볍게 여겨서는 안 되는 책임 있는 자리입니다. 사람들이 리더를 지켜보며 그의 모범을 따르기 때문입니다.

훌륭한 지도자가 되는 것의 중요성을 알았던 느헤미야는 백성에게 식량과 돈을 요구하지 않았습니다. 자신을 따르고 존경하는 사람들이 그대로 할 것을 알았기 때문입니다. 어려움을 겪고 있는 백성에게 식량과 돈을 요구하는 것은 옳지 않았습니다. 느헤미야는 그들을 돕기 위해 예루살렘에 온 것입니다. 예수님도 마찬가지입니다. 만왕의 왕이신 그분이 자신을 낮추고 종이 되어 우리 가운데 오셔서 거하시며, 무너진 우리 삶을 일으켜 세우도록 도우십니다(빌 2:5-8).

"너희는 그렇지 않을지니 너희 중에 큰 자는 젊은 자와 같고
다스리는 자는 섬기는 자와 같을지니라" _ **누가복음 22:26**

아름다운 고아

많은 유대인이 유대로 돌아왔지만 일부는 페르시아의 바벨론에 남아 있었습니다. 아하수에로 왕이 페르시아의 통치자가 된 지 3년째에 큰 잔치를 열었습니다. 잔치 마지막 날, 술에 취한 왕이 와스디 왕후에게 잔치 자리로 나오라고 명령했지만 왕후가 이를 거절했습니다. 화가 난 왕은 왕후가 다시는 왕 앞에 나오지 못하게 하라고 명령했습니다. 시간이 지나 분노가 누그러진 왕은 왕후 와스디를 다시 보지 못하게 되었음을 깨닫고 우울해졌습니다. 그러자 왕의 신하들이 와스디를 대신할 여인을 찾아보라고 제안했습니다.

느부갓네살 왕 때 바벨론에 포로로 끌려온 에스더는 부모님을 모두 잃어 나이 많은 사촌 모르드개가 입양해 딸처럼 키웠습니다.

하나님은 고아를 아버지처럼 돌보실까?

이런저런 사연으로 부모를 잃은 아이들이 있습니다. 매우 슬픈 일입니다. 어떤 이유로 아버지가 더 이상 가족이 아닌 가정도 있습니다. 이 또한 매우 슬픈 일입니다.

하나님 아버지는 고아와 아버지 없는 사람에게 아버지가 되어주심으로써 특별히 보살펴주겠다고 약속하셨습니다. 당신에게 아버지가 없다면, 하나님이 계십니다. 하나님은 매일 일상을 몸으로 함께하시지 않지만, 다른 누군가를 통해 당신의 필요를 채워주실 것입니다. 아빠에게 말하듯 하나님께 말씀드리고 그분의 따스한 사랑을 느끼십시오(사 40:11).

"그의 거룩한 처소에 계신 하나님은 고아의 아버지시며 과부의 재판장이시라"

_ 시편 68:5

에스더가 왕비가 되다

아하수에로 왕은 신하들에게 나라에서 가장 아름다운 여인을 찾아 수산 궁으로 데려오라고 명했습니다. 에스더는 그중 한 명으로 선택되었습니다. 에스더를 입양한 사촌 모르드개는 그녀가 유대인이라는 것을 아무에게도 말하지 말라고 조언했습니다.

모두 에스더를 칭찬했고, 에스더가 왕 앞에 나갈 시간이 되었습니다. 왕은 에스더가 마음에 들었고 에스더를 사랑하게 되었습니다. 왕은 에스더의 머리에 왕관을 씌워주고 와스디 대신 왕후로 삼았습니다. 왕은 에스더를 위해 큰 잔치를 열었습니다.

'평범한' 나를 하나님이 큰 일에 사용하실 수 있을까?

에스더의 민족은 바벨론에 포로로 끌려왔고, 에스더는 고아였습니다. 하나님은 교만으로 가득한 위대한 사람들보다 평범한 사람들을 자주 사용하십니다. 예수님은 "무릇 자기를 높이는 자는 낮아지고 자기를 낮추는 자는 높아지리라"(눅 18:14)고 말씀하셨습니다. 하나님이 요셉, 기드온, 다윗, 다니엘 같은 평범한 사람을 사용해 그분의 위대한 일을 어떻게 행하셨는지 기억합니까?

에스더는 예레미야가 바벨론에 있는 백성에게 보낸 편지를 떠올렸을지 모릅니다. "여호와의 말씀이니라 너희를 향한 나의 생각을 내가 아나니 평안이요 재앙이 아니니라 너희에게 미래와 희망을 주는 것이니라"(렘 29:11). 에스더의 삶은 쉽지 않았지만, 하나님이 에스더에게 복 주셔서 하나님 백성에게 소망을 주기 위해 사용하셨습니다.

"형제들아 너희를 부르심을 보라 육체를 따라 지혜로운 자가 많지 아니하며
능한 자가 많지 아니하며 문벌 좋은 자가 많지 아니하도다
그러나 하나님께서 세상의 미련한 것들을 택하사 지혜 있는 자들을
부끄럽게 하려 하시고 세상의 약한 것들을 택하사 강한 것들을 부끄럽게 하려 하시며"

_ **고린도전서 1:26-27**

살인 음모

아하수에로 왕은 에스더와 결혼했고, 에스더의 사촌 모르드개는 왕의 관리가 되었습니다. 에스더는 자기가 유대인이라는 사실을 누구에게도 알리지 않았습니다. 어느 날, 왕의 방 입구를 지키던 관리 두 명이 원한을 품고 왕을 죽이고자 했습니다. 모르드개는 그 음모를 알아차리고 에스더 왕비에게 말했고, 에스더는 왕에게 이 사실을 알렸습니다. 왕은 두 관리의 음모가 사실로 드러나자 그들을 교수형에 처했습니다. 그리고 이 사건을 제국의 역사를 기록하는 책에 쓰게 했습니다.

다른 사람의 잘못을 언제 알려야 할까?

누군가 잘못된 행동을 하거나 잘못된 말을 한 것을 알게 되면 어떻게 해야 할까요? 우리는 그 사람을 고발하고 싶은 이유가 무엇인지 정직하게 자문해야 합니다. 누군가를 고발하기 전에, 그렇게 했을 때 그 사람과 당신의 관계가 어떻게 될지 생각해 보십시오. 차라리 잘못한 사람이 자백하도록 도와주어야 합니다. 그래야 그 사람이 상황을 통제할 수 있고, 당신과 그 사람의 관계도 지킬 수 있을 것입니다. 고자질쟁이는 인기가 없습니다. 우리 모두 어느 순간 실수할 수 있고, 아무도 문제가 생기는 것을 원하지 않기 때문입니다. 그러나 만약 누군가 위험한 일을 하거나, 비밀리에 잘못된 일을 계속하거나, 잘못된 일을 하려고 계획하고 있다면, 다른 사람에게 알려야 합니다. 그래야 그 사람을 돕고 나쁜 일이 일어나는 것을 막을 수 있습니다.

"내가 너희에게 이르노니 사람이 무슨 무익한 말을 하든지 심판 날에 이에 대하여 심문을 받으리니" _ **마태복음 12:36**

VIP(아주 중요한 사람)

모르드개가 아하수에로 왕을 살해당할 위협에서 구했고 그 자세한 내용이 책에 기록되었지만, 왕은 그 일을 곧 잊어버렸습니다. 어느 정도 시간이 지나, 왕은 하만을 최고의 지위로 승진시켰습니다. 왕은 모든 사람이 하만에게 존경의 표시로 절해야 한다는 명령을 내렸습니다. 그러나 모르드개는 하만에게 절하지 않았습니다.

관리들은 하만에게 절하지 않는 이유를 모르드개에게 묻고 왕의 명령에 따르도록 설득했습니다. 그러나 모르드개는 하만 앞에 절하거나 무릎 꿇지 않았습니다. 관리들은 이 사실을 하만에게 말하고, 하만이 모르드개를 어떻게 하는지 지켜보았습니다. 하만은 불같이 화를 내며 모르드개와 모든 유대인을 없앨 방법을 생각했습니다.

중요한 사람에게 절하는 것이 잘못일까?

어떤 문화권에서는 누군가를 맞이하거나 떠나보낼 때 인사로 절을 하기도 합니다. 어떤 사람에게는 절하는 것이 악수하는 것 같을 수 있고, 또 어떤 사람에게는 왕 앞에 나아갈 때만 하는 행동일 수 있습니다. 사람에게 절하는 것은 존경의 표시입니다. 우리가 기도하며 하나님 앞에 절할 때는 존경의 표시 그 이상입니다. 그것은 겸손한 복종의 행위입니다. 하나님의 주권을 받아들이는 행위입니다.

성경은 우상과 다른 신에게 절하지 말라고 하지(레위기 26:1) 사람에게 인사로 절하는 것을 금하지 않습니다. 그러나 우상에게 하듯 사람을 숭배하며 절하는 것은 잘못된 것입니다. 만왕의 왕이시고 만주의 주이신 하나님만 경배를 받기에 합당하십니다!

"오라 우리가 굽혀 경배하며 우리를 지으신 여호와 앞에 무릎을 꿇자" _ **시편 95:6**

한 나라에 대한 복수

모르드개에 대한 하만의 미움은 깊은 증오로 변했습니다. 하만은 모르드개뿐 아니라 바벨론에 살고 있는 모든 유대인을 증오했습니다. 이 모든 일은 하만이 최고 지위에 오른 후 모르드개가 그에게 절하지 않으면서 시작되었습니다. 하만이 왕에게 말했습니다. "왕국 전역에 퍼져 있는 한 무리가 있는데, 이들은 우리와 다른 관습을 갖고 있어서 우리 법을 따르지 않습니다. 제국에 있는 모든 유대인을 죽이라고 조서를 내려 주시면 원하는 만큼 은을 드리겠습니다."

왕은 공식적인 법령에 서명하는 반지를 빼어 하만에게 주었습니다. "그 백성은 당신 것이니 마음대로 하시오."

왜 사람들은 서로 미워할까?

부정행위로 악명 높은 팀에 속한 아이스하키 선수가 당신에게 아이스하키 스틱을 빌려달라고 한다면, 무슨 생각이 들까요? 솔직히 우리는 그룹에 속한 개인의 행위로 전체 그룹을 판단하는 오류를 범합니다. 누군가 어느 모임에 소속되어 있다고 하면, 그 모임의 평판에 따라 그 사람을 다르게 대하거나 선입견을 갖기도 합니다.

예수님은 누군가 어떤 그룹에 속했다는 이유로 그 사람을 다르게 대하지 않으십니다. 모든 사람이 그분에게는 특별합니다! 예수님은 사람 취급을 받지 못하던 나병환자를 치료해 주셨고, 미움받는 족속인 사마리아 여인에게 말을 거셨습니다. 또 부정직한 세리였던 삭개오와 친구가 되셨습니다. 사람들은 때로 진실이 아닌 것을 생각하며 부당하게 사람을 대하곤 합니다. 그것을 편견, 선입견이라고 합니다.

"비판하지 말라 그리하면 너희가 비판을 받지 않을 것이요 정죄하지 말라
그리하면 너희가 정죄를 받지 않을 것이요 용서하라
그리하면 너희가 용서를 받을 것이요" _ **누가복음 6:37**

이때를 위함이다

모르드개는 왕이 바벨론에 있는 모든 유대인을 죽이라고 명령을 내렸다는 소식을 듣고 옷을 찢고 통곡했습니다. 그 소식이 전해지자 유대인들은 금식하며 울었습니다. 처음에 에스더는 왕의 명령을 몰랐습니다. 그래서 모르드개에게 사람을 보내 이 모든 혼란이 무엇 때문인지 물었습니다. 모르드개는 에스더가 왕에게 나아가 그녀의 민족에게 자비 베풀기를 간청하라고 부탁했습니다.

에스더는 왕에게 나아가는 것이 두려웠습니다. 왕이 부르지 않았는데 나아가는 사람은 죽을 수 있기 때문입니다. 모르드개는 에스더에게 말했습니다. "이번에 침묵한다면 하나님이 다른 사람을 사용하실 것이다. 네가 왕비가 된 것은 이때를 위함인지도 모른다."

우연이나 운명 같은 것이 있을까?

모든 일은 우연히 일어날까요, 아니면 삶의 모든 일에는 계획과 목적이 있을까요? 하나님은 우리 삶의 일상적인 사건들을 우연에 맡기지 않으십니다. 우리는 하나님께 소중하기 때문에 그분은 우리 삶을 다스리십니다.

에스더는 바로 그때 그 장소에 있었습니다. 하나님은 느부갓네살 왕이 예루살렘에서 그녀의 민족을 바벨론으로 데려왔을 때 모든 것을 통제하셨습니다. 하나님은 와스디 왕비가 왕 앞에 나타나지 않아 왕이 그녀를 쫓아내도록 계획하셨습니다. 하나님은 왕이 새로운 왕비를 찾게 하셨고, 에스더가 선택받게 하셨습니다. 하나님은 에스더의 사촌 모르드개를 통해 에스더에게 해야 할 일을 정확히 알려주셨습니다. 하나님과 가까이 살면 아무것도 잘못될 수 없습니다.

"만군의 여호와께서 맹세하여 이르시되 내가 생각한 것이 반드시 되며 내가 경영한 것을 반드시 이루리라" _ **이사야 14:24**

에스더 에스더 4:15-17; 5:3

금식과 기도

에스더 왕비는 왕에게 나아가 말해 달라는 모르드개의 전갈을 받고 답을 보냈습니다. "성 안에 있는 모든 유대인을 모아 저를 위해 금식하며 기도하게 하십시오. 3일 동안 아무것도 먹지도 마시지도 마십시오. 저와 제 시녀들도 금식하겠습니다. 저는 이 일로 죽는 한이 있더라도 왕께 나아가겠습니다."

3일 후, 에스더는 왕후의 예복을 입고 왕의 집무실 입구에 섰습니다. 왕이 에스더를 보더니 규를 내밀며 말했습니다. "그대가 원하는 것은 무엇이든 구하여라. 내가 주겠다."

왜 금식할까?

금식은 일정 기간 음식을 먹지 않는 것입니다. 금식하는 데는 그럴 만한 이유가 있는데, 다이어트와는 아무 상관이 없습니다. 금식은 우리의 배고픔이 계속해서 하나님을 생각나게 하기에, 우리 마음이 하나님께 더 가까이 다가가는 데 도움이 됩니다.

금식은 우리를 약하게 만들기 때문에 하나님 앞에 겸손히 설 수 있습니다(스 8:21). 금식은 회개(죄에 대한 슬픔)을 나타내는 한 방식입니다(욘 3:7). 금식은 하나님께 우리가 무엇을 해야 할지 알려달라고 기도할 때 하나님의 뜻을 찾을 수 있게 도와줍니다(행 13:2-3). 어떤 사람들은 중요한 일을 두고 기도할 때 금식합니다(삼하 12:16). 어떤 이들(예수님을 포함해서)은 40일간 금식하기도 했지만, 한 끼를 거르는 정도로 짧게 금식할 수도 있습니다. 또는 음식 말고 당신이 좋아하는 뭔가를 하지 않기로 결정할 수도 있습니다. 중요한 것은, 금식은 당신과 하나님 사이의 문제, 즉 당신 마음의 결단이라는 것입니다.

"그러므로 우리가 이를 위하여 금식하며 우리 하나님께 간구하였더니 그의 응낙하심을 입었느니라" _ **에스라 8:23**

왕이 잠들지 못하다

그날 밤, 왕이 잠이 오지 않아 신하에게 제국의 역사를 기록한 책을 소리내어 읽게 했습니다. 모르드개가 왕의 목숨을 구한 부분을 읽자, 왕은 그에게 어떤 보상을 했는지 물었습니다. 신하가 대답했습니다. "아무 상도 내리지 않으셨습니다."

바로 그때 하만이 들어왔습니다. 왕은 하만에게 누군가를 높이고 싶을 때 어떻게 하겠느냐고 물었습니다. 하만은 자기에게 상을 주려는 것인 줄 알고 대답했습니다. "그 사람에게 왕의 옷을 입히고 말에 태워 온 도시를 다니게 하여, 그가 가장 중요한 관리임을 알리십시오." 왕은 말했습니다. "좋은 생각이다. 모르드개를 말에 태워 온 도시로 행진하게 하라. 그리고 이렇게 외치라. '이것이 왕을 높이는 자에게 왕이 상 주시는 방법이다.'" 하만은 들은 대로 행해야 했습니다.

교활하고 공정하지 못한 사람은 처벌받을까?

당신의 '원수'에게 최악의 일이 일어나길 바랍니까? 악한 사람을 괴롭히는 사람을 보면 대부분 그렇게 느낄 것입니다. 하나님의 성품 중 하나는 정의(공정하심)입니다. 우리는 그분의 형상을 따라 만들어졌기 때문에 우리도 옳고 그름을 압니다.

하나님은 공정한 재판장이시고 모든 사실을 아십니다. 그분은 당신에게 일어난 일을 다 아시며, 당신이 불공평한 대우를 받으면서도 묵묵히 견딘 시간들을 아십니다. 당신에게 상처를 준 사람은 벌을 피할 수 없을 것입니다. 그러니 성경이 말한 대로 행하십시오. "내 사랑하는 자들아 너희가 친히 원수를 갚지 말고 하나님의 진노하심에 맡기라 기록되었으되 원수 갚는 것이 내게 있으니 내가 갚으리라고 주께서 말씀하시니라"(롬 12:19). 그분은 반드시 정의가 이루어지게 하십니다!

"누구든지 자기를 높이는 자는 낮아지고 누구든지 자기를 낮추는 자는 높아지리라"

_ 마태복음 23:12

에스더의 요구

에스더 왕비는 하만과 왕을 위해 특별한 잔치를 준비했습니다. 왕이 에스더에게 물었습니다. "그대가 원하는 것이 무엇이오. 내가 다 해주겠소." 에스더가 대답했습니다. "제가 원하는 것은 저와 제 민족이 사는 것입니다. 누군가 저희를 죽이려고 계획을 꾸미고 있습니다." 왕이 물었습니다. "누가 감히 그런 일을 한단 말이오?" 에스더가 하만을 가리키며 말했습니다. "우리를 대적하고 박해하는 자는 악한 자입니다." 왕은 분노하여 그날 하만을 교수형에 처했습니다.

에스더는 다시 왕에게 나아와 그의 발아래 무릎을 꿇었습니다. 왕이 금규를 내밀자 에스더가 일어나 자기 백성이 죽임당하는 것을 막을 방법이 있는지 물었습니다. 그러나 왕도 자신이 서명한 것을 바꿀 수 없었습니다. 왕은 모르드개에게 유대인들이 스스로 방어할 수 있도록 그가 할 수 있는 모든 일을 하게 허락해 주었습니다. 에스더와 모르드개는 하나님 백성의 죽음을 막았고, 왕은 모르드개를 왕국 전체의 총독으로 임명했습니다.

하나님은 나를 그분의 임재 안으로 들어오게 하실까?

강력한 왕이 더럽고 시끄러운 아이들이 왕실에서 뛰어다니도록 허락할까요? 하나님은 그렇게 하십니다! 하나님은 어린이들을 좋아하십니다. 우리는 기도 가운데 하나님께 담대히 나아갈 수 있고, 어떤 것이든 말씀드릴 수 있습니다. 하나님은 사랑이 많으시고 자비로우십니다. 우리는 그분의 거룩한 임재로 나아갈 자격이 없지만, 예수님이 우리를 깨끗하게 하셨기 때문에 하나님은 우리가 천국 보좌로 나아오도록 허락하십니다.

"그러므로 우리는 긍휼하심을 받고 때를 따라 돕는 은혜를 얻기 위하여 은혜의 보좌 앞에 담대히 나아갈 것이니라" _ **히브리서 4:16**

하나님의 사자

—

이제 많은 유대인이 바벨론에서 유다로 돌아왔습니다. 그들은 예루살렘 성전과 성벽을 재건했습니다. 그러나 시간이 지나면서 백성은 죄악 된 길로 다시 돌아가기 시작했습니다. 그들은 하나님께 불성실했고 남편과 아내에게 충실하지 못했습니다.

하나님은 그들을 포기하지 않으셨습니다. 하나님은 말라기 선지자를 통해 말씀하셨습니다. "내가 내 사자를 보내 나를 위한 길을 예비하게 하겠다. 너희가 찾는 주가 그의 성전에 오실 것이다. 너희가 기다리던 사자가 와서 내 언약을 선포할 것이다. 그는 자기 백성을 정결하게 하러 올 것이다."

약속된 사자는 누구일까?

하나님의 말씀을 백성에게 전하는 선지자가 하나님의 사자 아닙니까? 말라기 선지자가 말하는 이 사자는 어떻게 다른가요? 하나님은 많은 선지자를 보내셨지만, 백성은 그들의 메시지를 듣지 않았습니다. 이제 하나님이 친아들을 보내실 것입니다(막 12:1-8 참조).

말라기 선지자가 말한 첫 번째 사자(1절)는 그분을 위해 길을 예비할 것입니다. 마태복음 3장 1-3절은 세례 요한이 예수님의 길을 준비하는 사람이었다고 말합니다. 두 번째 사자는 모두가 기다리던 분, 바로 예수님입니다. 그분은 성전에서 하나님의 약속을 선포하실 것입니다. 예수님이 가르침과 설교를 시작하셨을 때, 성전으로 가서 사람들에게 하나님의 약속이 성취될 거라고 말씀하셨습니다(눅 4:18-20). 하나님의 아들이신 예수님은 그분을 믿는 모든 사람에게 치유와 자유의 좋은 소식을 가져오신 사자입니다.

"그가 전파하여 이르되 나보다 능력 많으신 이가 내 뒤에 오시나니
나는 굽혀 그의 신발끈을 풀기도 감당하지 못하겠노라" _ **마가복음 1:7**

이름 목록

하나님은 말라기 선지자를 통해 백성에게 말씀하셨습니다. "너희는 하나님을 섬기고 의를 행하는 것이 무익하다고 말했다. 교만한 자들이 행복하고, 악한 자들이 부유해지며, 그들의 악행에 대해 처벌받지 않는다고 말이다." 그때 주님을 경외하는 사람들이 말라기의 메시지를 듣고 서로 주고받는 말을 주님께서 들으셨습니다. 그리고 주님을 경외하는 사람들의 이름을 책에 기록하셨습니다. 주님을 사랑하는 모든 사람의 이름이 기록되었습니다.

하나님은 그분을 사랑하는 자들에 대해 말씀하셨습니다. "그들을 내 특별한 소유로 삼을 것이다. 내가 그들을 아끼리니 그때 너희가 돌아와서 의인과 악인을 분별하고 하나님을 섬기는 자와 섬기지 않는 자를 분별하리라."

내 이름이 하나님의 책에 있을까?

뛰어난 업적으로 공로를 인정받은 사람들의 이름이 적힌 패널 앞에 서본 적이 있습니까? 최고의 업적가들과 영웅들 사이에 내 이름이 있다면 영광스러운 일입니다. 당신의 이름이 그 목록에 있었으면 하는 소망을 품어본 적이 있나요?

당신의 이름이 가장 중요한 명단에 있기를 원하십니까? 당신의 이름이 이미 있을지도 모릅니다! 예수님께 삶의 주인이 되어 달라고 요청했다면 당신의 이름은 생명책에 기록되었을 것입니다. 이 하나님의 책은 중요한 날을 위해 하늘에 안전하게 보관되어 있습니다. 그날 생명책에 기록된 자들은 천국에 들어가 그분과 함께 영원히 지내게 될 것입니다.

"이기는 자는 이와 같이 흰 옷을 입을 것이요 내가 그 이름을 생명책에서 결코 지우지 아니하고 그 이름을 내 아버지 앞과 그의 천사들 앞에서 시인하리라"

_ 요한계시록 3:5

나는 나이가 너무 많다

하나님은 400년 동안 이스라엘 백성에게 말씀하지 않으셨습니다. 선지자가 없었습니다. 누군가 사람들을 죄에서 구하러 오실 거라는 약속만 있었습니다. 제사장 사가랴는 엘리사벳과 결혼했습니다. 부부는 하나님을 사랑하는 선한 사람들인데 나이가 많아도 아이가 없었습니다. 엘리사벳은 이제 임신할 수 없는 상태가 되었습니다.

사가랴가 성전에서 분향할 때, 주의 천사가 나타났습니다. 깜짝 놀란 사가랴는 두려웠습니다. 천사가 말했습니다. "두려워하지 말라. 사가랴야, 주님께서 네 기도를 들으셨다. 네 아내 엘리사벳이 아들을 낳을 것이다." 사가랴가 대답했습니다. "어떻게 이런 일이 일어날 수 있습니까? 저와 제 아내는 너무 나이가 많습니다."

하나님은 내가 잊어버린 기도에도 응답하실까?

하나님께 무언가를 구할 때, 하나님이 어떻게 응답하시고 언제 응답하실지 우리는 확실히 알 수 없습니다. 기도해도 오랫동안 응답이 없는 것처럼 보일 때, 그것은 하나님이 우리 기도에 '안 돼'라고 응답하셨다는 의미일까요? 아니면 하나님이 우리가 구한 것을 주시겠지만 더 기다려야 한다는 의미일까요?

사가랴가 아이를 위해 얼마나 오래 기도했겠습니까. 이제는 나이가 많아 그 기도를 멈춰야 할지 고민했을 것입니다. 하나님께 다른 계획이 있는 것처럼 보였기 때문입니다. 하나님이 기도에 응답하셨지만 우리가 기대한 방식이 아니라는 것을 받아들여야 할까요? 성령님이 계속해서 기도하라는 마음을 주신다면 계속 기도하십시오!

"기도를 계속하고 기도에 감사함으로 깨어 있으라" _ **골로새서 4:2**

사가랴가 말을 못하게 되다

사가랴가 성전에서 분향할 때, 가브리엘 천사가 나타나 그의 아내가 아들을 낳을 거라고 말했습니다. 사가랴는 나이가 많고 그의 아내도 아이를 가질 수 없는 상태였기 때문에 천사의 말을 의심했습니다. 그러자 천사가 말했습니다. "네가 내 말을 믿지 않았기 때문에 이 약속이 이루어질 때까지 말을 하지 못할 것이다."

성전 밖에 있던 사람들은 사가랴가 왜 이렇게 오래 성전에 머무르는지 궁금했습니다. 마침내 그가 성전에서 나왔는데 말을 하지 못했고 자기에게 일어난 일을 손짓으로 설명했습니다.

믿음이 무엇일까?

당신이 사가랴라면 어떨 것 같습니까? 전하고 싶은 놀라운 소식이 있는데 말을 할 수 없다면요? 사가랴는 오랫동안 아들을 달라고 기도했습니다. 그런데 천사가 와서 그의 기도가 응답받았다는 좋은 소식을 전해주자, 그는 믿을 수 없었습니다. 사가랴는 아들을 달라고 많은 세월 기도하다가 소망을 잃고, 더 이상 하나님의 응답을 기대하지 않게 되었습니다. 불가능한 일을 위해 기도하는 것이 믿음 아닌가요?

하나님을 믿는 것은 하나님을 온전히 신뢰하고 의존하는 것입니다. 그분의 능력을 믿고 그분의 신실하심을 의지하는 것입니다. 성경은 이렇게 말합니다. "믿음은 바라는 것들의 실상이요 보이지 않는 것들의 증거니"(히 11:1). 하나님께 뭔가를 구했는데 불가능해 보여 더 이상 기도하지 않은 적이 있습니까? 아니면 기도하면서도 실제로는 응답을 기대하지 않은 적이 있습니까? 하나님께 구하십시오. 하나님이 원하시면 가장 합당한 때 응답하실 것입니다.

"오직 믿음으로 구하고 조금도 의심하지 말라
의심하는 자는 마치 바람에 밀려 요동하는 바다 물결 같으니" _ **야고보서 1:6**

하늘에서 온 방문객

사가랴의 아내 엘리사벳이 출산을 기다리고 있을 때, 가브리엘 천사가 요셉과 약혼한 마리아에게 나타났습니다. 요셉은 다윗 왕의 자손이었습니다. 가브리엘이 마리아에게 말했습니다. "너에게 평강이 있길 원한다. 주께서 너와 함께하시고 너를 축복하려고 선택하셨다." 마리아는 천사의 말이 무슨 의미인지 알 수 없었습니다. 천사가 말했습니다. "마리아야, 두려워하지 마라. 너는 임신하게 될 것이고 아들을 낳을 것이다. 아이의 이름을 예수라고 하여라. 그는 위대해질 것이고 지존하신 하나님의 아들이라 불릴 것이다." 마리아가 물었습니다. "하지만 어떻게 이런 일이 일어날 수 있습니까? 저는 아직 결혼도 하지 않았습니다." 가브리엘이 대답했습니다. "성령께서 네게 임하실 것이고 하나님의 능력이 너를 그림자처럼 덮을 것이다." 마리아가 대답했습니다. "저는 주의 종입니다. 말씀하신 대로 이루어지길 원합니다."

예수님은 다른 때 태어나실 수도 있지 않았을까?

하나님은 역사의 특정한 시기를 선택해 예수님을 이 땅에 보내셨습니다. 성경은 말합니다. "때가 차매 하나님이 그 아들을 보내사…"(갈 4:4).

예수님을 믿는 모든 사람은 영생을 얻습니다. 예수님이 십자가에서 죽으셨을 때 그들의 죄를 떠안으시고 벌을 받으셨기 때문입니다. 예수님이 이 땅에 오시기 전에 살았던 사람들은 죄를 사하기 위해 동물제물을 드려야 했습니다. 그 제물이 그들의 죄를 없앨 수 없었지만, 그것은 완전한 희생제물인 예수님을 향한 믿음의 행위였습니다. 이처럼 구약시대 사람들도 예수님에 대한 믿음으로 구원을 받았습니다.

"그는 창세 전부터 미리 알린 바 되신 이나
이 말세에 너희를 위하여 나타내신 바 되었으니" _ **베드로전서 1:20**

마리아의 찬송

천사가 마리아를 찾아와 아들을 낳을 거라고 말한 후, 마리아는 사촌 엘리사벳을 방문하러 갔습니다. 엘리사벳도 아들을 낳을 거라는 약속을 받은 상태였습니다. 엘리사벳의 아들은 사람들이 예수님을 따르도록 준비시키는 역할을 할 것입니다.

마리아가 엘리사벳의 집에 와서 인사하자, 엘리사벳의 태중에 있던 아이가 움직였습니다. 엘리사벳은 성령 충만하여 마리아에게 말했습니다. "너는 모든 여자들 가운데서 복을 받았다. 네가 인사하는 소리를 들으니 내 태중에 있는 아이가 기뻐 뛰는구나." 그러자 마리아가 하나님을 찬양했습니다. "내 마음이 주를 찬양합니다. 주께서 이 미천한 종을 기억하셨으니 내 영이 구주 하나님으로 인해 기쁩니다. 하나님이 나를 위해 행하신 놀라운 일들로 인해 모든 사람이 나를 복되다 할 것입니다. 그분의 이름은 거룩이십니다."

어떻게 내 마음의 노래로 하나님을 찬양할까?

찬양과 경배를 좋아하십니까? 찬양의 말씀을 익숙한 멜로디에 붙여 본 적이 있나요? 자신만의 멜로디를 흥얼거리다 보면 소리가 맞춰질 것입니다. 많은 찬양곡이 그렇게 만들어졌습니다. 다윗은 시편에서 이렇게 썼습니다. "새 노래 곧 우리 하나님께 올릴 찬송을 내 입에 두셨으니"(시 40:3). 찬양으로 가득 찬 마음에서 새로운 노래가 계속 나옵니다.

마리아의 노래에 담긴 주제를 당신의 말로 표현해 보십시오. 하나님의 능력과 위엄(52절), 하나님이 당신을 위해 하신 일(49절), 그분이 지킨 약속(54절)을 생각해 보세요.

"내가 노래로 하나님의 이름을 찬송하며 감사함으로 하나님을 위대하시다 하리니"
_ 시편 69:30

마리아 누가복음 1:57-64; 2:1-7

"미안하지만 방이 없습니다."

마리아는 엘리사벳과 석 달을 함께 지냈습니다. 엘리사벳이 아이를 낳자, 사람들은 아이가 가족의 이름을 물려받을 거라 여겼습니다. 사가랴는 모든 사람이 볼 수 있게 이름을 썼습니다. 아이의 이름을 '요한'이라고 적자, 사가랴의 혀가 풀려 말을 하게 되었습니다.

그 무렵 아우구스투스 황제는 모든 사람에게 고향으로 가서 인구등록을 하라고 명했습니다. 약혼한 마리아와 요셉은 나사렛을 떠나 다윗왕의 고향 베들레헴으로 갔습니다. 부부가 베들레헴에 도착했을 때, 그 작은 마을은 등록하러 온 사람들로 가득 찼습니다. 마리아가 아기 낳을 때가 되었지만 머물 곳이 없었습니다. 우여곡절 끝에 아이 낳을 장소를 찾았습니다. 마리아는 아기를 강보에 싸서 말 구유 안에 뉘었습니다.

예수님은 왜 궁전에서 태어나시지 않았을까?

예수님은 겸손한 종으로 이 땅에 오셨습니다. 이는 하나님이 모든 사람, 이 땅에서 가장 가난한 사람들도 돌보신다는 것을 보여줍니다. 예수님은 자기를 비우시고 겸손한 종의 자리를 취하셨습니다(빌 2:7). 만왕의 왕이신 그분은 섬김을 받으러 오신 것이 아니라 기꺼이 섬기러 오셨습니다. 예수님은 동물들이 먹이를 먹는 구유에 누우셨습니다. 예수님은 아무것도 가지지 않고 이 땅에 오셨습니다.

마리아와 요셉이 머물 곳을 찾던 그날 밤, 당신이 여관 주인이라면 어떻게 했을까요? 당신 방을 청소해서 내주었겠습니까? 어떤 사람들의 마음은 자기중심적인 생각으로 가득 차 있어서 예수님을 모실 공간이 없습니다. 당신은 예수님을 마음에 모셨나요?

"볼지어다 내가 문 밖에 서서 두드리노니 누구든지 내 음성을 듣고 문을 열면
내가 그에게로 들어가 그와 더불어 먹고 그는 나와 더불어 먹으리라"
_ 요한계시록 3:20

들에 있던 목자들

마침내 약속된 구원자가 오셨습니다. 선지자들이 말한 대로 예수님은 베들레헴에서 태어나셨습니다(사 7:14, 미 5:2). 그날 밤 들에서 밤새 양을 돌보던 목자들에게 천사가 나타났고, 주님의 영광이 사방을 환히 비추었습니다. 두려워하는 목자들에게 천사가 말했습니다. "두려워하지 마라. 내가 큰 기쁨의 좋은 소식을 가지고 왔다. 오늘 다윗의 동네에 한 구원자가 태어나셨다. 너희는 강보에 싸여 구유에 누인 아기를 찾게 될 것이다." 이때 많은 천사들이 나타나 노래했습니다. "지극히 높은 곳에서는 하나님께 영광, 땅에서는 그분이 기뻐하시는 사람들에게 평화로다!"

천사들이 하늘로 돌아가자 목자들이 서로 말했습니다. "베들레헴으로 가서 주님께서 알려주신 그 일을 봅시다." 그들은 서둘러 가서 마리아와 요셉과 구유에 누인 아기를 찾았습니다. 목자들은 아기를 보고 모든 사람에게 그 일을 말해 주었습니다.

왜 천사들이 목자들에게 나타났을까?

천사들이 목자들에게 나타난 이유가 그들이 유일하게 깨어 있었기 때문일까요, 아니면 평화로운 마을에 소란을 일으키고 싶지 않아서일까요? 예수님에 관한 좋은 소식을 전하기 위해 목자들이 선택된 이유는 정확히 알 수 없습니다. 예수님은 이 땅에 오셔서 목자가 되셨습니다. 위협하는 사자(악마)로부터 자신의 양들을 구원하시고, 우리를 평화와 선함이 넘치는 푸른 초장으로 인도하기 위해 오셨습니다. 그분은 자기 양들을 위해 생명을 내어줄 목자가 되기 위해 오셨습니다.

"그리하면 목자장이 나타나실 때에 시들지 아니하는 영광의 관을 얻으리라"

_ 베드로전서 5:4

예수님이 바쳐지다

요셉과 마리아는 아기에게 할례를 행하려고 예루살렘 성전으로 데려갔습니다. 아기는 하나님께 드려지고 '예수'라는 이름을 받게 될 것입니다(천사가 일러준 이름입니다). 이는 모세가 전한 하나님의 율법(처음 태어난 모든 아들은 하나님께 드려야 한다)에 순종하기 위해서였습니다. 그들은 또 율법이 요구하는 대로 제물을 드렸습니다.

그때 시므온이라는 경건한 사람이 성령에 이끌려 성전에 올라왔습니다. 하나님의 영이 그에게 말씀하시기를, 하나님이 약속하신 구원자를 보기 전에는 그가 죽지 않을 거라고 했습니다. 그는 예수를 팔에 안고 하나님께 감사하며 말했습니다. "주님, 약속하신 대로 이제 제 눈으로 당신의 구원을 보았으니 평안히 죽을 수 있습니다."

'예수'라는 이름의 의미는 무엇일까?

천사가 마리아에게 아기를 낳을 거라고 말한 후, 요셉의 꿈에 나타나 마리아에게 일어날 일을 알려주었습니다. "아들을 낳으리니 이름을 예수라 하라 이는 그가 자기 백성을 그들의 죄에서 구원할 자이심이라 하니라"(마 1:21). 예수라는 이름은 '여호수아'라는 이름에서 유래되었으며, '하나님이 우리의 구원이시다'라는 의미입니다. 하나님은 예수님을 통해 우리를 구원하십니다. 예수님이 우리 죄를 위해 죽으시고 우리를 죽음(영원한 죽음)에서 건지심으로 우리의 구원이 되셨습니다.

우리가 예수님께 구원해 달라고 하면, 그분은 우리 죄를 씻어 주시고 우리에게 영생을 주십니다. 우리는 천국에서 영원히 예수님과 살게 됩니다!

"보라 처녀가 잉태하여 아들을 낳을 것이요
그의 이름은 임마누엘이라 하리라 하셨으니 이를 번역한즉
하나님이 우리와 함께 계시다 함이라" _ **마태복음 1:23**

A 365-Day Devotional

9월

September

마리아, 세례 요한, 안드레, 니고데모, 사마리아 여인,
예수님, 베드로, 마태, 제자들과 함께 걷다

멀리서 온 현자들

예수님이 베들레헴에서 태어났을 때, 동방에서 온 박사들이 예루살렘에 이르러 물었습니다. "새로 태어난 유대인의 왕이 어디 있소? 우리가 동방에서 그의 별을 보고 그를 경배하러 왔소." 유대 지방을 다스리던 헤롯 왕은 이 말을 듣고 당황했습니다. 그는 재빨리 대제사장들과 율법학자들을 불러 그들의 왕이 어디서 태어난다고 기록되어 있는지 물었습니다. 그들이 대답했습니다. "베들레헴입니다. 선지자가 말하기를 '베들레헴아, 네게서 내 백성 이스라엘의 목자가 될 통치자가 나올 것이다'라고 했기 때문입니다." 그러자 헤롯은 동방박사들을 몰래 불러 그 별을 본 시기를 물었습니다.

동방박사들은 왜 밝은 별을 따라왔을까?

동방박사들이 고향을 떠나 먼 곳으로 여행하며 아기를 찾으려 한 이유는 무엇일까요? 설령 아기를 찾는다 해도, 그가 위대한 왕이 될 거라고 어떻게 확신할 수 있었을까요? 하나님은 그들의 마음에 기대의 씨앗을 심어놓으셨습니다. 그들이 살아 있는 동안 위대한 통치자가 태어나리라는 희망이었습니다. 어느 날, 별을 관찰하던 그들은 지금까지 본 어떤 별보다 더 밝고 빛나는 별을 보고 자신들이 기다리던 징표, 즉 위대한 왕의 징표임을 깨달았습니다. 그때 별이 움직였고, 그들은 믿음으로 별을 따라가며 그 별이 새로 태어난 왕에게 인도할 거라고 믿었습니다.

밝게 빛나는 새벽별이신 예수님은 우리를 하나님께로 인도하시는 희망의 징표입니다. 세상의 빛이신 예수님을 따를 때 진정한 기쁨을 발견할 수 있습니다.

"또 우리에게는 더 확실한 예언이 있어 어두운 데를 비추는 등불과 같으니
날이 새어 샛별이 너희 마음에 떠오르기까지 너희가 이것을 주의하는 것이 옳으니라"

_ **베드로후서 1:19**

왕을 위한 선물

동방박사들이 새로 태어난 왕에 대해 알아보려고 헤롯 왕에게 간 후에도, 그들이 동방에서 처음 본 별은 계속 움직였습니다. 그 별은 예수님이 태어난 베들레헴으로 그들을 이끌었습니다. 동방박사들은 그 집에 이르러 어머니 마리아와 함께 있는 작은 아기를 발견하고 그에게 절하며 경배했습니다. 그런 다음 보물함을 열어 금과 유향과 몰약을 선물로 드렸습니다. 나중에 하나님이 그들 꿈에 나타나 예수님을 찾은 사실을 헤롯 왕에게 말하지 말라고 경고하셨습니다. 그래서 그들은 다른 길로 자기 나라로 돌아갔습니다.

동방박사들이 왜 예수님께 특이한 선물을 드렸을까?

아기에게 맞는 선물을 찾으려면 장난감 가게나 아기용품을 파는 곳으로 가야 합니다. 아기에게 무엇을 원하는지 물어볼 수 없으니, 적절하다고 생각되는 것을 골라야 하기 때문입니다.

동방박사들의 선물이 왜 예수님께 드릴 수 있는 최고의 선물이었을까요? 금은 보통 왕에게 드리는 선물입니다. 금은 예수님이 만왕의 왕이심을 상기시켜 줍니다. 유향은 성전에서 사용했습니다. 향의 달콤한 향기는 우리의 기도와 예배가 주님께 향기로운 향과 같음을 상기시킵니다. 몰약은 사람이 죽었을 때 사용하던 향료입니다. 가장 이상해 보이는 선물인데, 몰약은 예수님이 우리 죄를 위해 죽으러 이 땅에 오셨음을 상기시켜 줍니다(요 19:39-40).

당신이 예수님께 최고의 선물을 드리고 싶다면, 있는 그대로의 온전한 마음을 드리십시오.

"우리 주 하나님이여 영광과 존귀와 권능을 받으시는 것이 합당하오니
주께서 만물을 지으신지라 만물이 주의 뜻대로 있었고 또 지으심을 받았나이다 하더라"
_ **요한계시록 4:11**

이집트로 도망가다

동방박사들이 떠난 후, 하나님의 천사가 요셉의 꿈에 나타나 베들레헴을 떠나 이집트로 가라고 경고했습니다. 그날 밤 요셉과 마리아는 예수님과 함께 이집트로 향했습니다. 헤롯은 동방박사들에게 속은 것을 알고(그들은 아기가 있는 곳을 말해 주러 돌아오지 않았습니다) 분노했습니다. 헤롯은 베들레헴에 있는 두 살 이하의 남자아이들을 모두 죽이라고 병사들에게 명했습니다. 요셉과 마리아는 헤롯이 죽을 때까지 이집트에서 안전하게 살았습니다. 나중에 그들은 유대 나사렛으로 돌아왔고, 예수님은 그곳에서 성장했습니다.

헤롯 왕은 왜 아기를 두려워했을까?

동방박사들은 헤롯에게 가서 새로 태어난 왕에 대해 알아보려고 했습니다. 그가 유대 왕에 대해 알고 있을 거라고 생각했기 때문입니다. 헤롯은 이 아기에 대해 아무것도 모르는데, 동방박사들은 어떻게 아기에 대해 알았을까요? 헤롯은 유대인들이 선택한 왕이 아니라, 유대를 정복한 로마가 세운 왕입니다. 헤롯은 유대인 왕이 태어났다는 소식을 듣자 질투와 두려움에 사로잡혔습니다. 그는 누군가 자기 왕위를 빼앗아갈까 봐 두려워서 죄 없는 수많은 아기를 죽였습니다.

헤롯의 태도는 동방박사들의 태도와 얼마나 다릅니까. 동방박사들은 기쁨과 평화를 안고 떠났지만, 헤롯의 마음은 분노와 두려움으로 가득했습니다. 예수님은 헤롯의 왕위를 빼앗으러 오신 것이 아니라 그의 마음을 원하셨습니다.

"예수께서 대답하시되 내 나라는 이 세상에 속한 것이 아니니라
만일 내 나라가 이 세상에 속한 것이었더라면
내 종들이 싸워 나로 유대인들에게 넘겨지지 않게 하였으리라
이제 내 나라는 여기에 속한 것이 아니니라" _ **요한복음 18:36**

예수님은 아이였다

예수님이 열두 살 되었을 때, 마리아와 요셉은 매년 하던 대로 유월절을 지키러 예수님을 데리고 예루살렘으로 갔습니다. 유월절 잔치가 끝나자, 예수님의 부모님은 친척과 친구들과 함께 집으로 돌아갔습니다. 길을 떠난 지 하루가 지났을 때, 예수님이 다른 아이들과 함께 있지 않다는 것을 알게 되었습니다. 그래서 마리아와 요셉은 예루살렘으로 돌아갔는데, 예수님이 성전에서 선생들과 함께 앉아 그들에게 들으며 질문도 하는 모습을 보았습니다.

예수님이 하나님과 성경에 대해 배울 필요가 있었을까?

예수님이 이 땅에 계시는 동안 완전한 인간이자 완전한 하나님이었다는 것은 우리가 이해할 수 없는 신비입니다. 예수님은 태어나서부터 하늘에 계신 아버지께 돌아가실 때까지 죄 없는 삶을 사신 유일한 분이었습니다. 예수님은 작은 아기에서 어린이로, 십 대에서 청년으로 자랐습니다. 그분도 당신처럼 배워야 했습니다. 아기일 때는 걷는 것을 배웠고, 어린이일 때는 다른 아이들과 노는 것을 배웠으며, 십 대에는 아버지를 돕는 것을 배웠습니다. 예수님은 읽는 법, 쓰는 법, 악한 사람과 잘 지내는 법도 배우셨습니다.

성경은 예수님의 유년 시절에 대해 많은 것을 말해 주지 않지만, 예수님이 열두 살 때 성전에서 선생들과 함께 하나님에 대해 대화할 만큼 성경을 잘 알았음을 보여줍니다. 이 시기에 예수님은 자신이 하나님의 아들임을 아셨지만(49절), 모든 것을 아시는 것은 아니었습니다. 선생들의 말을 주의 깊게 듣고 많은 질문을 하셨기 때문입니다. 하나님에 관한 일을 이해하기에 자신이 어리다고 생각하지 말고 배우기 바랍니다.

"예수는 지혜와 키가 자라가며 하나님과 사람에게 더욱 사랑스러워 가시더라"

_ 누가복음 2:52

낙타털 옷

예수님이 사역을 시작하실 때가 되자, 성령께서 예수님의 사촌 요한을 광야로 인도하셨습니다. 요한은 거기서 메뚜기와 야생 꿀을 먹고, 낙타털로 만든 옷을 입었습니다. 많은 사람이 하나님의 말씀을 들으러 광야로 갔습니다. 요한은 사람들에게 죄에서 돌이키라고 말했고 하나님께 용서를 구하는 자들에게 요단강에서 세례를 베풀었습니다. 요한은 그들에게 말했습니다. "나보다 더 능력 많으신 분이 내 뒤에 올 것입니다. 나는 그분의 신발 끈을 풀 자격조차 없습니다."

왜 요한은 광야에 살았을까?

사람들이 자연에 가까워지면 하나님을 느낀다고 말하는 걸 들어보았을 것입니다. 아름다운 시골의 평화로운 분위기는 우리가 하나님과 가까워지는 데 도움이 될 수 있습니다. 그러나 이는 하나님이 창조하신 것들 안에 거하시기 때문이 아니라, 자연의 경이로움이 우리가 하나님의 위대하심을 깨닫도록 돕기 때문입니다. 사막(또는 광야)은 아름다운 환경이라고 생각하지 않을 수 있지만, 적어도 그곳은 고요합니다. 광야에서 사람들에게 설교하는 것이 이상해 보일 수 있지만, 세례 요한이 그렇게 한 이유가 적어도 세 가지 있습니다.

첫째, 요한은 광야에서 설교했습니다. 그것이 하나님이 말씀하신 방식이기 때문입니다(사 40:3-5). 둘째, 요한은 하나님의 음성을 듣기 위해 도시의 번잡함에서 벗어나고 싶었습니다. 셋째, 사람들이 요한의 메시지를 듣기에 좋은 장소였습니다. 그곳까지 아주 먼 거리를 걸어와야 했기 때문에 그들 마음에 들지 않는 말을 들어도 바로 떠날 가능성이 적습니다.

"보라 내가 내 사자를 보내리니 그가 내 앞에서 길을 준비할 것이요" _ **말라기 3:1중**

세례 요한 마태복음 3:13-17

예수님이 세례를 받으시다

요한이 요단강에서 설교하고 세례를 베풀 때, 예수님도 세례를 받으려고 고향 나사렛에서 오셨습니다. 그러나 요한이 말했습니다. "제가 당신께 세례를 받아야 마땅한데 어찌 당신이 내게로 오시나이까?" 예수님이 대답하셨습니다. "내 청대로 행하여라. 내가 마땅히 해야 할 일을 다 해야 하느니라." 그러자 요한이 예수님께 세례를 베풀었습니다. 예수님이 물에서 나오실 때 하늘이 열리고 하나님의 성령이 비둘기처럼 예수님 위에 내려왔습니다. 그리고 하늘에서 음성이 들려왔습니다. "이는 내가 사랑하는 아들이요, 내가 기뻐하는 자라."

예수님은 왜 세례를 받으셨을까?

세례를 받는 것은 하나님께 죄 용서를 구하고, 하나님을 기쁘시게 하는 삶을 살기로 결심했음을 보여주는 것입니다. 요한은 사람들을 물속(이 경우에는 요단강)에 잠기게 하여 세례를 베풀었습니다. 평범한 사람이자 죄인인 요한이 죄 없는 예수님께 세례를 베푸는 게 합당하지 않다고 생각한 것은 당연해 보입니다. 예수님은 죄를 지으신 적이 없기에 회개하고 세례받을 필요가 없었습니다. 그러나 이것이 예수님 사역의 시작이었고, 그분은 모든 면에서 하나님의 율법에 순종하고자 하셨습니다. 비록 그것이 죄인에게 필요한 일이어도 말입니다.

3년 후, 예수님은 십자가에서 우리 죄를 짊어지고 우리 대신 죽으셨습니다(마치 그분이 잘못을 저지르신 것처럼). 예수님이 세례를 받으실 때, 하늘에서 하나님의 음성이 들렸고 성령이 예수님 위에 임하셨습니다. 이는 한 분이신 하나님이 동시에 세 위격, 곧 아버지 하나님, 아들 하나님, 성령 하나님으로 존재하심을 보여줍니다.

"내가 율법이나 선지자를 폐하러 온 줄로 생각하지 말라
폐하러 온 것이 아니요 완전하게 하려 함이라" _ **마태복음 5:17**

안드레 마태복음 4:1, 18-22

"나를 따라오라"

예수님이 세례를 받으신 후, 성령께서 예수님을 광야로 이끌어 사탄에게 시험받게 하셨습니다. 예수님은 광야의 뜨거운 열기 속에서 40일 동안 금식하셨습니다. 사탄이 시험할 때마다 예수님은 성경을 인용하여 바른 선택을 하시며 죄를 짓지 않으셨습니다.

그 후 예수님은 하나님나라가 가까이 왔다고 말씀하시며 전도하셨습니다. 예수님이 갈릴리 호수를 지나시다가 시몬(베드로)과 그의 형제 안드레를 보았습니다. 예수님이 말씀하셨습니다. "나를 따라오라. 내가 너희를 사람 낚는 어부가 되게 하리라." 그러자 그들은 예수님을 따랐습니다. 나중에 예수님은 어부 야고보와 요한을 보시고 부르셨습니다. 그들은 즉시 배를 버려두고 예수님을 따랐습니다.

제자들은 예수님을 따르는 것이 무슨 의미인지 알았을까?

사람들은 어떤 팀이나 클럽에 가입할 때, 보통 자신에게 어떤 유익이 있는지 알고 싶어합니다. 자신의 노력이나 돈을 들인다면, 즐거움을 얻거나 명예를 얻거나 보상을 받는 등의 대가를 기대합니다.

예수님은 사역을 시작할 때 제자들을 부르셨습니다. 첫 제자들은 그들 앞에 어떤 인생이 펼쳐질지 몰랐습니다. 예수님은 그저 "나를 따르라" 말씀하셨고 그들은 따랐습니다. 얼마나 오랫동안 그분을 따라야 하는지, 어디서 자고 무슨 일을 하게 될지 전혀 알지 못했습니다. 예수님을 오래 알아 온 것은 아니었지만 그분 안에서 뭔가를 보았기 때문에 신뢰할 수 있었습니다. 그들은 모든 것을 버려두고 빈손으로 그분을 따를 정도로 예수님을 신뢰했습니다. 예수님이 당신을 부르실 때 그분을 신뢰하십시오!

"예수께서 이르시되 여우도 굴이 있고 공중의 새도 집이 있으되
인자는 머리 둘 곳이 없도다 하시고" _ **누가복음 9:58**

예수님의 첫 기적

예수님이 가나라는 마을에 계실 때, 결혼잔치에 초대받아 다른 제자들과 함께 가셨습니다. 잔치 중에 포도주가 떨어지자 예수님의 어머니 마리아가 말했습니다. "포도주가 떨어졌구나!" 예수님이 대답하셨습니다. "왜 제게 말씀하십니까? 제 때가 아직 오지 않았습니다." 나중에 예수님은 하인들에게 큰 항아리 여섯 개에 물을 가득 채우라고 말씀하셨습니다. 하인들이 항아리에 물을 가득 채우자 예수님이 말씀하셨습니다. "이제 떠서 잔치를 맡은 사람에게 갖다 주어라." 하인들은 그대로 했습니다. 잔치를 맡은 사람이 물을 맛보자 포도주로 변해 있었습니다.

예수님은 왜 물을 포도주로 바꾸셨을까?

피아니스트는 연주회의 첫 곡을 신중하게 선택합니다. 첫 곡이 사람들의 시선을 끌면 앞으로 이어질 음악에 집중하게 만들기 때문입니다. 예수님이 결혼잔치 전부터 이 기적을 계획하셨는지 아니면 그곳에서 성령께서 인도하신 것인지 우리는 알 수 없습니다. 다만 예수님이 하나님의 뜻이 아닌 일에 무작정 뛰어든 것이 아님은 분명합니다(4절).

우리는 예수님의 첫 기적은 그분이 하나님의 아들로서 세상을 구하러 오셨음을 보여줄 가장 중요한 기적이 되어야 한다고 생각할 것입니다. 그러나 예수님은 난처한 상황에 처한 누군가를 돕기 위해 기적을 행하셨습니다. 예수님은 세상을 구하러 오셨지만 동시에 사람들과 함께하기 위해 오셨습니다. 예수님은 모든 사람을 소중하게 여기심을 보여주셨습니다. 그분은 일상적인 용도로 사용하던 물을 가져다 사람들을 축복하는 데 사용하셨습니다. 우리가 예수님께 통제권을 넘겨드릴 때, 평범하고 일상적인 상황을 축복으로 바꾸어 주십니다.

"그런즉 너희가 먹든지 마시든지 무엇을 하든지 다 하나님의 영광을 위하여 하라"

_ 고린도전서 10:31

성령으로 태어나다

니고데모는 바리새파에 속한 사람이었습니다. 바리새파는 자신들의 규칙을 더 소중히 여기는 종교지도자들이었습니다. 그들은 예수님이 가르치시는 것을 믿지 않았고, 많은 사람이 예수님을 따르기 시작하자 시기했습니다.

니고데모는 다른 바리새인들이 볼까 두려워 밤에 예수님을 찾아와 말했습니다. "선생님, 우리는 당신이 하나님께로부터 오신 분이며 기적을 행하시는 분임을 알고 있습니다." 예수님이 말씀하셨습니다. "내가 진실로 말한다. 누구든 다시 태어나지 않으면 하나님나라에 들어갈 수 없다." 니고데모가 물었습니다. "나이가 많은데 어떻게 다시 태어날 수 있습니까? 어머니가 다시 낳을 수 있습니까?" 예수님이 대답하셨습니다. "누구든 물과 성령으로 나지 않으면 하나님께로 올 수 없다."

두 번 태어날 수 있을까?

당신이 한 번 태어난 것은 분명합니다. 당신이 살아 있는 것이 그 증거입니다. 그런데 당신은 두 번째로 태어날 수 있습니다. 이번에는 선택권이 당신에게 있습니다. 첫 번째 탄생(작은 아기로 가족 중에 태어날 때)으로 당신은 가족의 일원이 되고, 가족의 성을 받았습니다. 두 번째 탄생(하나님의 자녀가 될 때)으로 당신은 하나님의 가족이 되고, 그리스도의 이름을 받게 되었습니다. 즉, 그리스도인이 됩니다.

다시 태어나려면 예수님을 믿고, 그분께 구원을 달라고 구하며, 그분이 새 생명을 주실 것을 신뢰해야 합니다. 당신이 그분의 자녀가 되었다는 증거는 성령이 당신 안에 거하시는 것입니다.

"하나님께로부터 난 자는 다 범죄하지 아니하는 줄을 우리가 아노라
하나님께로부터 나신 자가 그를 지키시매 악한 자가 그를 만지지도 못하느니라"
_ 요한일서 5:18

니고데모 요한복음 3:9-21

세상의 구원자

니고데모는 존경받는 지도자이자 선생이기에 영적인 일에 대해 잘 알아야 했지만, 예수님이 말씀하시는 진리를 이해할 수 없었습니다. 그래서 예수님은 이렇게 설명해 주셨습니다. "모세가 광야에서 뱀을 들어 올려 그것을 바라보는 자들에게 치유를 가져다준 것처럼, 하나님의 아들도 십자가에 들어 올려져 세상을 치유할 것이다. 하나님이 세상을 사랑하셔서 하나뿐인 아들을 주셔서 그를 믿는 모든 사람이 죽지 않고 영생을 얻게 하셨다. 하나님이 아들을 이 땅에 보내신 것은 심판하고 벌하려는 것이 아니라 모든 사람이 그를 통해 구원받게 하려는 것이다."

예수님은 이 땅을 구하러 오셨을까?

세상과 그 안에 있는 모든 것을 창조하신 하나님은 피조세계의 아주 작은 부분까지도 세밀히 살피시며 모든 것이 순조롭게 돌아가게 하십니다. 하나님은 우리도 이 지구에서 우리 몫을 맡아 돌보기를 원하십니다. 우리는 동물과 새, 식물을 돌보고, 쓰레기를 함부로 버리거나 물건을 낭비하지 않도록 조심해야 합니다. 하나님이 세상을 사랑하셔서 예수님을 보내셨다고 할 때, 예수님을 우리가 사는 이 둥근 지구에 보내셨다는 의미는 아닙니다. '세상'이라는 단어는 지구상에 사는 모든 사람(에스키모, 인디언, 아프리카인, 중국인, 유럽인, 세계 각 대륙에 사는 모든 이)을 의미합니다.

성경은 하나님이 마침내 세상을 멸망시키실 때 이 세상(지구)이 끝날 거라고 알려 줍니다(벧후3:10-12). 하나님은 사랑하시는 것을 멸망시키지 않으시므로 "하나님이 세상을 사랑하셨다"는 말은, 하나님이 세상 모든 사람(당신을 포함해서)을 사랑하신다는 의미입니다.

"우리는 그의 약속대로 의가 있는 곳인 새 하늘과 새 땅을 바라보도다"

_ 베드로후서 3:13

사마리아 여인 요한복음 4:1-14

생수

예수님과 제자들이 유대를 떠나 갈릴리로 돌아가던 중 사마리아 지방을 지나야 했습니다. 한낮에 예수님은 우물가에서 쉬고 계셨고, 제자들은 음식을 사러 마을로 갔습니다. 그때 한 여인이 물을 길러 나왔습니다. 예수님이 여인에게 말씀하셨습니다. "내게 물을 주겠소?" 여인은 예수님이 말을 걸자 깜짝 놀랐습니다. 예수님은 유대인이고 자신은 사마리아인이었기 때문입니다(유대인들은 사마리아인들을 미워했습니다). "왜 내게 물을 달라고 하시나요?" 예수님이 말씀하셨습니다. "네가 하나님의 선물과 누가 이 선물을 주는지 알았더라면, 그에게 구했을 것이고 그는 너에게 생수를 주었으리라." 여인이 물었습니다. "당신은 이 생수를 어디서 얻습니까?" 예수님이 대답하셨습니다. "이 물을 마시는 사람은 다시 목마를 것이다. 그러나 내가 준 물을 마시는 자는 영원히 목마르지 않을 것이다!"

누가 생수를 마실 수 있을까?

목이 말라서 혀가 완전히 마른 듯한 경험을 한 적이 있습니까? 하나님은 모든 사람이 하나님을 알고 하나님과 관계를 맺고자 하는 '갈망'을 가진 영혼으로 창조하셨습니다(시 42:1 참조). 오직 예수님만이 우리에게 생수, 즉 성령을 주심으로 그 갈증을 해소하실 수 있습니다.

우물가의 여인처럼 어떤 사람들은 하나님에 대한 갈증을 올바른 방법으로 채우지 않아 영혼이 여전히 목마른 채로 남습니다. 예수님이 생명을 주는 물을 주겠다고 말씀하셨을 때, 여인은 의아해했습니다. 예수님이 말씀하신 생수는 우리가 마시는 물이 아니라, 하나님이 우리 마음에 부어주시는 보이지 않는 하나님의 영입니다(행 2:17).

"의에 주리고 목마른 자는 복이 있나니 그들이 배부를 것임이요" _ **마태복음 5:6**

사마리아 여인 요한복음 4:19-26

진정한 예배자

—

우물가의 여인은 예수님과 대화를 나누면서 그분이 영적인 것에 대해 많이 알고 있음을 깨달았습니다. 여인은 예수님을 선지자라고 여겨, 사마리아인들이 예배하는 장소와 유대인들이 예배하는 장소의 차이점에 대해 말하기 시작했습니다. 그러자 예수님이 말씀하셨습니다. "예배하는 장소가 더 이상 중요하지 않은 때가 올 것이다. 하나님은 영이시니 하나님을 예배하는 자들은 영과 진리로 예배해야 한다." 여인이 말했습니다. "저는 메시아가 올 것을 알고 있습니다. 그분이 오시면 모든 것을 설명해 주실 것입니다." 예수님이 대답하셨습니다. "내가 바로 그다(메시아)."

어떻게 하면 영과 진리로 예배할 수 있을까?

하나님을 믿지 않는 사람도 교회에 가서 찬양을 부르고 헌금하고 기도할 수 있습니까? 네, 그럴 수 있습니다. 하나님께 마음이 차가운 사람도 예배처럼 보이는 행동을 할 수 있습니다. 그러나 그저 의미 없는 행동일 뿐입니다. 예배는 우리가 하는 어떤 행동이 아니라 마음의 태도입니다. 그래서 예수님이 진정한 예배자는 영과 진리로 예배해야 한다고 말씀하신 것입니다. 하나님을 예배하고자 하는 사람은 마음으로(영으로) 그리고 진실하게(진리로) 하나님을 예배해야 합니다.

성경은 말합니다. "네 마음을 다하고 목숨을 다하고 뜻을 다하여 주 너의 하나님을 사랑하라"(마 22:37). 다른 말로 하면, 온 존재로 사랑하라는 말입니다. 또 우리는 경외심으로 예배해야 합니다. 하나님은 거룩하고 전능하신 분임을 깨달아야 합니다. 우리 생명은 우리에게 있지 않고 전능하신 하나님 손 안에 있습니다. 우리는 그분께 속한 자이기 때문입니다(고전 6:19).

"여호와께 그의 이름에 합당한 영광을 돌리며
거룩한 옷을 입고 여호와께 예배할지어다" _ **시편 29:2**

예수님이 아픈 사람을 고치시다

예수님이 가버나움에 가셨을 때, 백부장이 와서 간청했습니다. "주님, 제 종이 집에 있는데 아파서 움직이지 못합니다." 예수님이 말씀하셨습니다. "내가 가서 그를 고쳐주리라." 백부장이 대답했습니다. "저는 주님을 제 집으로 모셔들일 만한 자격이 없습니다. 그저 한마디 말씀만 해주시면 제 종이 나을 것입니다." 이 말을 들으신 예수님은 주위 사람들에게 말씀하셨습니다. "내가 이스라엘에서 이 사람 같은 믿음을 본 적이 없다!" 예수님은 백부장에게 말씀하셨습니다. "집으로 가라. 네 종이 나았을 것이다."

이후에 예수님이 베드로의 집에 가셨는데 베드로의 장모가 열병으로 앓아 누운 것을 보셨습니다. 예수님이 그 여인의 손을 만지자 열병이 떠나가고 여인은 일어나 시중을 들었습니다.

내 믿음이 누군가를 회복시킬 수 있을까?

성경은 우리가 하나님께 기도할 때 무엇이든지 믿고 구하는 것은 다 받을 것이라 말합니다(마 21:22). 하지만 누군가가 너무 아파서 기도조차 할 수 없다면 어떨까요? 아픈 사람을 위해 기도하는 친구의 기도를 하나님은 들어주실까요? 그렇습니다!

만약 그 사람이 하나님을 믿지 않는다면 어떨까요? 불신자와 하나님 사이에는 간극이 있습니다. 하나님을 믿지 않는 친구를 위해 기도할 때, 당신은 친구와 하나님 사이의 간극 가운데 서 있는 것과 같습니다(겔 22:30 참조). 당신이 믿음으로 드리는 기도를 하나님이 들으실 때, 그분의 은혜가 흘러가서 그가 하나님을 믿도록 도울 것입니다.

"그러므로 너희 죄를 서로 고백하며 병이 낫기를 위하여 서로 기도하라 의인의 간구는 역사하는 힘이 큼이니라" _ **야고보서 5:16**

베드로 누가복음 5:1-11

"주님이 그렇게 말씀하시니!"

예수님이 게네사렛 호숫가에 서서 말씀을 전하고 계셨습니다. 사람들이 너무 가까이 밀려들자, 예수님은 호숫가에 대어둔 베드로의 배에 오르시고 배를 육지에서 조금 떼어놓으라고 하셨습니다.

무리에게 말씀을 마치신 예수님은 시몬 베드로에게 말씀하셨습니다. "깊은 데로 가서 그물을 내려 고기를 잡아라." 베드로가 대답했습니다. "선생님, 우리가 밤새도록 열심히 일했지만 아무것도 잡지 못했지만 선생님의 말씀을 따라 그물을 내리겠습니다." 시몬 베드로와 동료 어부들은 다시 바다로 나가 그물을 내렸습니다. 그러자 많은 물고기가 잡혀 그물이 찢어질 지경이었습니다. 다른 배에 있는 동료들이 도우러 왔고 고기가 가득하여 배가 가라앉을 지경이었습니다.

예수님은 내가 사는 세상을 이해하실까?

베드로는 예수님이 성경을 잘 아시고 치유할 능력이 있는 것을 알았습니다. 하지만 예수님은 나사렛에서 목수의 집에서 자라셨습니다. 물고기 잡는 일에 있어서는 베드로가 전문가였습니다. 그 시간은 물고기가 잡히는 때가 아니었습니다! 베드로는 밤새도록 물고기를 잡으려고 애썼는데 다시 그물을 내리는 것이 좋은 생각인지 의심이 들었습니다. 하지만 그는 예수님 말씀을 따랐습니다.

예수님은 당신의 세상과 좌절과 소망을 모르신다고 느낀 적이 있습니까? 예수님이 어부인 베드로보다 고기 잡는 일을 더 잘 아심을 증명하셨듯, 예수님은 당신의 세상을 더 잘 아십니다. 당신의 특별한 세상에 대해 예수님께 말씀드리십시오.

"만물이 그에게서 창조되되 하늘과 땅에서 보이는 것들과 보이지 않는 것들과 혹은 왕권들이나 주권들이나 통치자들이나 권세들이나 만물이 다 그로 말미암고 그를 위하여 창조되었고" _ **골로새서 1:16**

예수님이 한 사람의 삶을 만지시다

예수님이 한 동네에 계실 때 온몸에 나병이 든 사람을 만났습니다. 그 사람은 예수님을 보자 얼굴을 땅에 대고 고쳐주시기를 간청했습니다. "주님이 원하시면 저를 깨끗하게 해주실 수 있습니다." 예수님이 손을 내밀어 그 사람을 만지시고 말씀하셨습니다. "그렇게 해주마. 깨끗하게 되어라." 곧 나병이 떠나 그의 피부는 건강해졌습니다.

예수님은 그 사람에게 병이 나은 것에 대해 아무에게도 말하지 말라고 하셨지만, 그 소식은 사방에 퍼졌습니다. 많은 사람이 예수님의 말씀을 듣고 병을 고치기 위해 몰려들었습니다.

예수님은 왜 손을 내밀어 아픈 사람을 만지셨을까?

병에 걸리는 것은 즐거운 일이 아니지만, 사람들의 특별한 관심과 배려를 받을 때는 견딜 만합니다. 하지만 나병 환자는 달랐습니다. 치명적인 병에 걸린 사람을 피하듯, 사람들은 모두 그를 피했습니다. 그를 돌보지 않았습니다. 자신들도 병에 걸릴까 두려워 아무도 그를 만지거나 가까이 가려고 하지 않았습니다.

나병에 걸린 것은 그의 잘못이 아니었지만, 그는 심한 육체적 고통뿐 아니라 사람들에게 거절당하는 고통도 겪어야 했습니다. 치유가 절실히 필요한 그는 나병이 낫기를 간절히 바랐습니다. 또 한편으로는 친구들이 손을 내밀어 그를 만져주길 간절히 바랐습니다.

예수님은 치유하실 때 단지 병만 낫게 하시는 것이 아니라 그 사람의 친구가 되어주십니다. 예수님은 사랑으로 사람들의 마음을 만져주심으로 그들의 삶을 변화시키십니다. 그분은 죄라는 질병을 고치시고 죄가 가져오는 슬픔과 고통을 없애주십니다.

"내 영혼아 여호와를 송축하며 그의 모든 은택을 잊지 말지어다
그가 네 모든 죄악을 사하시며 네 모든 병을 고치시며" _ **시편 103:2-3**

예수님 누가복음 5:17-26

나누고 돌보는 친구들

예수님이 어느 집에서 가르치실 때 한 무리가 중풍병자를 침상에 눕힌 채로 데려왔습니다. 모여 있던 사람들 때문에 집으로 들어올 수 없어서, 그들은 지붕으로 올라가 기와를 몇 개 벗겨 구멍을 내고 침상을 밧줄에 묶어 내렸습니다.

예수님은 그 사람을 보시고 말씀하셨습니다. "네 죄가 용서받았다." 몇 사람이 화가 나서 수군거렸습니다. "이 사람이 어떻게 죄를 용서한단 말인가? 오직 하나님만 죄를 용서하실 수 있는데." 그들의 생각을 아신 예수님은 죄를 용서하는 능력이 있음을 증명하기 위해 그 사람에게 침상을 들고 집으로 가라고 말씀하셨습니다. 즉시 그 사람이 치유되었습니다!

나눔이 어떻게 누군가의 삶을 변화시킬까?

예수님이 사람들을 가르칠 수 있도록 집을 내준 사람은 예수님이 자기 집에 오시는 게 좋았을 것입니다. 아마 많은 사람이 자기 집을 장악하고 또 누군가는 지붕을 뜯어낼 줄 상상하지 못했을 것입니다. 모두가 떠난 후 집이 얼마나 엉망이었을지 상상해 보십시오. 하지만 몸을 움직이지 못하던 한 사람이 걸어서 그의 집을 나갔습니다. 그는 병이 나았고 죄를 용서받았고 영원히 변화되었습니다! 그걸로 충분히 가치 있다고 말할 수 있지 않겠습니까?

하나님은 당신의 친절을 사용하셔서 누군가의 삶을 변화시키실 수 있습니다. 그러니 용기를 내십시오! 예수님은 모든 사람이 떠난 후 뒷정리하는 당신을 보고 계십니다. 하나님은 당신이 다른 사람을 복되게 하려고 애쓰고 시간을 투자한 것을 다 아십니다!

"너는 구제할 때에 오른손이 하는 것을 왼손이 모르게 하여
네 구제함을 은밀하게 하라 은밀한 중에 보시는 너의 아버지께서 갚으시리라"
_ 마태복음 6:3-4

누구에게 의사가 필요한가?

중풍병자를 치유하신 예수님은 한 세리가 세관에 앉아 있는 것을 보고 말씀하셨습니다. "나를 따라오너라." 레위는 모든 것을 버려두고 일어나 예수님을 따랐습니다. 레위(마태)는 큰 잔치를 열어 친구들과 동료 세리들을 부르고 예수님을 특별 손님으로 초대했습니다. 율법학자들은 예수님이 세리들과 어울리는 것에 대해 불평했습니다(세리들은 종종 원래 내야 할 세금보다 더 많은 세금을 부과해 사람들을 속였습니다).

예수님은 말씀하셨습니다. "건강한 사람은 의사가 필요 없고 아픈 사람에게 의사가 필요하다. 나는 선한 사람(혹은 자신들이 선하다고 생각하는)들이 아니라 죄에서 돌이키고 싶어하는 죄인들을 위해 왔다."

예수님은 그분의 나라에 선한 사람들만 들어오길 원하실까?

모든 사람은 죄인입니다. 잘못을 저지르지 않는 것처럼 보이는 사람도 말입니다(롬 3:10-12). 자신은 다른 사람들보다 악하지 않아서 천국에 가리라고 생각하는 사람들이 있습니다. 그들은 아주 '작은' 죄라도 모든 계명을 어긴 것과 마찬가지로 마음을 더럽힌다는 사실을 깨닫지 못합니다(약 2:10). 그들이 무엇을 하든, 얼마나 열심히 노력하든, 스스로 치유하거나 죄의 자국을 없앨 수 없습니다.

치명적인 죄의 질병을 고칠 수 있는 유일한 분은 우리 영혼의 의사 예수님이십니다. 예수님은 모든 사람을 초대하시려고 이 땅에 오셨습니다. 예수님은 죄인들(우리와 같은)도 그분의 나라에 들어오라고 선택하시고, 치유받기 위해 나아오는 모든 사람을 용서하십니다. 그분의 선하심을 우리 마음에 넣어주셔서 우리를 선하게(의롭게) 하십니다.

"인자가 온 것은 잃어버린 자를 찾아 구원하려 함이니라" _ **누가복음 19:10**

복 있는 사람

예수님은 말씀하셨습니다. "하나님을 온전히 믿는 사람은 복이 있나니, 하나님나라가 그들의 것이다. 슬퍼하는 사람은 복이 있나니, 하나님의 사랑이 넘치는 위로를 경험할 것이다. 겸손하고 온유한 사람은 복이 있나니, 그들이 하나님이 약속하신 것을 받을 것이다. 하나님이 원하시는 일을 하고 싶어하는 사람은 복이 있나니, 하나님이 그분의 영으로 그들을 채우실 것이다.

자비를 베풀고 속히 용서하는 사람은 복이 있나니, 하나님이 그들에게 자비를 베푸실 것이다. 마음이 정결한 사람은 복이 있나니, 그들이 하나님을 보고 그분과 더불어 살 것이다. 하나님의 평화를 전하려고 평화를 이루는 사람은 복이 있나니, 그들이 하나님의 자녀라고 불릴 것이다. 하나님을 사랑하여 박해를 받는 사람은 복이 있나니, 하늘에서 행복한 날들이 그들을 기다릴 것이다."

평화를 이루는 사람은 어떤 사람일까?

천사들이 목자들에게 예수님의 탄생을 전하면서 이렇게 말했습니다. "지극히 높은 곳에서는 하나님께 영광이요 땅에서는 하나님이 기뻐하신 사람들 중에 평화로다 하니라"(눅 2:14). 평화를 이루는 사람이 되는 것은 싸움이 일어나지 않게 말리는 차원 이상을 의미합니다. 평화를 이루는 사람이 되려면 하나님과 함께 시간을 보내야 합니다. 그럴 때 그분의 평화가 우리 마음에 가득할 수 있기 때문입니다.

"평안의 매는 줄로 성령이 하나 되게 하신 것을 힘써 지키라" _ **에베소서 4:3**

빛과 소금

베드로와 다른 제자들이 앉아서 예수님의 가르침을 듣고 있었는데 한 번도 들어본 적이 없는 말씀이었습니다. 예수님이 말씀하셨습니다. "너희는 이 땅에서 소금과 같다! 너희가 하나님을 사랑하지 않는 사람들과 같다면, 너희는 짠 맛을 잃고 쓸모없는 소금과 같아질 것이다. 너희는 세상의 빛이다! 언덕 위의 도시가 밤에 그 빛을 숨길 수 없듯이 너희 선한 행실이 내는 빛은 멀리까지 비출 것이다. 너희 빛을 숨기지 말고 온 사방에 비추어 모든 사람이 너희가 한 착한 행실로 인해 하늘에 계신 너희 아버지를 찬양하게 하여라."

어떻게 소금 같은 존재로 살 수 있을까?

소금으로 사는 것은 하나님께 순종할 때만 가능합니다. 하나님이 당신을 사용하시도록 할 때, 당신은 이 땅의 소금이 됩니다. 당신이 갑자기 짠맛을 내게 된다는 의미가 아닙니다. 오히려 약간의 소금으로 맛없는 음식이 크게 달라질 수 있듯, 당신이 주변 사람들의 삶에 큰 변화를 만들어낼 수 있다는 의미입니다. 음식에 소금을 뿌려 맛을 내듯, 하나님은 믿는 사람들을 온 세상에 뿌려 사랑으로 맛을 내게 하십니다. 당신이 소금인지 알려면 다음 질문에 답해 보십시오.

- 이웃이 잘못된 행동을 하지 않도록 막습니까?
- 주변 사람들을 위해 기도하십니까?
- 다른 사람들에게 예수님에 대해 말하고 그들을 교회로 초대하십니까?

하나 이상의 질문에 그렇다고 대답한다면 당신은 소금입니다!

"너희 말을 항상 은혜 가운데서 소금으로 맛을 냄과 같이 하라
그리하면 각 사람에게 마땅히 대답할 것을 알리라" _ **골로새서 4:6**

베드로가 분노에 대해 배우다

예수님은 제자들에게 하나님을 기쁘시게 하는 삶에 대해 계속 가르치면서 분노에 대해 이렇게 말씀하셨습니다. "사람이 누군가를 죽이면 심판받는다는 것을 너희 모두 알고 있다. 그러나 나는 너희에게 말한다. 형제에게 화를 내거나 누군가를 바보라고 부르는 자도 심판받을 위험이 있다."

그런 다음 예수님은 이렇게 말씀하셨습니다. "너희가 하나님께 제물을 드리려고 하다가 갑자기 친구와 껄끄러웠던 일이 생각나거든, 먼저 친구와의 문제를 풀고 와서 하나님께 제물을 드려라."

화내는 것은 괜찮을까?

하나님은 우리를 창조하실 때 모든 감정을 주셨습니다. 행복과 사랑의 감정과는 달리, 분노는 나쁜 감정처럼 보입니다. 하지만 분노를 긍정적인 방식으로 사용할 수 있습니다. 만약 옆집 사람이 반려견을 심하게 때리는 모습을 보면 화가 날 것입니다. 그 분노 때문에 당신은 그 사람이 그런 행동을 하지 못하도록 막을 것입니다.

성경은 우리에게 화내지 말라고 하지 않습니다. 화 때문에 죄를 지어서는 안 된다고 말합니다. 무언가를 부수거나, 욕을 하거나, 누군가를 해치는 방식으로 분노를 표현하는 것은 잘못입니다.

화가 났을 때 감정을 억누르지 말고 이렇게 해보세요. 당신을 화나게 만든 사람에게 당신 기분이 어떤지, 왜 그런 감정이 드는지 이야기하세요. 마음을 상하게 하거나 실망을 안겨준 사람을 용서하십시오. 책을 읽거나 그림을 그리거나 반려동물과 시간을 보내보세요. 화를 간직한 채 잠자리에 들지 마십시오. 다음 날 아름다운 새 날의 시작을 망칠 것입니다.

"분을 내어도 죄를 짓지 말며 해가 지도록 분을 품지 말고" _ **에베소서 4:26**

예수님이 가르치신 기도

예수님은 제자들에게 훌륭한 제자가 되기 위해 배워야 할 것들에 대해 가르치셨습니다. 제자들에게 세상에서 어떻게 경건한 삶을 살아야 할지 보여주셨습니다.

예수님은 그들에게 기도하는 법을 가르치셨습니다. "너희는 이렇게 기도하여라. 하늘에 계신 우리 아버지, 우리가 당신의 이름을 존귀히 높입니다. 아버지의 나라가 오게 하시고, 당신의 뜻이 하늘에서와 같이 땅에서도 이루어지게 하소서. 오늘 우리에게 필요한 양식을 주시고, 우리가 우리에게 잘못한 사람을 용서해준 것같이, 우리가 한 모든 잘못을 용서해주소서. 우리를 어려운 시험에 빠지지 않게 하시고, 유혹과 악한 자의 권세에서 지켜주소서. 나라와 권세와 영광이 영원히 아버지의 것입니다. 아멘."

주님의 기도는 기도의 완벽한 표본일까?

예수님은 제자들에게 무엇을 기도해야 하는지 알려주시기 위해 이 기도를 하셨습니다. 주님의 기도는 우리가 기도해야 할 순서를 보여줍니다. 예수님은 먼저 하나님을 경배하는 기도를 하셨고, 그 후에 다른 것들을 위해 기도하셨습니다.

하지만 예수님이 이 기도를 하셨다고 해서 우리가 이 기도만 해야 한다는 의미는 아닙니다. 이것이 기도의 가장 좋은 예이지만, 하나님은 우리가 아무 생각 없이 같은 말을 반복하기보다는 진심으로 그분과 대화하기를 원하십니다.

"모든 기도와 간구를 하되 항상 성령 안에서 기도하고
이를 위하여 깨어 구하기를 항상 힘쓰며 여러 성도를 위하여 구하라" _ **에베소서 6:18**

예수님 마태복음 7:1-6

"판단하지 마라"

제자들이 앉아서 말씀을 듣고 있을 때 예수님은 하나님나라에 대한 진리를 가르치셨습니다. "다른 사람을 판단하지 마라. 그러면 너희도 판단받지 않을 것이다. 너희가 다른 사람을 판단하는 방식으로 하나님이 너희를 판단하실 것이다. 네 형제의 눈 속에 있는 티는 보면서, 네 눈 속에 있는 들보는 왜 깨닫지 못하느냐? 먼저 네 눈에서 들보를 빼내어라. 그래야 네 눈이 잘 보여서, 형제의 눈 속에 있는 티를 빼줄 수 있을 것이다."

나쁜 습관을 가진 사람을 고쳐주어야 할까?

예수님은 우리가 다른 사람을 판단해서는 안 된다고 말씀하셨습니다. 우리는 모두 죄인이고 다른 사람을 판단할 권리가 없기 때문입니다. 우리가 친구의 잘못에 대해 말할 수 없다면 친구가 잘못된 일을 하는 것을 어떻게 막을 수 있을까요? 때로는 친구에게 그가 가진 나쁜 습관을 알려주어야 합니다. 하지만 그것을 알려주는 방식에 주의해야 합니다. 그 친구가 문제를 민감하게 인식하도록 도와주고, 그를 이해하며, 지지해 주어야 합니다. 그리고 미래에 대한 소망을 주어야 합니다.

나쁜 습관을 가진 친구를 위해 기도하십시오. 그에게 성경이 말하는 옳고 그른 삶의 방식에 대해 알려주고 좋은 본을 보여주십시오. 당신이 누군가를 판단할 필요가 없다는 것을 기억하세요. 주님께서 그 일을 맡으실 것입니다.

"그러므로 때가 이르기 전 곧 주께서 오시기까지 아무 것도 판단하지 말라
그가 어둠에 감추인 것들을 드러내고 마음의 뜻을 나타내시리니
그 때에 각 사람에게 하나님으로부터 칭찬이 있으리라" _ **고린도전서 4:5**

세례 요한 누가복음 7:18-23

"당신이 그분입니까?"

헤롯 왕이 세례 요한을 감옥에 가두었습니다. 요한이 감옥에 갇혀 있을 때, 제자들이 찾아와 예수님이 행하신 기적에 대해 말해주었습니다. 그러자 요한은 그들을 예수님께 보냈습니다. 요한이 보낸 사람들이 예수님을 찾아가 물었습니다. "선지자들이 말하던 그분이십니까? 아니면 우리가 다른 분을 기다려야 합니까?"

예수님이 그들에게 대답하셨습니다. "너희가 보고 들은 것을 요한에게 전하여라. 눈먼 사람이 보게 되고, 못 걷던 사람이 걷게 되고, 귀먹은 사람이 듣게 되고, 나병 환자가 치유받고, 죽은 자가 다시 살아나고, 가난한 사람에게 하나님의 복음이 전해진다. 나에 대해 의심하지 않는 사람은 복이 있다."

의심이 죄일까?

모든 사람이 의심을 품습니다. 당신이 모든 것을 절대적으로 확신한다면 믿음을 연습할 필요가 없을 것입니다. 우리가 답을 찾도록 도와주는 의심은 올바른 곳(성경)에서 답을 찾을 때 믿음으로 이끌 수 있습니다. 우리를 불순종으로 이끌거나 우리 눈을 예수님에게서 멀어지게 하는 의심은 죄로 이끕니다. 성경은 계속해서 의심하는 사람은 마치 바람에 밀려 출렁이는 바다 물결 같다고 말합니다(약 1:6).

요한은 감옥에 갇혀 있어서 예수님이 행하시는 기적을 직접 볼 수 없었습니다. 그는 왜 예수님이 기적을 행해 그를 감옥에서 빼내주지 않는지 의아했을 수도 있습니다. 하지만 요한은 자신을 괴롭히는 의심을 해결하기 위해 행동했습니다. 그는 제자들을 보내 예수님에게서 진리를 알아오게 했습니다.

"예수께서 이르시되 너는 나를 본 고로 믿느냐 보지 못하고 믿는 자들은 복되도다 하시니라" _ **요한복음 20:29**

예수님 누가복음 8:4-8; 마태복음 13:18-23

여기저기 떨어진 씨

예수님이 어디로 가시든 사람들은 말씀을 듣기 위해 따라갔습니다. 많은 무리가 몰려들자 예수님은 하나님의 말씀이 사람들의 마음 안에서 어떻게 일하는지 알려주시려고 비유로 말씀하셨습니다.

"어느 날, 한 농부가 씨를 뿌리러 나갔다. 그가 씨를 뿌릴 때, 어떤 씨는 길바닥에 떨어져서 발에 밟히기도 하고 하늘의 새가 쪼아먹기도 했다. 어떤 씨는 돌이 많은 땅에 떨어졌다. 씨에서 싹이 나왔지만 땅이 딱딱하고 물기가 없어서 금방 말라버렸다. 다른 씨는 가시덤불에 떨어졌다. 싹이 나서 조금 자랐지만 가시덤불이 덮어버렸다. 하지만 어떤 씨는 좋고 기름진 땅에 떨어져 잘 자라서 100배의 열매를 맺었다."

씨앗이 정말로 누군가의 마음에서 자랄 수 있을까?

예수님이 비유로 말씀하신 씨앗은 하나님의 말씀입니다. 우리가 설교를 듣거나 성경을 읽을 때 하나님의 말씀이 마음에 와닿습니다. 땅은 사람의 마음을 의미합니다. 하나님의 말씀이 한 사람의 마음(영)에 닿으면, 그는 말씀에 대해 생각하고 이해하게 됩니다. 말씀을 믿고 또 그대로 행하면 자라나기 시작합니다.

어떤 사람들은 하나님의 말씀을 듣지 않으려고 합니다. 그들의 마음은 딱딱해져서 씨앗이 자랄 수가 없습니다. 어떤 사람들은 예수님의 말씀을 듣고 잠시 믿습니다. 하지만 어려움과 시험이 찾아오면 포기하고 맙니다. 어떤 사람들은 말씀을 듣지만, 삶의 걱정과 돈과 쾌락 때문에 그 말씀을 잊어버립니다. 어떤 사람들은 말씀을 듣고 그대로 행합니다. 그들은 좋은 마음을 갖고 있어서 생명의 말씀이 계속해서 자라납니다!

"하나님께로부터 난 자마다 죄를 짓지 아니하나니 이는 하나님의 씨가
그의 속에 거함이요 그도 범죄하지 못하는 것은 하나님께로부터 났음이라"
_ 요한1서 3:9

풍랑을 잔잔하게 하시다

어느 날, 예수님이 제자들과 함께 배에 오르시며 말씀하셨습니다. "호수 저편으로 가자." 그들이 항해할 때 예수님은 잠이 드셨습니다. 그 때 강한 바람이 불기 시작했고 파도가 배를 덮치자 배 안이 물로 가득 찼습니다. 제자들이 예수님을 깨우며 말했습니다. "선생님, 선생님, 우리가 죽게 되었습니다!"

예수님이 깨어나서 바람과 파도에게 말씀하셨습니다. "잠잠하라!" 즉시 바람이 잦아들었고 큰 파도가 잔잔해졌습니다. 예수님이 제자들에게 말씀하셨습니다. "너희 믿음이 어디 있느냐?" 제자들은 두려워하며 놀라서 서로 말했습니다. "이분이 누구시길래 바람과 파도도 그분의 말씀에 순종하는가?"

예수님은 파도치는 감정도 잠잠하게 하실 수 있을까?

우리는 주변이나 우리에게 일어난 일들로 감정의 변화가 생깁니다. 어떤 상황은 우리를 평화롭고 행복하게 합니다. 하지만 어떤 상황은 우리를 슬프고 당황스럽고 화나게 하거나 두렵게 만듭니다.

바람이 불지 않으면 배가 움직이지 않습니다. 배가 움직이려면 어느 정도 바람이 필요하지만 거센 폭풍은 배를 뒤집히게 할 수 있습니다. 때때로 당신을 뒤흔드는 어떤 일로 인해 폭풍 속에 있는 것 같을 수 있습니다. 직장에서의 문제일 수도 있고, 삶에서 일어나는 변화일 수도 있습니다. 예수님은 문제의 파도에 휩쓸린 우리 감정을 가라앉히십니다! 당신의 상황이 바로 변하지 않을 수 있지만, 예수님은 당신 마음에 일어난 폭풍 같은 감정에 평안을 가져다주실 수 있습니다.

"그리하면 모든 지각에 뛰어난 하나님의 평강이
그리스도 예수 안에서 너희 마음과 생각을 지키시리라" _ **빌립보서 4:7**

제자들 마가복음 6:7-13

제자들이 둘씩 짝지어 나가다

예수님이 열두 제자를 부르셔서 둘씩 짝지어 하나님의 사역을 하러 가라고 보내셨습니다. 예수님은 제자들에게 말씀하셨습니다. “여행을 위해 지팡이 외에 아무것도 가져가지 마라. 음식이나 돈을 가져가지 마라. 신발을 신되 여분의 옷은 가져가지 마라. 너희를 환영하는 집에 머물게 되거든 그 마을을 떠날 때까지 그 집에 계속 머물러라. 어느 마을에 갔는데 사람들이 너희를 환영하지 않거나 너희 말을 듣지 않으면 그곳을 떠날 때 발에 묻은 먼지도 털어버려라.”

제자들은 나가서 예수님의 메시지를 전했습니다. 그들은 많은 귀신을 쫓아내며, 아픈 사람들을 고쳐주었습니다.

팀으로 일하는 것이 왜 좋을까?

누가 베드로와 함께 갔는지 모르지만, 그 사람은 분명 엄청난 경험을 했을 것입니다! 주님은 베드로에게 신중하고 어리석은 일을 하지 않도록 막아줄 책임감 있는 사람이 필요함을 아셨을 것입니다.

두 명 또는 소그룹으로 함께 일할 때 우리는 각자가 서로 다르다는 것을 금방 깨닫게 됩니다. 저마다 강점(잘하는 것)과 약점이 있습니다. 팀으로 일할 때 우리는 다른 사람들이 잘하는 일을 보면서 일하는 법을 새롭게 배우기도 합니다. 함께 일할 때의 장점은 다음과 같습니다.

- 일이 힘들 때 서로 격려할 수 있습니다.
- 서로의 필요를 위해 기도하는 법을 배우게 됩니다.
- 혼자서는 할 수 없는 일을 해내게 됩니다.

“간구할 때마다 너희 무리를 위하여 기쁨으로 항상 간구함은
너희가 첫날부터 이제까지 복음을 위한 일에 참여하고 있기 때문이라”
_ **빌립보서 1:4-5**

예수님이 엄청난 무리를 먹이시다

제자들이 돌아와서 자신들이 한 일과 가르친 일을 예수님께 말씀드렸습니다. 예수님은 그들에게 말씀하셨습니다. "나와 함께 조용한 곳으로 가서 좀 쉬자." 그들이 많은 사람을 피해 배를 타고 갈릴리 호수 건너편으로 갔지만 사람들이 보고 호수 반대편으로 달려갔습니다.

배에서 내린 예수님은 많은 사람이 다가오는 모습을 보고 물으셨습니다. "이 사람들을 먹일 수 있는 음식을 어디서 구할 수 있겠느냐?" 베드로의 형제 안드레가 말했습니다. "떡 다섯 덩이와 물고기 두 마리를 가져온 소년이 있습니다."

예수님은 떡을 들어서 감사기도를 드린 다음 제자들에게 주시고 무리에게 나누어주게 하셨습니다. 물고기 두 마리도 같은 방식으로 나누어주셨습니다. 모든 사람이 배불리 먹자 예수님은 제자들에게 말씀하셨습니다. "남은 음식을 모두 모아라." 남은 것을 모으니 열두 바구니에 가득 찼습니다.

예수님은 낭비나 쓰레기 버리기에 대해 무엇을 가르치셨을까?

예수님이 한 소년의 도시락으로 5천 명이 넘는 사람을 먹이실 수 있었다면 그분이 원하실 때마다 원하는 음식을 만드실 수 있었을 것입니다. 하지만 예수님은 자신과 친구들을 위해 맛있는 음식을 만드는 데 그분의 능력을 사용하지 않으셨습니다. 예수님은 우리에게 좋은 본을 보여주셨습니다.

- 항상 가장 좋은 것이나 가장 비싼 것을 원해서는 안 된다.
- 길거리(또는 어느 장소든)에 쓰레기를 버리면 안 된다.
- 우리가 가진 것에 감사하고 하나님께 감사드려야 한다.

"내가 곧 생명의 떡이니라" _ **요한복음 6:48**

베드로 마태복음 14:22-33

"베드로야, 오라!"

예수님은 많은 사람을 먹이신 후 제자들에게 배를 타고 호수 건너편으로 먼저 가라고 하셨습니다. 그 사이 예수님은 기도하려고 산으로 가셔서 저녁이 될 때까지 혼자 계셨습니다. 제자들이 탄 배는 육지에서 멀리 떨어져 있었는데 풍랑으로 이리저리 흔들렸습니다.

다음 날 새벽 어두울 때 예수님이 물 위를 걸어 제자들에게 오셨습니다. 제자들은 자신들을 향해 누군가 걸어오는 모습을 보고 두려웠습니다. 예수님이 말씀하셨습니다. "두려워하지 마라. 나다!" 베드로가 대답했습니다. "주님, 정말 당신이라면 저에게 물 위를 걸어 주님께로 오라고 하소서."

예수님이 말씀하셨습니다. "오너라!" 베드로는 배에서 내려 물 위로 걸어서 예수님께로 갔습니다. 하지만 바람과 파도를 보고 두려움에 휩싸여 가라앉기 시작했습니다. 예수님이 즉시 손을 내밀어 베드로를 붙잡고 말씀하셨습니다. "믿음이 작은 자야, 왜 의심하였느냐?" 그들이 함께 배에 오르자 폭풍이 잦아들었습니다.

예수님은 왜 베드로가 물에 가라앉게 두셨을까?

베드로는 배에서 내려 예수님께 가고 싶어했습니다. 이것은 그의 용기를 보여줍니다. 베드로는 예수님께 허락을 구하고 배에서 내렸습니다. 이것은 그의 지혜를 보여줍니다. 베드로는 배 옆으로 뛰어내려 예수님을 향해 걸어갔습니다. 이것은 그의 순종을 보여줍니다.

자연법칙을 창조하신 예수님이 원하시면 언제든 그것을 바꾸실 수 있습니다. 베드로가 예수님을 계속 바라볼 때, 그의 믿음은 강했고 물 위를 걸었습니다. 당신의 믿음이 약할지라도 예수님은 항상 당신과 함께하십니다.

"내가 두려워하는 날에는 내가 주를 의지하리이다" _ **시편 56:3**

베드로가 바로 말하다

어느 날, 예수님이 제자들에게 중요한 질문을 하셨습니다. "사람들이 나를 누구라고 하느냐?" 제자들이 대답했습니다. "세례 요한이라고 하는 사람도 있고, 엘리야라고 하는 사람도 있고, 예레미야나 다른 선지자라고 하는 사람도 있습니다."

예수님이 물으셨습니다. "너희는 나를 누구라고 하느냐?" 베드로가 대답했습니다. "당신은 살아 계신 하나님의 아들, 그리스도이십니다." 예수님이 대답하셨습니다. "베드로야, 네가 복이 있다. 이 진리는 사람이 너에게 알려준 것이 아니라 하늘에 계신 아버지께서 알려주신 것이다. 너는 베드로(반석)이다. 이 반석 위에 내 교회를 세우겠다. 지옥의 권세도 그것을 이기지 못할 것이다."

예수님은 선지자일까?

누군가 예수님은 단지 선한 선지자라고 한다면 동의하시겠습니까? 우리는 예수님이 선하시고 죄가 없다는 것을 압니다. 선지자는 하나님께 직접 메시지를 듣고 그것을 사람들에게 전했습니다. 구약 선지자들은 종종 기적을 행하고 사람들에게 미래에 일어날 일들을 전했습니다. 그들이 말한 대로 어떤 일이 일어나면 그들이 전한 메시지가 하나님께로부터 온 것임을 보여주었습니다.

어떤 면에서 예수님은 선지자이셨습니다. 그분은 하나님의 말씀을 전하셨고, 많은 기적을 행하셨으며, 미래에 일어날 일들을 말씀하셨습니다. 하지만 다른 선지자는 죽어 장사되었지만, 하나님의 아들 예수님은 영원히 살아 계시며 아버지 우편에 앉아 계십니다.

"옛적에 선지자들을 통하여 여러 부분과 여러 모양으로 우리 조상들에게 말씀하신 하나님이 이 모든 날 마지막에는 아들을 통하여 우리에게 말씀하셨으니 이 아들을 만유의 상속자로 세우시고 또 그로 말미암아 모든 세계를 지으셨느니라" _ **히브리서 1:1-2**

베드로의 놀라운 경험

예수님은 베드로와 야고보와 요한을 데리고 높은 산으로 올라가셨습니다. 그때 예수님의 모습이 변화되었습니다. 그분의 얼굴은 해같이 빛났고 옷은 빛과 같이 희게 되었습니다. 그리고 모세와 엘리야가 나타나 예수님과 이야기를 나누었습니다.

베드로가 말했습니다. "주님, 우리가 여기 있는 것이 너무 좋습니다! 제가 초막 세 개를 지어 하나는 주님께, 하나는 모세에게, 하나는 엘리야에게 드리겠습니다."

베드로가 말하고 있는데 빛나는 구름이 그들을 뒤덮었고 음성이 들렸습니다. "이는 내 사랑하는 아들이요 내가 기뻐하는 자이다. 너희는 그의 말을 들어라!" 제자들은 두려워서 땅에 엎드렸습니다. 예수님이 그들을 어루만지시며 말씀하셨습니다. "두려워하지 마라."

예수님의 얼굴이 어떻게 빛났을까?

우리는 비 오는 날에는 해가 비치지 않는다고 말합니다(눈에 안 보이기 때문에). 하지만 우리가 구름 위로 올라갈 수 있다면 해가 비치고 있으며, 사실 해는 비추는 것을 멈춘 적이 없음을 알게 될 것입니다.

예수님도 빛나는 것을 멈춘 적이 없으십니다! 시간이 시작되기 전부터 그분의 거룩함의 광채는 빛났고 앞으로도 영원히 빛날 것입니다. 그분의 빛은 너무 밝아서 하늘에 있는 햇빛도 필요 없을 것입니다. "주 하나님이 그들에게 비치심이라"(계 22:5).

우리가 구름 사이로 햇빛이 비치는 것을 갑자기 보듯, 세 제자는 잠시 예수님의 영광을 보았습니다. 그분의 몸에서 빛줄기가 흘러나올 때 그들은 그분의 죄 없으신 영광을 보았습니다. 예수님은 빛나기 위해 아무것도 하실 필요가 없습니다. 그분 자체가 빛이십니다(요 8:12).

"여호와는 그의 얼굴을 네게 비추사 은혜 베푸시기를 원하며" _ **민수기 6:25**

"세 번째 이르시되 요한의 아들 시몬아 네가 나를 사랑하느냐 하시니
주께서 세 번째 네가 나를 사랑하느냐 하시므로
베드로가 근심하여 이르되 주님 모든 것을 아시오매
내가 주님을 사랑하는 줄을 주님께서 아시나이다
예수께서 이르시되 내 양을 먹이라"

_ 요한복음 21:17

A 365-Day Devotional

10월
October

제자들, 예수님, 마리아, 삭개오, 베드로, 아리마대 요셉,
막달라 마리아, 도마와 함께 걷다

가장 큰 자와 가장 작은 자

제자들이 가버나움으로 가는 길에 그들 중 누가 가장 큰 사람이냐로 논쟁이 붙었습니다. 그들이 가버나움에 도착했을 때 예수님이 물으셨습니다. "너희가 길을 가면서 무슨 일로 다투었느냐?" 제자들은 답을 하지 못했습니다. 예수님은 열두 제자를 불러 말씀하셨습니다. "누구든지 첫째가 되고자 하면 마지막이 되어야 하고, 큰 자가 되고자 하면 모든 사람의 종이 되어야 한다."

예수님이 한 아이를 데려와 제자들 앞에 세우고 안아주시며 말씀하셨습니다. "누구든 이런 아이를 영접하는 사람은 나를 영접하는 것이고, 누구든 나를 영접하는 사람은 나를 보내신 분을 영접하는 것이다. 가장 작은 자가 되는 사람이 가장 큰 자이다."

내가 가장 작은 자라면 언제 큰 자가 될까?

가장 작은 자가 되는 것은 중요하지 않은 사람이 된다는 의미가 아닙니다. 예수님은 제자들에게 그들이 가장 작은 자라고 말씀하지 않으시고 가장 작은 자가 되어야 한다고 말씀하셨습니다. 가장 작은 자가 되는 것은 우리가 선택하는 것입니다.

가장 작은 자는 친절하고 겸손한 태도를 보입니다. 그는 자신을 다른 사람보다 낫게 여기지 않고 어린아이도 환영받는 느낌을 받게 합니다. 하나님나라에서 가장 큰 자들은 다른 사람의 좋은 점을 보고 그들을 격려하며, 외로운 사람의 친구가 되어줍니다. 당신이 다른 사람들을 가장 첫 자리에 놓으면 가장 큰 자가 됩니다.

"젊은 자들아 이와 같이 장로들에게 순종하고 다 서로 겸손으로 허리를 동이라
하나님은 교만한 자를 대적하시되 겸손한 자들에게는 은혜를 주시느니라"
_ **베드로전서 5:5**

예수님 누가복음 9:57-62

예수님을 따르는 대가

—

예수님과 제자들이 길을 가는데, 어떤 사람이 예수님께 말했습니다. "주님, 어디로 가시든 따르겠습니다." 예수님이 대답하셨습니다. "여우도 굴이 있고 공중의 새도 둥지가 있지만 인자는 머리 둘 곳이 없다."

그 후에 예수님이 다른 사람에게 말씀하셨습니다. "나를 따르라!" 하지만 그는 이렇게 대답했습니다. "선생님, 먼저 아버지의 장례를 치르게 해주십시오. 그런 다음 당신을 따르겠습니다." 예수님이 말씀하셨습니다. "영생을 얻지 못한 자들이 그런 일들을 처리하게 하고 너는 가서 하나님나라를 전하여라."

또 다른 사람이 말했습니다. "주님, 저는 당신을 따르겠습니다. 하지만 먼저 집에 가서 작별인사를 하게 해주십시오." 예수님이 그에게 말씀하셨습니다. "자기가 계획한 일을 하느라 정신이 팔린 사람은 마치 밭을 곧게 갈려고 하면서 자꾸 뒤를 돌아보는 농부와 같다."

예수님을 따르는 대가는 무엇일까?

당신이 운동 코치에게 팀에 끼고 싶다고 말하면, 코치가 훈련도 안 시키고 경기에 뛰게 해줄까요? 아마도 코치는 당신에게 많은 훈련과 연습이 필요하다고 말할 겁니다. 체력과 기술은 훈련과 많은 연습을 통해서만 얻을 수 있습니다!

예수님은 제자가 되고 싶어하는 사람에게 그 길이 쉽지 않을 것이라고 말씀하셨습니다. 우리가 예수님의 승리 팀에 합류할 때, 어려운 일이 생길 것임을 예상해야 합니다! 우리는 규칙을 배우고 성경 속 인물들의 예를 공부하며, 우리의 코치이신 성령님의 음성에 귀 기울여야 합니다. 매일 기도하며 영적으로 건강을 유지해야 합니다.

"푯대를 향하여 그리스도 예수 안에서 하나님이 위에서 부르신 부름의 상을 위하여 달려가노라" _ **빌립보서 3:14**

선한 사마리아인

모세의 율법에 정통한 율법학자가 예수님께 와서 영생을 얻으려면 무엇을 해야 하는지 물었습니다. 예수님을 함정에 빠트리려는 질문이었습니다. 예수님은 대답 대신 그에게 질문하신 후, 이웃을 사랑하는 것이 무엇인지 말씀하셨습니다.

"예루살렘에서 여리고로 가던 사람이 강도들의 공격을 받았다. 강도들이 그의 옷을 벗기고 그를 때려 반쯤 죽여서 길에 버려두었다. 마침 한 제사장이 그 길을 내려가다가 부상당한 사람을 보았지만, 길 건너편으로 가서 그냥 지나쳐버렸다. 그 뒤에 성전에서 일하는 레위인이 지나갔지만 부상당한 사람을 그냥 지나쳐버렸다. 한 사마리아인이 지나가다가 부상당한 사람을 불쌍히 여겨 무릎을 꿇고 상처를 깨끗이 닦아주고 붕대를 감아주었다. 그리고 그 사람을 나귀에 태우고 여관으로 데려가 보살펴주었다."

어떻게 '선한 사마리아인'이 될 수 있을까?

당신이 다쳤는데 누군가 도와주었다면 그 사람은 당신에게 선한 사마리인과 같을 것입니다. 당신도 도움이 필요한 누군가를 도와주고 싶은 마음이 들 것입니다.

시간을 내어 상처를 치료하는 법, 반창고를 붙이는 법, 붕대를 감는 법 등을 배워보십시오. 길거리에서 부상당한 사람을 만나기는 쉽지 않겠지만, 다른 방식으로 상처받은 사람들이 주위에 있을 것입니다. 다른 사람들이 한 말이나 행동으로 인해 상처받을 사람이 있다면, 당신이 신실한 친구가 되어 상처받은 그 마음을 치유할 수 있습니다.

"온 율법은 네 이웃 사랑하기를 네 자신 같이 하라 하신 한 말씀에서 이루어졌나니"

_ 갈라디아서 5:14

주인의 발치에 앉아

예수님과 제자들이 길을 가다가 한 마을에 들어갔는데, 마르다가 예수님을 자기 집으로 모셔 들였습니다. 마르다의 동생 마리아는 예수님의 발치에 앉아 그분의 말씀을 들었습니다.

마르다는 모든 일을 혼자 해야 해서 화가 나서 예수님께 가서 말했습니다. "주님, 제 동생이 저 혼자 일하게 내버려두는 것을 그냥 두고 보십니까? 마리아에게 저를 도우라고 말씀해 주세요!" 예수님이 말씀하셨습니다. "마르다야, 마르다야, 네가 많은 일로 걱정하며 화가 났구나. 정말 중요한 것은 한 가지란다. 마리아는 그것을 발견했으니 빼앗기지 않을 것이다."

삶에서 가장 중요한 것은 무엇일까?

인생에서 행복이 가장 중요하다고 말하는 사람이 있고, 좋은 교육이나 건강, 부 또는 사랑하는 가족이라고 말하는 사람이 있습니다. 사람들은 자신에게 가장 중요한 것을 얻기 위해 시간과 에너지를 쏟습니다.

예수님이 오셨을 때 마르다는 모든 것이 완벽하기를 바랐는데 그렇지 않자 초조했습니다. 사실 예수님은 간단한 식사만으로도 충분히 기뻐하셨을 것입니다. 예수님은 마르다가 중요하지 않은 일에 신경 쓰기보다는 함께 대화하기를 더 원하셨을 것입니다. 당신 인생에서 가장 중요한 것은 무엇입니까? 마리아는 예수님과 함께 시간을 보내는 것이었습니다. 언젠가 이 땅과 우리의 모든 소유가 사라질 것입니다(벧후 3:7). 지금 당신에게 중요한 것이 그날에 남아 있을까요?

"내 양은 내 음성을 들으며 나는 그들을 알며 그들은 나를 따르느니라"

_ 요한복음 10:27

하나님나라

예배를 위해 따로 구별해 놓은 날에, 예수님은 유대인의 예배 장소인 회당에서 가르치고 계셨습니다. 그때 예수님은 여러 해 동안 병으로 시달린 여인을 고쳐주셨습니다. 회당장은 안식일에 병을 고치자 분개했습니다. 그는 사람보다 규칙을 더 중요하게 여겼습니다.

예수님이 물으셨습니다. "하나님나라는 무엇과 같으냐? 마치 겨자씨와 같다. 어떤 사람이 겨자씨를 가져다가 마당에 심자 자라서 큰 나무가 되어 새들이 그 가지에 둥지를 튼다. 또 하나님나라는 한 여인이 밀가루 반죽에 섞은 누룩과 같다. 누룩이 반죽을 부풀린다."

하나님나라는 무엇일까?

작은 누룩과 작은 겨자씨의 공통점은 무엇입니까? 둘 다 아주 작은 것이지만 합당한 곳에 있으면 점점 커진다는 것입니다!

예수님이 사역을 시작하셨을 때 하나님나라는 작은 씨앗과 같았습니다. 그러다 제자들이 예수님과 함께했고, 곧 다른 사람들도 믿어 하나님나라에 참여하게 되었습니다. 점점 더 많은 사람이 예수님에 대해 듣고 믿게 되자 하나님나라는 마을에서 마을로, 나라에서 나라로 퍼져 나갔습니다. 하나님나라는 무엇이며, 어디 있을까요?

나라는 왕이 다스리는 모든 땅과 사람을 의미합니다. 만물의 주님이신 하나님의 나라는 그분이 다스리는 모든 곳에 존재합니다. 하나님은 천상의 왕국과 지상의 왕국을 갖고 계십니다. 하나님은 그분의 뜻이 온전히 이루어진 하늘에서 다스리십니다(딤후 4:18). 당신 삶의 왕이 주님이시라면 그분의 나라는 당신 안에 있습니다.

"여호와께서 그의 보좌를 하늘에 세우시고 그의 왕권으로 만유를 다스리시도다"

_ 시편 103편 19절

큰 잔치

예수님이 한 바리새인의 집에서 식사하실 때, 한 손님에게 이야기를 들려주셨습니다. "한 사람이 큰 잔치를 열어 많은 손님을 초대했다. 모든 것이 준비되자 그는 종들을 보내 손님들에게 잔치에 오라고 전했다. 하지만 사람마다 변명을 늘어놓기 시작했다. 첫 번째 사람은 이제 막 땅을 사서 살펴보러 가야 한다고 말했다. 두 번째 사람은 소 몇 마리를 사서 부려봐야 한다고 말했다. 다음 사람은 결혼한 지 얼마 안 되어 올 수 없다고 말했다. 종들은 돌아가 주인에게 아무도 올 수 없다고 전했다. 집주인은 화가 나서 종들에게 말했다. '빨리 거리로 나가서 가난한 사람, 장애 있는 사람, 소경, 절름발이들을 데려오너라.'"

왜 사람들은 잔치에 가려고 하지 않을까?

친구의 파티에 초대받았다면, 가지 않으려고 어리석은 변명을 생각해 내겠습니까? 그러나 많은 사람은 하나님이 주시는 가장 큰 축제, 바로 하늘의 초대를 거절하기 위해 온갖 변명을 만들어냅니다!

어떤 사람은 하나님이나 천국을 믿지 않습니다(그래서 그들은 큰 잔치가 열린다는 것을 믿지 않습니다). 어떤 사람은 너무 바쁩니다. 한 사람은 부동산을 샀고 다른 사람은 새로 산 소를 부려보느라(일하느라) 바쁩니다. 어떤 사람은 가족이나 친구들을 화나게 만드는 것을 두려워합니다. 한 사람은 결혼한 지 얼마 안 되어 의견 불일치가 일어나는 위험을 감수하고 싶지 않았습니다.

하늘에서 열리는 큰 잔치로 부르는 초대장이 왔습니다. 당신의 이름이 초대장에 있습니다. 당신은 그 잔치에 참여할 건가요?

"어린 양의 혼인 잔치에 청함을 받은 자들은 복이 있도다" _ **요한계시록 19:9**

아버지의 사랑

어느 날, 세리들과 죄인들이 예수님의 말씀을 들으러 왔습니다. 바리새인들과 율법학자들이 불평하기 시작했습니다. "이 사람(예수)은 부정직한 사기꾼들을 환영하고 그들과 함께 식사를 하는구나."

예수님은 하나님이 죄인을 얼마나 사랑하시는지 보여주기 위해 비유를 들려주셨습니다. "어떤 사람에게 두 아들이 있는데, 작은아들이 지금 자기 몫의 유산을 달라고 했다. 그래서 아버지는 재산을 나누어 주었다. 아들은 집을 떠나 먼 나라로 가서 재산을 다 써버렸다. 그 나라에 흉년이 들자 그는 빈털터리가 되어 결국 농장에서 돼지 치는 일을 하게 되었다. 너무 배가 고파 돼지 밥마저 맛있어 보이는 지경이 되었다.

마침내 그는 정신이 들어 이렇게 말했다. '이제 일어나 아버지께 돌아가야겠다.' 집에 도착하려면 아직 멀었는데, 아버지가 그를 보고 달려왔다. 아버지는 아들을 껴안고 집으로 맞아들이고, 아들이 돌아온 것을 축하하기 위해 큰 잔치를 열었다."

우리를 향한 하나님의 사랑이 변할까?

우리가 죄를 짓고 제멋대로 행동하다 보면, 죄책감과 수치심에 사로잡히게 되어 하나님이 우리를 사랑하신다는 느낌이 들지 않습니다. 집을 떠나 멀리 간 아들은 아버지의 사랑을 느낄 수 없었습니다. 하지만 아버지가 그를 사랑하지 않은 것은 아니었습니다. 아들은 집에 돌아온 그날 비로소 아버지의 사랑을 느낄 수 있었습니다.

우리를 향한 아버지의 사랑은 결코 변하지 않습니다. 우리가 반역하고 제 길로 갈 때도 말입니다. 우리가 돌아오면 하나님은 아주 기뻐하십니다. 우리가 얼마나 멀리 갔든, 무슨 일을 했든 말입니다.

"내가 너희에게 이르노니 이와 같이 죄인 한 사람이 회개하면 하나님의 사자들 앞에 기쁨이 되느니라" _ **누가복음 15:10**

예수님 누가복음 17:11-19

돌아온 한 사람

예수님이 예루살렘으로 가는 길에 한 마을에 들어가셨는데 나병환자 열 명을 만났습니다. 그들은 멀리 서서 소리쳤습니다. "예수, 선생님! 우리를 불쌍히 여기소서."

예수님이 그들을 보시고 말씀하셨습니다. "가서 제사장에게 너희 몸을 보여라."(당시에는 제사장만이 나병에서 깨끗해졌다고 선포하며 다시 마을로 가서 살도록 허락할 수 있었습니다.)

그들이 제사장에게 가는 길에 모두 나병에서 깨끗해졌습니다. 그중 한 사람이 자신이 나은 것을 알고 큰 소리로 하나님을 찬양하며 예수님께 감사하러 돌아왔습니다. 예수님이 말씀하셨습니다. "열 사람이 있었는데 나머지는 어디 있느냐? 감사하러 돌아온 사람이 너뿐이냐? 가거라. 네 믿음이 너를 낫게 하였다."

모든 일에 감사하면 하나님은 지루해하실까?

하나님께 감사할 것 100가지를 생각해 보라고 하면, 그리 오래 걸리지 않을 것입니다. 우선 주위를 둘러보기만 해도 됩니다. 우리는 크고 작은 일들, 일상의 사소한 것까지 하나님께 감사할 수 있습니다. 하지만 매일 긴 목록을 작성하는 대신, 순간마다 하나님께 감사하는 습관을 가지십시오. 예를 들어, 추운 겨울밤 따뜻한 침대나 맛있는 음식을 주신 것에 감사할 수 있습니다. 일출의 아름다움을 볼 수 있는 눈이나, 우울할 때 친구의 사랑을 받은 것에 감사할 수 있습니다. 하나님은 우리가 감사할 때 기뻐하십니다. 이는 우리가 하나님의 선하심을 깨닫고 창조의 세밀함을 볼 수 있음을 보여주기 때문입니다.

"시와 찬송과 신령한 노래들로 서로 화답하며 너희의 마음으로 주께 노래하며 찬송하며 범사에 우리 주 예수 그리스도의 이름으로 항상 아버지 하나님께 감사하며"

_ 에베소서 5:19-20

예수님이 어린아이들을 축복하시다

예수님이 무리를 가르치고 계실 때, 사람들이 예수님께 어린아이들을 데려와 축복해 주시길 바랐습니다. 하지만 제자들이 어린아이들을 데려가라고 말했습니다.

예수님이 화를 내시며 제자들에게 말씀하셨습니다. "아이들을 내게 오게 하여라. 그들을 막지 마라. 하나님나라가 바로 이런 자들의 것이다. 내가 진정으로 너희에게 말한다. 누구든지 어린아이와 같이 하나님나라를 받아들이지 않는 사람은 그곳에 들어가지 못한다." 예수님은 어린아이들을 안으시고, 그들의 머리에 손을 얹어 축복하셨습니다.

하나님께 어린아이는 어른만큼 중요할까?

어른들은 원할 때 잠자리에 들고, 집에서 규칙을 만들며, 가게에서 원하는 것을 사는 등 많은 특권을 가진 것처럼 보입니다. 또한 어른들은 어린아이들이 할 수 없는 많은 일을 할 수 있습니다. 때로는 교회도 어른들을 위한 곳처럼 느껴집니다. 그래서 하나님은 어린아이들보다 어른들에게 더 관심이 있으신 것처럼 보일지 모릅니다.

비록 어른들이 어린아이들보다 권리도 많고 할 수 있는 일도 더 많지만, 동시에 더 큰 책임도 지고 있습니다. 하지만 하나님은 어린아이들보다 어른들을 더 중요하다고 생각하지 않습니다.

어른이든 어린아이든 하나님께 다 중요합니다. 하나님이 우리를 만드셨기 때문입니다! 예수님은 어린아이들이 그분에게 오는 것을 막지 말라고 제자들에게 말씀하셨습니다. 하나님나라는 어린아이와 같은 사람들의 것이기 때문입니다.

"어린 아이들과 젖먹이들의 입으로 권능을 세우심이여" _ **시편 8:2**

삭개오 누가복음 19:1-10

나무에 올라간 세리

예수님이 여리고 마을을 지나가실 때, 많은 사람이 길가에 서서 예수님을 보려고 했습니다. 그 마을에 삭개오라는 세리가 살았는데, 그는 많은 사람을 속여 재물을 모았습니다. 그는 무리 뒤쪽에 서 있었는데, 키가 작아서 예수님을 볼 수 없었습니다. 그래서 앞으로 달려가 나무로 올라갔습니다.

예수님이 지나가시다가 나무를 올려다보며 말씀하셨습니다. "삭개오야, 내려오너라. 내가 오늘 너희 집에 머물러야겠다!" 삭개오는 얼른 내려와 기뻐하며 예수님을 맞이했습니다. 그는 예수님께 말했습니다. "제가 가진 소유의 절반을 가난한 자들에게 주겠습니다. 그리고 누구를 속여 빼앗은 것이 있으면 네 배로 갚겠습니다!"

나무가 없었으면 삭개오가 예수님을 만날 수 있었을까?

길가에 그 나무가 없었더라면 삭개오의 인생이 바뀔 수 있었을까요? 예수님이 이 땅에 계실 때는 한 번에 한 곳에만 계셨습니다. 예수님은 진리를 찾는 사람들을 만나기 위해 길을 나서며 많은 사람의 삶을 변화시키셨습니다. 이제 하늘에 계신 예수님은 그분을 진심으로 찾는 모든 사람에게 자신을 드러내십니다.

하나님이 말씀하셨습니다. "너희가 온 마음으로 나를 구하면 나를 찾을 것이요 나를 만나리라"(렘 29:13). 하나님은 온 마음으로 그분을 찾고자 하는 사람들을 지켜보고 계십니다. 누구든지 삭개오처럼 예수님을 만나고 싶어하면 하나님은 그분의 능력으로 그 일을 이루어 주십니다. 하나님은 그 사람이 예수님에 대해 듣고 그분을 마음에 영접할 수 있도록 적절한 시간과 장소에 두십니다.

"여호와의 눈은 온 땅을 두루 감찰하사
전심으로 자기에게 향하는 자들을 위하여 능력을 베푸시나니" _ **역대하 16:9**

향긋한 향유 냄새

유대인들이 유월절을 지키는 절기에 예수님과 제자들은 여리고에서 예루살렘으로 가는 길에 베다니에서 머물게 되었습니다.

마르다는 예수님과 제자들에게 저녁을 대접했습니다. 그들이 식사할 때, 마리아가 값비싼 향유를 가져와 예수님의 발에 붓고 자기 머리카락으로 닦았습니다. 향유의 냄새가 온 집을 가득 채웠습니다.

제자 중 하나인 유다가 냉소적으로 말했습니다. "이 향유를 팔면 가난한 자들에게 돈을 줄 수 있었을 텐데!" 하지만 예수님은 이렇게 대답하셨습니다. "마리아를 괴롭히지 마라! 마리아는 나에게 아름다운 일을 행했다. 가난한 자들은 늘 너희 곁에 있을 것이고 너희는 언제든 그들을 도울 수 있지만 나는 항상 있지 않을 것이다."

마리아는 왜 예수님의 발에 향유를 부었을까?

당시에는 손님이 오면 발과 손을 씻을 물을 제공했는데, 마리아는 그보다 더 큰 일을 했습니다. 마리아의 귀한 향유를 예수님의 발에 부었습니다. 그 향유는 연봉에 해당하는 값진 것으로 마리아가 드리는 사랑의 선물이었습니다. 향유를 예수님의 발에 부음으로써 마리아는 자신에게 예수님보다 더 귀한 것이 없음을 보였습니다.

하지만 마리아는 이 선물조차도 주님이신 예수님께는 발을 닦을 정도만 가치 있다고 여겨 그 이상을 드렸습니다. 마리아는 예수님 발 앞에 엎드려 자기 머리카락으로 그분의 발을 닦음으로써 자기 자신을 예수님께 드린 것입니다.

"나의 기도가 주의 앞에 분향함과 같이 되며
나의 손 드는 것이 저녁 제사 같이 되게 하소서" _ **시편 141:2**

예수님 누가복음 19:28-44

"주께서 쓰시겠다 하라"

예수님과 제자들이 예루살렘으로 가던 길에 벳바게라는 마을에 도착했습니다. 예수님은 두 제자를 앞서 보내며 말씀하셨습니다. "저 마을로 가서 새끼와 함께 매여 있는 나귀를 찾아 풀어서 내게 데려오너라. 혹시 누가 너희에게 무슨 말을 하면 '주께서 쓰시겠다'고 해라. 그러면 그들이 가져가게 해줄 것이다."

두 제자는 가서 예수님이 말씀하신 대로 했습니다. 그들은 나귀와 나귀 새끼를 데려와 예수님이 타실 수 있도록 그 위에 겉옷을 덮었습니다.

다른 사람이 내 물건을 쓰게 허락해야 할까?

누군가 당신 어깨를 툭툭 치며 이렇게 말합니다. "펜 좀 잠시 빌려도 될까요?" 잠시 후 다른 사람이 와서 당신의 물건을 빌려달라고 합니다. 누군가 무언가를 빌려달라고 요청할 때, 나귀 주인의 예를 따른다면, 어떤 기준으로 빌려줄지 말지를 결정할 수 있을까요?

우리는 친절하고 도움을 주는 것이 옳다고 생각할 수 있지만, 동시에 다른 사람에게 물건을 빌려줄 때는 책임감 있게 행동해야 합니다. 우선, 칫솔처럼 개인적인 물건은 다른 사람이 사용하지 못하게 해야 합니다. 또한 가치 있는 물건은 그와 관련된 사람과 먼저 상의하고 빌려주어야 합니다. 하지만 다른 사람을 돕기 위해 빌려줄 수 있는 물건들도 있습니다. 나눔은 우정을 쌓는 것임을 기억하십시오.

"네게 구하는 자에게 주며 네게 꾸고자 하는 자에게 거절하지 말라" _ **마태복음 5:42**

예수님이 예루살렘으로 들어가시다

예수님이 명하신 대로 제자들이 나귀와 나귀 새끼를 데려왔습니다. 예수님이 나귀를 타시자 많은 사람이 자기 옷을 길에 펴놓았고, 길가의 종려나무 가지를 꺾어 길에 깔았습니다. 앞에서 가는 사람들과 뒤에서 따르는 사람들이 외쳤습니다. "호산나! 주님의 이름으로 오시는 이가 복되시다!"

예수님이 예루살렘에 들어가시자 온 도시가 들떠서 물었습니다. "이 사람이 누구냐?" 사람들은 대답했습니다. "이분은 나사렛에서 온 선지자 예수야."

예수님이 성전에 들어가셔서 장사하던 사람들을 쫓아내며 말씀하셨습니다. "내 집은 기도하는 집으로 불릴 것이다. 하지만 너희는 강도의 소굴로 만들어버렸구나." 예수님은 아픈 자들을 고쳐주셨습니다. 아이들은 "호산나! 다윗의 자손"이라고 외쳤습니다.

'호산나'는 무슨 뜻일까?

예루살렘(다윗의 도시로 불린다)은 매년 유월절을 지키러 각지에서 온 사람들로 북적거렸습니다. 이때쯤에는 많은 사람이 예수님을 직접 만났거나 그분에 대해 들었습니다. 그들은 예수님이 나귀를 타고 오시는 것을 보고 '우리를 구원하소서'라는 뜻의 '호산나'를 외쳤습니다.

그 도시를 정복한 로마인들로 인해 유대인들의 삶은 힘들었습니다. 사람들은 예수님이 놀라운 기적을 행하심으로 그분의 능력을 보여주셨기 때문에 자신들을 로마의 압제에서 자유롭게 해줄 것이라고 생각했습니다. 하지만 예수님은 온 세상을 자유케 하려고 오셨습니다.

"시온의 딸아 크게 기뻐할지어다 예루살렘의 딸아 즐거이 부를지어다
보라 네 왕이 네게 임하시나니 그는 공의로우시며 구원을 베푸시며 겸손하여서
나귀를 타시나니 나귀의 작은 것 곧 나귀 새끼니라" _ **스가랴 9:9**

예수님 마태복음 22:15-22

세금을 내야 하는가?

바리새인들은 예수님이 성전에서 장사하는 사람들을 쫓아내시고, 눈먼 자들과 다리 저는 자들을 고치시며, 아이들이 소리 높여 찬양하는 것을 허락하자 불쾌했습니다. 그래서 예수님을 함정에 빠뜨릴 방법을 궁리했습니다. 그 당시 통치하던 로마에 대해 예수님이 반하는 말을 하게 만들어 로마인들에게 처벌하게 하려는 속셈이었습니다. 그들은 계략을 세우고 예수님께 물었습니다. "로마 황제에게 세금을 내는 것이 우리 율법에 맞습니까, 아닙니까?"

예수님은 그들에게 세금 내는 동전을 보여 달라고 하며 말씀하셨습니다. "이 동전에 누구 이름과 얼굴이 새겨져 있느냐?" 그들이 대답했습니다. "로마 황제입니다." 예수님이 말씀하셨습니다. "황제에게 속한 것은 황제에게 바치고, 하나님께 속한 것은 하나님께 바치라."

세금이 무엇일까?

정부, 즉 한 나라를 책임지는 자는 국민을 위해 할 일이 많습니다. 도로와 병원, 학교를 세우고 사람들이 법을 잘 지키도록 만들어야 합니다. 정부가 이 모든 일을 하려면 돈이 필요합니다. 돈을 마련하는 한 가지 방법은 모든 사람이 버는 돈의 일부를 세금으로 내게 하는 것입니다.

열심히 일해서 번 돈의 일부를 세금으로 내는 것은 쉽지 않고, 자신이 내야 할 세금을 내지 않으려고 온갖 방법을 동원하는 사람들도 있습니다. 하지만 예수님은 권위 있는 자들에게 세금을 내는 것이 옳은 일임을 분명히 보여주셨습니다. 마땅히 내야 할 것을 내는 명예로운 사람이 되십시오.

"모든 자에게 줄 것을 주되 조세를 받을 자에게 조세를 바치고 관세를 받을 자에게 관세를 바치고 두려워할 자를 두려워하며 존경할 자를 존경하라" _ **로마서 13:7**

전부 드린 여인

예수님은 성전 헌금함 곁에 앉아서 사람들이 헌금을 넣는 모습을 지켜보셨습니다. 어떤 부자들은 많은 돈을 넣었는데, 가난한 과부가 와서 작은 동전 두 개를 넣었습니다.

예수님은 제자들을 불러 말씀하셨습니다. "내가 너희에게 말하노니, 저 가난한 과부가 다른 모든 사람보다 헌금함에 더 많이 넣었다. 부자는 남은 돈의 일부를 넣었지만, 저 과부는 가진 전부(살아갈 전 재산)를 넣었다."

어떻게 적은 것이 많은 것보다 더 많을 수 있을까?

당신 손에 들린 몇 개의 동전이 두툼한 지폐 뭉치보다 더 가치 있다고 말하면, 아마 사람들은 당신을 이상하게 쳐다볼 것입니다. 예수님이 가난한 여인이 한 헌금이 부자들이 한 헌금보다 많다고 하셨을 때 제자들의 표정이 어땠을지 상상해 보십시오. 말이 안 되는 소리였습니다!

부자가 헌금한 돈의 실제 가치는 과부의 동전보다 훨씬 컸지만, 예수님이 보신 방식으로 살펴봅시다. 당신과 친구가 은사님에게 초콜릿을 선물하기로 했다고 가정해 보십시오. 친구는 큰 초콜릿 상자에서 세 개만 빼서 선물했습니다. 당신은 초콜릿 하나를 가지고 있었는데, 그 전부를 선물했습니다. 누가 더 많이 드린 것입니까? 당신 친구는 많은 것 가운데 일부를 드렸지만, 당신은 가진 전부를 드렸습니다. '전부'는 '조금'보다 훨씬 많습니다! 예수님은 당신이 얼마나 드렸는지가 아니라, 얼마나 남겼는지를 보십니다.

"각각 그 마음에 정한 대로 할 것이요 인색함으로나 억지로 하지 말지니
하나님은 즐겨 내는 자를 사랑하시느니라" _ **고린도후서 9:7**

예수님 누가복음 22:7-20

유월절 음식

예수님은 베드로와 요한을 보내 유월절 음식 먹을 장소를 마련하게 하셨습니다. 그들에게 물 한 동이를 메고 가는 사람을 만날 텐데 그 사람이 큰 방이 있는 집으로 인도할 것이라고 말씀하셨습니다.

모든 것이 준비되자, 예수님과 제자들은 상 주위에 편안히 둘러앉았습니다. 예수님이 말씀하셨습니다. "내가 고난을 받기 전에 너희와 함께 유월절 음식 먹기를 고대했다. 유월절의 의미가 완성될 때까지 나는 다시 유월절 음식을 먹지 않을 것이다."

예수님은 떡을 들고 기도하신 다음 떼어 제자들에게 주며 말씀하셨습니다. "이 떡은 너희를 위하여 주는 내 몸이다. 이것을 행하여 나를 기억해라." 저녁 식사 후에 예수님은 제자들에게 포도주를 주며 말씀하셨습니다. "이 잔은 너희를 구원하기 위해 흘리는 내 피로 세우는 새 언약이다."

어떻게 떡과 포도주가 예수님을 기억나게 할까?

예수님이 제자들에게 자신이 고난을 받고 죽을 것이라고 말씀하셨지만, 제자들은 그 의미를 깨닫지 못했습니다.

유월절 만찬에서 예수님은 제자들에게 곧 일어날 일을 설명하고, 제자들이 그분의 죽음을 기억할 실제적인 방법을 떡과 포도주로 알려주셨습니다. 예수님은 떡을 떼는 행위를 통해 그분의 몸이 어떻게 상할지 보여주셨습니다. 그분은 채찍질과 매를 맞은 다음 날 십자가에 못 박히실 것입니다. 그리고 예수님은 포도주를 부음으로, 십자가에 달리셨을 때 그분의 피가 어떻게 쏟아질지 보여주셨습니다.

"너희가 이 떡을 먹으며 이 잔을 마실 때마다
주의 죽으심을 그가 오실 때까지 전하는 것이니라" _ **고린도전서 11:26**

베드로의 발을 씻기시다

예수님은 제자들과 함께 다락방에서 유월절 음식을 드시다가 자리에서 일어나 수건을 허리에 두르셨습니다. 그분은 대야에 물을 담아다가 제자들의 발을 씻기고 수건으로 닦아주셨습니다. 베드로의 발을 씻길 차례가 되자, 베드로가 말했습니다. "주님, 제 발을 씻기려고 하십니까?"

예수님이 대답하셨습니다. "내가 하는 일은 지금은 네가 알지 못하나 나중에는 알게 될 것이다." 베드로가 말했습니다. "안 됩니다! 제 발을 씻게 할 수 없습니다." 예수님이 대답하셨습니다. "내가 너를 씻기지 않으면 너는 내가 하는 일에 참여할 수 없다."

베드로가 말했습니다. "그러면 제 손과 머리도 씻어주십시오." 예수님이 대답하셨습니다. "이미 목욕한 사람은 발만 씻으면 된다. 너희는 깨끗하다. 그러나 너희 모두가 그런 것은 아니다." 예수님은 그들 중 한 사람이 자신을 배신할 것을 알고 계셨습니다.

예수님은 왜 베드로의 발을 씻기셨을까?

베드로는 스승이 종처럼 자신의 더러운 발을 씻기신다고 생각하니 견딜 수 없었습니다. 하지만 예수님이 발을 씻기는 이유를 설명하자 베드로는 온 몸을 씻어달라고 합니다.

예수님은 왜 베드로의 발을 씻어주셨습니까? 예수님은 베드로의 삶에 변화를 일으키셨습니다. 베드로는 예수님의 제자가 되어 이미 깨끗하게 되었지만, 완벽하지 않았습니다. 예수님이 원하시는 지도자가 되기 위해서는 겸손하게 다른 사람들을 섬기는 법을 배워야 한다는 것을 베드로는 깨달아야 했습니다.

"내가 너희에게 행한 것 같이 너희도 행하게 하려 하여 본을 보였노라"

_ 요한복음 13:15

베드로 요한복음 13:21-26, 33, 36-38

"내가 너희를 위해 죽을 것이다!"

예수님은 베드로의 발을 씻기신 후, 한 제자가 자신을 배신할 계획(예수님을 적들에게 넘겨줄)을 세우고 있다고 말씀하셨습니다. 제자들은 혼란에 빠져 서로를 바라보았습니다. 예수님 곁에 있던 요한은 물었습니다. "주님, 누구입니까?" 예수님이 대답하셨습니다. "내가 떡 한 조각을 적셔다 주는 사람이다." 예수님은 떡 한 조각을 적셔서 유다에게 주었습니다. 곧 유다가 밖으로 나가 어둠 속으로 사라졌습니다.

예수님이 말씀하셨습니다. "내가 가는 곳에 너희는 따라올 수 없다." 베드로가 물었습니다. "주님, 어디로 가십니까?" 예수님이 대답하셨습니다. "내가 가는 곳에 네가 지금은 따라올 수 없지만, 나중에는 따라올 수 있을 것이다." 베드로가 물었습니다. "주님, 왜 지금은 따라갈 수 없습니까? 저는 주님을 위해 죽을 각오가 되어 있습니다." 예수님이 대답하셨습니다. "내일 아침 닭이 울기 전 너는 세 번 나를 모른다고 할 것이다."

진정한 사랑을 시험할 방법은 무엇일까?

유다와 베드로 둘 다 예수님이 택하셨고 둘 다 예수님을 따랐습니다. 그들은 많은 기적을 보았고 많은 고난을 겪었습니다. 이제 두 제자는 중요한 시험 앞에 섰습니다. 그들의 사랑과 충성심을 시험하는 순간입니다.

유다는 자신이 경험한 모든 것을 버리고 은을 받고 예수님을 배신하려고 합니다. 베드로는 주님 가까이 있기 위해 죽을 각오가 되어 있었습니다. 예수님은 베드로가 이 시험에 실패할 것을 아셨지만, 언젠가 베드로가 사랑의 깊이를 증명할 것을 아셨습니다.

"사람이 친구를 위하여 자기 목숨을 버리면 이보다 더 큰 사랑이 없나니"

_ 요한복음 15:13

예수님이 동산에서 기도하시다

예수님과 제자들은 예루살렘 동쪽에 있는 감람산으로 갔습니다. 예수님은 제자들에게 "너희는 시험에 빠지지 않도록 기도하여라"고 말씀하셨습니다. 예수님은 조금 더 가셔서 무릎을 꿇고 기도하셨습니다. "아버지, 원하시면 내게서 이 고난의 잔을 거두어 주소서. 하지만 제 뜻이 아니라 당신의 뜻을 행하기 원합니다." 하늘에서 천사가 와서 예수님께 힘을 북돋워주었습니다. 예수님이 고뇌에 차서 기도하시니 땀이 핏방울같이 되어 땅에 떨어졌습니다. 더욱 간절하게 기도하신 예수님은 일어나 제자들에게 가셨습니다. 제자들이 슬픔에 지쳐 잠든 것을 보신 예수님은 말씀하셨습니다. "왜 자고 있느냐? 시험을 받을 때 죄에 빠지지 않게 일어나 기도하여라."

예수님은 죽으셔야만 했을까?

예수님은 온 세상의 죄를 짊어져야 할 시간이 다가왔음을 아셨고, 앞으로 일어날 일에 대비해 제자들을 준비시키셨습니다. 그날 밤늦게, 예수님은 겟세마네 동산에서 하나님 아버지께 기도했습니다. 예수님이 도망칠 시간이 있지 않았을까요? 하나님은 예수님이 고통받지 않도록 곧바로 하늘로 데려가실 수 있지 않았을까요? 예수님은 수천의 천사를 불러 자신을 지키게 하실 수 있지 않았을까요?(마 26:53)

예수님은 우리를 위해 죽지 않으실 수 있었습니다. 하나님 아버지는 세상을 구할 다른 방법을 찾으실 수 있었을 것입니다. 하지만 다른 방법은 없었습니다! 예수님은 우리를 사랑하셔서 기꺼이 우리 모두를 위한 유월절 어린양이 되고자 하셨고, 우리를 자유케 하려고 생명을 내어 주셨습니다(요 10:17-18).

"오직 내가 아버지를 사랑하는 것과 아버지께서 명하신 대로 행하는 것을 세상이 알게 하려 함이로라 일어나라 여기를 떠나자 하시니라" _ **요한복음 14:31**

예수님 누가복음 22:47-54

예수님이 체포되시다

예수님이 겟세마네 동산에서 제자들에게 말씀하실 때 한 무리가 유다를 앞세워 도착했습니다. 유다는 예수님께 입을 맞추려고 다가왔습니다. "네가 입맞춤으로 인자를 배신하려고 하느냐?" 제자들은 무리가 예수님을 체포하러 온 줄 알고 이렇게 말했습니다. "주님, 칼을 쓸까요?" 예수님이 대답하시기도 전에 베드로는 칼로 한 종의 귀를 잘랐습니다. 예수님이 말씀하셨습니다. "칼을 도로 집어넣어라." 예수님은 그 사람의 귀를 만져 고쳐주셨습니다. 예수님은 대제사장들과 장로들과 성전 경비대장들에게 말씀하셨습니다. "왜 너희는 범죄자를 잡듯이 칼과 몽둥이를 가지고 왔느냐? 나는 매일 성전에서 너희와 함께 있었는데 왜 거기서 나를 잡지 않았느냐? 하지만 지금은 너희의 때요, 어둠의 권세가 판을 치는 때다." 그들은 예수님을 체포해 대제사장의 집으로 데려갔습니다. 베드로는 멀리 떨어져서 뒤따라갔습니다.

하나님은 어떤 일이 일어날 시간을 정해놓으실까?

하나님은 계획 없이 아무 일도 하지 않으십니다. 계획대로 되려면, 모든 일이 적절한 시기에 일어나는 것이 중요합니다.

- 하나님의 때. 사람들이 예수님을 죽이려고 한 것은 이번이 처음이 아니었습니다(눅 4:28-30).
- 베드로의 때. 베드로는 질문해 놓고 대답을 기다리지 않았습니다. 그는 예수님을 지킴으로써 옳은 일을 하려고 했지만, 잘못된 때였습니다. 모든 일에는 때와 기한이 있습니다(전 3:1-8).
- 사탄의 때. 사탄도 계획이 있었습니다. 하지만 그의 계획은 항상 하나님의 뜻과 때에 맞춰야 합니다.

"나의 앞날이 주의 손에 있사오니
내 원수들과 나를 핍박하는 자들의 손에서 나를 건져 주소서" _ **시편 31:15**

닭이 울다

겟세마네 동산에서 예수님을 체포한 군인들이 그분을 대제사장의 집으로 끌고 갔습니다. 사람들이 뜰에 불을 피워놓고 둘러앉아 있었는데, 베드로는 예수님 가까이 가려고 그들 사이에 끼어들었습니다. 불빛이 어른거리자 한 여종이 베드로를 알아보고 말했습니다. "이 사람도 예수와 함께 있었어요!" 베드로는 말했습니다. "나는 예수를 모르오!" 그 뒤에 한 사람이 말했습니다. "당신도 그들 중에 있었소." 베드로는 화를 내며 대답했습니다. "나는 아니오!"

한 시간쯤 지나 또 다른 사람이 말했습니다. "이 사람도 분명 그들 중 한 명이오. 그는 갈릴리 출신이오." 베드로가 대답했습니다. "난 당신이 무슨 말을 하는지 모르겠소!"

베드로가 말을 마치기도 전에 닭이 울었습니다. 예수님이 고개를 돌려 베드로를 바라보셨습니다. 불현듯 베드로는 예수님이 "닭이 울기 전에 네가 나를 세 번 부인할 것이다." 하신 말씀이 떠올랐습니다. 베드로는 밖으로 나가 슬프게 울었습니다.

예수님을 부인했던 사람도 천국에 갈 수 있을까?

우리의 행위로 천국에 가는 것이 아닙니다. 우리의 선한 행위를 다 합쳐도 우리 죄를 없앨 수 없고, 죄악된 마음을 가진 사람은 천국에 들어갈 수 없습니다.

예수님께 죄 용서를 구하고 삶을 변화시켜 달라고 구할 때 구원받습니다. 일단 거듭나면 하나님의 가족에 속하여 그분의 자녀가 됩니다. 그날부터 영원히 그분의 자녀가 됩니다. 베드로처럼 잘못된 일을 하더라도 말입니다. 당신이 잘못한 일에 대해 애통해한다면 예수님은 당신을 용서해 주십니다! 이 땅에 사는 동안 우리는 완벽해질 수 없지만 항상 하나님을 기쁘시게 하려고 최선을 다해야 합니다.

"깨어 믿음에 굳게 서서 남자답게 강건하라" _ **고린도전서 16:13**

예수님 누가복음 23:1-7; 마태복음 27:24-26

빌라도는 결정해야 한다

종교지도자들은 예수님을 로마 총독 빌라도에게 데려가 거짓으로 고발하며, 그가 백성을 잘못된 길로 이끈다고 비난했습니다. 빌라도는 물었습니다. "네가 유대인의 왕이냐?" 예수님이 대답했습니다. "그렇소. 당신이 말한 대로요."

빌라도는 대제사장들과 군중에게 말했습니다. "나는 이 사람을 정죄할 이유를 찾지 못하겠다." 빌라도는 예수님이 헤롯의 관할에 속한 것을 알고 헤롯에게 보냈는데 마침 헤롯이 예루살렘에 있었습니다. 하지만 헤롯도 예수님에게서 아무 잘못을 찾지 못하여 다시 돌려보냈습니다. 빌라도는 예수님에게서 죄를 발견할 수 없자, 대야에 물을 가져오라고 해서 사람들 앞에서 손을 씻었습니다. 그런 다음 예수님에게 매질하게 하고 십자가에 못 박히도록 사람들에게 넘겨주었습니다.

빌라도는 왜 손을 씻었을까?

빌라도는 사람들 앞에서 손을 씻음으로써 자신에게 잘못이 없음을 증명하려고 했습니다. 무고한 사람에게 사형 선고한 것에 대해 "자신의 손에는 피"를 묻히지 않으려고 했던 것입니다. 하지만 빌라도가 공정한 재판을 하는 데 자신의 권력과 지위를 사용하지 않은 것은 불의한 자들의 편에 선 것입니다. 그는 종교지도자들이 예수님을 시기한다는 것을 알면서도 그들의 뜻에 맞서기를 두려워했습니다. 심지어 헤롯이 예수님에 대해 결정을 내리기 바랐습니다.

모든 사람이 빌라도가 내렸던 결정을 해야 합니다. 예수님은 "나와 함께 아니하는 자는 나를 반대하는 자"(마 12:30)라고 말씀하셨습니다. 빌라도는 예수님에 대해 결정을 내리는 것을 두려워하여 군중의 결정에 따랐습니다.

"예수께서 대답하시되 위에서 주지 아니하셨더라면 나를 해할 권한이 없었으리니 그러므로 나를 네게 넘겨 준 자의 죄는 더 크다 하시니라" _ **요한복음 19:11**

가장 어두운 날

빌라도는 예수님에게서 잘못을 찾을 수 없었지만, 예수님을 십자가에 못 박게 했습니다. 군인들은 예수님에게 무거운 나무 십자가를 지게 했고, 많은 사람이 성 밖 언덕까지 따라갔습니다. 그들이 골고다('해골의 곳')에 도착했을 때, 군인들은 예수님을 십자가에 못 박았습니다. 그들은 강도 두 사람도 십자가에 못 박았는데, 하나는 예수님의 오른편에, 다른 하나는 예수님의 왼편에 달았습니다.

예수님이 말씀하셨습니다. "아버지, 저들을 용서하소서. 저들은 자신들이 무슨 일을 하는지 모릅니다." 군인들은 제비를 뽑아서 예수님의 옷을 나누어 가졌습니다. 정오에 해가 빛을 잃고 3시간 동안 어둠이 온 사방을 덮었습니다. 예수님이 외치셨습니다. "아버지여, 제 영혼을 당신께 맡깁니다." 이 말씀을 하시고 예수님은 숨을 거두셨습니다. 그때 성전 휘장이 둘로 찢어졌습니다.

왜 성전 휘장이 찢어졌을까?

성전에는 제사장들이 들어갈 수 있는 곳과 지성소를 구분하는 특별한 휘장이 있었습니다(출 26:33). 지성소는 대제사장만 일 년에 한 번 들어갈 수 있었습니다. 사람들은 죄 때문에 지성소에서 하나님을 만날 수 없었습니다.

예수님은 십자가에서 우리 죄와 죄책을 짊어지시고 우리가 하나님께 나아갈 수 있는 길을 여셨습니다. 이제는 모든 사람이 하나님의 임재로 나아올 수 있음을 보여주기 위해 하나님은 휘장을 위에서 아래로 찢으셨습니다. 우리가 예수님께 용서를 구하면, 우리 죄를 없애고 깨끗케 하셔서 하나님께 나아갈 수 있게 하십니다.

"그러므로 형제들아 우리가 예수의 피를 힘입어 성소에 들어갈 담력을 얻었나니
그 길은 우리를 위하여 휘장 가운데로 열어 놓으신 새로운 살 길이요
휘장은 곧 그의 육체니라" _ **히브리서 10:19-20**

아리마대 요셉 요한복음 19:31-42

낯선 이의 무덤

오후가 되자 예수님이 돌아가셨습니다. 다음 날이 특별한 안식일이었기 때문에 유대인들은 누군가 십자가에 매달린 채 있는 것을 원하지 않았습니다. 그래서 군인들은 예수님 양편에 매달린 자들의 다리를 부러뜨려 빨리 죽게 했습니다. 군인들은 예수님이 이미 돌아가신 것을 보고 다리를 부러뜨리지 않았습니다. 군인 중 한 명이 창으로 예수님의 옆구리를 찔러서 피와 물이 다 쏟아져 나오게 했습니다.

이후에, 아리마대 요셉(비밀리에 예수님의 제자였던)이 빌라도에게 가서 예수님의 시신을 내리게 해달라고 구했습니다. 요셉과 니고데모는 예수님의 시신을 긴 천으로 싸고 장례용 향품을 발랐습니다. 예수님이 십자가에 달리신 언덕 근처에 큰 동산이 있었습니다. 그 동산에 요셉이 소유한 무덤이 있어서 예수님의 시신을 그곳에 누이고 큰 돌로 입구를 막아놓았습니다.

예수님이 약속된 메시아인지 어떻게 알까?

'메시아'는 기름 부음 받은 자를 뜻하는 히브리어입니다. 예수님이 오시기 수백 년 전에 구약 예언자들과 성경 저자들은 백성이 메시아를 알아볼 수 있도록 도움이 될 것을 기록해 두었습니다. 그 기록들은 예수님에 대해 말하는 것처럼 보였지만, 당시 유대인들은 예수님을 평범한 사람으로 보았습니다. 많은 예언 중에서 예수님이 죽으셨을 때 성취된 세 가지 예언은 다음과 같습니다.

- "내 겉옷을 나누며 속옷을 제비 뽑나이다"(시 22:18)
- "그의 모든 뼈를 보호하심이여 그 중에서 하나도 꺾이지 아니하도다"(시 34:20)
- "그들이 그 찌른 바 그를 바라보고"(슥 12:10)

"우리가 메시아를 만났다 하고(메시아는 번역하면 그리스도라)" _ **요한복음 1:41**

빈 무덤

안식일 다음 날, 해가 뜨기 전 막달라 마리아와 다른 마리아는 예수님의 무덤으로 갔습니다. 예수님이 십자가에 달리신 지 사흘째 되는 날이었습니다. 갑자기 큰 지진이 일어나고 주님의 천사가 무덤 입구에 있던 큰 돌을 옮겼습니다. 천사는 밝게 빛나고 그의 옷은 눈부시게 희었습니다. 무덤을 지키던 군인들은 두려워 떨었습니다.

천사가 여인들에게 말했습니다. "두려워하지 마라! 너희가 십자가에 달리신 예수를 찾는구나. 그분은 여기 계시지 않고 그분이 말씀하신 대로 살아나셨다. 와서 그가 누우셨던 곳을 보라. 이제 얼른 가서 제자들에게 그분이 살아나셨다고 전하여라!" 여인들은 두려움과 기쁨이 가득 차서 무덤을 떠났습니다.

예수님이 죽은 자 가운데서 살아나셨을까?

예수님은 어린 소녀를 되살리셨습니다(눅 8:53-54). 그분은 또한 죽은 지 나흘이나 된 친구 나사로를 살리셨습니다(요 11:43-44). 그런데 이제 예수님이 죽으셨습니다. 그분은 매를 맞고 십자가에 못 박히셨으며 옆구리를 찔리셨습니다. 친구들이 그분의 시신을 천으로 싸서 무덤에 두고 무거운 돌을 굴려 무덤 입구를 막았습니다.

성경은 하나님이 예수님을 죽은 자 가운데서 살리셨다고 말합니다. 하나님은 예수님을 살리심으로써 아들의 죽음이 온 인류의 죗값을 치르기에 충분함을 보여주셨습니다. 예수님은 온 세상의 죄를 짊어지셨지만, 죄가 없으셨습니다. 예수님은 죽은 자 가운데서 부활하신 최초의 죄 없는 인간이 되셨습니다. 우리가 그분을 믿을 때 우리 죄를 없애주십니다. 하나님은 예수님을 일으키신 그 능력으로 우리를 영생으로 일으키실 것입니다.

"하나님이 주를 다시 살리셨고 또한 그의 권능으로 우리를 다시 살리시리라"

_ 고린도전서 6:14

예수님 누가복음 24:9-19, 28-32

예수님이 살아나셨다!

여인들이 천사가 나타나 예수님이 살아나셨다고 말한 일을 전했지만, 제자들은 그 말을 믿지 않았습니다. 베드로와 요한이 무덤으로 달려가 보니 무덤이 비어 있었습니다.

같은 날, 예수님의 제자 두 명이 예루살렘에서 유월절을 보내고 고향으로 돌아가고 있었습니다. 그들은 예수님이 십자가에 못 박히는 것을 지켜보았기에 슬픈 마음으로 엠마오로 가고 있었습니다. 갑자기 예수님이 그들 곁에 다가와 대화에 동참하셨지만 그들은 예수님을 알아보지 못했습니다.

엠마오에 도착했을 때, 그들은 예수님께 함께 머물자고 초대했습니다. 저녁 식사 때 예수님은 감사기도를 하신 후 떡을 떼어주셨습니다. 예수님이 그 떡을 주실 때, 마치 눈먼 사람이 눈을 뜬 것처럼 제자들이 그분을 알아보았습니다.

예수님은 왜 모든 사람에게 모습을 드러내지 않으셨을까?

예수님이 그분을 믿지 않는 사람들에게 나타나실 필요는 없었습니다. 그들은 처음부터 예수님을 믿지 않았기 때문에 지금도 믿지 않을 것입니다. 누군가 죽었다 살아나서 경고해도 그들은 믿지 않을 것입니다(눅 16:31).

예수님은 길을 가던 두 제자에게 모습을 드러내셨습니다. 그다음에는 제자들에게 나타나셨고 이후에 다른 제자들에게도 나타나셨습니다. 예수님은 그들이 증인이 되길 바라셨습니다. 제자들이 처음에는 여인들의 말을 믿지 않았지만 이제 예수님을 보았으니 그분이 살아나셨다는 다른 증거가 더 필요하지 않았습니다.

"지금은 너희가 근심하나 내가 다시 너희를 보리니 너희 마음이 기쁠 것이요 너희 기쁨을 빼앗을 자가 없으리라" _ **요한복음 16:22**

예수님이 제자들에게 나타나시다

고향으로 돌아가던 길에 예수님을 만난 두 사람은 제자들에게 예수님이 죽은 자 가운데서 살아나셨다는 소식을 전하려고 예루살렘으로 달려갔습니다. 예루살렘에 도착한 그들은 제자들이 방에 모여 있는 것을 보고 예수님이 자신들에게 나타나셨다고 전했습니다.

그들이 아직 말하고 있는데 예수님이 그 방에 나타나 말씀하셨습니다. "너희에게 평화가 있기를!" 제자들은 유령인 줄 알고 두려워했습니다. 예수님이 말씀하셨습니다. "왜 의심하느냐? 내 손과 발을 보고 나를 만져보아라. 유령은 몸이 없다."

제자들은 너무 기쁘고 놀랐습니다. 그때 예수님이 말씀하셨습니다. "먹을 것이 있느냐?" 제자들이 구운 생선을 드리자 예수님은 그들 앞에서 그것을 드셨습니다.

죽은 자 가운데서 부활하신 예수님은 실제 몸이 있으셨을까?

어둠 속에서 발가락이 어딘가에 부딪힌 적이 있다면, 우리 몸은 단단한 물체를 통과할 수 없음을 알 것입니다. 예수님이 어떻게 닫힌 문을 통과해 방으로 들어왔는지 궁금할 수 있습니다(요 20:19). 제자들은 유대 지도자들이 예수님께 했던 일을 자신들에게 할까 봐 두려워서 문단속을 확실히 했습니다. 그런데 단단한 벽도, 잠긴 문도 예수님을 막을 수 없었습니다.

예수님은 어떤 것이든 통과하실 수 있었고, 음식을 드시며 말씀하시고 물건을 잡으실 수 있었습니다. 손과 발에 십자가에서 못 박혔던 자국도 갖고 계셨습니다. 죽은 자 가운데서 부활하신 예수님은 영광스러운 몸을 입으셨습니다(요 12:16).

"그는…우리의 낮은 몸을 자기 영광의 몸의 형체와 같이 변하게 하시리라"

_ **빌립보서 3:21**

도마 요한복음 20:24-29

도마가 믿다

예수님이 다른 제자들에게 나타나셨을 때 도마는 그 자리에 없었습니다. 다른 제자들이 예수님을 봤다고 하자, 도마는 그분의 손과 발에 있는 못 자국과 그분 옆구리에 난 창 자국을 만져보지 않고는 믿지 않겠다고 했습니다.

일주일 후, 제자들이 같은 방에 모여 있었는데 이번에는 도마도 함께했습니다. 문이 잠겨 있었는데 예수님이 다시 그들에게 나타나 말씀하셨습니다. "너희에게 평화가 있기를!" 예수님은 도마에게 말씀하셨습니다. "네 손가락을 이리 내밀어서 내 손을 만져보아라. 네 손을 내 옆구리에 넣어보아라. 의심하지 말고 믿어라!" 도마가 대답했습니다. "나의 주님, 나의 하나님!" 그러자 예수님이 말씀하셨습니다. "나를 보지 않고도 믿는 자들은 복이 있다."

예수님에 대해 듣는 모든 것을 믿어야 할까?

낯선 사람이 와서 작은 책자를 주면서 그것이 성경보다 낫다고 말한다면, 당신은 그 책 속에 있는 것을 모두 믿겠습니까? 방송에서 누군가 다른 종교도 같은 하나님을 믿는다고 말한다면, 그 사람의 말을 모두 믿을 수 있겠습니까? 친구가 진리처럼 들리는 말을 한다고 해서 다 믿겠습니까?

도마는 친구들에게 들은 모든 말을 믿지 않았습니다. 그가 다른 제자들이 한 말을 의심한 것이 문제가 아니라, 예수님이 하신 말씀을 믿지 않은 것이 문제입니다(눅 9:22).

우리가 하나님에 대해 알기 원하는 모든 것이 성경에 쓰여 있습니다. 하나님의 말씀은 절대 변하지 않습니다! 하나님은 성령님을 보내 우리가 성경에 쓰인 말씀의 의미를 깨닫도록 도와주십니다(고전 2:12).

"사랑하는 자들아 영을 다 믿지 말고 오직 영들이 하나님께 속하였나 분별하라 많은 거짓 선지자가 세상에 나왔음이라" _ **요한일서 4:1**

갈릴리 바다에서

부활하신 예수님이 제자들에게 나타나신 후, 제자들은 머물던 집을 떠나 갈릴리로 갔습니다. 예수님이 먼저 갈릴리로 가셔서 제자들을 만나겠다고 말씀하셨기 때문입니다.

몇몇 제자들이 갈릴리 바다(디베랴)에 있을 때 베드로가 말했습니다. "나는 고기 잡으러 가겠네." 다른 제자들도 함께 가겠다고 해서 배를 타고 나갔지만 그날 밤 아무것도 잡지 못했습니다! 해가 뜰 무렵, 예수님이 해변가에 서서 그들을 부르셨습니다. "물고기를 좀 잡았느냐?" 그들이 대답했습니다. "못 잡았습니다." 제자들은 해변가에 서 계신 분이 예수님인 줄 알지 못했습니다.

예수님이 말씀하셨습니다. "그물을 배 오른편에 던져보아라. 그러면 물고기를 잡을 것이다." 그들은 그물을 던졌습니다. 그물을 끌어당길 수 없을 정도로 물고기가 많이 잡혔습니다. 요한이 베드로에게 말했습니다. "주님이시다."

제자들이 배운 중요한 교훈은 무엇일까?

예수님이 베드로와 다른 제자들을 처음 부르셨을 때부터 그들은 예수님이 가르치신 말씀과 보여주신 본을 통해 많은 것을 배웠습니다. 그들은 다음과 같은 것을 배웠습니다.

- 예수님이 원하시는 일을 하지 않을 때 우리가 아무리 노력해도 소용이 없습니다.
- 믿음은 하나님의 능력을 여는 열쇠입니다.
- 하나님은 우리 모든 필요를 채워주실 수 있고 반드시 채워주실 것입니다! 서로 도울 때 모두가 그 복을 함께 누립니다.

"슬프도소이다 주 여호와여 주께서 큰 능력과 펴신 팔로 천지를 지으셨사오니 주에게는 할 수 없는 일이 없으시니이다" _ **예레미야 32:17**

베드로 요한복음 21:15-25

예수님이 베드로에게 말씀하시다

제자들이 무거운 그물을 육지로 끌어올리자 예수님은 물고기와 떡을 아침식사로 차려주셨습니다. 예수님이 시몬 베드로에게 물으셨습니다. "시몬아, 네가 이 사람들보다 나를 더 사랑하느냐?" 베드로가 대답했습니다. "주님, 제가 주님을 사랑하는 것을 주님이 아십니다." 다시 한 번 예수님이 물으셨습니다. "시몬아, 네가 정말 나를 사랑하느냐?" 베드로가 대답했습니다. "주님, 제가 주님을 사랑하는 것을 주님이 아십니다." 예수님이 세 번째로 베드로에게 물으셨습니다. "시몬아, 네가 나를 사랑하느냐?" 베드로는 세 번이나 물어보셔서 슬퍼하며 대답했습니다. "주님, 주님은 모든 것을 아십니다. 제가 주님을 사랑하는 것을 아십니다."

예수님은 왜 베드로에게 같은 질문을 세 번이나 하셨을까?

예수님은 사람들이 하던 일을 멈추고 생각하게 하려고 질문하신 것입니다. 베드로는 예수님을 모른다고 세 번이나 부인했던 일을 부끄러워했을 것입니다. 예수님은 베드로가 여전히 그분을 사랑한다는 것을 아셨으며, 그 사랑을 표현할 기회를 주고자 하셨습니다. 베드로가 처음 두 번 "당신을 사랑합니다"라고 말할 때는 깊고 충성된 사랑을 표현할 용기가 없었습니다. 하지만 예수님이 세 번째로 물으셨을 때는 슬퍼하며 대답했습니다. "주님, 주님은 모든 것을 아십니다. 제가 당신을 사랑하는 것을 아십니다."

당신이 한 일로 인해 수치스럽고 죄책감을 느낀다면 죄송하다는 말로 충분하지 않기에 이렇게 말할 수 있습니다. "주님, 제 마음을 들여다 보시면 제가 진심으로 주님을 사랑하는 것을 아실 것입니다."

"그러나 내가 너를 위하여 네 믿음이 떨어지지 않기를 기도하였노니 너는 돌이킨 후에 네 형제를 굳게 하라" _ **누가복음 22:32**

예수님이 하늘로 올라가시다

—

예수님과 제자들은 예루살렘으로 돌아왔습니다. 예수님이 십자가에 못 박히신 지 40일이 지났고, 하늘에 계신 아버지께로 돌아가실 때가 되었습니다.

예수님은 제자들을 데리고 베다니 마을로 가셔서 손을 들어 축복하시며 말씀하셨습니다. "성령이 너희에게 임하시면 너희가 능력을 받고 예루살렘과 온 유대와 사마리아와 땅 끝까지 이르러 내 증인이 될 것이다." 이 말씀을 하신 후 예수님은 하늘로 들려 올라가시니 구름에 싸여 보이지 않게 되었습니다.

제자들이 하늘을 쳐다보고 있는데 흰옷 입은 두 사람이 그들 곁에 나타나 말했습니다. "너희가 왜 하늘을 쳐다보며 서 있느냐? 너희를 떠나 하늘로 올라가신 이 예수는 너희가 하늘로 올라가시는 모습을 본 그대로 다시 오실 것이다."

천국은 어디에 있을까?

성경은 하늘이 우리 위에 있다고 말합니다. 지구는 둥근데 어디가 위일까요? 우주비행사들은 대기권 밖으로 나가 지구를 돌고 와서 하늘을 보지 못했다고 말합니다. 그렇다면 천국은 하늘 어딘가에 정말 있을까요? 위에 있는 하늘처럼, 천국은 아주 가까이 있거나 아니면 가장 먼 별보다 더 멀리 있을지도 모릅니다.

우리가 지금의 눈으로는 천국을 볼 수 없다는 것을 기억해야 합니다. 그렇다고 천국이 실재하지 않는다는 의미는 아닙니다. 우리가 죽을 때, 또는 그 전에 예수님이 다시 오시면 우리 몸은 변화될(새롭게 될) 것입니다. 우리가 새 몸을 입으면 천국이 얼마나 실제적이고 아름다운지 직접 보게 될 것입니다.

"하늘에 계시는 주여 내가 눈을 들어 주께 향하나이다" _ **시편 123:1**

A 365-Day Devotional

11월
November

베드로, 믿는 자들(신자들), 빌립, 바나바,
스데반, 바울과 함께 걷다

성령이 내려오시다

사도라고 불리는 제자들은 오순절(추수의 시작을 기념하는 유대인 명절)에 한 집에 모여 있었습니다. 갑자기 급하고 강한 바람 같은 소리가 온 집을 가득 채웠고, 불의 혀 같은 것이 각 사람 위에 하나씩 임했습니다. 그 집에 있던 모든 사람이 성령으로 충만해져서 다른 언어로 말하기 시작했습니다.

경건한 유대인들이 예루살렘에서 명절을 지키려고 먼 나라에서 많이 와 있었습니다. 그들이 그 집 위에서 나는 강한 바람소리를 듣고 무슨 일이 일어나는지 보려고 달려왔습니다. 유대인들은 사도들이 자기 나라 언어로 말하는 것을 보고 더 놀랐습니다. "이 사람들이 어떻게 우리 말을 알지? 그들은 다 갈릴리 출신인데!" 다른 사람들은 그들이 술에 취한 것이라고 조롱하며 비웃었습니다.

구약 시대에도 사람들이 성령 충만했을까?

구약 시대에는 특별한 임무를 수행하기 위해 일정 기간 하나님의 성령의 은혜를 받은 사람들이 있었습니다. 예를 들면, 주님의 영이 삼손에게 임하여 맨손으로 사자를 잡아 죽일 힘을 주셨습니다(삿 14:6). 또 어떤 사람들은 하나님의 백성을 이끌기 위해 성령을 받았는데, 다윗의 경우 이스라엘 왕으로 기름부음을 받았습니다.

예수님이 하늘로 올라가신 후 성령을 보내주셔서, 예수님을 따르는 모든 사람 안에 거하게 하셨습니다(요 16:7). 이제 성령님은 모든 믿는 자들 안에 거하십니다! 누군가 예수님을 믿어 예수님의 제자가 되면 그 순간부터 성령께서 그 사람 안에 거하십니다(고전 6:19).

"하나님이 말씀하시기를 말세에 내가 내 영을 모든 육체에 부어 주리니
너희의 자녀들은 예언할 것이요 너희의 젊은이들은 환상을 보고
너희의 늙은이들은 꿈을 꾸리라" _ **사도행전 2:17**

베드로 사도행전 2:14, 37-47

교회가 탄생하다

성령이 놀라운 방식으로 임하여 사도들에게 능력을 주신 그 집 주위에 많은 사람이 몰려왔습니다. 성령으로 충만한 베드로가 군중에게 요엘 선지자의 말을 전하며 설교하기 시작했습니다. "하나님께서 모든 사람에게 그분의 영을 부어주실 것입니다."

사람들이 베드로의 말을 듣고 죄책감을 느껴 물었습니다. "우리가 무엇을 해야 합니까?" 베드로가 대답했습니다. "죄에서 돌이키고 예수님의 이름으로 세례를 받으시오. 그러면 하나님께서 용서하시고 성령으로 채워주실 것입니다." 많은 사람이 믿고 세례를 받아 그날 교회에 3천여 명의 사람이 더해졌습니다. 그들은 자주 모였고, 소유물을 나누며, 매일 성전에서 예배했습니다.

교회는 언제 어떻게 시작되었을까?

제자들이 한자리에 모여 있을 때, 주님이 교회를 형성하시고 태어나도록 준비하시는 것 같았습니다. 성령이 임하신 날, 제자들은 예수님의 메시지를 전하려고 거리로 뛰쳐나갔습니다. 그렇게 수천 명이 예수님을 알게 되면서 교회가 태어났습니다.

그들은 모여서 예배하고 기도하며 함께 음식을 나누었습니다(성만찬). 사도들의 가르침을 열심히 듣고, 자기 소유물을 나누며, 가난한 자들을 도왔습니다. 또 자신의 영적 은사를 사용했고, 여러 기적이 일어났습니다.

그들이 하나님 말씀을 전하자 많은 사람이 죄에서 돌이켜 구원받았습니다. 구원받은 사람들은 믿는 자들과 함께했고 교회는 성장했습니다.

"또 내가 네게 이르노니 너는 베드로라 내가 이 반석 위에 내 교회를 세우리니 음부의 권세가 이기지 못하리라" _ **마태복음 16:18**

걸인에게 주어진 새 날

어느 날 오후 베드로와 요한이 기도 모임에 가다가, 나면서부터 못 걷는 사람이 성전 문에 앉아 구걸하는 모습을 보았습니다. 그 사람은 베드로와 요한을 보자 돈을 구걸했습니다. 베드로는 걸음을 멈추고 걸인에게 말했습니다. "우리를 보시오." 그 사람은 돈을 기대하며 고개를 들었습니다.

"우리에게 금과 은은 없지만 우리에게 있는 것을 당신에게 주겠소. 나사렛 예수의 이름으로 일어나 걸으시오!" 베드로가 그의 손을 잡아 일으키자 즉시 그 사람의 발과 발목에 힘이 들어갔습니다. 그는 걷고 뛰며 하나님을 찬양하면서 베드로와 요한과 함께 성전 안으로 들어갔습니다. 사람들은 그가 매일 성전 문에 앉아 구걸하던 사람임을 알아차리고 몹시 놀랐습니다.

모든 사람이 치유의 은사를 받았을까?

하나님은 몇몇 사람들에게 치유의 은사를 주셨습니다. 성령님은 그들에게 아픈 사람과 장애가 있는 사람을 기적적인 방식으로 고치는 능력을 주십니다. 하나님이 모든 사람에게 치유의 은사(능력)를 주지는 않으셨습니다. 그렇다고 우리가 아픈 사람을 위해 기도할 수 없다는 의미는 아닙니다. 하나님은 믿음으로 드리는 기도를 항상 들으시고 응답하십니다(약 5:15-16).

바울은 치유의 은사를 갖는 것보다 더 중요한 것이 있다고 말합니다. 즉 사랑하는 것입니다. 당신이 마음 쓰고 있음을 보이는 것으로도 아픈 사람에게 도움이 될 수 있습니다. 아픈 사람을 위해 책을 읽어주거나, 편지를 쓰거나, 재미있는 그림을 그려 주거나, 일을 도와주는 것은 어떨까요?

"다 병 고치는 은사를 가진 자이겠느냐 다 방언을 말하는 자이겠느냐 다 통역하는 자이겠느냐 너희는 더욱 큰 은사를 사모하라" _ **고린도전서 12:30-31**

베드로 사도행전 3:11-16

하나님이 영광 받으시다

다리가 치유된 사람이 기쁜 나머지 베드로와 요한을 붙들었습니다. 이 치유된 사람을 보려고 성전 사방에서 사람들이 몰려들었습니다.

베드로가 무리를 보고 말했습니다. "이스라엘 사람이여, 왜 이렇게 놀랍니까? 우리 능력으로 이 사람을 낫게 한 것처럼 왜 우리를 쳐다보십니까? 아브라함과 이삭과 야곱의 하나님이 그의 종 예수를 영화롭게 하셨습니다. 당신들은 그분을 죽였지만 하나님은 그분을 죽은 자 가운데서 일으키셨습니다. 당신들이 보고 있는 이 사람은 예수님의 이름을 믿었기 때문에 강건해진 것입니다. 이 사람은 예수님의 이름으로 나은 것입니다."

어떻게 하나님을 영화롭게 할 수 있을까?

우리는 하나님을 경이롭고 위대하신 분이라고 생각합니다. 정말 그렇습니다! 이런 하나님을 영화롭게 하는 방법은 뭔가 굉장한 일을 하는 거라고 생각할 수 있습니다. 하지만 하나님은 우리가 하는 작은 일을 눈여겨보십니다. 하나님은 우리가 다른 사람들이 눈치채지 못하는 일을 할 때 가장 기뻐하십니다.

드릴 것이 전혀 없는 사람이 있다면, 바로 세례 요한일 것입니다. 하지만 세례 요한은 "그는 흥하여야 하겠고 나는 쇠하여야 하리라"고 말하며 예수님을 영화롭게 했습니다(요 3:30). 하나님께 순종하는 것은 그분을 높이는 것입니다. 다른 사람들 눈에 그분을 더욱 위대하게 보이도록 합니다. 베드로는 믿지 않는 사람들도 우리의 착한 행실을 보고 하나님께 영광을 돌릴 만큼 우리가 선한 삶을 살아야 한다고 말합니다(벧전 2:12).

"주 나의 하나님이여 내가 전심으로 주를 찬송하고 영원토록 주의 이름에 영광을 돌리오리니" _ **시편 86:12**

베드로와 요한이 위협을 받다

베드로와 요한이 말하고 있을 때, 성전 관리들이 와서 그들을 체포해 감옥에 넣었습니다. 한편, 베드로의 메시지를 들은 많은 사람이 예수님을 믿게 되었고, 믿는 자의 수가 5천여 명까지 늘어났습니다.

다음 날, 예루살렘에 모인 지도자들과 율법교사들이 베드로와 요한을 데려오게 했습니다. 지도자들로 구성된 공의회는 베드로와 요한에게 많은 질문을 했습니다. "너희는 무슨 권능으로, 또 누구의 이름으로 걷지 못하는 이 사람을 고쳤느냐?" 그러자 베드로는 그들이 배척하고 십자가에 못 박은 예수님에 대해 말했습니다. 지도자들은 베드로와 요한의 담대함에 놀랐고, 그들이 별로 배우지 못한 평범한 사람임을 알고 더욱 놀랐습니다.

어부 베드로가 어떻게 갑자기 유식해졌을까?

많은 사람 앞에 서서 말해야 한다면 긴장되지 않습니까? 베드로는 군중 앞에서 연설하던 사람이 아니었습니다. 예전에는 예수님이 가르치고 설교하는 일을 모두 하셨습니다. 그런데 지금은 예수님이 같이 계시지 않습니다. 어떤 면에서 베드로는 혼자였지만, 또 다른 면에서는 예수님이 그와 함께 계셨습니다. 예수님은 성령을 보내어 그들에게 무엇을 말할지 가르쳐주겠다고 약속하셨습니다(요 16:12-14).

베드로가 말할 때 성령께서 그의 생각을 인도하셨고, 사람들은 깜짝 놀랐습니다! 당신도 베드로처럼 예수님을 위해 말할 수 있습니다. 성경을 읽고 성령님께 당신의 생각을 인도해달라고 간구하면 무엇을 말해야 할지 알게 될 것입니다.

"마땅히 할 말을 성령이 곧 그 때에 너희에게 가르치시리라 하시니라"

_ 누가복음 12:12

베드로 사도행전 4:23-31

믿는 자의 기도

제사장들과 장로들은 못 걷는 사람을 고친 일로 베드로와 요한을 처벌할 수 없음을 알고, 그들에게 다시는 예수님에 대해 말하지 말라고 경고했습니다. 하지만 베드로는 이렇게 대답했습니다. "우리가 보고 들은 것을 말하지 않을 수 없습니다."

다시 한번 경고를 듣고 풀려난 베드로와 요한은 믿는 자들이 모여 있는 곳으로 돌아왔습니다. 신자들은 대제사장이 경고했다는 이야기를 듣고 다 함께 기도했습니다. "하늘과 땅과 바다를 창조하신 하나님, 우리를 향한 저들의 위협을 들으소서. 담대하게 주님의 말씀을 전할 수 있게 해주십시오! 주님께서 능력의 손을 내밀어 사람들을 고치시고 많은 표적과 기사를 행하소서. 예수님의 이름으로 기도합니다. 아멘."

기도할 때 왜 '예수님의 이름으로'라고 할까?

예수님의 이름으로 기도할 때 우리는 하나님의 아들이신 예수님의 지지와 축복을 받으며 아버지 하나님께 기도하는 것입니다. 그러므로 예수님의 이름으로 기도를 마칠 때는 우리의 기도에 예수님도 동의하시는 것임을 확신해야 합니다. 우리는 성령의 음성에 귀 기울이는 순전한 마음으로 기도해야 합니다. "모든 기도와 간구를 하되 항상 성령 안에서 기도하고"(엡 6:18).

예수님의 이름은 세상에서 가장 강력한 이름입니다. 다른 어떤 이름보다 뛰어난 이름입니다(빌 2:9). 예수님의 이름으로 기도할 때 우리(그분의 종)는 왕 중의 왕이신 그분의 능력과 권위로 기도하는 것입니다.

"내가 진실로 진실로 너희에게 이르노니
너희가 무엇이든지 아버지께 구하는 것을 내 이름으로 주시리라
지금까지는 너희가 내 이름으로 아무 것도 구하지 아니하였으나
구하라 그리하면 받으리니…" _ **요한복음 16:23-24**

믿는 자들은 하나다

예수님을 믿는 사람은 모두 연합되어 있습니다. 그들은 하나의 메시지를 믿고 하나의 목적을 갖습니다. 그들은 자신이 가진 모든 것을 나누는데, 하나님께 받은 것임을 알기 때문입니다.

사도들의 가르침은 온 예루살렘에 퍼졌습니다. 그들은 예수님께 배운 진리를 가르쳤습니다. 믿는 자들은 서로 돌보았기 때문에 어느 누구도 부족한 것이 없었습니다. 어떤 신자들은 집과 땅을 팔아 가난한 사람을 도왔습니다.

교회 안의 연합이 왜 중요할까?

믿는 자들은 마음과 뜻이 하나였습니다(32절). 같은 믿음을 가졌고, 같은 신념을 품었습니다.

예수님이 제자들과 함께 계실 때 하나님 아버지께 이렇게 기도하셨습니다. “나는 세상에 더 있지 아니하오나 그들은 세상에 있사옵고 … 거룩하신 아버지여 내게 주신 아버지의 이름으로 그들을 보전하사 우리와 같이 그들도 하나가 되게 하옵소서”(요 17:11).

그래서 하나님은 성령을 보내 믿는 자들이 하나 되게 하셨습니다. 성령은 우리를 하나로 모으시고, 예수님 안에서 하나 되게 하십니다. 예수님과 서로를 향한 사랑으로 하나 될 때, 우리는 서로의 믿음이 성장하도록 도울 수 있습니다(고전 14:26). 한 마음으로 하나님을 예배하고 영광을 돌릴 수 있습니다(롬 15:5-6). 능력을 가지고 기도할 수 있습니다(마 18:19). 하나님을 기쁘시게 하는 제물을 드릴 수 있습니다(마 5:23-24). 바른 태도로 예수님을 증거할 수 있습니다(빌 1:15).

“평안의 매는 줄로 성령이 하나 되게 하신 것을 힘써 지키라” _ **에베소서 4:3**

베드로 사도행전 5:1-4

거짓말

어떤 신자들은 집과 땅을 팔아 어려운 사람들을 돕는 데 사용했습니다. 아나니아와 그의 아내 삽비라도 재산을 팔았는데, 그 돈 일부를 자신들을 위해 따로 떼어놓았습니다. 아나니아는 그 돈을 사도들의 발 앞에 내려놓았습니다. 그때 베드로가 말했습니다. "아나니아, 왜 사탄이 당신을 지배하게 내버려 두어서 성령을 속이고 땅 판 돈의 일부를 빼돌렸소? 팔기 전에도 그 땅은 당신 것이었고, 판 뒤에도 그 돈을 당신 마음대로 할 수 있었던 것 아니오? 당신은 사람을 속인 것이 아니라 하나님을 속인 것이오."

척하는 것이 잘못일까?

흉내 내기 게임을 해 본 적이 있습니까? 하나님은 재미있는 방식으로 어떤 것을 흉내 내는 것을 싫어하시지 않습니다. 하지만 사람들에게 그 거짓을 믿게 하는 것은 잘못입니다. 진실대로 말하지 않거나 무언가를 숨김으로써 사람들을 속이는 것은 잘못입니다.

아나니아는 다른 사람들처럼 사도들 발 앞에 돈을 내려놓았습니다. 마치 땅 판 돈 전부를 드리는 것처럼요. 그는 그 돈을 다 가질 수도 있었고 일부만 헌금으로 드릴 수도 있었습니다. 하지만 그는 돈을 전부 드린 것처럼 거짓으로 행동했습니다. 하나님께 드리는 것은 예배의 행위입니다. 거룩하신 하나님은 우리가 영과 진리로 예배하기 원하십니다(요 4:24 참조). 아나니아는 진리의 영이신 성령을 속이려 했습니다. 주님은 우리가 모든 일에 정직하기를 원하십니다. 특히 그분을 예배하는 방식에서 정직하기를 바라십니다.

"거짓을 행하는 자는 내 집 안에 거주하지 못하며
거짓말하는 자는 내 목전에 서지 못하리로다" _ **시편 101:7**

멈출 수 없는 교회

사도들이 성전 주변에서 많은 기적을 행했습니다. 점점 더 많은 사람이 믿게 되자, 대제사장과 다른 사람들이 시기했습니다. 그들은 사도들을 체포해 감옥에 가두었습니다. 그런데 밤중에 주의 천사가 와서 감옥 문을 열고 사도들을 밖으로 이끌더니, 그리스도 안에 있는 새 생명의 복음을 전하라고 했습니다.

대제사장과 사두개파 사람들은 베드로와 사도들이 성전 근처에서 설교한다는 소식을 듣고 그들을 다시 체포해 죽이려 했습니다. 하지만 종교지도자 중 한 사람인 가말리엘이 말했습니다. "이 사람들을 조심스럽게 다루는 것이 좋겠소. 많은 사람이 따랐던 드다와 유다라는 두 지도자를 기억하시오? 그 두 사람은 죽임을 당했고, 그들을 따르던 사람들도 다 흩어졌습니다. 이 예수를 따르는 사람들이 믿는 것이 하나님께로부터 온 게 아니라면 이들도 흩어질 것입니다. 그러나 하나님께로부터 온 것이라면 당신들도 막지 못할 것입니다!"

예수님의 교회가 성장하는 것을 사람이 막을 수 있을까?

가말리엘이 말한 두 집단은 지도자가 죽자 따르던 자들이 다 흩어졌습니다. 예수님은 죽임을 당하셨지만 다시 살아나셨습니다! 그분을 따르는 사람들의 모임은 날마다 커졌습니다.

그 후로 예수님의 대적들(과 일부 종교인들)은 복음이 퍼지는 것을 막으려고 했습니다. 그들은 사람들이 예수님을 믿지 못하게 하려고 죽이고 성경을 불태웠습니다. 하지만 점점 더 많은 사람이 예수님을 알게 되면서 교회는 계속 성장했습니다. 전 세계로 퍼져나간 교회의 일원이 되는 것이 얼마나 신나는 일입니까? 교회는 계속 성장할 것이며 절대 멈추지 않을 것입니다!

"내 교회를 세우리니 음부의 권세가 이기지 못하리라" _ **마태복음 16:18**

집중하다

믿는 사람들은 가난하고 궁핍한 사람들을 선대했습니다. 생계를 꾸리기 어려운 과부들에게 매일 음식을 나눠주었습니다. 그러던 어느 날 한 그룹의 과부들이 음식을 받지 못했다고 불평했습니다. 그래서 사도들이 모여 이 문제를 어떻게 해결할지 의논했습니다. "과부들이 자기 몫을 받았는지 일일이 확인하는 것은 우리가 할 일이 아닙니다. 그러면 우리가 전도할 시간을 낼 수 없습니다. 차라리 성령으로 충만한 지혜로운 일곱 사람을 뽑아 그들에게 이 일을 맡기고, 우리는 기도와 하나님의 말씀을 전하는 일에 전념합시다."

모든 사람이 이 생각에 동의했습니다. 그래서 일곱 사람을 뽑아 사도들이 기도하고 안수한 후 가난한 사람을 돕게 했습니다.

교회의 가장 중요한 사명은 무엇일까?

축구 팀 선수들이 유니폼 디자인을 고르고, 트로피를 전시하고, 기금을 모으는 데 몰두하느라, 연습할 시간이 없다면 정말 어리석은 일일 것입니다.

교회 안에도 많은 활동이 있습니다. 대부분은 선하고, 구제 사역처럼 하나님이 축복하시는 일입니다. 그러나 사도들은 본래의 사명을 수행할 시간이 없을 정도로 다른 일에 몰두해서는 안됩니다. 예수님의 마지막 말씀은 "가서 모든 민족을 제자로 삼아 … 내가 너희에게 분부한 모든 것을 가르쳐 지키게 하라"는 것이었습니다(마 28:19-20). 다른 사람들에게 예수님을 전하는 일은 여전히 교회의 가장 중요한 사명입니다.

"예루살렘과 온 유대와 사마리아와 땅 끝까지 이르러 내 증인이 되리라 하시니라"

_ **사도행전 1:8**

"절대 안 됩니다, 주님!"

베드로가 머물던 집에 점심 식사가 준비되고 있었습니다. 베드로는 기도하려고 그 집의 평평한 지붕으로 올라갔습니다. 그리고 기도 중에 환상을 보았습니다.

하늘에서 큰 보자기가 내려왔는데, 그 안에는 유대인들이 먹어서는 안 되는 온갖 종류의 짐승과 파충류와 새들이 있었습니다. 그때 "베드로야, 일어나서 잡아먹어라!" 하는 음성이 들려왔습니다. 베드로가 대답했습니다. "주님, 그럴 수 없습니다. 저는 이런 속되고 부정한 것은 한 번도 먹은 적이 없습니다." 그러자 두 번째 음성이 들려왔습니다. "하나님께서 깨끗하게 하신 것을 네가 속되다고 하지 마라." 이런 일이 세 번 있은 후 그 보자기가 하늘로 올라갔습니다.

베드로가 이 환상이 무슨 의미인지 의아해하고 있을 때, 어떤 사람들이 그 집에 도착했습니다. 그들은 백부장 고넬료가 보낸 사람들이었습니다. 즉시 성령께서 베드로에게 말씀하셨습니다. "이 사람들과 함께 가라. 내가 그들을 보냈다."

하나님을 정말로 기쁘시게 하는 것

하나님은 베드로가 고넬료(이방인)에게 가서 말하기를 원하셨습니다. 그러나 베드로는 종교적 신념에 사로잡혀 하나님의 계획을 이해할 수 없었습니다. 종교적 전통이 성경의 진리를 더 잘 이해하도록 돕거나 우리에게 진리를 알려준다면 그것은 잘못된 것이 아닙니다. 하지만 그런 생각이나 전통이 하나님을 기쁘시게 하는 것을 가로막지 않도록 조심해야 합니다.

"누가 철학과 헛된 속임수로 너희를 사로잡을까 주의하라
이것은 사람의 전통과 세상의 초등학문을 따름이요 그리스도를 따름이 아니니라"
_ 골로새서 2:8

베드로 사도행전 10:23-35

교회 안에 편애가 없어야 한다!

—

베드로가 환상을 보기 전날, 백부장 고넬료도 환상을 보았습니다. 환상에서 한 천사가 나타나 사람들을 보내 베드로를 찾으라고 했습니다. 욥바에 도착한 사람들은 베드로를 찾아 고넬료가 만나고 싶어한다고 전했습니다. 다음 날, 베드로와 그 사람들은 가이사랴로 떠났습니다. 고넬료와 그의 가족과 친구들이 베드로를 기다리고 있었습니다. 베드로는 함께 모여 있는 사람들에게 말했습니다. "우리 유대 관습은 이방인의 집에 들어가는 것을 허락하지 않습니다. 하지만 하나님이 환상을 통해 제게 보여주셨습니다. 하나님은 어떤 민족이든 의를 행하는 사람을 다 받아주신다고 말입니다."

하나님은 편애하실까?

예수님의 복음은 모든 사람을 위한 것입니다. 모든 종족, 모든 계층, 모든 신념, 모든 문화에 속한 모든 사람을 위한 것입니다. 하나님은 이 땅의 모든 사람을 사랑하십니다(요 3:16). 하나님이 수많은 사람을 사랑하시기 때문에 당신을 모르실 거라고 생각하지 마십시오.

하나님은 당신을 특별하게 만드셨기 때문에 당신을 아시고, 특별한 방식으로 사랑하시며, 당신 삶을 위해 특별한 목적을 갖고 계십니다. 하나님은 오직 당신을 위한 사랑으로 당신을 사랑하십니다. 마치 온 우주에 당신 한 명밖에 없는 것처럼 말입니다. 하지만 하나님은 다른 모든 사람도 그런 방식으로 사랑하십니다. 하나님은 편애가 없으십니다. 하나님의 사랑은 너무나 커서, 하나님은 모든 자녀를 마치 한 사람 한 사람이 가장 사랑하는 자녀인 것처럼 사랑하실 수 있습니다.

"내 형제들아 영광의 주 곧 우리 주 예수 그리스도에 대한 믿음을 너희가 가졌으니 사람을 차별하여 대하지 말라" _ **야고보서 2:1**

강력한 기도

베드로가 고넬료 집에 모인 사람들에게 말할 때 성령이 그들에게 임했습니다. 모두 하나님 말씀을 믿고 세례를 받았습니다. 하지만 예수님의 메시지가 퍼져나가자, 헤롯 왕은 유대인들을 기쁘게 하려고 믿는 사람들을 체포하기 시작했습니다. 헤롯 왕은 베드로를 잡아 감옥에 가두고 열여섯 명의 병사를 세워 지키게 했습니다. 한편 다른 신자들은 베드로의 안전을 위해 함께 모여 기도했습니다.

그날 밤, 베드로가 두 경비병 사이에서 잠자고 있을 때 주의 천사가 그 곁에 나타났습니다. 천사가 베드로를 흔들어 깨우며 말했습니다. "서둘러라! 신발을 신고 외투를 입고 나를 따라오너라!"

베드로는 천사를 따라 감옥을 나와, 경비들을 지나 도시로 이어지는 큰 철문까지 나왔습니다. 그러자 철문이 저절로 열렸습니다. 베드로는 환상을 보는 줄 알았지만, 길을 따라 걸어가자 천사는 사라지고 자신이 풀려났다는 것을 알았습니다.

다른 사람들과 함께 기도하는 것이 왜 중요할까?

믿는 사람들이 함께 기도할 때 하나님은 놀라운 기적을 행하셨습니다. 모든 사람이 기적을 기대했을까요?(행 12:12-15 참조) 혼자 기도할 때는 종종 믿음이 작게 느껴집니다. 하지만 하나님은 겨자씨 같은 믿음도 사용하십니다. 그러니 많은 신자가 함께 모여 기도한다면 하나님이 어떤 일을 행하시겠습니까?

우리는 그리스도의 몸입니다. 그분은 우리가 하는 모든 일, 즉 예배와 섬김과 기도에서 하나 되기를 원하십니다. 우리가 함께 기도할 때 예수님은 우리 곁에서 모든 기도를 들으십니다(마 18:20).

"진실로 다시 너희에게 이르노니 너희 중의 두 사람이 땅에서 합심하여
무엇이든지 구하면 하늘에 계신 내 아버지께서 그들을 위하여 이루게 하시리라"

_ 마태복음 18:19

"광야로 가라!"

어느 날 주의 천사가 빌립에게 말했습니다. "예루살렘에서 가사로 내려가는 길로 가라." 빌립이 그곳으로 가니 한 사람이 마차를 타고 오고 있었습니다. 에디오피아의 국고를 맡은 관원이었습니다! 그는 예루살렘에 예배하러 갔다가 집으로 돌아가는 길이었습니다. 성령께서 빌립에게 수레로 가까이 가라고 하셨습니다. 빌립이 그렇게 하자, 그 사람이 이사야서를 읽는 소리가 들렸습니다.

빌립이 물었습니다. "읽는 내용을 이해하십니까?" 에디오피아인은 빌립을 자신의 수레로 초대하며 말했습니다. "아무도 설명해주는 사람이 없는데 어떻게 이해하겠습니까?" 그는 이사야서 구절을 읽고 있었습니다. "그가 도살자에게로 가는 양과 같이 끌려갔고 털 깎는 자 앞에 있는 어린 양이 조용함과 같이 그의 입을 열지 아니하였도다." 빌립은 그 구절을 이용해 그에게 복음을 전했습니다.

어떻게 친구들에게 예수님을 전할 수 있을까?

빌립은 사마리아에서 복음을 전했고 많은 사람이 하나님께로 돌아왔습니다. 빌립은 그곳에서 놀랍게 쓰임받았지만 성령께서 그곳을 떠나 광야로 가라고 하셨습니다. 하나님은 그분을 받아들일 준비가 된 사람에게 찾아가십니다. 하나님이 당신을 사용해 복음을 전하시는 몇 가지 방법이 있습니다.

당신의 삶이 예수님을 따르는 본보기가 되게 하십니다. 그리고 성경에 나오는 죄(롬 3:23), 하나님의 사랑(요 3:16), 예수님을 믿음(롬 10:9), 용서(요일 1:9) 같은 구절을 사용하여 복음을 전하게 하십니다. 마지막으로 성령께서 당신 친구들의 마음에서 역사하시도록 기도하십시오.

"예수께서 이르시되 내가 곧 길이요 진리요 생명이니
나로 말미암지 않고는 아버지께로 올 자가 없느니라" _ **요한복음 14:6**

이것이 최고의 소식이다!

빌립은 에디오피아 관원과 마차를 타고 가면서, 하나님이 우리에게 구주를 보내겠다고 약속하신 것부터 시작해 예수님의 모든 메시지를 그에게 설명했습니다. 그리고 하나님이 예수님을 보내 우리 대신 죽게 하심으로 이 약속을 성취하셨다고 말해주었습니다. 또 예수님이 다시 살아나셔서 사람들을 제자 삼고 세례를 주라고 명령하신 일도 말해주었습니다.

계속 길을 가다 물이 있는 곳에 이르자 에디오피아 관원이 빌립에게 말했습니다. "여기 물이 있습니다. 여기서 세례받는 데 문제가 있겠습니까?" 에디오피아 관원은 마차를 멈추고 빌립과 함께 물로 내려가 빌립에게 세례를 받았습니다. 그들이 물에서 나오자 주의 성령이 빌립을 데려갔고, 에디오피아인은 크게 기뻐하며 가던 길을 갔습니다.

왜 세례를 받을까?

에디오피아인은 예수님을 믿고 세례를 받고 싶어했습니다. 빌립은 예수님의 복음, 즉 제자가 되어 세례를 받고 예수님이 명령하신 모든 것을 배워야 한다고 전했습니다(마 28:19-20 참조).

세례는 내적 변화의 외적 표징으로, 그 사람의 죄된 삶이 죽고 예수님과 함께 새 생명으로 살아났음을 보여줍니다. "너희가 세례로 그리스도와 함께 장사되고 또 죽은 자들 가운데서 그를 일으키신 하나님의 역사를 믿음으로 말미암아 그 안에서 함께 일으키심을 받았느니라"(골 2:12). 세례는 명령입니다. 예수님은 제자들에게 그분에 대해 전하고, 새로운 제자를 삼으며, 아버지와 아들과 성령의 이름으로 세례를 주라고 가르치셨습니다.

"너희가 다 믿음으로 말미암아 그리스도 예수 안에서 하나님의 아들이 되었으니
누구든지 그리스도와 합하기 위하여 세례를 받은 자는 그리스도로 옷 입었느니라"

_ 갈라디아서 3:26-27

바나바 사도행전 4:36; 11:19-24

위로의 아들

성전에서 섬기던 레위인 바나바가 신자가 되었습니다. 그는 지중해의 큰 섬인 구브로 출신이었습니다. 그의 본명은 요셉이었지만 제자들은 그를 바나바라고 불렀습니다. '위로의 아들'이라는 뜻입니다.

예루살렘의 유대인 지도자들은 신자들을 미워하여 점점 더 박해했습니다. 일부 신자들은 먼 도시로 도망가 예수님의 복음을 전했습니다. 메시지를 들은 많은 사람이 예수님을 믿고 구원받았습니다. 이 소식이 예루살렘교회에 전해지자 그들은 안디옥에 있는 신자들을 위로하기 위해 바나바를 보냈습니다. 바나바는 하나님이 안디옥에서 행하시는 놀라운 일을 보고 크게 기뻐하며, 신자들이 주님께 더욱 신실하도록 격려했습니다.

위로의 은사는 얼마나 중요할까?

모든 사람에게 필요한 한 가지가 있다면 그것은 위로입니다. 삶은 누구에게나 힘듭니다! 우리는 모두 좌절할 때가 있기에, 어려운 상황을 극복하도록 도와줄 누군가가 필요합니다. 긍정적이고 도움이 되는 생각을 하도록 이끌어줄 사람 말입니다.

새로 신자가 된 많은 사람이 이방신을 섬기던 방식을 바꿔야만 했습니다. 어떤 사람들은 가족이나 친구에게 배척당했고, 어떤 사람들은 직장을 잃었습니다. 모욕과 부당한 대우를 받은 신자들에게 바나바 같은 사람이 소망을 회복시켜주어야 했습니다.

성령은 각 사람에게 다른 은사를 주셨습니다. 예언하는 은사, 섬기는 은사, 가르치는 은사, 위로의 은사를 주셨습니다(롬 12:6-8 참조). 당신이 낙담한 사람을 위로하고 격려하기 좋아하는 긍정적인 사람이라면 바로 위로자입니다!

"그러므로 피차 권면하고 서로 덕을 세우기를 너희가 하는 것 같이 하라"

_ 데살로니가전서 5:11

안디옥에 있는 그리스도인들

신실한 신자 스데반은 예루살렘에서 가난한 과부들에게 음식 나눠 주는 일을 돕도록 뽑힌 사람 중 한 명이었습니다. 예루살렘에는 신자들을 미워하는 지도자가 많았지만, 스데반은 담대하게 예수님에 대해 말했습니다. 그로 인해 분노한 사람들이 스데반을 성 밖으로 끌고 가서 죽였습니다.

다른 신자들은 그 일을 보고 살기 위해 도망쳤습니다. 많은 사람이 안디옥처럼 먼 곳으로 도망갔습니다. 안디옥에서는 바나바가 교회를 격려하며 복음의 진리를 가르치고 있었습니다. 안디옥에서 신자들이 처음으로 그리스도인이라고 불렸습니다.

어떻게 하면 그리스도인이 될까?

부모님이 중국에서 태어나 중국어를 한다면, 자신을 중국인이라고 생각할 것입니다. 스페인에서 태어나면 스페인 사람일 것입니다. 기독교 국가에서 태어나 부모님이 교회에 다니신다면 당신이 기독교인이 되는 걸까요?

안디옥에 있는 신자들은 기독교 국가에서 태어나지 않았고, 기독교 가정에서 태어나지 않았지만, 그들은 기독교인이었습니다. 안디옥 사람들이 그들을 그리스도인이라고 불렀는데, 그들이 그리스도를 믿고 그분의 길을 따랐기 때문입니다.

그리스도를 믿을 때, 즉 자신의 죄를 뉘우치고 용서를 구할 때 그리스도인이 됩니다. 그러면 예수님이 당신의 마음을 새롭게 하시고, 성령님을 보내 당신 안에 거하게 하시며, 옳은 일을 하도록 도우십니다. 하나님은 당신이 영원히 그분의 자녀라고 분명히 약속하십니다(엡 1:13-14).

"사람이 마음으로 믿어 의에 이르고 입으로 시인하여 구원에 이르느니라"

_ 로마서 10:10

하늘에서 난 소리

예수님의 메시지를 듣고 믿는 사람이 점점 더 많아지자, 사울(그리스도인을 미워하던 자)은 다메섹에서 그리스도인들을 잡아들이기 쉽게 대제사장에게 편지를 써달라고 했습니다.

사울이 다메섹으로 가는 길에 하늘에서 환한 빛이 비쳤습니다. 사울은 땅에 엎드러져 한 음성을 들었습니다. "사울아, 사울아, 왜 나를 박해하느냐?" 사울이 물었습니다. "당신은 누구십니까?" 그 음성이 대답했습니다. "나는 네가 박해하는 예수다. 일어나 시내로 들어가라. 네가 행할 것을 네게 이를 자가 있느니라."

사울은 땅에서 일어났지만 아무것도 볼 수 없었습니다. 그는 완전히 눈이 멀었습니다. 그래서 사울과 함께 있던 사람들이 그의 손을 붙들고 다메섹까지 데려갔습니다.

왜 그리스도인을 미워할까?

당신이 성경을 읽고 예수님을 믿는 것이 다른 도시에 사는 사람과 상관이 있을까요? 사울은 왜 그렇게 많은 시간과 에너지를 들여 그리스도인들을 해치려 했을까요? 사실 그들은 가난한 사람을 돕고, 병자를 고치며, 하나님의 사랑을 전했는데 말입니다.

그리스도인들은 세상의 어두운(죄악된) 곳에 예수님의 빛을 비추고 있었습니다. 그들이 전하는 빛의 메시지가 사울의 마음속에 있는 죄와 잘못된 동기를 드러낸다는 것이 문제였습니다. 예수님은 말씀하셨습니다. "악을 행하는 자마다 빛을 미워하여 빛으로 오지 아니하나니 이는 그 행위가 드러날까 함이요"(요 3:20).

"내가 너희에게 종이 주인보다 더 크지 못하다 한 말을 기억하라
사람들이 나를 박해하였은즉 너희도 박해할 것이요 내 말을 지켰은즉
너희 말도 지킬 것이라" _ **요한복음 15:20**

사울, 변화된 사람

주님께서 다메섹에 사는 신자 아나니아에게 환상 가운데 말씀하셨습니다. "아나니아야! 준비하여 직가라 하는 거리로 가서 유다의 집에서 사울을 찾아라. 사울이 환상 중에 네가 그에게 손을 얹어 시력을 회복시켜 주는 것을 보았다." 아나니아가 대답했습니다. "주님, 많은 사람이 이 사람에 대해 하는 말과 그가 예루살렘에서 주님의 백성에게 저지른 끔찍한 일에 대해 들었습니다. 그는 주님을 경배하는 모든 사람을 잡기 위해 다메섹으로 오던 중이었습니다." 주님께서 아나니아에게 말씀하셨습니다. "가라. 내가 사울을 나를 섬기는 자로 선택했다." 아나니아는 사울이 머무는 집으로 가서 그에게 말했습니다. "주님께서 나를 보내셨소. 당신이 시력을 회복하고, 성령으로 충만하게 하시려는 것이오."

아나니아가 사울에게 손을 얹자 다시 볼 수 있게 되었습니다. 사울은 일어나 세례를 받았습니다.

누가 그리스도인인지 어떻게 알 수 있을까?

아나니아는 사울을 두려워했지만, 하나님이 사울의 마음을 바꾸어 놓으셨습니다. 성경은 하나님의 자녀임을 보여주는 몇 가지 방법을 제시합니다.

하나님의 자녀는 예수님이 하나님의 아들이시며 구원자임을 믿는 자(요일 4:15, 5:1), 하나님의 계명을 지키는 자(요일 2:3), 예수님의 본을 따르는 자(요일 2:5), 고의로 계속해서 죄 짓지 않는 자(요일 3:9, 5:18-19), 사랑을 실천하는 자(요일 3:18-19, 3:14), 성령님이 거하시는 자입니다(요일 3:24; 4:13).

"이와 같이 좋은 나무마다 아름다운 열매를 맺고 못된 나무가 나쁜 열매를 맺나니…
이러므로 그들의 열매로 그들을 알리라" _ **마태복음 7:17, 20**

바울의 첫 전도 여행

어느 날, 안디옥에 있는 신자들이 예배하며 금식하고 있을 때, 성령께서 말씀하셨습니다. "바나바와 사울을 따로 세워라. 내가 그들에게 맡기려 하는 특별한 일이 있다."

그래서 신자들은 그들에게 손을 얹고 기도했습니다. 바나바와 사울(나중에 바울로 불리게 된)은 길을 떠나면서 마가 요한을 돕는 자로 데려갔습니다. 그들은 성령의 인도하심을 따라 곳곳을 다녔습니다. 바울과 그의 신실한 동료 바나바는 예수님의 복음을 전했고, 많은 사람이 구원을 받았습니다. 돌아오는 길에는 새로 믿게 된 신자들을 찾아가 예수님께 신실하라고 격려했습니다. 또 새로 세운 교회에 지도자를 세우고 그들을 위해 기도했습니다.

제자도란 무엇일까?

심기지 않은 씨앗은 죽은 것입니다. 그러나 그 씨앗을 땅에 묻고 물을 주면 갑자기 생명이 생깁니다! 예수님을 모르는 사람은 죽은 씨앗과 같습니다. 그러나 그 사람이 자신의 죄악된 옛 삶을 묻고(롬 6:4) 생명을 주는 성령의 생수를 받으면(요 4:13) 새로운 생명이 나타납니다. 예전과 완전히 다른 삶을 살게 됩니다.

한 번 생명이 움튼 씨앗은 계속 물이 필요합니다. 마찬가지로 새 신자는 제자훈련을 받아야 합니다. 그들의 믿음이 뿌리를 내릴 때까지 특별한 보살핌을 받아야 합니다. 바울은 말씀을 전하면서 신자들을 찾아가 그들의 믿음을 굳건하게 했습니다.

전도는 사람들에게 복음이라는 좋은 소식을 전하는 것입니다(막 16:15). 제자도는 새 신자들을 돌보는 것입니다(마 28:19-20). 아직 믿음이 굳건하지 못한 누군가를 알고 있다면, 그를 위해 기도하십시오.

"심는 이와 물 주는 이는 한가지이나 각각 자기가 일한 대로 자기의 상을 받으리라"

_ 고린도전서 3:8

의견 충돌

바울이 1차 전도여행 이후 바나바에게 말했습니다. “우리가 복음을 전했던 마을들로 다시 가서 새로 믿게 된 사람들이 어떻게 지내는지 살펴봅시다.”

바나바는 1차 전도여행 때처럼 마가 요한을 데려가고 싶어했습니다. 하지만 바울은 1차 전도여행 중에 집으로 가버린 마가를 데려가는 것이 옳지 않다고 생각했습니다. 바울과 바나바는 이 문제로 크게 다투어 따로 가게 되었습니다. 바나바는 마가 요한을 데리고 배를 타고 구브로(키프로스)로 갔고, 바울은 실라를 데리고 시리아로 갔습니다.

그리스도인들은 모든 일에 의견이 일치되어야 할까?

바울과 바나바는 하나님을 섬기는 데 열정적인 친한 친구였습니다. 하지만 열정이 큰 만큼 감정도 강했던 것 같습니다. 문제는 1차 전도여행 때 마가 요한이 예루살렘으로 돌아간 것입니다(행 13:13 참조).

바울은 마음이 약한 중도 포기자가 따라오는 것을 원하지 않았습니다. 그의 목표는 주님을 섬기는 것이었습니다. 바울은 자신을 방해할 사람이 아니라 주님께 헌신된 조력자를 원했습니다. 반면, 바나바는 항상 다른 사람의 장점을 보려고 했습니다. 바나바는 바울이 사역을 시작하도록 도왔고, 마가 요한의 잠재력도 보았습니다. 마가 요한이 다시 도전하려고 하자 바나바는 그에게 또 한 번 기회를 주려고 했습니다.

하나님은 우리의 다양한 은사와 성품을 사용하여 각기 다른 방식으로 그분을 섬기게 하십니다. 바울의 강한 의지는 그를 집중하게 했고, 바나바의 우정은 다른 사람들에게서 장점을 끌어냈습니다.

“또 무엇을 하든지 말에나 일에나 다 주 예수의 이름으로 하고
그를 힘입어 하나님 아버지께 감사하라” _ **골로새서 3:17**

바울의 2차 전도여행

바울과 실라는 1차 전도여행 때 세운 교회들을 방문하기 위해 2차 선교여행을 떠났습니다. 그들이 아시아 지역을 지나갈 때, 성령께서 그곳에서 말씀 전하는 것을 막으셨습니다. 그들이 비두니아 지역으로 가려고 했지만 성령께서 막으셨습니다. 그래서 무시아를 지나 드로아 해변가로 갔습니다.

그날 밤, 바울은 마게도냐(마케도니아) 사람이 와서 도와달라고 간청하는 환상을 보았습니다. 바울은 그 환상을 본 즉시 마게도냐로 갈 준비를 하고 빌립보로 가는 배에 올라탔습니다.

먼저 하나님의 인도하심을 기다려야 할까?

예수님을 위해 선을 행하고 그분을 전하는 것은 언제든 괜찮은가요, 아니면 하나님이 무엇을 해야 할지 보여주실 때까지 기다려야 하나요?

하나님은 우리를 그분의 형상대로 지으시고 우리에게 이성을 주셨습니다. 이성이란 우리에게 영감을 주는 느낌에 반응하고, 배운 것을 활용하며, 믿음과 일치하는지 확인한 후 결정을 내리는 것입니다. 때로는 예수님이 우리 마음에 그분의 생각을 불어넣으셔서 직접 우리에게 말씀하시기도 합니다. 우리는 그리스도의 마음을 가졌습니다(고전 2:16). 우리가 그분의 성령과 조화를 이루고 성경의 원칙을 따른다면, 우리가 하는 대부분의 일은 하나님이 원하시는 바가 되어야 합니다.

움직이지 않는 배는 조종할 수 없습니다. 바울은 하나님이 올바른 방향을 알려주시기를 기다리며 그냥 앉아 있지 않았습니다. 그가 복음을 전하러 나갈 때 성령께서 어디로 가야 할지 보여주셨습니다. '특별 지시'를 기다리며 아무것도 하지 않는 것보다는, 나가서 하나님이 기뻐하시는 일을 하는 편이 낫습니다.

"그러므로 우리는 기회 있는 대로 모든 이에게 착한 일을 하되
더욱 믿음의 가정들에게 할지니라" _ **갈라디아서 6:10**

감옥에 갇힌 바울과 실라

바울과 실라가 빌립보에 있을 때 귀신 들린 여종을 치료해주었습니다. 그 여종의 주인들은 불같이 화를 냈습니다. 여종이 귀신의 힘을 빌려 미래에 일어날 일을 말해주며 돈을 벌어주었기 때문입니다. 그들은 바울과 실라를 시장으로 끌고 가 옷을 벗겨 때리고 감옥에 넣었습니다. 그들이 도망치면 간수가 사형을 당하기에, 간수는 그들을 지하 감옥에 가두고 발에 차꼬를 채웠습니다.

자정 무렵, 바울과 실라가 기도하며 찬양하는데 큰 지진이 일어났습니다! 감옥 문이 활짝 열리고 죄수들의 쇠사슬이 풀렸습니다. 잠들어 있던 간수는 두려워서 칼로 자살하려고 했습니다. 그때 바울이 소리쳤습니다. "멈추시오. 우리가 다 여기 있소."

하나님을 찬양하면 어려운 상황이 바뀔까?

바울과 실라에게 일어난 일을 보면, 우리가 어려운 상황에서 하나님을 찬양할 때 우리를 그 끔찍한 상황에서 풀어주시는 것 같습니다.

바울과 실라는 그들의 찬양이 감옥 문을 여는 열쇠가 될 줄은 몰랐을 것입니다. 그들이 탈출하려 하지 않은 것으로 보아, 하나님이 그곳에 머물기를 원하신다면 그들은 감옥에 있는 것을 기쁘게 받아들였을 것입니다. 그들의 찬양은 하나님께 영광이 되었고, 다른 죄수들에게는 복이 되어 주님의 평화와 기쁨을 누리게 했습니다.

믿음으로 하나님을 찬양하면 상황이 바뀔 수 있습니다. 하나님은 위대하고 전능하시기 때문입니다. 당장 문제가 풀리지 않더라도, 하나님을 찬양하면 당신의 마음이 자유로워질 것입니다.

"나는...모든 일 곧 배부름과 배고픔과 풍부와 궁핍에도 처할 줄 아는 일체의 비결을 배웠노라" _ **빌립보서 4:12**

바울 사도행전 17:16-18, 22-30

아테네로 간 바울

바울과 실라가 갇혀 있던 감옥에 지진이 일어나자, 겁에 질린 간수가 구원받으려면 어떻게 해야 하는지 물었습니다. "주 예수를 믿으시오. 그러면 당신과 당신 가족이 구원받을 것입니다." 바울과 실라는 간수와 그 가족에게 예수님을 전했고, 그들이 모두 믿었습니다.

감옥에서 풀려난 바울과 실라는 빌립보를 떠났습니다. 그들은 데살로니가에 갔다가 베뢰아로 가서 회당에서 말씀을 전했습니다. 어떤 사람들은 열심히 들었지만, 다른 사람들은 시기하여 그들을 괴롭혔습니다. 신자들은 걱정이 되어 바울을 아테네로 보냈습니다. 바울은 그곳에서 사람들에게 하나님을 전했습니다. 새로운 사상을 논하기 좋아하는 사람들이 바울을 초대해 더 많은 것을 말해달라고 했습니다. 바울이 말했습니다. "내가 보니 여러분은 매우 종교적인 사람들입니다. 이 도시를 돌아다니다가 여러분이 예배하는 장소를 보았는데 '알지 못하는 신에게'라고 쓰여 있는 제단도 있더군요. 제가 이 신을 잘 압니다. 그분은 세상과 그 안에 있는 모든 것을 만드신 분입니다."

모든 종교가 같은 신을 예배할까?

사람들은 흔히 말합니다. "뭘 믿든 상관없어. 모든 종교는 같은 신을 섬기니까." 아테네 사람들도 그렇게 생각했습니다. 신이 누구인지 정확히 알지 못했기에 우상과 많은 다른 신을 위한 제단을 만들었습니다. '알지 못하는 신'을 위한 제단까지 만들었습니다. 바울은 이것을 기회 삼아 하나님을 전했습니다.

"하나님은 한 분이시요 또 하나님과 사람 사이에 중보자도 한 분이시니 곧 사람이신 그리스도 예수라" _ **디모데전서 2:5**

고린도에 간 바울

아테네에서 복음을 전한 후 바울은 고린도로 갔습니다. 고린도에서 천막을 만드는 아굴라와 브리스길라와 함께 머물렀습니다. 어느 날 밤, 주께서 환상 가운데 말씀하셨습니다. "두려워하지 마라. 계속 나에 대해 전하여라. 내가 너와 함께 있으니 아무도 너를 해하지 못할 것이다." 바울은 고린도에서 하나님의 말씀을 가르치면서 일 년 육 개월 동안 머물렀습니다.

갈리오가 총독으로 부임하자, 유대인들이 바울을 잡아 갈리오에게 끌고 가서 재판받게 하려고 했습니다. 그들은 바울이 율법에 반하는 방식으로 하나님을 섬기도록 사람들을 부추긴다고 고소했습니다. 하지만 갈리오는 유대인들에게 짜증을 내며 말했습니다. "이 사람은 범죄를 저지르지 않았다. 너희 율법에 관련된 문제라면 너희가 알아서 해결해라!" 그래서 바울은 풀려났습니다. 하나님은 약속을 지키셨습니다!

성경의 약속 중 어떤 것이 나를 위한 것일까?

성경은 하나님의 약속으로 가득 차 있습니다. 어떤 약속은 구약의 이스라엘 백성에게 하신 것이고, 어떤 약속은 거듭난 신자들에게, 어떤 약속은 모든 사람에게 주신 것입니다. 하나님이 바울에게 어떤 해도 받지 않게 하겠다고 약속하신 것처럼 개인에게 주신 약속도 있습니다. 하나님은 바울이 고린도에 있는 동안 안전하게 지켜주셨습니다. 하나님이 바울에게 하신 약속은 우리에게 아무 의미가 없을까요?

우리 상황이 성경에 나오는 상황과 다를지라도, 그분은 성경을 통해 우리에게 개인적으로 말씀하십니다. 이것이 하나님이 우리를 인도하시는 방식이며, 성경이 그토록 유용하고 흥미진진한 이유입니다.

"하나님의 말씀은 살아 있고 활력이 있어 좌우에 날선 어떤 검보다도 예리하여 혼과 영과 및 관절과 골수를 찔러 쪼개기까지 하며 또 마음의 생각과 뜻을 판단하나니"

_ 히브리서 4:12

바울이 체포되다

바울은 고린도에서 바다를 건너 자신이 세운 교회를 방문했습니다. 그의 긴 여정은 해안 도시 가이사랴에서 끝났고, 그곳에서 육로를 따라 예루살렘으로 돌아갔습니다.

여느 때처럼 바울이 성전에 갔는데, 아시아 지방에서 온 유대인들이 바울을 알아보고 성전에서 끌어냈습니다. 심지어 바울을 죽이려고까지 했지만, 로마 병사들이 폭동을 막고 바울을 영내로 데려갔습니다. 40여 명의 유대인이 몰래 바울을 죽이려고 하자, 로마 군대 장관이 군대를 붙여 바울을 가이사랴의 벨릭스 총독에게 보냈습니다. 2년 후 벨릭스가 죽고 베스도가 새 총독이 될 때까지 바울은 감옥에 갇혀 있었습니다. 베스도는 바울을 다시 예루살렘으로 보내 유대인들에게 재판받게 하려 했으나, 로마 시민권자인 바울은 로마 황제에게 재판받기를 요청했습니다.

내 믿음을 어떻게 확신할 수 있을까?

사람들이 계속해서 틀렸다고 하는데도 바울은 어떻게 자신이 믿는 바를 확신할 수 있었을까요? 바울은 예수님을 실제로 경험했기 때문에 다른 사람들이 믿는 것은 중요하지 않았습니다. 예수님을 믿지 않는 사람들에게 둘러싸여 믿음이 흔들린다면, 꼭 기억하십시오. 예수님과 대화하는 것은 눈에 보이지 않지만 친구와 전화로 대화하는 것만큼이나 실제적입니다. 성령님께 예수님을 가까이 느낄 수 있게 해달라고 간구하십시오. 그리고 진리의 책인 성경을 읽으십시오(요 17:17). 성경을 읽으면 읽을수록 믿음이 더욱 강해집니다.

"그러므로 믿음은 들음에서 나며 들음은 그리스도의 말씀으로 말미암았느니라"

_ 로마서 10:17

폭풍이 부는 바다

바울은 군대 장교에게 넘겨져 로마로 가는 배에 탔습니다. 그는 로마에서 황제에게 재판받을 것입니다. 강한 바람이 불어 항해가 아주 느렸습니다. 결국 미항이라는 곳에 정박해 며칠을 머물렀습니다. 그 항구는 겨울을 지내기에 적합하지 않아 선장과 선원들은 항해할 채비를 했습니다. 그때 바울은 경고했습니다. "여러분, 지금 항해를 계속하는 것은 위험합니다. 우리는 여기 머물러야 합니다!"

그러나 바람이 잦아들자 선장은 항해를 결심하고 바다로 나갔습니다. 그들이 바다로 나가자 강한 바람이 다시 불기 시작했고, 선원들은 배가 가라앉지 않도록 짐을 바다로 던졌습니다. 그들은 돛을 내리고 바람과 파도에 배를 맡겼습니다.

성령께서 위험을 경고해 주실까?

바울은 바람이 아니라 성령의 인도하심을 받았습니다. 그는 매사에 기도하며 주님이 하시는 말씀에 민감하게 반응하는 법을 배웠습니다.

어떤 사람들은 전문가의 조언에 의지하고, 어떤 사람들은 자신을 인도할 징조를 찾습니다. 단지 상황에 반응하는 사람도 있습니다. 이 경우에는 배의 선장이 전문가였습니다. 그는 바다를 잘 알았고 징조도 좋았습니다. 바람이 잠잠해졌으니까요. 그리고 아무도 그 끔찍한 항구에서 겨울을 보내고 싶어하지 않았습니다.

올바른 결정을 내리기 위해 다른 사람의 의견을 구하는 것은 잘못이 아닙니다. 하지만 결정을 내리기 전에 기도한다면 성령께서 위험을 경고해주실 수 있습니다.

"미련한 자는 자기 행위를 바른 줄로 여기나 지혜로운 자는 권고를 듣느니라"

_ **잠언 12:15**

바울 사도행전 27:39-44

파선

한밤중에 주님의 천사가 바울에게 나타나 말했습니다. "바울아, 두려워하지 마라! 너는 로마 황제 앞에 서게 될 것이다. 그리고 하나님의 선하심으로 너와 함께 있는 사람들도 살게 될 것이다."

다음 날, 바울은 배에 있는 사람들에게 말했습니다. "여러분은 내 말을 듣고 그 항구에 머물렀어야 합니다. 하지만 힘을 내십시오. 비록 배와 배에 있는 모든 것은 가라앉겠지만, 물에 빠져 죽는 사람은 한 명도 없을 것입니다." 사람들은 배를 가볍게 하려고 남은 식량을 다 바다에 버렸습니다.

날이 밝자 저 멀리 한 섬이 보여서 돛을 올리고 해변을 향해 나아갔습니다. 그러나 배는 모래톱에 걸려 가라앉기 시작했습니다. 모든 사람이 거친 바다로 뛰어내렸습니다. 어떤 사람들은 나무 조각에 매달려 있었고, 일부는 헤엄쳐 해안에 도착했습니다. 모든 사람이 춥고 지친 상태로 해안에 도착했습니다.

포기하고 싶은 마음이 드는 건 잘못일까?

바울도 포기하고 싶었던 적이 있었을까요? 낙심하는 것은 잘못된 일일까요? 바울이 난파당한 것은 이번이 처음은 아니었습니다. 하나님을 열정적으로 섬기는 바울이 많은 고난을 겪어야 한다는 것은 공평해 보이지 않습니다.

감정은 실제입니다. 우리가 낙심하지 않는다면 인간이 아닐 것입니다. 중요한 것은 낙심하는 감정이 우리를 지배하도록 허락하지 않는 것입니다. 그 감정에 따르면 아마도 우리는 포기할 것입니다. 바울은 목표를 세우고 그 목표에 도달하기 위해 결심하는 것이 계속해서 앞으로 나아가게 한다는 것을 깨달았습니다(빌 3:14).

"우리가 선을 행하되 낙심하지 말지니 포기하지 아니하면 때가 이르매 거두리라"

_ 갈라디아서 6:9

마침내 로마로

바울 일행이 도착한 말타 섬 주민들은 친절하게 그들을 도와주었습니다. 해변에 불을 지펴 몸을 녹일 수 있게 하고 음식도 주었습니다. 3개월 후, 난파당했던 사람들은 로마로 가는 배에 올랐습니다.

로마에 도착하자 한 병사가 바울의 집을 지켰습니다. 바울은 그 집에서 2년 동안 살면서 그를 찾아오는 모든 사람을 환영했습니다. 비록 그 집을 떠날 수는 없었지만, 하나님나라에 대해 전하고 예수님에 대해 더 듣고 싶어 오는 사람들을 가르칠 수 있었습니다.

하나님은 바울이 감옥에 수년간 있기를 바라셨을까?

바울이 2년간 살던 집은 밤낮 감시받는 곳이었지만, 다른 감옥들보다는 훨씬 나았습니다. 바울은 감옥에서 오랜 시간을 보냈는데, 나쁜 일을 해서가 아니라 예수님을 전했기 때문이었습니다.

바울이 오랜 세월을 감옥에서 '허비하지' 않았다면 더 많은 사람을 만났을 거라 생각할 수도 있습니다. 하지만 바울은 그렇게 생각하지 않았습니다. "형제 중 다수가 나의 매임으로 말미암아 주 안에서 신뢰함으로 겁 없이 하나님의 말씀을 더욱 담대히 전하게 되었느니라"(빌 1:14). 더 이상 바울 혼자만 복음을 전하는 것이 아니었습니다. 그의 용기와 믿음 때문에 많은 사람이 예수님을 전하기 시작했습니다.

바울이 감옥에 있는 동안은 교회들을 직접 방문할 수 없었기에 교회와 친구들에게 편지를 썼습니다. 이 편지들은 성경의 일부가 되었고, 이제 모든 사람이 읽고 그로 인해 복을 받을 수 있습니다.

"또한 우리를 위하여 기도하되 하나님이 전도할 문을 우리에게 열어 주사
그리스도의 비밀을 말하게 하시기를 구하라 내가 이 일 때문에 매임을 당하였노라"
_ 골로새서 4:3

바울 로마서 5:12-15, 20; 6:1-4

바울이 로마인에게 보낸 편지

바울은 고린도에 있을 때 로마에 있는 사람들에게 편지를 썼습니다. 로마에 가고 싶었지만 갈 수 없었기에, 로마 사람들에게 죄에서 구원하시려는 하나님의 계획을 알리는 편지를 썼습니다.

"한 사람 아담의 불순종으로 죄가 세상에 들어왔고, 죄로 말미암아 죽음이 세상에 들어왔습니다. 하지만 다른 한 사람 예수 그리스도를 통해 모두 용서받을 수 있게 되었습니다. 하나님이 율법을 주신 것은, 우리는 스스로 결코 완전해질 수 없기에 그분께 용서와 도움을 구해야 함을 알려주시려는 것입니다. 우리는 죄가 클수록, 하나님이 우리를 얼마나 기꺼이 받아주시는지 더 깨닫게 됩니다. 그렇다면 하나님이 계속 그분의 사랑을 보여주시도록 우리가 계속 죄를 지어야 할까요? 물론 아닙니다! 우리의 죄된 옛 본성이 죽었는데 어떻게 계속 죄를 지을 수 있겠습니까? 하나님은 우리에게 예수님 안에서 새 생명을 얻게 하셨을 뿐 아니라 죄를 이길 힘도 주셨습니다."

십계명을 지키는 사람은 죄가 없을까?

신발 끈으로 자신을 일으켜 보려고 한 적이 있나요? 모두가 알다시피, 중력의 힘이 당신을 아래로 끌어당기기 때문에 그런 시도는 어리석습니다. 우리 몸이 중력의 법칙에 영향을 받듯, 우리 영혼은 죄의 법에 영향을 받습니다. 우리가 태어난 날부터 이 두 힘이 우리를 끌어당깁니다. 그래서 넘어지고 또 죄를 짓습니다(롬 7:23).

하나님은 우리 자신의 힘으로는 그분의 거룩함의 기준에 도달할 수 없음을 보여주기 위해 율법을 주셨습니다. 죄 없는 상태가 되는 유일한 길은 예수님의 선하심으로 우리를 가득 채우는 것입니다(롬 8:1).

"기록된 바 의인은 없나니 하나도 없으며" _ **로마서 3:10**

"내가 달려갈 길과 주 예수께 받은 사명
곧 하나님의 은혜의 복음을 증언하는 일을 마치려 함에는
나의 생명조차 조금도 귀한 것으로 여기지 아니하노라"

_ 사도행전 20:24

A 365-Day Devotional

12월

December

바울, 야고보, 요한과 함께 걷다

산 제물

바울이 로마 사람들에게 보낸 편지는 이렇게 이어집니다. "형제 여러분, 하나님께서 우리에게 자비를 베푸셨으니 여러분 자신을 하나님께서 기쁘게 받아주실 거룩한 산 제물로 드리십시오. 이것이 여러분이 드릴 진정한 예배입니다. 불경건한 사람들의 행위를 본받지 말고, 마음을 새롭게 하여 변화된 새 사람이 되십시오. 그리하여 무엇이 하나님의 뜻인지, 무엇이 선하고 그분을 기쁘시게 하는지 분별하십시오. 여러분은 스스로 마땅히 생각해야 하는 것 이상으로 생각하지 말고 하나님이 각자에게 주신 믿음의 분량대로 분수에 맞게 생각하십시오."

여전히 하나님께 제물을 드려야 할까?

예수님이 오시기 전 구약 시대에, 하나님은 동물을 죽여 사람들의 죄를 씻기 위한 제물로 드리게 하셨습니다. 그 제물은 흠이나 점이 없이 완전해야 했습니다. 하지만 이 희생제사는 예수님이 진정한 희생 제물로 자신의 생명을 내어주실 날을 가리키는 표징에 불과했습니다. 예수님이 십자가에서 죽으시고 다시 살아나셨을 때, 그분의 희생은 온 세상의 죄를 갚기에 충분했습니다. 이것은 사람들이 더 이상 자신의 죄를 위해 동물을 바칠 필요가 없음을 의미합니다.

그러나 우리가 하나님께 날마다 드려야 할 제물이 있습니다. 그분의 자비를 찬양하는 제물입니다. 하나님이 우리 삶을 주관하시도록 해드림으로써, 우리 자신을 그분께 산 제물로 드리는 것입니다. 우리가 완전하지 않지만, 하나님은 우리를 기쁘게 받아주십니다. 예수님이 우리를 흠 없이 해주셨기 때문입니다!

"그러므로 우리는 예수로 말미암아 항상 찬송의 제사를 하나님께 드리자
이는 그 이름을 증언하는 입술의 열매니라" _ **히브리서 13:15**

참된 자유

고린도 신자들은 죄 가운데서 원하는 대로 행하는 사람들에 둘러싸여 살았습니다. 바울은 그리스도 안에서 누리는 자유가 원하는 모든 것을 할 수 있다는 의미가 아님을 깨닫도록 이 편지를 썼습니다.

바울은 이렇게 말했습니다. "사람들은 '원하는 것을 다 해도 괜찮다'고 말할지 모르지만 모든 것이 선하고 유익한 것은 아닙니다. 여러분의 행동 때문에 누군가 죄에 빠진다고 생각해 보십시오. 예를 들어, 하나님은 우리가 즐길 수 있도록 온갖 음식을 만드셨지만, 어떤 사람들은 우상에게 바쳐진 고기를 먹는 것이 옳지 않다고 생각합니다. 여러분은 '왜 내가 다른 사람들이 믿는 것 때문에 내 자유를 제한해야 하지?'라고 물을지 모릅니다. 그러나 여러분이 무엇을 먹든지 마시든지, 무슨 일을 하든지, 모든 것을 하나님의 영광을 위하여 하십시오."

나는 무엇이든 할 자유가 있을까?

예수님이 십자가에서 죽으심으로 우리를 사탄의 종에서 해방해주셨습니다. 사탄은 더 이상 우리 주인이 아니기 때문에 우리를 주관할 수 없습니다!

우리는 이제 기꺼이 하나님을 섬깁니다. 우리 마음에 부어주신 사랑으로 그분을 사랑하기 때문입니다. 그리스도께 속한 우리는 죄 때문에 벌 받을 것을 두려워할 필요가 없습니다. 예수 안에 있는 생명의 성령이 우리를 죄와 죽음에서 해방해 주었기 때문입니다(롬 8:1-2). 이제 우리는 벌 받는 것이 두려워 하나님의 계명을 지키는 것이 아닙니다. 그분이 기뻐하시기 때문에 옳은 일을 행합니다.

예수님은 우리에게 진정한 자유를 주셨습니다. 죄로부터의 자유, 죄책감으로부터의 자유, 삶을 온전히 누릴 수 있는 자유를 주셨습니다.

"그리스도께서 우리를 자유롭게 하려고 자유를 주셨으니
그러므로 굳건하게 서서 다시는 종의 멍에를 메지 말라" _ **갈라디아서 5:1**

한 몸

바울은 고린도교회에 보낸 첫 번째 편지에서 그들이 모두 예수 그리스도 몸의 일부라고 말했습니다(27절).

"우리 몸은 하나이지만 많은 지체가 있고, 몸의 지체는 많지만 한 몸이듯이 그리스도도 그러하십니다. 우리 각자는 그 몸의 일부입니다. 우리는 서로 다르고 배경도 다르지만 성령께서 우리를 하나로 맞추어주셨습니다. 몸의 한 지체가 다른 지체에게 '너는 쓸 데가 없다'고 말할 수 없습니다. 온몸이 다 눈이라면 어떻게 듣겠습니까? 온몸이 다 귀라면 어떻게 냄새를 맡겠습니까? 하나님은 지혜로 몸의 각 지체를 그분이 원하시는 곳에 두시고 각자 특별한 일을 맡기셨습니다. 몸의 한 지체가 고통을 당하면, 다른 지체도 함께 고통을 당합니다. 한 지체가 영광을 받으면 모든 지체가 함께 기뻐합니다."

내가 몸의 어느 지체인지 어떻게 알까?

예수 그리스도는 교회의 머리이시며, 교회는 그리스도의 몸입니다(골 1:18). 당신이 예수님의 다스림을 받는다면 당신도 그 몸의 일부가 됩니다. 당신이 없다면 중요한 부분이 빠진 것입니다! 모든 사람이 삶에 성령의 열매를 맺을 때 다른 지체들도 복을 받습니다.

당신이 성장함에 따라 하나님은 당신에게 특별한 사명을 보여주실 것입니다. 그분은 당신이 그 사명을 잘 감행하도록 돕기 위해 영적 은사를 주셨습니다. 신실하게 주를 섬기며 다른 사람을 도울 때 당신의 영적 은사를 발견하게 될 것입니다. 성령의 은사 중 일부가 고린도전서 12장 8-10절과 로마서 12장 6-8절에 나옵니다.

"그에게서 온 몸이 각 마디를 통하여 도움을 받음으로 연결되고 결합되어
각 지체의 분량대로 역사하여 그 몸을 자라게 하며 사랑 안에서 스스로 세우느니라"

_ 에베소서 4:16

사랑에 관한 모든 것

바울은 고린도 신자들에게 모두 그리스도 몸의 일부임을 말한 후에, 그 몸을 하나 되게 하는 사랑에 대해 기록했습니다.

바울은 이렇게 말했습니다. "내가 하늘의 언어를 말하는 은사가 있어도 사랑하지 않으면 그저 소음을 내는 것에 불과할 것입니다. 설교의 은사가 있고, 모든 비밀을 아는 지혜가 있으며, 산을 옮길 만한 믿음이 있어도 사랑이 없으면 아무것도 아닙니다. 내 소유를 다 나눠주고, 누군가를 위해 목숨을 내주어도 사랑이 없으면 아무것도 아닙니다. 사랑은 오래 참고 온유하며, 시기하거나 교만하지 않고 이기적이지 않습니다. 사랑은 진리와 함께 기뻐합니다. 사랑은 절대 포기하지 않습니다! 사랑은 언제나 믿고 언제나 소망합니다."

사랑하고 싶지 않을 때 어떻게 사랑을 보여줄 수 있을까?

상황이 좋을 때는 가족과 친구를 사랑하기 쉽습니다. 하지만 기분이 엉망일 때는 어떻습니까? 그리고 싫어하는 사람과 짜증나게 하는 사람을 사랑을 하는 것은 어떻습니까?

예수님은 우리 마음이 항상 좋은 감정으로 가득 차지 않는다는 것을 아십니다. 그분은 당신이 모든 사람을 좋아하기를 바라지 않습니다. 하지만 그분이 우리를 사랑하신 것처럼 모든 사람을 사랑해야 한다고 말씀하십니다(요 13:34). 사랑은 당신의 감정이 아닌 친절한 행동으로 드러납니다. 그리고 사랑은 우리 감정에 달려 있지 않기 때문에 (사랑하고 싶은 감정이 없어도) 당신은 모든 사람에게 친절할 수 있습니다!

"사랑하는 자들아 우리가 서로 사랑하자 사랑은 하나님께 속한 것이니" _ **요한일서 4:7**

천막에서 살기

바울은 고린도교회에 보낸 두 번째 편지에서 하나님이 준비하신 것을 바라보라고 권면했습니다.

"우리가 지금 살고 있는 이 땅의 천막이 무너질 때(우리가 죽을 때) 하나님이 우리에게 새 몸을 주실 것을 우리는 압니다. 그래서 우리는 하늘에서 받게 될 새 몸, 즉 하나님이 새 옷처럼 우리에게 입혀주실 몸을 고대합니다. 그러면 우리의 연약한 몸, 허술한 천막 같은 몸이 새로워지고 온전해질 것입니다. 이 변화를 위해 우리를 만드시고 준비하신 분은 하나님이십니다. 그분은 앞으로 다가올 일의 보증으로 성령을 우리 안에 거하게 하셨습니다. 그래서 우리는 보지 못하는 것들을 믿습니다. 이런 이유로 우리의 목표는 하나님을 기쁘시게 하는 것입니다."

어떤 면에서 우리 몸이 천막과 같을까?

작은 텐트에서 지내는 것은 날씨가 좋을 때는 재미있습니다. 하지만 바람이 불고 비가 몰아칠 때면 더 이상 머물기 좋은 장소가 아닙니다. 마찬가지로 우리 몸은 안전하지 않은 이 세상에서 연약합니다. 하지만 폭풍이 몰아쳐도 텐트 안에 있으면 비를 피할 수 있듯, 하나님이 영원히 지속될 새로운 집, 즉 영원한 몸을 주실 때까지 당신의 영혼은 몸 안에서 안전할 것입니다.

새 몸을 얻으면 우리는 완벽해질 것입니다. 눈에 보이지 않는 영이나 천사 같은 존재가 아니라, 진짜 몸을 갖게 될 것입니다! 새 몸은 고통을 느끼거나 뭔가 부족하다고 느끼지 않을 것입니다. 우리는 온전히 행복할 것입니다.

"그러나 우리의 시민권은 하늘에 있는지라 거기로부터 구원하는 자
곧 주 예수 그리스도를 기다리노니
그는...우리의 낮은 몸을 자기 영광의 몸의 형체와 같이 변하게 하시리라"

_ **빌립보서 3:20-21**

빛과 어둠

바울은 고린도 신자들에게 하나님을 높이지 않는 사람들과 함께하지 말라고 말했습니다. "빛과 어둠이 함께할 수 없듯 옳고 그름은 친구가 될 수 없습니다. 예수 그리스도와 사탄은 절대 의견이 일치할 수 없습니다. 그리스도인과 불신자도 같은 목적을 가질 수 없습니다."

하나님이 말씀하셨습니다. "나는 내 백성을 내 거처로 삼고 그들 중에 거할 것이다. 나는 그들의 하나님이 되고 그들은 내 백성이 될 것이다. 너희는 그들을 떠나야 하고 그들과 구별되어야 한다. 죄악된 세상과 섞이지 마라. 내가 너희를 영접할 것이다."

어떻게 세상과 분리될 수 있을까?

세상과 분리되는 것은 무엇을 의미할까요? 바울의 말은 우리가 이 세상을 떠나야 한다는 의미가 아닙니다. 하나님이 목적이 있어 우리를 이 땅에 두셨기 때문입니다. 그것은 하나님으로부터 멀어지게 하는 것이나 사람들과 거리를 두어야 한다는 의미입니다.

하나님의 아들 예수님도 이 죄악된 세상에 오셔서 시험을 받으셨습니다. 사탄은 예수님을 자기 계획에 동의하게 만들려고 여러 제안을 하며 시험했습니다. 그래도 예수님이 죄를 짓지 않자, 사람들을 이용해 그분을 함정에 빠뜨리려 했습니다(마 22:15).

우리는 죄악된 세상에서 죄 많은 사람들과 삽니다. 그렇기 때문에 나쁜 일을 습관적으로 하는 사람들과 가까이 지내지 않도록 조심해야 합니다. 그렇지 않으면 나쁜 일을 하도록 유혹받을 것입니다. 그러면 사람들은 우리가 하나님을 사랑하지 않는 사람들과 다르다는 것을 알아보지 못할 것입니다.

"너희는 이 세대를 본받지 말고 오직 마음을 새롭게 함으로 변화를 받아
하나님의 선하시고 기뻐하시고 온전하신 뜻이 무엇인지 분별하도록 하라"

_ 로마서 12:2

고통스러운 가시

바울은 자신을 지속적으로 괴롭히던 문제 때문에 교만해지지 않을 수 있었다고 말합니다.

그는 이렇게 썼습니다. "내가 자랑하고자 하더라도 진실을 말할 것이기에 어리석은 사람이 되지 않을 것입니다. 하지만 나는 사람들이 내가 한 일이나 말 때문에 나를 훌륭하다고 생각하는 것은 원하지 않습니다. 사실 내게는 나를 교만하지 못하게 막는 고통스러운 가시 같은 문제가 있습니다. 그 문제로 인해 늘 내 약함을 상기시키기에 교만해지지 않을 수 있었습니다. 나는 이 문제를 해결해달라고 주님께 세 번이나 간청했습니다. 하지만 주님은 이렇게 말씀하셨습니다. '내 은혜가 네게 족하다. 내 능력은 약한 데서 완전하게 된다.' 그래서 지금은 이 약함을 기뻐합니다. 그 약함 때문에 하나님의 능력과 보호를 더욱 의지할 수 있기 때문입니다. 내가 약하다고 느낄 때 내 안에 계신 하나님의 능력으로 인해 오히려 강해지기 때문입니다."

나를 실망시키는 일이 정말 좋은 것일 수 있을까?

신발 안에 가시나 날카로운 돌멩이가 있으면 그것을 꺼내기 전까지 걸을 때마다 아플 것입니다. 바울은 자신을 계속 괴롭힌 가시에 대해 말합니다. 우리는 그것이 진짜 가시가 아니라 늘 그를 괴롭히던 문제라는 것을 압니다. 하지만 바울의 문제가 하나님의 일을 하지 못하도록 막지는 못했습니다. 오히려 그가 하나님의 은혜와 능력을 더욱 의지하도록 도와주었습니다. 그는 자신의 배경과 업적을 자랑할 수도 있었는데(고후 11:21-28 참조), 그 가시 같은 문제 때문에 날마다 겸손히 하나님께 지혜와 능력을 구했습니다.

"그러나 이 모든 일에 우리를 사랑하시는 이로 말미암아 우리가 넉넉히 이기느니라"

_ 로마서 8:37

바울 갈라디아서 5:1, 5-8, 13-15

성령을 따라 살기

바울은 갈라디아에 있는 그리스도인들에게 율법을 지켜서가 아니라 믿음으로 구원받고 성령을 따라 살라는 단순한 메시지를 전하고자 했습니다.

"그리스도께서 우리를 해방시켜 자유를 누리게 하셨습니다. 다시는 종의 사슬에 스스로 묶지 않도록 조심하십시오. 우리는 우리를 묶고 있던 율법과 관습에서 믿음으로 풀려났습니다. 이제 중요한 것은 하나님을 향한 사랑에서 비롯된 믿음입니다. 여러분은 지금까지 잘 달려왔습니다. 그런데 누가 진리의 길에서 걷지 못하게 했습니까? 분명 주님은 아니십니다. 그분은 여러분을 자유로운 삶으로 부르셨습니다! 잘못을 저지르는 데 자유를 사용하지 말고 사랑하고 섬기는 데 쓰십시오. 하나님의 율법은 '네 이웃을 네 몸과 같이 사랑하라'는 한 가지 명령에 기반을 두고 있습니다."

성령은 어떻게 우리 삶을 흥미롭게 만드실까?

당신은 단지 가야 해서 교회에 가나요? 성경을 읽지 않으면 죄책감을 느끼기 때문에 읽나요? 예수님과 진정한 관계를 맺지 못하면 '종교적 의무'라는 일상에 빠지고, 율법은 무거운 짐이 되어버립니다.

하나님의 율법을 지키는 것은 분명 잘못된 일이 아닙니다. 하지만 주님은 우리가 규칙에 갇히기를 원하지 않으십니다. 예수님을 가장 친한 친구로 받아들일 때, 성령은 당신의 마음을 자유롭게 하십니다. 식사 기도를 늘 똑같이 해왔다면, 성령께서 당신을 자유롭게 하셔서 감사하는 마음을 자신의 말로 표현할 수 있게 하셨음을 기억하십시오. 규칙이 아니라 사랑이 당신이 하는 모든 일의 이유가 되게 하십시오!

"하나님을 사랑하는 것은 이것이니 우리가 그의 계명들을 지키는 것이라 그의 계명들은 무거운 것이 아니로다" _ **요한일서 5:3**

성령의 열매

"성령이 여러분의 삶을 다스리게 하십시오!" 바울은 갈라디아교회에 보낸 편지에서 이렇게 말했습니다. "성령이 여러분의 생각을 다스리게 되면, 인간적 본성이 원하는 모든 잘못된 일이 하고 싶지 않을 것입니다. 죄악된 본성은 성령께서 하라고 하시는 일의 정반대를 하고 싶어하기 때문입니다. 인간적 본성이 원하는 것은 아주 분명합니다. 부정한 생각, 미움, 싸움, 질투, 분노, 이기심, 불평입니다. 성령께서 우리 삶을 다스리시면 특별한 열매가 드러나기 시작합니다. 바로 성령의 열매입니다. 우리 삶에 자라나기 시작하는 좋은 것들은 사랑, 기쁨, 화평, 인내, 친절, 선함, 신실, 온유, 절제입니다."

어떻게 하면 열매를 맺을 수 있을까?

과수원을 거닐거나 과일나무에서 열매를 따본 적이 있습니까? 하나님이 나뭇가지에 다채롭고 달콤한 열매를 맺게 하시는 것은 정말 기적입니다. 성령께서 당신 안에 거하시면 그분도 기적을 행하십니다! 당신을 새롭게 하시고 성령의 열매가 삶에 드러나게 하십니다!

사과나무는 사과를 맺으려고 애쓰지 않습니다. 그저 위에서 내리쬐는 햇빛을 받고 땅속에 있는 물을 흡수하면 됩니다. 마찬가지로 당신이 그리스도 안에 뿌리를 내리면(골 2:6-7) 성령의 신선한 새 생명력을 흡수하게 될 것입니다. 하나님의 사랑이라는 햇빛 아래 살면서 그분을 기쁘시게 하는 선한 열매를 맺게 될 것입니다. 그렇게 그분 안에서 성장함에 따라, 그분은 당신 삶의 어려움을 통해 올바르게 자라지 않는 가지를 다듬어 가실 것입니다. 그러면 당신은 더 풍성한 열매를 맺게 될 것입니다!

"너희가 전에는 어둠이더니 이제는 주 안에서 빛이라 빛의 자녀들처럼 행하라 빛의 열매는 모든 착함과 의로움과 진실함에 있느니라"

_ 에베소서 5:8-9

바울 에베소서 6:1-9

관계에 대한 모든 것

바울은 에베소와 그 주변 교회들에게 편지를 썼습니다. 그는 관계 속에서 어떻게 행동해야 하는지에 대한 실질적인 조언을 합니다.

"자녀 된 사람들은 부모에게 순종하십시오. 이것이 옳은 일입니다. '네 부모를 공경하라'고 하신 명령에는 하나님의 축복이 약속되어 있습니다. 어버이들은 자녀를 낙심하고 분노하게 하지 말고 하나님을 기쁘시게 하는 사랑의 훈육으로 양육하십시오. 일꾼들은 책임 맡은 자에게 순종하고 그리스도를 섬기는 것처럼 최선을 다하십시오. 누가 보고 있을 때만 일하지 말고, 주님을 위해 하듯 기쁘고 성실하게 일하십시오. 주인 된 사람들은 일꾼들을 공정하게 대하십시오. 그들을 위협하지 마십시오. 여러분에게도 하늘에 주인이 계시니 그분은 사람을 차별하지 않으십니다."

왜 순종이 중요할까?

하나님이 얼마나 공정하신지 눈치채셨습니까? 하나님은 부모와 교사, 일꾼과 주인 모두에게 규율과 책임을 주셨습니다. 부모도 신경 써야 할 일이 많습니다. 회사에서 힘들게 일하고 집에 돌아와서는 부모가 감당해야 할 일을 해야 합니다.

항상 모든 사람에게 올바른 태도를 유지하는 것은 쉽지 않습니다. 하지만 자녀인 경우, 부모님의 말씀에 순종할 때 부모님의 일이 훨씬 쉬워진다는 것을 알면 순종이 그리 어렵지 않을 것입니다. 아마 부모님이 기대하는 것 이상으로 순종하여 부모님을 놀라게 할 수도 있을 것입니다.

"모든 일을 원망과 시비가 없이 하라 이는 너희가 흠이 없고 순전하여 어그러지고 거스르는 세대 가운데서 하나님의 흠 없는 자녀로 세상에서 그들 가운데 빛들로 나타내며" _ **빌립보서 2:14-15**

하나님의 갑옷

—

바울은 에베소교회에 보내는 편지를 마무리하며, 신자들이 원수 사탄과 싸울 때 도움이 되는 실질적인 예를 들려줍니다.

"여러분 안에 있는 하나님의 능력을 의지하여 강건해지십시오. 하나님의 전신갑주를 입으십시오. 그러면 대적의 계략에 맞설 수 있을 것입니다. 우리는 사람과 싸우는 것이 아니라 악한 영적 힘과 싸우는 것이기 때문입니다. 하나님이 주시는 모든 갑옷의 부위를 사용하십시오. 사탄이 여러분을 무너뜨리지 못하게 하고 사탄이 유혹할 때 굳건하게 서 있으십시오. 이를 위해 진리의 허리띠를 허리에 매고, 거룩한 선이라는 호심경을 가슴에 붙이십시오. 하나님의 평화를 전하는 데 도움이 되는 신발을 신으십시오. 사탄이 여러분을 겨냥해 쏘는 불화살을 막기 위해서는 믿음의 방패가 필요합니다. 하나님이 주신 구원의 선물은 여러분의 투구이고, 여러분의 칼은 하나님의 말씀인 성경입니다."

왜 갑옷이 필요할까?

우리 하나님께 선한 것과 하나님께 속한 모든 것을 파괴하려는 대적이 있습니다. 반역하여 하늘에서 쫓겨난 사탄은 선을 미워합니다. 사탄이 하나님께 복수하는 방법 중 하나는 우리를 유혹해 죄를 짓게 만드는 것입니다. 우리가 죄를 지을 때 우리는 죄로 인해 부상을 입게 되고 주님은 불명예스러워지십니다.

하지만 하나님은 우리가 홀로 적과 싸우게 내버려두지 않으셨습니다. 우리에게 악을 막을 강력한 갑옷을 주셨습니다. 우리를 보호하고 방어하는 갑옷이 있고, 우리를 방어할 검(성경)도 있습니다. 하나님의 전신갑주는 죄를 멈추게 할 힘을 줍니다. 이런 방식으로 평화의 하나님은 우리에게 승리를 주십니다(롬 16:20 참조).

"밤이 깊고 낮이 가까웠으니 그러므로 우리가 어둠의 일을 벗고 빛의 갑옷을 입자"

_ 로마서 13:12

예수님처럼 되기

빌립보서는 바울이 빌립보에 세운 교회에 보낸 편지입니다. 이 편지에서 바울은 예수님을 따를 때 어떻게 진정한 기쁨을 얻을 수 있는지 보여줍니다.

"여러분이 그리스도 안에서 함께 모여 격려를 받고, 그분의 사랑으로 위로를 받으며, 그분과의 친밀함을 누리고, 여러분의 마음이 넉넉하고 배려심이 있다면, 한 목표를 위해 함께 일함으로 나를 진정으로 기쁘게 해주십시오. 이기적이 되지 말고, 다른 사람에게 잘 보이려 하지 말며, 겸손하게 행동하면서 다른 사람을 자신보다 더 낫게 여기십시오. 여러분의 마음가짐은 예수 그리스도의 마음가짐과 같아야 합니다. 예수님은 하나님의 본성을 지니셨으나 하나님과 동등함을 주장하지 않으시고, 오히려 영광을 버리고 이 땅에서 종이 되셨습니다. 그분은 아버지께 순종하셨고, 우리를 위해 십자가에서 생명을 내어주셨습니다. 그분이 기꺼이 이 일을 하셨기에, 하나님은 그분을 모든 것 위에 높이시고, 어떤 이름보다 더 뛰어난 이름을 주셨습니다."

내가 정말 예수님처럼 될 수 있을까?

바울은 정말로 우리가 예수님과 같은 태도를 가져야 한다고 말한 걸까요? 우리가 어떻게 예수님처럼 용서하고 사랑하는 사람이 될 수 있을까요? 우리가 어떻게 언제나 겸손하고 순종할 수 있을까요?

사실 성경은 우리에게 불가능한 일을 하라고 말하지 않습니다. 빌립보서 2장 2절을 다시 읽어보십시오. 우리가 올바른 태도를 갖도록 도와주는 한 가지가 바로 사랑입니다. 예수님이 하나님을 온전히 기쁘시게 해드릴 수 있었던 것은, 하나님을 사랑하고 우리를 사랑하기 때문입니다. 당신 마음에 예수님의 사랑을 부어달라고 성령님께 구하십시오.

"소망이 우리를 부끄럽게 하지 아니함은 우리에게 주신 성령으로 말미암아 하나님의 사랑이 우리 마음에 부은 바 됨이니" _ **로마서 5:5**

완전히 만족하다

바울은 빌립보교회에 보낸 편지에서, 어떻게 하면 예수님 안에서 행복할 수 있는지 말합니다.

"주 안에서 진정으로 기뻐하십시오! 여러분의 관용을 모든 사람에게 보이십시오. 주께서 곧 오십니다! 아무것도 염려하지 말고 모든 상황에서 여러분이 필요한 것을 하나님께 말씀드리고 하나님의 응답에 감사하는 것을 잊지 마십시오. 하나님의 평강이 예수 안에서 여러분의 마음과 생각을 지키실 것입니다. 그리고 이제 여러분의 생각이 참되고 선하며 옳고 정결하며 사랑스럽고 존귀한 것들에 머물게 하십시오. 여러분이 나를 생각하는 모습을 보여주어 참 기쁩니다. 나는 가진 것에 만족하는 법을 배웠습니다. 궁핍에 처하는 것이 무엇인지, 많이 갖는 것이 무엇인지 압니다. 충분히 가졌든 그렇지 않든 만족하는 법을 배웠습니다."

기도하면서 하나님께 불평하는 것은 잘못일까?

이스라엘 백성이 약속의 땅으로 가는 길에 끊임없이 불평하고 원망했던 것을 기억하십니까? 하나님은 이스라엘 백성이 하나님의 공급하심에 만족하지 않고 불평하는 것에 분노하셨습니다. 반면, 다윗은 사울이 사방으로 자신을 추격해올 때 자신의 감정을 하나님께 솔직히 말씀드렸습니다. "내가 내 원통함을 그의 앞에 토로하며 내 우환을 그의 앞에 진술하는도다"(시 142:2).

하나님은 우리가 솔직히 말씀드리는 것을 싫어하지 않으십니다. 하지만 불평만 하고 응답을 신뢰하지 않는 것은 옳지 않습니다. 하나님이 언제든 우리 상황을 바꾸실 수 있음을 신뢰해야 합니다.

"아무 것도 염려하지 말고 다만 모든 일에 기도와 간구로,
너희 구할 것을 감사함으로 하나님께 아뢰라" _ **빌립보서 4:6**

나는 모든 것을 할 수 있다

바울은 빌립보 교인들이 보낸 선물이 얼마나 큰 축복이었는지 말하면서 편지를 마칩니다.

"나는 예수 그리스도께서 주시는 능력으로 무엇이든 할 수 있습니다! 내가 어려울 때 여러분이 정말 큰 도움이 되었습니다. 내가 복음을 전하던 초기에 나를 도와준 교회는 여러분밖에 없었습니다. 내가 데살로니가에 있을 때도 여러분은 여러 번 나를 도와주었습니다. 여러분의 선물을 받는 것보다 나를 더 기쁘게 하는 것은, 선물을 준 여러분을 하나님이 축복하실 거라는 사실입니다. 나의 하나님이 그분의 풍성한 보물 창고에서 여러분에게 필요한 모든 것을 채워주실 것입니다. 우리 아버지 하나님께 영광이 영원히 있기를 빕니다. 아멘."

불가능한 일을 할 수 있을까?

바울이 그리스도의 능력으로 '많은' 일을 할 수 있다고 말했나요? (13절 참조). '대부분의' 일을 할 수 있다고 말했습니까? 아닙니다. 바울은 자기 삶에서 역사하시는 예수님의 능력으로 모든 일을 할 수 있다고 했습니다. 그렇다면 바울이 원하는 '모든' 것을 할 수 있다는 뜻인가요? 아닙니다. 바울은 하나님이 원하시는 일을 할 수 있는 능력을 예수님이 주실 것을 알았습니다.

바울은 또한 어떤 상황에 처하든 자족함(평안함)을 배웠기에, 자신의 문제를 직면할 힘이 있었습니다. 바울은 여러 고난에도 불구하고 하나님이 모든 상황을 통제하고 계심을 알았기에 계속 나아갔습니다. 하나님은 우리가 그분을 기쁘시게 하는 일에 필요한 모든 것을 주겠다고 약속하셨습니다. 그 안에는 '불가능한' 일도 포함되겠지요!

"예수께서 이르시되 할 수 있거든이 무슨 말이냐
믿는 자에게는 능히 하지 못할 일이 없느니라 하시니" _ **마가복음 9:23**

예수 그리스도, 창조자

바울이 로마 감옥에 있을 때 골로새교회에 편지를 써 모든 것의 통치자이신 예수님에 대해 말했습니다.

"예수님은 보이지 않는 하나님의 정확한 형상이시오, 모든 피조물보다 먼저 나신 분입니다. 하나님은 그분을 통해 모든 창조물, 즉 우리가 볼 수 있는 것들과 볼 수 없는 것들(영적 권세와 통치자들과 왕들)을 창조하셨습니다. 모든 것이 그분으로 말미암아 창조되었고, 그분의 영광을 위해 창조되었습니다. 그분은 만물보다 먼저 계시고, 만물을 완전하게 붙들어주십니다. 예수님은 또 무덤에서 부활하심으로 영원한 죽음을 정복하신 첫 번째 분이셨습니다. 그분은 모든 것에서 처음이 되셨습니다. 하나님께서 십자가에서 죽음으로 평화를 가져온 자기 아들을 통해 모든 피조물이 그분께로 돌아오기를 바라셨기 때문입니다."

누가 이 세상을 만들었을까?

창세기 1장 1절은 "태초에 하나님이 천지를 창조하시니라"고 말합니다. 요한복음 1장 1-3절은 이렇게 말합니다. "태초에 말씀이 계시니라 이 말씀이 하나님과 함께 계셨으니 이 말씀은 곧 하나님이시니라 그가 태초에 하나님과 함께 계셨고 만물이 그로 말미암아 지은 바 되었으니 지은 것이 하나도 그가 없이는 된 것이 없느니라."

예수님과 하나님은 하나이십니다(요 10:30). 이 땅이 형체도 없고 텅 비어 있을 때 성령도 함께 계셨습니다(창 1:2 참조). 하나님, 예수님, 성령님은 하나이시기에 모든 것을 함께하십니다. 그러므로 하나님은 예수님을 통해 모든 것을 창조하시고 온 세상을 통치하게 하셨습니다(고전 15:27-28).

"네 구속자요 모태에서 너를 지은 나 여호와가 이같이 말하노라
나는 만물을 지은 여호와라 홀로 하늘을 폈으며 나와 함께 한 자 없이 땅을 펼쳤고"
_ 이사야 44:24

바울 골로새서 3:11-17

평화와 사랑이 다스리게 하라

바울은 그리스도께서 각 사람 안에 계시므로 어떤 사람이 다른 사람보다 더 특별하지 않다고 말합니다.

"하나님께서 여러분을 거룩한 삶을 살도록 선택하셨기 때문에 여러분은 서로를 돌보고 친절하며 겸손하고 온유해야 합니다. 오래 참고 서로 이해하며 여러분에게 상처를 주고 화나게 한 사람을 용서하십시오. 여러분의 사랑을 모든 사람이 볼 수 있게 하십시오. 사랑은 올바른 태도로 이 모든 것을 하도록 도울 것이기 때문입니다. 여러분은 그리스도의 몸인 교회에 속하도록 선택받았으니 그리스도의 평화가 마음을 다스리게 하십시오. 그리고 감사하는 것을 잊지 마십시오. 그리스도의 말씀이 여러분의 삶 속에서 살아 숨 쉬고 의미 있게 하십시오. 서로 그분의 진리에 대해 이야기하고, 하나님께 찬양과 감사의 노래를 부르십시오. 그러므로 여러분이 무엇을 하거나 무엇을 말하든지 하나님께 영광이 되게 하십시오."

어떻게 하면 잘못된 감정을 없앨 수 있을까?

우리는 불완전한 세상에 살기 때문에 상처를 받기도 하고 상처를 주기도 합니다. 분노, 질투, 죄책감이 우리 마음에 가득 차면 다른 사람에게 그 감정을 표출합니다. 그런 감정이 당신을 지배하지 못하게 막는 방법이 있습니다. 예수님의 사랑을 옷처럼 입는 것입니다. 골로새서 3장 14절을 다시 읽어보십시오. 사랑은 감정을 통제하는 데 도움이 됩니다. 다른 사람을 사랑할 때, 오래 참음으로 짜증을 이겨낼 수 있습니다. 겸손히 다른 사람을 도움으로써 교만을 이겨낼 수 있습니다. 용서함으로써 괴로움을 이겨낼 수 있습니다. 사랑이 마음에 가득하면 죄로 이어질 나쁜 감정이 자리잡을 틈이 없습니다.

"또한 너는 청년의 정욕을 피하고 주를 깨끗한 마음으로 부르는 자들과 함께 의와 믿음과 사랑과 화평을 따르라" _ **디모데후서 2:22**

예수님이 구름 타고 오신다

바울은 데살로니가 성도들의 믿음을 굳건하게 하고 예수님이 다시 오실 것을 알리기 위해 이 편지를 썼습니다.

"형제자매 여러분, 우리는 여러분이 죽은 신자에게 무슨 일이 일어나는지 알아 소망 없는 사람들처럼 슬퍼하지 않기를 바랍니다. 주님이 큰 함성과 하나님의 나팔 소리와 함께 하늘에서 내려오실 것입니다. 그리스도 안에서 죽은 사람들이 먼저 일어나고, 그다음에 살아 있는 우리가 그들과 함께 구름 속으로 이끌려 올라가서 예수님을 만날 것입니다. 그리하여 우리는 영원히 주님과 함께 있을 것입니다! 그러므로 이 소망으로 서로 격려하십시오. 그날은 밤중에 도둑이 오듯 예고 없이 올 것입니다. 하지만 여러분은 죄의 어둠 속에 살지 않으므로 예수님이 다시 오시는 이 영광스러운 날에 놀라지 않을 것입니다."

예수님이 오실 때 자고 있으면 어떻게 될까?

바울 시대의 그리스도인들은 자신이 살아 있는 동안 예수님이 다시 오시기를 고대했습니다. 하지만 시간이 흐르면서 일부 신자들은 죽었습니다. 남은 사람들은 낙심하며, 죽은 사람들이 예수님이 다시 오실 그 위대한 날을 놓치게 될지 궁금해했습니다(행 1:11 참조).

죽은 사람들은 지금 주님 곁에 있지만(눅 23:43), 모든 믿는 자들은 예수님이 다시 오시는 날에 특별한 새 몸을 받게 될 것입니다. 예전에 중요한 사건을 놓친 적이 있다면, 또다시 놓칠까 봐 두려울 수 있습니다. 하지만 전혀 걱정할 필요가 없습니다! 당신이 어디에 있든 무엇을 하고 있든, 예수님을 사랑한다면 새 몸으로 변화되어 그분과 영원히 함께할 것입니다.

"그러므로 너희도 준비하고 있으라 생각하지 않은 때에 인자가 오리라 하시니라"

_ 누가복음 12:40

바울 데살로니가후서 3:6-15

앉아서 기다리기

바울은 데살로니가 교인들에게 두 번째 편지를 썼는데, 가만히 앉아서 예수님이 다시 오시기를 기다리지 말고 계속 일하라고 권면했습니다.

"형제자매 여러분, 우리 주 예수 그리스도의 이름으로 여러분에게 명령합니다. 게으르고 일하기를 거부하는 사람을 멀리하십시오. 우리가 여러분과 함께 있을 때 보여준 본을 따라야 합니다. 우리는 값을 치르고 음식을 먹었고, 밤낮으로 수고하여 생계를 꾸렸습니다. 일하기 싫어하는 사람은 먹지도 말아야 합니다! 여러분 가운데 게으름을 피우는 자들이 있다고 들어서 이 말을 하는 것입니다. 하지만 신실하고 순종적인 여러분은 선하고 옳은 일을 하는 데 절대 지치지 마십시오."

쉬는 것과 게으른 것의 차이는 무엇일까?

성경은 쉬는 것이 좋다고 말합니다. 사실 하나님은 우리에게 쉬라고 명령하셨습니다(출 20:9-11). 그러면 쉬는 것과 게으름의 차이는 무엇일까요?

게으름은 해야 할 일을 하지 않는 것입니다. 일을 다 끝내지 않고 대충 하는 것, 당장 해야 할 일을 미루는 것, 내가 할 일을 다른 사람에게 미루고 다른 사람을 절대 돕지 않는 것입니다. 쉼은 우리 마음과 몸을 쉬게 하는 것입니다. 일상적인 활동에서 벗어나 잠을 자고, 하나님과 함께 시간을 보내며 그분 안에서 쉼을 얻고, 여가 시간에 좋아하는 일을 하며 즐거움을 누릴 수 있습니다. 열심히 일하고 최선을 다하면 그에 걸맞은 쉼을 누릴 수 있습니다!

"게으르지 아니하고 믿음과 오래 참음으로 말미암아 약속들을 기업으로 받는 자들을 본받는 자 되게 하려는 것이니라" _ **히브리서 6:12**

본이 되다

바울은 동역자 디모데에게 개인적인 편지를 써 그를 격려하며 교회를 이끄는 일에 대해 조언합니다.

"그대가 젊다고 사람들이 그대를 업신여기지 못하게 하십시오. 도리어 그대는 말과 행실과 믿음과 순결에 있어서 믿는 이들의 본이 되십시오. 그대의 시간을 하나님의 말씀을 전하고 가르치는 데 쓰십시오. 그대가 장로들의 안수를 받을 때 받은 영적 은사를 잊지 마십시오. 하나님이 주신 능력을 사용하여 그대가 얼마나 잘하고 있는지 다른 사람들이 보게 하십시오. 옳은 것을 잘 붙들고 있으면 하나님이 그대를 축복하시고 다른 사람들에게 복이 되게 하실 것입니다."

어린 사람이 나이 든 사람의 본이 될 수 있을까?

아이가 눈먼 사람을 이끌 수 있습니까? 그렇습니다. 눈이 보이는 사람이 보이지 않는 사람을 이끄는 것은 쉽습니다. 어떤 사람은 눈이 보이지만 마음으로 복음의 진리를 보지 못합니다. 하나님을 향한 마음이 굳게 닫혀 있어서 아무도 그들의 완악한 마음을 바꾸지 못합니다.

아이에게는 나이 든 사람의 마음을 부드럽게 하는 무언가가 있습니다. 아마도 그것은 아이들만이 갖는 솔직하고 잘 믿는 속성 때문일지도 모릅니다. 어쩌면 아이들의 얼굴에 드러나는 기쁨이나 자유로움으로 인해 어른들이 하나님의 평화를 갈망하게 될지도 모릅니다. 예수님은 어린아이를 통해 제자들에게 하나님나라에 대해 가르치셨습니다. "이르시되 진실로 너희에게 이르노니 너희가 돌이켜 어린 아이들과 같이 되지 아니하면 결단코 천국에 들어가지 못하리라"(마 18:3).

"이를 위하여 너희가 부르심을 받았으니 그리스도도 너희를 위하여 고난을 받으사 너희에게 본을 끼쳐 그 자취를 따라오게 하려 하셨느니라" _ **베드로전서 2:21**

용감하라

바울은 동역자 디모데에게 두 번째 편지를 썼습니다. 그는 디모데가 앞으로 다가올 어려운 날들을 대비할 수 있도록 준비시키고자 했습니다.

바울은 디모데에게 이렇게 말했습니다. "예수 그리스도의 은혜와 능력에 의지하여 강해지십시오. 비록 그렇게 함으로 고난을 겪을지라도 예수님을 위해 일어서는 것을 두려워하지 마십시오. 충성된 군인처럼 용기를 내십시오. 좋은 군인은 상관을 기쁘게 해주려고 하며 세상의 쾌락에 현혹되지 않습니다. 운동 경기를 하는 사람이 규칙을 지키지 않는다면 메달을 얻을 수 없습니다. 땅을 경작하고 씨를 뿌리는 일에 힘쓴 농부가 수확의 열매를 가장 먼저 누립니다."

그리스도인의 삶은 언제나 힘들까?

군인의 삶은 쉽지 않습니다. 용감해야 하고 상관의 모든 명령에 복종해야 합니다. 운동선수는 매일 열심히 훈련해서 경기에 뛸 준비를 해야 합니다. 농부는 곡물이 자라도록 들에서 수고해야 합니다.

그리스도인의 삶이 이와 같다면 정말 힘든 일만 가득한 것 같다고 생각할 수 있습니다. 비록 그리스도인의 삶이 힘들더라도 우리는 혼자가 아닙니다. 우리의 어려움과 고난을 아시는 예수님이 항상 우리와 함께하시며 우리를 도와주십니다.

항상 이것을 기억하십시오. 군인은 승리하는 편에 서 있으며 전쟁은 언젠가 끝날 것입니다(고전 15:57). 운동선수는 경기가 끝나면 상을 받을 것입니다(빌 3:14). 농부가 쉬며 수확한 열매를 누릴 날이 올 것입니다(약 3:18).

"주께서 너희를 우리 주 예수 그리스도의 날에 책망할 것이 없는 자로 끝까지 견고하게 하시리라" _ **고린도전서 1:8**

선한 일 하기

디도는 크레타 섬에 있는 교회를 섬기던 목회자였습니다. 바울은 디도에게 편지를 써서 교회를 어떻게 운영하고 무엇을 가르쳐야 할지 조언했습니다. "그대는 신도들에게 지도자를 존중하고 순종해야 한다는 것을 상기시켜주십시오. 또 다른 사람을 험담하지 말고 다투지 말며 관용하고 온유하게 대하라고 가르치십시오. 우리도 전에는 어리석고 불순종하던 사람들이었습니다. 그런데 하나님이 인자하심과 사랑으로 우리를 구원하셨습니다. 우리가 행한 선한 일 때문이 아니라 오직 그분의 자비하심으로 우리를 구원하신 것입니다. 그분은 우리 죄를 씻어주시고 성령으로 새롭게 하심으로 우리를 구원하셨습니다. 하나님 보시기에 완전히 선한 존재가 된 우리는 영생의 풍성한 은혜를 함께 누리게 되었습니다."

하나님이 우리를 용서하실 때 우리 죄는 어떻게 될까?

어떤 사람들은 죄에 더 이상 죄책감을 느끼지 않으면 아무것도 하지 않아도 된다고 생각합니다. 마치 그 죄가 사라져버린 것처럼 말이죠. 잘못을 저질렀을 때는 사과해야 한다는 것을 모두 압니다. 그러나 하나님께 용서를 구할 때, 하나님이 실제로 그 죄를 없애기 위해 무언가를 하셔야 한다는 사실을 우리가 깨닫지 못할 수도 있습니다.

하나님은 우리의 모든 죄를 예수님이 십자가에서 짊어지게 하셨습니다. 우리가 하나님께 용서를 구할 때마다 예수님의 피가 우리 죄를 씻어내 깨끗하게 합니다. 미가 선지자는 하나님이 우리 죄를 깊은 바다에 던지신다고 말합니다(미 7:19). 하나님은 우리 죄를 멀리 가져가셔서 아무도 볼 수 없게 하시고, 하나님도 그것에 대해 다시는 생각하지 않으십니다!

"동이 서에서 먼 것 같이 우리의 죄과를 우리에게서 멀리 옮기셨으며"

_ 시편 103:12

자비를 베풀라

바울은 동역자 빌레몬에게 도망친 종을 용서하라고 부탁하는 짧은 편지를 썼습니다.

"사랑하는 친구이자 동역자인 빌레몬, 내가 감옥에 있는 동안, 주님을 알게 되어 내게 아들 같은 존재가 된 오네시모에게 친절 베풀기를 부탁합니다. 오네시모가 전에는 그대에게 큰 도움이 되지 못했지만, 이제는 그대와 내게 유익한 존재가 되었습니다. 이제 그를 그대에게 돌려보냅니다. 그를 내 곁에 두고 싶기에 내 마음은 조금 슬픕니다. 어쩌면 오네시모가 잠시 그대를 떠난 것은, 그를 종이 아니라 형제로 다시 받아들이게 하기 위함이었을 것입니다. 마치 나를 맞이하듯 그를 따뜻하게 맞아주십시오."

우리는 왜 다른 사람에게 자비를 베풀어야 할까?

바울 시대에는 노예에 대한 완전한 권한이 주인에게 있었습니다. 빌레몬에게는 도망친 종 오네시모를 죽일 권리가 있었습니다. 그러나 이제 그는 오네시모를 처벌할 권리를 행사할지, 아니면 바울의 말을 듣고 자비를 베풀지 선택해야 했습니다. 당신이라면 어떻게 했겠습니까?

예수님은 "긍휼히 여기는 자는 복이 있나니 그들이 긍휼히 여김을 받을 것임이요"(마 5:7)라고 말씀하셨습니다. 우리는 모두 하나님을 떠났고 그분이 내리시는 처벌을 받아 마땅합니다(사 53:6). 그러나 예수님은 우리를 용서하시고 종이나 하인이 아니라 친구로 받아들여 주셨습니다(요 15:15). 그것이 진정한 자비입니다! 당신에게 잘못한 사람에게 복수할 기회를 얻겠습니까, 아니면 자비를 베풀겠습니까?

"그러므로 네가 이후로는 종이 아니요 아들이니 아들이면 하나님으로 말미암아 유업을 받을 자니라." _ **갈라디아서 4:7**

거울 보기

예수님의 형제이자 예루살렘교회의 지도자였던 야고보는 먼 곳에 있는 그리스도인들에게 이 편지를 썼습니다.

"사랑하는 형제자매 여러분, 이것을 기억하십시오. 듣기는 많이 하고, 말은 적게 하며, 화를 내지 않는 것이 가장 좋습니다. 분노는 하나님께서 원하시는 선함을 우리 안에서 끌어내지 못하기 때문입니다. 그러므로 여러분의 삶에서 죄와 나쁜 습관을 버리고, 하나님의 말씀이 여러분 마음에 심겼음을 기뻐하십시오. 말씀을 듣기만 하지 말고 행하십시오. 말씀을 듣고도 행하지 않는 사람은 자기 얼굴을 거울로 보고 나가서 자신이 어떻게 생겼는지 잊어버리는 사람과 같습니다. 그러나 하나님의 말씀을 계속 들여다보고 기억하며 행하는 사람은 모든 일에 하나님께서 복을 주실 것입니다."

성경을 얼마나 자주 읽어야 할까?

일주일에 한 번 성경을 읽어도 괜찮을까요? 우리가 거울을 사용하지 않는다면, 머리가 흐트러졌는지, 얼굴에 뭐가 묻었는지 어떻게 알 수 있겠습니까? 성경은 거울보다 더 나은 도구입니다. 성경은 우리 삶 속에서 죄의 흔적을 보여주기 때문입니다. 성경을 읽을 때 우리는 하나님이 보시는 눈으로 자신을 보게 됩니다.

다른 사람의 얼굴을 보고 자기 얼굴이 더러운지 확인하지 않듯, 다른 사람들과 자신을 비교해 자기 삶이 깨끗하고 하나님께 기쁨이 되는지 확인해서는 안 됩니다. 매일 성경을 읽으며 하나님의 '거울'을 계속 들여다보십시오. 말씀을 읽고 그대로 행하면 복을 받을 것입니다!

"내가 주께 범죄하지 아니하려 하여 주의 말씀을 내 마음에 두었나이다"

_ 시편 119:11

원하는 것 구하기

야고보는 신자들에게 보낸 편지에서 이렇게 묻습니다. "분쟁과 싸움이 무엇 때문에 일어납니까? 쾌락과 세상의 것을 탐내기 때문에 생기는 것 아닙니까? 여러분은 그것들이 탐나서 다른 생각을 할 수 없고, 원하는 것을 얻지 못하면 화를 냅니다. 여러분이 원하는 것을 얻지 못하는 이유는 하나님께 구하지 않기 때문입니다. 구하여도 하나님이 주지 않으시는 이유는 여러분이 이기심이나 탐욕으로 구하기 때문입니다. 하나님은 교만한 자들을 대적하시지만, 겸손한 자들에게는 은혜를 베푸십니다."

필요하지 않은 것을 구하는 것은 잘못일까?

야고보는 우리가 원하는 재미있는 것들을 하나님께 구해서는 안 된다고 말하는 것일까요? 야고보는 하나님에게서 멀어지게 하는 것들에 대해 말하고 있습니다. 죄악된 쾌락뿐 아니라 우리의 마음과 생각과 시간을 채우는 것들도 포함됩니다. 이것들은 하나님에 대해 생각하거나 다른 사람을 돌보는 것을 방해합니다.

우리가 선물에 대한 기대도 없고, 하나님이 행하신 놀라운 일을 기념하지 않는다면 삶이 얼마나 무미건조할까요? 하나님은 우리가 인생을 즐기고 좋은 것들을 누리기 바라시지만, 해가 되는 것은 결코 주지 않으십니다(눅 11:11-13). 우리가 정말 원하는 것을 하나님께 구하는 것은 잘못된 일이 아닙니다. 그러나 그분이 응답하실 때까지 인내하고 기다려야 하며, 그분이 허락하신 것이 무엇이든 기쁘게 받아들여야 합니다. 그렇게 할 때 우리 마음은 평화를 얻고, 그분에 대한 믿음이 성장할 것입니다.

"네가 이 세대에서 부한 자들을 명하여 마음을 높이지 말고
정함이 없는 재물에 소망을 두지 말고 오직 우리에게 모든 것을 후히 주사
누리게 하시는 하나님께 두며" _ **디모데전서 6:17**

세상의 빛

노인이 된 사도 요한(예수님의 제자 중 한 사람)이 에베소에 있을 때 신자들에게 이 편지를 썼습니다.

"그리스도는 처음부터 계셨습니다. 나는 그분의 말씀을 직접 들었고, 내 눈으로 그분을 보았으며, 손으로 그분을 만져보았습니다. 그분은 하나님의 생명의 말씀입니다. 그분이 이 땅에 오셨을 때, 우리는 그분을 보았고, 그분이 하늘에 계신 아버지께서 보내신 분임을 분명히 알 수 있었습니다. 우리가 그분에게서 듣고 여러분에게 전하는 말씀은 이것입니다. 하나님은 빛이시고 하나님 안에는 어둠이 전혀 없다는 것입니다. 우리가 그분을 정말 안다고 말하면서도 영적 어둠 속에서 살아간다면, 우리는 자신을 속이는 것입니다. 그러나 그분이 빛 가운데 계신 것처럼 우리도 빛 가운데 살아간다면, 우리는 서로 멋진 교제를 누리게 됩니다."

밝은 별이 어떻게 예수님을 떠올리게 할까?

예수님은 죄와 죽음으로 어두워진 세상에 빛으로 오셨습니다. 그분은 하나님의 사랑이라는 복음을 전하시며 어둡고 두려운 세상에 희망의 밝은 빛을 비추셨습니다.

사도 베드로는 이렇게 말했습니다. "또 우리에게는 더 확실한 예언이 있어 어두운 데를 비추는 등불과 같으니 날이 새어 샛별이 너희 마음에 떠오르기까지 너희가 이것을 주의하는 것이 옳으니라"(벧후 1:19).

예수님의 탄생과 그분이 이 땅에 오신 이유를 생각할 때, 그분의 사랑의 빛이 우리에게 희망과 평화를 가져다주고, 그분의 거룩한 빛이 우리를 순결하게 하기를 바랍니다.

"나는 빛으로 세상에 왔나니 무릇 나를 믿는 자로 어둠에 거하지 않게 하려 함이라"

_ 요한복음 12:46

요한 요한일서 4:9-10, 16-18

하나님은 사랑이시다

요한은 신자들에게 이렇게 썼습니다. "하나님은 외아들을 세상에 보내셔서 그의 죽음을 통해 우리가 영생을 얻게 하셨습니다. 사랑이란 바로 이것입니다. 우리가 하나님을 향해 가진 사랑이 아니라, 하나님이 우리 죄의 형벌을 대신 지도록 예수님을 보내신 그 사랑입니다. 하나님은 사랑이십니다. 사랑으로 사는 사람은 하나님 안에 거하고 하나님도 그 사람 안에 거하십니다. 이렇게 우리의 사랑은 온전해지며, 심판의 날 우리가 하나님 앞에 설 때 부끄러움을 당하지 않을 것입니다. 우리를 온전히 사랑하시는 분을 두려워할 필요가 없습니다. 두려움은 형벌과 관련이 있기 때문입니다. 형벌을 두려워하는 사람은 하나님의 사랑을 알지도 못하고 이해하지도 못합니다."

'하나님을 경외한다'는 것은 무엇일까?

무언가 잘못해서 벌 받을 것을 알 때 어떤 기분이 듭니까? 누군가가 당신에게 화를 내며 소리칠 때 어떤 기분이 드나요?

우리는 해서는 안 될 일을 했을 때 죄책감을 느끼고, 심지어 하나님을 두려워하기도 합니다. 죄책감 때문에 하나님이 여전히 우리를 사랑하실 거라고 생각하기가 어렵습니다. 그러면 우리는 하나님을 두려워하게 됩니다. 우리는 하나님이 무언가를 빼앗아 가시거나, 병들게 하시거나, 어떤 방식으로든 벌하실 것이라고 생각합니다.

성경이 하나님을 경외하라고 말하는 것은 하나님을 두려워해야 한다는 뜻이 아니라, 그분의 거룩함을 존중해야 한다는 뜻입니다. 하나님이 당신을 용서받게 하시려고 독생자를 보내 죽게 하셨는데, 당신이 용서를 구했을 때 왜 벌하시겠습니까?

"여호와는 그를 경외하는 자 곧 그의 인자하심을 바라는 자를 살피사"

_ 시편 33:18

"우리가 안다"

요한은 편지를 마치며, 그리스도인들이 하나님과의 관계에 대해 확신을 가져도 된다고 보장합니다. "내가 예수님을 믿는 여러분에게 이 편지를 쓰는 것은 여러분이 영생을 가졌음을 알게 하려는 것입니다. 하나님을 거역해 계속 죄를 짓고 싶어하지 않을 때 우리는 하나님의 자녀임을 압니다. 예수님은 우리가 악한 자에게 끌려가지 않도록 지켜주실 것입니다. 예수님이 오셔서 우리가 참 하나님을 알 수 있도록 하셨습니다. 우리는 이제 하나님 안에, 그리고 그분의 아들 예수 그리스도 안에서 살고 있습니다."

내가 구원받았다는 것을 어떻게 알 수 있을까?

천국에 간다는 확신에 여러 가지 이유로 의심이 생길 수 있습니다. 누군가가 한 말을 들었거나, 하나님과 가까운 느낌이 들지 않거나, 계속 실수하고 잘못을 반복하기 때문일 수도 있습니다. 하나님은 우리가 전혀 잘못하지 않기를 기대하지 않으십니다. 우리가 하나님을 믿을 때, 그분은 예수님의 피로 우리를 온전하게 만드십니다. 우리는 하나님의 은혜로 구원받은 죄인입니다. "너희는 그 은혜에 의하여 믿음으로 말미암아 구원을 받았으니 이것은 너희에게서 난 것이 아니요 하나님의 선물이라"(엡 2:8).

감정은 구원에 영향을 미칠 수 없습니다. 믿음으로 하나님께 자기 삶을 드렸다면, 당신은 영원히 그분의 자녀입니다. 그렇게 느껴지지 않을 때도 말입니다(요 10:28). 하나님과 가까운 느낌이 들지 않을 때야말로 당신의 믿음이 더욱 강해질 기회입니다. 믿음은 들음에서 생기고, 들음은 하나님의 말씀에서 비롯됩니다(롬 10:17). 그러므로 성경을 꾸준히 읽으십시오.

"그의 성령을 우리에게 주시므로 우리가 그 안에 거하고
그가 우리 안에 거하시는 줄을 아느니라" _ **요한일서 4:13**

요한 요한계시록 1:9-18; 4:1-3

주의 영광

—

요한은 밧모섬에 있을 때 아시아의 일곱 교회(그리고 모든 신자들)에게 이 편지를 썼습니다.

"주님의 날에 성령이 이끄시는 대로 기도하고 예배하고 있는데 갑자기 뒤에서 큰 음성이 들려왔습니다. '나는 처음과 마지막이라. 네가 보는 것을 기록하여 일곱 교회에 보내라.'" 요한이 돌아서서 보니 일곱 금 촛대가 있는데, 그 가운데 예수님 같은 분이 계셨습니다. 그분의 얼굴은 한낮의 태양처럼 빛났습니다. 요한은 그분을 보자 그분 발 앞에 엎어져서 죽은 사람처럼 되었습니다. 요한이 일곱 교회에 각각 전할 메시지를 받은 후 고개를 들자, 그 앞에 하늘에 열린 문이 보였습니다. 큰 음성이 말했습니다. "여기로 올라오라. 이후에 일어날 일들을 내가 보여 주겠다." 즉시 요한은 영으로 옮겨졌고, 바로 앞에 보좌가 있었으며, 그 위에 누군가 앉아 계셨습니다. 그분의 얼굴은 귀한 보석의 아름다운 빛깔로 반짝였고, 보좌 주위에는 무지개 같은 푸른 빛이 감돌고 있었습니다.

하나님의 얼굴을 볼 수 있을까?

태양보다 훨씬 더 밝은 빛을 바라보는 것은 어떤 느낌일까요? 구약성경에 하나님이 모세에게 자신의 영광을 숨기기 위해 얼굴을 가리셔야 했다는 내용이 나옵니다. 그렇지 않았다면 모세는 죄인이기에 죽었을 것입니다(출 33:22-23). 아무도 하나님의 얼굴을 보고 살아남을 수 없습니다. 심지어 자기 몸이 아닌 상태에서 예수님을 본 요한조차도 그분 발 앞에 엎어져서 죽은 사람과 같이 되었습니다. 우리가 새로운 몸을 입을 때는 예수님의 피로 거룩해지고 정결하게 될 것입니다.

"그가 나타나시면 우리가 그와 같을 줄을 아는 것은
그의 참모습 그대로 볼 것이기 때문이니" _ **요한일서 3;2**

심판

요한은 하나님이 그에게 보여주신 모든 것, 곧 마지막 때 하나님이 세상을 심판하실 때 하늘과 땅에서 일어날 일들을 기록했습니다.

"그때 나는 하나님이 크고 흰 보좌에 앉아 계신 것과 모든 것이 그분 앞에서 사라지는 것을 보았습니다. 나는 또 죽은 사람들이 큰 자나 작은 자나 할 것 없이 다 그 보좌 앞에 서 있는 것을 보았습니다. 생명책을 펴놓았는데, 죽은 사람들은 그들이 행한 대로 심판을 받았습니다."

나도 심판받을까?

당신이 지금까지 저지른 모든 잘못에 대해 심판을 받기 위해 하나님 앞에 서는 것이 두렵습니까? 예수님께 용서를 구하고 그분을 당신 삶의 주님으로 모셨다면 두려울 것이 전혀 없습니다. 공의로우시고 거룩하신 하나님은 예수님을 따르지 않거나 그분의 말씀을 듣지 않은 자들을 심판하실 것입니다. 하나님은 거룩하시므로 죄를 반드시 다루셔야 합니다. 예수님께 자신의 죄를 씻어 달라고 구하지 않은 사람들은 자신이 저지른 모든 잘못에 대해 하나님께 대답해야 합니다. 죄의 형벌은 영원한 죽음입니다. 그것은 하나님의 선하심에서 멀리 떨어진 영적 죽음입니다.

그리스도인들도 심판을 받습니다. 우리는 죄가 아니라 우리가 행한 선한 일로 심판을 받습니다. 우리의 심판은 오히려 상을 받는 것과 같아서, 우리의 동기를 시험하고 우리가 하나님께 영광을 돌린 일들에 대해 보상을 받는 것입니다(고전 3:12-15). 신자들은 하나님의 심판을 두려워할 필요가 없습니다. 예수님이 이미 우리의 형벌을 대신 받으셨기 때문입니다. 우리가 섬기는 하나님은 정말 놀라운 분이십니다!

"이는 우리가 다 반드시 그리스도의 심판대 앞에 나타나게 되어
각각 선악간에 그 몸으로 행한 것을 따라 받으려 함이라" _ **고린도후서 5:10**

모든 것이 새롭다

최후의 심판 후에 요한은 새 하늘과 새 땅을 보았습니다. 그는 거룩한 성이 하늘에서 내려오는 것을 보았는데, 마치 신랑을 맞이하려는 신부처럼 준비가 되어 있었습니다. 이제 하나님은 그분의 백성과 함께 거하시며 그들의 하나님이 되실 것입니다. 하나님이 모든 눈물을 닦아주시기에 더 이상 죽음도 슬픔도 울음도 고통도 없을 것입니다. 옛 것은 사라졌습니다!

그때 하나님이 말씀하셨습니다. "보라, 내가 모든 것을 새롭게 하노라. 끝까지 견디는 자들은 생명수 샘에서 물을 마실 권리를 가질 것이다." 하나님의 보좌와 어린 양 예수님의 보좌는 그 성 안에 있을 것입니다. 그분의 종들은 그곳에서 그분을 경배하고 섬기며, 그분의 이름이 그들의 이마에 기록될 것입니다.

천국은 어떤 곳일까?

우리는 육신의 몸으로만 모든 것을 보고 경험하기 때문에, 천국이 얼마나 아름다운지 상상하기가 어렵습니다. 요한이 본 것은 너무나 놀라워서 말로 표현할 수 없을 정도였습니다. 그가 할 수 있는 최선은 이 땅의 것들과 비교하는 것이었습니다. 우리가 확실히 아는 것은 하나님이 모든 것을 새롭게 하실 것이라는 점입니다. 나쁜 기억이나 후회는 없을 것이고, 마귀는 더 이상 우리를 유혹하거나 우리 삶을 비참하게 하지 못할 것입니다. 눈물이나 슬픔도 없을 것입니다. 천국에서는 할 일이 너무 많아서 지루할 틈이 없을 것입니다. 밤이 없기 때문에 잠자리에 들 필요도 없을 것입니다. 천국에서는 놀라운 하나님을 영원히 섬기고 예배하며, 상상할 수 없는 기쁨이 있을 것입니다.

"내 아버지 집에 거할 곳이 많도다 … 가서 너희를 위하여 거처를 예비하면
내가 다시 와서 너희를 내게로 영접하여 나 있는 곳에 너희도 있게 하리라"

_ 요한복음 14:2-3

"내가 곧 오리라!"

요한은 각 교회에 보내는 편지를 희망의 메시지와 예수님의 초대로 마무리합니다.

"'보라, 내가 곧 가겠다. 나는 각 사람에게 그 행위대로 갚아주려고 상을 가지고 간다. 나는 처음이며 마지막이요, 시작이며 끝이다.' 성령과 그리스도의 신부가 '오십시오!' 하고 말씀하십니다. 누구든지 목마른 자는 오십시오. 누구든지 원하는 사람은 생명수의 물을 거저 받으십시오. 이 모든 것을 말씀하신 분(예수님)이 이렇게 말씀하셨습니다. '그렇다. 내가 곧 가겠다.' 주 예수의 은혜가 모든 사람에게 있기를 빕니다. 아멘."

누구든지 예수님께 올 수 있을까?

예수님은 목마른 모든 사람에게 생수를 주겠다고 초대하십니다. 우물가에서 만난 여인에게도 같은 초대를 하셨습니다(요 4:13). 그 생수는 성령님(요 7:38-39)으로, 예수님은 자신에게 나아오는 모든 사람에게 성령을 주십니다.

이 초대는 지구상의 모든 사람을 향하고 있습니다. 그래서 예수님은 단순히 '누구든지'라고 말씀하셨습니다. 이는 '누구나, 모든 사람'을 의미합니다. 이는 요한복음 3장 16절에 사용된 단어와 같습니다. "하나님이 세상을 이처럼 사랑하셔서 독생자를 주셨으니 이는 그를 믿는 자마다 멸망하지 않고 영생을 얻게 하려 하심이라." 당신은 예수님을 구주로 영접하셨습니까?

"주 예수 그리스도의 은혜와 하나님의 사랑과 성령의 교통하심이 너희 무리와 함께 있을지어다" _ **고린도후서 13:13**

MEMO

TEA TALES

성경인물과 함께하는 365일 매일 묵상

초판 1쇄 발행 2025년 12월 24일

지은이 데이브 스트렐러
옮긴이 이선숙

펴낸이 곽성종
펴낸곳 (주)아가페출판사
등록 제21-754호(1995. 4. 12)
주소 (08806) 서울시 관악구 남부순환로 2082-33
전화 584-4835(본사) 522-5148(편집부)
팩스 586-3078(본사) 586-3088(편집부)
홈페이지 www.agape25.com

ISBN 978-89-537-9698-0 (03230)
분당직영서점 전화 031-714-7273 | 팩스 031-714-7177
인터넷서점 www.agapemall.co.kr
인터넷에서 '아가페몰'을 검색하세요.

아가페 출판사